LUIZ ANTÔNIO ABDALLA DE MOURA

Engenheiro Naval, pela Escola Politécnica da Universidade de São Paulo. *Ingénieur* pela *École Nationale Supérieure de Techniques Avancées*, Paris. Mestre em Tecnologia Nuclear pelo Instituto de Pesquisas Energéticas e Nucleares (IPEN-USP). Capitão-de-Mar-e-Guerra da Marinha. Professor do Programa de Educação Continuada da Escola Politécnica da USP em cursos MBAs.

QUALIDADE E GESTÃO AMBIENTAL

Sustentabilidade e ISO 14001

7ª Edição

Freitas Bastos Editora

Copyright © 2023 by Luiz Antônio Abdalla de Moura.
Todos os direitos reservados e protegidos pela Lei 9.610, de 19.2.1998.
É proibida a reprodução total ou parcial, por quaisquer meios, bem como a produção de apostilas, sem autorização prévia, por escrito, da Editora.

Direitos exclusivos da edição e distribuição em língua portuguesa:

Maria Augusta Delgado Livraria, Distribuidora e Editora

Direção Editorial: *Isaac D. Abulafia*
Gerência Editorial: *Marisol Soto*
Diagramação e Capa: *Julianne P. Costa*

Dados Internacionais de Catalogação na Publicação (CIP) de acordo com ISBD

M929q	Moura, Luiz Antônio Abdalla de
	Qualidade e Gestão ambiental: Sustentabilidade e ISO14001 / Luiz Antônio Abdalla de Moura. - 7. ed. - Rio de Janeiro : Freitas Bastos, 2023.
	588 p. ; 15,5cm x 23cm.
	Inclui bibliografia e anexo.
	ISBN: 978-65-5675-254-9
	1. Gestão ambiental. 2. ISO 14000. 3. ISO 14001. 4. Sustentabilidade. 5. Legislação ambiental. I. Título.
2023-180	CDD 333.72
	CDU 502

Elaborado por Odilio Hilario Moreira Junior - CRB-8/9949

Índices para catálogo sistemático:
1. Gestão ambiental 333.72
2. Gestão ambiental 502

Freitas Bastos Editora
atendimento@freitasbastos.com
www.freitasbastos.com

DEDICATÓRIA

Com carinho, a meus filhos Luiz Fernando, Stella e Francisco, à minha esposa Andréa Márcia e aos meus netos, Mateus, Fernanda, Alice, Miguel e Rafaela. A meus pais, *in memoriam*, José Raphael e Latifa.

PREFÁCIO

No tempo decorrido entre a primeira edição e esta, vinte e quarto anos, constatamos um expressivo aumento do interesse da sociedade pela questão ambiental. É raríssimo o dia em que os principais jornais e canais de televisão não apresentam notícias e programas voltados ao assunto "meio ambiente", mostrando problemas, propondo soluções, criticando empresas e órgãos governamentais quando são observados desvios em relação ao desempenho mínimo esperado pela Sociedade e ressaltando os principais problemas enfrentados pela humanidade no tocante às questões ambientais. A industrialização dos últimos 200 anos foi, em grande parte, baseada em um modelo insustentável. As empresas evitaram arcar com os custos ambientais externos causados pelas suas atividades, com as consequências sendo empurradas para a sociedade e para os governos.

A constatação científica de que os problemas ambientais vêm se tornando críticos tem causado forte impacto na opinião pública. O foco principal são as mudanças climáticas da Terra, em grande parte resultantes de emissões de gases causadores do aquecimento global. Adicionalmente, observamos problemas de saúde causados por outras emissões de poluentes, a questão energética e a crescente escassez de água de qualidade, assuntos intimamente associados à gestão ambiental. As ações de melhoria poderiam ser resumidas como um interesse em reduzir a "pegada ecológica", reduzir as "pistas", as marcas deixadas pelo homem e empresas no planeta.

Por outro lado, observamos que as organizações perceberam a importância de melhorar o seu desempenho ambiental, reduzindo a emissão de poluentes e resíduos por meio de modificações em seus processos produtivos, com a adoção das chamadas "tecnologias mais limpas". Os grandes avanços em desempenho vieram principalmente como resultado da aplicação de técnicas gerenciais, ou seja, realizando-se modificações em procedimentos e condutas das pessoas, criando vantagens competitivas para as organizações e a abertura de mercados exigentes, como o europeu, permitindo o retorno dos investimentos realizados. E, atualmente, com a visão universalmente reconhecida de "sustentabilidade", as empresas mais promissoras voltam-se à adoção de práticas resumidas pela sigla ESG (de *Environmental, Social and Governance*) como estratégia de sobrevivência e de alavancagem para um futuro de sucesso.

Observamos que um dos aspectos mais empolgantes do assunto "meio ambiente" é que ele requer dos profissionais atuantes no assunto um razoável conhecimento da "ciência integrada", ou seja, conhecimentos de física, química e biologia. E, particularizando, esses conhecimentos se desdobram em outros provenientes de técnicas de administração (gerenciamento), da engenharia (processos, materiais, métodos, construções), do direito (legislação ambiental e outras), das técnicas de informação, de gestão do conhecimento e de psicologia (motivação das pessoas). Então, as oportunidades de desenvolvimento abertas para os profissionais destas áreas são imensas.

Uma das formas mais eficientes de melhorar o desempenho ambiental das organizações consiste na implantação de um Sistema de Gestão Ambiental. E a ISO 14001 vem se consolidando como uma excelente ferramenta, mostrando claramente todos os elementos nos quais devemos concentrar nossa atenção, para que seja possível gerenciar com eficácia. Por meio dela, é padronizado um modo eficiente de trabalho, crescendo o "capital intelectual" da empresa e das pessoas participantes. Além disso, ficou facilitada a troca de experiências entre os profissionais do ramo, a própria disponibilidade de profissionais que conseguem migrar de uma empresa para outra, mesmo sendo integrantes de ramos industriais diferentes e, lá chegando, já começam a trabalhar com o mínimo necessário de adaptação, pois todos já estarão habituados aos mesmos métodos, usando a mesma linguagem, ou seja, seguindo uma norma internacionalmente reconhecida.

Verificamos, nesses vinte e quatro anos, um expressivo aumento do número de empresas no Brasil que obtiveram a certificação pela ISO 14001, isso ocorrendo também em outros países. Além da certificação, a caixa de ferramentas ambientais expandiu-se consideravelmente nos últimos anos, com as demandas por auditorias ambientais, avaliação do ciclo de vida, avaliação de riscos ambientais, avaliação do retorno de investimentos, entre outras.

Em relação aos processos de certificação, tomamos conhecimento de que muitas empresas têm utilizado este livro como um Manual que proporcione um direcionamento às equipes que implementam a norma, o que nos traz muita alegria e realização, por estarmos colaborando, de alguma forma. Foi com esse enfoque que procurei modificar e modernizar as últimas edições do livro, e usando como base a Norma Internacional ISO 14001, em sua edição de 2015.

Finalmente, gostaria de agradecer a muitas pessoas:
- inicialmente, com muito carinho à Andréa Márcia, pelo apoio, ajuda nas revisões e na divulgação do livro e enorme estímulo à realização deste trabalho;
- à minha irmã, Mali, Maria de Lourdes de Moura Pellizzon, que me auxiliou na revisão do texto em edições anteriores, melhorando significativamente a compreensão de algumas partes;
- ao meu filho Francisco, doutor em psicologia e psicanalista, que me auxiliou com novas ideias nas questões de motivação e treinamento, áreas essenciais na implantação de um SGA;
- ao amigo e editor, Dr. Juarez de Oliveira e à Prof. Ana Amélia Ferreira de Oliveira, pela amizade, apoio e orientação nas primeiras edições;
- a todos aqueles citados nas edições anteriores;
- às editoras Juarez de Oliveira (SP), Del Rey (BH) e, atualmente, à editora Freitas Bastos (RJ);
- aos meus alunos dos cursos da USP e da FAAP, em cursos apresentados em São Paulo, em Sorocaba, em São José dos Campos, em Manaus, em Maceió, em Vitória na Companhia Vale do Rio Doce e da Odebrecht. Em todos esses cursos do Programa de Educação Continuada em Engenharia da Escola Politécnica da USP em São Paulo e outros locais em convênio com a USP, e do MBA em Administração da Fundação

Armando Álvares Penteado, tive a oportunidade de conviver com profissionais de nível muito elevado, com quem muito aprendi e que, por este livro, procuro retransmitir.

São Paulo, janeiro de 2023.

O Autor

SUMÁRIO

PREFÁCIO 5

Capítulo 1 – EVOLUÇÃO DA QUESTÃO AMBIENTAL................13
  1.1 – CONSCIENTIZAÇÃO AMBIENTAL 13
    1.1.1 – Histórico Ambiental..14
    1.1.2 – Grandes Questões..33
    1.1.3 – O Aquecimento Global e o Protocolo de Kyoto........... 42
    1.1.4 – A Convenção de Paris 51
    1.1.5 – Medidas possíveis para controlar o aumento da temperatura global ou atenuar suas consequências..........53
  1.2 – CENÁRIO ECONÔMICO GLOBAL................................ 59
  1.3 – A SITUAÇÃO DAS EMPRESAS FRENTE À QUESTÃO AMBIENTAL.. 65
  1.4 – A SITUAÇÃO DA ÁREA AGRÍCOLA E DE ENERGIA 71
    1.4.1 – Agroindústria...73
    1.4.2 – Energia..78

Capítulo 2 – POR QUE UMA EMPRESA DEVE MELHORAR SEU DESEMPENHO AMBIENTAL.. 86

Capítulo 3 – NORMAS AMBIENTAIS..99
  3.1 – A ISO E O TC-207...100
  3.2 – NORMAS AMBIENTAIS BS 7750 E ISO 14000 103
  3.3 – NORMALIZAÇÃO E REGULAMENTAÇÃO.......................111

Capítulo 4 – IMPLANTAÇÃO DE UM SISTEMA DE GESTÃO AMBIENTAL (SGA) 113
  4.1 – CONTEXTO DA ORGANIZAÇÃO 119
  4.2 – ENTENDIMENTO DAS NECESSIDADES E EXPECTATIVAS DAS PARTES INTERESSADAS......................122
  4.3 – DETERMINAÇÃO DO ESCOPO DO SISTEMA DE GESTÃO AMBIENTAL...126
  4.4 – SISTEMA DE GESTÃO AMBIENTAL 128
  4.5 – LIDERANÇA 131
  4.6 – ESTABELECIMENTO DA POLÍTICA AMBIENTAL 136
  4.7 – PAPÉIS, RESPONSABILIDADES E AUTORIDADES ORGANIZACIONAIS..146

4.8 – PLANEJAMENTO 151
   4.8.1 – Ações para abordar riscos e oportunidades –
       Generalidades 151
   4.8.2 – Recomendações adicionais no tocante ao
       planejamento 155
   4.8.3 – Diagnóstico e planejamento estratégico 161
   4.8.4 – Aspectos ambientais 171
      4.8.4.1 – Conceituação 171
      4.8.4.2 – Percepção de problemas ambientais 172
      4.8.4.3 – Agentes da poluição 177
      4.8.4.4 – Aspectos ambientais identificados em
           EIA-RIMA 184
      4.8.4.5 – Identificação dos Aspectos e Impactos
           Ambientais 185
      4.8.4.6 – Ferramentas para a identificação de
           aspectos e impactos ambientais 198
      4.8.4.7 – Conceitos de perigo e risco 208
      4.8.4.8 – Priorização e classificação dos impactos
           ambientais 211
   4.8.5 – Requisitos legais e outros requisitos 219
   4.8.6 – Procedimento mais completo de registro e
       avaliação de impactos ambientais 226
   4.8.7 – Objetivos ambientais e planejamento para
       alcançá-los 235
      4.8.7.1 – Objetivos ambientais 236
      4.8.7.2 – Planejamento de ações para alcançar os
           objetivos ambientais 250
      4.8.7.3 – Plano de gestão ambiental 260
4.9 – IMPLEMENTAÇÃO E OPERACIONALIZAÇÃO 265
4.10 – ALOCAÇÃO DE RECURSOS 268
4.11 – COMPETÊNCIA 272
4.12 – CONSCIENTIZAÇÃO 289
4.13 – COMUNICAÇÃO 294
   4.13.1 – Comunicação interna 298
   4.13.2 – Comunicação externa 299
   4.13.3 – Comunicação de risco 300
4.14 – INFORMAÇÃO DOCUMENTADA 303
   4.14.1 – Criação e atualização da informação
        documentada 307
   4.14.2 – Controle de informação documentada 309
4.15 – OPERAÇÃO 318

4.15.1 – Planejamento e controle operacionais 318
4.15.2 – Preparação e Resposta a Emergências 325
4.16 – A CULTURA DE SEGURANÇA 335
4.17 – AVALIAÇÃO DE DESEMPENHO 344
   4.17.1 – Monitoramento, medição, análise e avaliação 345
   4.17.2 Avaliação do atendimento aos requisitos legais e outros requisitos 349
4.18 – NÃO CONFORMIDADES, AÇÕES CORRETIVAS E PREVENTIVAS 349
   4.18.1 – Planilhas para análise qualitativa de risco 351
   4.18.2 – Análise quantitativa de riscos 358
   4.18.3 – Árvore de falhas 359
   4.18.4 – Exemplo de construção e cálculos de uma árvore de falhas 362
   4.18.5 – Árvore de eventos 365
4.19 – AUDITORIAS DO SISTEMA DE GESTÃO AMBIENTAL 370
4.20 – REVISÃO DO SISTEMA DE GESTÃO AMBIENTAL 400

Capítulo 5 – PROGRAMAS ESPECÍFICOS 402
5.1 – ROTULAGEM AMBIENTAL 402
   5.1.1 – Selos verdes 409
5.2 – PROGRAMA DE GESTÃO DA ÁGUA 411
5.3 – PROGRAMA DE GESTÃO DA QUALIDADE DO AR 418
   5.3.1 – Tecnologias de Controle de Poluição do ar 421
5.4 – PROGRAMA DE GESTÃO DA ENERGIA 423
5.5 – PROGRAMAS AMBIENTAIS NECESSÁRIOS AO LICENCIAMENTO DE GRANDES OBRAS DE ENGENHARIA 427
5.6 – OS 4 RS (REDUÇÃO, REÚSO, RECUPERAÇÃO E RECICLAGEM) 435
   5.6.1 – Redução de geração de resíduos na fonte 439
   5.6.2 – Reutilização 447
   5.6.3 – Recuperação de materiais, água e energia 450
   5.6.4 – Reciclagem 454
5.7 – LIXO 472
5.8 – DISPOSIÇÃO DOS RESÍDUOS 480
   5.8.1 – Identificação dos locais de manuseio, estocagem e disposição 480
   5.8.2 – Tratamento e disposição final dos resíduos 482

5.9 – A ENGENHARIA DO PRODUTO E O MEIO
    AMBIENTE...482
  5.9.1 – Questões organizacionais 490
  5.9.2 – Questões relacionadas ao produto 493
  5.9.3 – Procedimentos de projeto 498
  5.9.4 – Gestão da cadeia de suprimentos.....................503
  5.9.5 – Ciclo de vida..504
  5.9.6 – Funcionalidade 507
  5.9.7 – Mudança de venda de produtos para oferta
     de serviços...509
  5.9.8 – Conceito multicritério......................................511
  5.9.9 – Trocas compensatórias (Trade-off) 515
  5.9.10 – Objetivos ambientais estratégicos relacionados
     ao produto 516
  5.9.11 – Abordagens de projeto 520
  5.9.12 – Recomendações visando reduzir
     periculosidade 527
  5.9.13 – Projeto de produto e processo de
     desenvolvimento 531
  5.9.14 – Requisitos e restrições de projeto. Verificação
     e validação do produto 534
  5.9.15 – Etapas de desenvolvimento de um produto ...536

**Capítulo 6 – CERTIFICAÇÃO, LEGISLAÇÃO E
LICENCIAMENTO...538**
  6.1 – CERTIFICAÇÃO 538
  6.2 – ÓRGÃOS PÚBLICOS..541
  6.3 – LEGISLAÇÃO 542
  6.4 – LICENCIAMENTO AMBIENTAL.............................554
  6.5 – AVALIAÇÃO DE IMPACTO AMBIENTAL (AIA)........556

Anexo A – CONCEITOS BÁSICOS DE CIÊNCIA AMBIENTAL.. 567
  A.1 – DEFINIÇÕES...567
  A.2 – ÁGUA 568
  A.3 – CICLOS DO OXIGÊNIO E DO CARBONO.................569
  A.4 – ORGANISMOS E SUA INTERAÇÃO COM O MEIO
     AMBIENTE 578
  A.5 – CICLOS DO NITROGÊNIO E DO FÓSFORO..............578

BIBLIOGRAFIA...583

Capítulo 1
EVOLUÇÃO DA QUESTÃO AMBIENTAL

"Estamos diante de um momento crítico na história da Terra, numa época em que a humanidade deve escolher o seu futuro. À medida que o mundo torna-se cada vez mais interdependente e frágil, o futuro enfrenta, ao mesmo tempo, grandes perigos e grandes promessas. Para seguir adiante, devemos reconhecer que no meio de uma magnífica diversidade de culturas e formas de vida, somos uma família humana e uma comunidade terrestre com um destino comum. Devemos somar forças para gerar uma sociedade sustentável global baseada no respeito pela natureza, nos direitos humanos universais, na justiça econômica e numa cultura da paz. Para chegar a este propósito, é imperativo que, nós, os povos da Terra, declaremos nossa responsabilidade uns para com os outros, com a grande comunidade da vida, e com as futuras gerações"
(Carta da Terra, ONU, 2002)

1.1 – CONSCIENTIZAÇÃO AMBIENTAL

Constata-se, ao longo da história, que o homem sempre utilizou os recursos naturais do planeta e gerou resíduos com baixíssimo nível de preocupação: os recursos eram abundantes e a natureza aceitava sem reclamar os despejos realizados, já que o enfoque sempre foi "diluir e dispersar".

O propósito deste capítulo é apresentar um resumo histórico com os principais fatos que têm conduzido a uma mudança de postura por parte de governos, das empresas e das pessoas em geral. Os objetivos de sua apresentação estão ligados ao conhecimento do passado, de forma a perceber as tendências para o futuro, bem como à motivação que deve existir na empresa para a realização das mudanças necessárias ao sucesso da implantação de um Sistema de Gestão Ambiental

(SGA). Também serão discutidas as principais questões globais que têm correlação direta com os problemas ambientais atuais, bem como perspectivas futuras, como é o caso das mudanças climáticas e o aquecimento global.

1.1.1 – Histórico Ambiental

A percepção, de que a degradação ambiental já estava passando a causar graves problemas de saúde ficou evidenciada por um evento ocorrido na Inglaterra, região de Londres, entre 4 e 13 de dezembro de 1952. Nessa época, grande parte das indústrias, sobretudo aquelas de geração de energia elétrica, e residências, usavam carvão para produção de energia que, em sua queima, sem posterior tratamento dos gases, emitia grande quantidade de enxofre e material particulado na atmosfera, ocasionando um fenômeno denominado "*smog*" – contração das palavras "*smoke*" e "*fog*".

Em 4 de dezembro de 1952, uma quinta feira, uma grande massa de ar frio, vinda do Norte penetrou na região de Londres, havendo, ao mesmo tempo, uma inversão térmica.

> Inversão térmica: em uma situação normal, a temperatura da atmosfera vai caindo quando nos afastamos do solo, fazendo com que camadas de ar mais quente subam por convecção, transportando os poluentes, que se diluem na atmosfera. A inversão térmica é caracterizada por se formar, em uma determinada altura, uma camada de ar mais quente do que a camada imediatamente mais baixa. Nesse ponto, cessa a convecção e a massa de ar quente ascendente que transporta o material particulado e outros gases interrompe sua subida, criando um grande bolsão, como se fosse a tampa de uma panela. As condições de qualidade do ar passam a piorar, rapidamente, ao nível do solo até a camada de inversão, quando mais poluentes forem sendo lançados à atmosfera, por não ocorrer sua dispersão.

Voltando ao evento de Londres, da noite de 4.12.1952, com a temperatura caindo a próximo de zero grau Centígrado, muitas residências passaram a queimar carvão em suas lareiras e aquecedores, emitindo uma grande quantidade de enxofre e fumaça no ar. Na sexta-feira, dia seguinte, elas continuaram a fazer esse tipo de aquecimento, agravado pelas emissões industriais em larga escala. No sábado, a luz do sol não conseguiu penetrar em toda a região da Grande Londres. A visibilidade era quase nula, de apenas alguns metros, provocando um grande problema no trânsito e muitos acidentes. Estava ainda muito frio e as pessoas continuaram a queimar carvão para aquecimento em todo o final de semana. Na segunda-feira, dia 8 de dezembro, houve em Londres mais de 100 mortes, decorrentes de ataques cardíacos, estimulados pela dificuldade de respiração, havendo relatos de que muitas pessoas tiveram que dormir sentadas para facilitar a respiração. A situação foi ficando cada vez mais grave, com os hospitais sobrecarregados com pacientes com problemas respiratórios e, somente começou a melhorar quando terminou a inversão térmica, com a elevação da temperatura e a redução das emissões de poluentes.

O Ministério da Saúde britânico realizou um profundo estudo, inventariando as causas das mortes nessa região (aproximadamente o dobro de mortes em relação ao mesmo período do ano anterior). Cerca de 8.000 pessoas faleceram como consequência direta do *smog*. As principais causas dessas mortes, identificadas nesse estudo foram bronquite, enfisema pulmonar, gripe, pneumonia e ataques cardíacos. Foi a primeira constatação científica relacionando um determinado tipo de poluição a perdas de vidas humanas em grande escala, pois somente no dia 13 de dezembro ocorreram cerca de 4.000 mortes na região da Grande Londres.

Década de 60:

Foi a partir da década de 1960 que começou a mudar a situação de descaso em relação às emissões de poluentes. Na Inglaterra, buscavam-se soluções tecnológicas para evitar a repetição dos eventos de 1952. Nessa década, alguns recursos passaram a ser mais valorizados, já com a preocupação relacionada ao aumento da população e do consumo, visualizando-se o seu esgotamento futuro (petróleo, madeiras, água de qualidade etc.), e da ocorrência de alguns grandes acidentes que alertaram a humanidade para a magnitude das agressões à natureza e suas repercussões sobre a vida.

Ainda nessa década, o Clube de Roma divulgou um relatório, transformado em livro e denominado "Os Limites para o Crescimento" (*Limits to Growth*), elaborado por Donella Meadows e outros. Por meio de simulações matemáticas, foram feitas as projeções de crescimento populacional, poluição e esgotamento dos recursos naturais da Terra. Essas projeções revelaram-se, posteriormente, alarmistas e incorretas (uma vez que algumas medidas foram tomadas para evitar os resultados previstos), porém, serviram como alerta e motivação para as mudanças de comportamento.

Em 1962 foi publicado um livro que, com grande repercussão, chamou a atenção para a questão ambiental. Trata-se do "*Silent Spring*" (Primavera Silenciosa), de autoria de Rachel Louise Carson (1907-1964), uma bióloga marinha que trabalhava para o governo americano. Este livro foi escrito após ela ter recebido uma carta de uma amiga (Olga Owens Huckins) que a informava da morte de pássaros e outros animais em sua fazenda em Duxbury, Massachusetts, e ela, de forma bastante emocional e poética procurou apresentar como seria uma primavera sem o canto dos pássaros, que teriam sido exterminados pelo uso do DDT (dicloro-difenil-tricloroetano). Essa publicação contribuiu, enormemente, para a proibição do DDT (na época de sua publicação, somente os Estados Unidos produziam 76 mil toneladas de DDT por ano) e, posteriormente, para a criação da Agência de Proteção Ambiental dos Estados Unidos ("*Environmental Protection Agency*" – EPA), órgão de atuação marcante na vida americana no tocante ao meio ambiente, prevenção de poluição, recuperação de áreas degradadas, entre outras atividades, gestor de enormes somas do *Superfund*. Cabe mencionar que o DDT era visto como um produto importante para a humanidade, tendo motivado a concessão do prêmio Nobel de Medicina e Fisiologia de 1948 ao seu criador, o suíço Paul Muller (1899-1965), por ter salvado milhões de vidas humanas na guerra, evitando surtos de tifo e malária em tropas aliadas e populações, como um potente inseticida, além de proteger colheitas contra insetos.

Por ocasião da II Guerra Mundial, houve grande escassez de inseticidas à base de chumbo, arsênico e cobre, materiais usados na fabricação de armamentos e munições. As condições extremamente insalubres, em guerra, facilitam a proliferação de doenças relacionadas à higiene. O DDT, nessa ocasião, era usado pelas tropas aliadas, misturado a talco, e garantia uma eficiente proteção aos soldados, evitando milhares de casos de doenças. Era um produto muito barato e praticamente não fazia mal a humanos e a outros animais de sangue quente. Porém, descobriu-se posteriormente que ele apresentava um efeito altamente tóxico em relação a plantas e peixes. Com as aves, caso levantado por Rachel Carson, constatou-se que o DDT afetava o metabolismo do cálcio, deixando as cascas dos ovos muito frágeis e quebradiças, havendo muita perda de ovos entre a postura e o nascimento da ave, razão da redução de populações. Trata-se de um produto persistente (dura muito tempo) e bioacumulativo, por entrar na cadeia alimentar.

A Figura 1.1 apresenta as capas dos livros, em inglês e português.

Figura 1.1 – Livro Silent Spring
Fontes: https://blog.nus.edu.sg/urbaneco/2016/02/18/book-review-some-thoughts-on-silent-spring/. Consultado em 20.01.2023.
https://www.amazon.com.br/Primavera-Silenciosa-Rachel-Carson/. Consultado em 20.01.2023.

Nos anos de 1950 evidenciou-se um problema grave de saúde, como resultado de contaminação ambiental, com sérias repercussões, na região de Minamata, no Japão. Desde 1932, a empresa Chisso, fabricante de alumínio, realizava despejo de efluentes contendo metais pesados, principalmente mercúrio, que foram conduzidos à Baía de Minamata e absorvidos por ostras e pequenos peixes; ocorrendo um processo de bioacumulação, foram contaminados os peixes maiores que, depois de pescados, transferiram o mercúrio para animais e seres humanos (no início acreditava-se que seria um "mal dos gatos", já que estes apresentaram os sintomas antes dos humanos, devido à dose ser proporcionalmente maior que nos humanos, os gatos nas comunidades de pescadores se alimentavam basicamente de peixes e restos de peixes). Em 1956, foi classificado como "incidente de Minamata". O denominado "mal de Minamata" provocava tonteiras, paralisias, cegueiras, deformações físicas e mortes de familiares de pescadores. Cerca de 3.000 foram certificadas como vítimas, e cerca de 10.000

pessoas das províncias de Kagashima, Kumamoto e Niigata receberam indenizações.

Na Inglaterra, na década de 60, iniciou-se um processo de descontaminação do rio Tâmisa com intensos esforços para a melhoria do ar de Londres, motivados, principalmente, pelas mortes causadas na década de 50 por *smogs*.

Décadas de 70 e 80:

A década de 70 caracterizou-se como sendo aquela em que aumentaram as atividades de regulamentação (criação de leis) e de controle ambiental.

Em 1972, ocorreu a "Conferência das Nações Unidas sobre o Meio Ambiente Humano", em Estocolmo, com a participação de 113 países. Nessa conferência, a primeira que foi promovida pela ONU sobre o assunto, evidenciou-se uma diferença entre ricos e pobres na visão do problema ambiental. Os ricos, achando que deveriam ser realizados controles internacionais rígidos para reduzir a poluição que atingia níveis alarmantes, e os pobres não aceitando esse controle, por interpretá-lo como um freio ao seu desenvolvimento. Essa foi, por sinal, a posição inicial do Brasil, cujos representantes entraram na conferência acreditando que os países ricos atingiram elevados níveis industriais com o uso predatório dos recursos naturais e tentariam impedir os outros de obter esses recursos naturais e crescer. Defenderam uma posição de que o Brasil não se importaria em aceitar uma degradação ambiental para manter seu crescimento. Essa posição mudou um pouco no decorrer da conferência, ao ser percebida a real preocupação com o problema e suas consequências. Como documento, foi produzida a "Declaração de Estocolmo sobre o Meio Ambiente" e criado o Programa das Nações Unidas para o Meio Ambiente (PNUMA).

A crise energética, em grande parte resultante de um aumento repentino dos preços do petróleo pelos árabes (OPEP) fez com que houvesse um esforço no sentido de economizar e usar racionalmente esse produto, em um modo de pensar que se propagou para outros recursos naturais e proporcionou a busca de alternativas energéticas de fontes renováveis. Temos como exemplo o etanol, que hoje voltou a ser importante, tanto como combustível, como também como elemento oxidante da gasolina, contribuindo para diminuir os índices de poluição atmosférica das grandes cidades. Ao mesmo tempo, houve uma maior conscientização das comunidades com relação à reciclagem de materiais e com a valorização energética dos resíduos.

Foi também na década de 70 que surgiu o conceito de "desenvolvimento sustentável", que admite a utilização dos recursos naturais de que temos necessidade hoje, para permitir uma boa qualidade de vida, porém sem comprometermos a utilização desses mesmos recursos pelas gerações futuras. Essa postura reflete, na realidade, um compromisso entre gerações.

Em 1978, surgiu na Alemanha o "selo ecológico" denominado "Anjo Azul" (*Blauer Engel*), destinado a rotular os produtos "ambientalmente corretos", ou seja, aqueles que não envolvessem um uso exagerado de recursos naturais não renováveis, o descarte indevido à natureza de resíduos gerados em seu processo produtivo, ou em sua utilização (não destruindo a camada de ozônio, por exemplo) ou em seu descarte final, conforme o caso. Tratava-se de um mecanismo de comunicação com o consumidor que, conscientizado da importância desses fatores de desempenho ambiental, passaram, cada vez mais, a dar preferência de compra a produtos com o selo, em detrimento de outros, eventualmente mais baratos, porém poluidores. O primeiro selo ecológico foi, na realidade, concebido na Holanda em 1972, com menor repercussão que o "Anjo Azul".

Também na década de 70, passou a ser exigida, nos Estados Unidos, a realização de Estudos de Impacto Ambiental (EIA), como um pré-requisito à aprovação de empreendimentos potencialmente poluidores. Foi um mecanismo preventivo que colaborou para impedir a aprovação de construções de indústrias altamente degradantes ao meio ambiente.

Além disso, a Agência Ambiental Americana (*Environmental Protection Agency* – EPA) estimulou a criação de uma série de leis e regulamentos nos Estados Unidos: Lei do Ar Puro (*Clean Air Act*); Lei da Água Pura (*Clean Water Act*); Lei de Recuperação e Conservação de Recursos; Lei Abrangente Ambiental de Responsabilidade, Limpeza e Responsabilização ("*Superfund*"); Lei da Água Potável Segura; Lei de Controle de Substâncias Tóxicas; Lei de Mineração e Recuperação do Solo; e Lei do Direito da Comunidade à Informação, dando um salto nas exigências legais, até então pouco eficientes.

A década de 80 foi marcada como sendo aquela em que surgiram, em grande parte dos países, leis regulamentando a atividade industrial no tocante à poluição. Também nessa década teve impulso o formalismo da realização de Estudos de Impacto Ambiental e Relatórios de Impactos sobre o Meio Ambiente (EIA-RIMA), com audiências públicas e aprovações dos licenciamentos ambientais em diferentes níveis de organizações do governo.

Nessas duas décadas (70 e 80), ocorreram acidentes com grande impacto sobre o meio ambiente, com grande repercussão na mídia e na opinião pública. Podem ser mencionados e historicamente descritos alguns, considerados mais importantes:

a) acidente em Seveso, na Itália, com vazamento de dioxina (TCDD – tetracloro dibenzeno dioxina).

Em 10 de julho de 1976 ocorreu uma reação química descontrolada na indústria química ICMESA, do grupo Givaudan-La Roche, a 30 km ao norte de Milão (região densamente povoada), durante uma síntese de triclorofenol, a partir do tetraclorobenzeno. A reação não foi interrompida antes do descanso dos trabalhadores no final de semana, e continuou sem monitoramento, gerando muito calor e posteriormente uma liberação de cerca de 6 toneladas de produtos químicos, contendo apenas cerca de 1 kg de TCDD e atingindo a região de Seveso. A empresa tentou minimizar o acidente e as autoridades locais demoraram a agir. Somente no 5º dia, começando a ocorrer mortes de animais, internações de 15 crianças com queimaduras cáusticas e lesões, iniciou-se um trabalho mais sério. Foram definidas três zonas, uma zona A de cerca de 100 hectares, onde a concentração de dioxina era superior a 50 µg/m² (microgramas por metro quadrado) e da qual todas as pessoas foram evacuadas (733 pessoas), tendo sido abatidos todos os animais, e uma zona B, onde a concentração de dioxina era situada entre 5 e 50 µg/m², da qual não se fez a evacuação, porém tendo sido necessário um significativo trabalho de monitoração das 5.904 pessoas que lá habitavam e a morte de todos os animais. Na zona R, com concentração inferior a 5 µg/m², onde habitavam cerca de 31.800 pessoas não se julgou necessário exercer nenhum controle. A área total afetada foi de 1.800 hectares. Não houve a ocorrência de mortos (humanos), se não forem computados os 26 abortos terapêuticos (legalizados), porém foi necessário um enorme e dispendioso trabalho de descontaminação, tendo sido removida uma camada de 10 cm de solo sempre que a concentração de TCDD era superior a 5µg/m².

 b) acidente em Bhopal, na Índia.

Em 3 de dezembro de 1984, ocorreu um vazamento acidental de isocianato de metila, um produto intermediário na fabricação de inseticidas, da fábrica Union Carbide India, resultando em aproximadamente 3.800 mortos, 40 pessoas totalmente deficientes e aproximadamente 2.680 pessoas com deficiências parciais. No dia seguinte ao acidente, as ações da Union Carbide caíram à metade, levando a companhia, que detinha uma posição de liderança mundial a perder terreno para a concorrência, além de prejuízos incalculáveis financeiros e de imagem;

 c) acidente de Chernobyl, na então União Soviética, hoje Ucrânia.

Em 29 de abril de 1986, ocorreu uma enorme explosão no reator 4 da Usina Nuclear de Chernobyl, na Ucrânia, cerca de 100 km de Kiev. A contaminação radioativa foi muito elevada nas imediações, uma área com um raio de cerca de 30 km, mas também em outras regiões, particularmente na Bielorrússia (Belarus), Rússia e Ucrânia. Pode-se dizer que a Europa, como um todo, sofreu as consequências do desastre. Esse acidente, na verdade, resultou de um teste mal realizado, no qual foram cometidos erros operacionais, ao mesmo tempo em que se tratava de um projeto de reator que continha deficiências no tocante à segurança.

Ocorreram duas explosões na Usina de Chernobyl. A primeira delas destruiu o núcleo do reator n° 4. A segunda explosão, muito mais forte, arremessou blocos de grafite usado como moderador e combustível nuclear para o ar. Esses blocos de grafite caíram em vários pontos e se incendiaram, gerando cerca de 30 focos de incêndio, que colaboraram para lançar enormes quantidades de material radioativo no ambiente, completando o que já havia sido lançado pela explosão. Apenas cerca de 3% do material do núcleo escapou para o meio ambiente, mas foi o suficiente para causar uma enorme contaminação radioativa. Além das mortes havidas (31 mortes de bombeiros) e problemas de saúde causados em habitantes das regiões próximas, uma enorme área foi afetada, com contaminação de regiões agrícolas e de água. Formou-se uma enorme pluma de contaminação que se dirigiu inicialmente para o norte, chegando à Suécia, mas depois se espalhou pela maioria dos países da Europa. Foram liberados os elementos Iodo-131, Telúrio-132, Bário-140 e Césio-137, este sendo o elemento mais perigoso, em vista de sua meia-vida longa, de 30 anos. De acordo com um estudo do Comitê Científico Sobre Efeitos da Radiação da ONU[1], a dose média efetiva para as pessoas mais afetadas pelo acidente foi de cerca de 120 mSV (miliSieverts) para cerca de 530.000 operários e pessoal utilizado no controle do acidente e 30 mSV para pessoas evacuadas da área. Como comparação, o estudo mostra que a dose média efetiva (única) recebida em uma tomografia computadorizada em um adulto é de 9 mSv, dose esta que as pessoas que habitam hoje nas áreas contaminadas continuam a receber na região de Chernobyl. Habitavam a área afetada na Ucrânia, Belarus e Federação Russa, cerca de 7 milhões de pessoas, tendo sido evacuadas 135.000 pessoas.

---

1 United Nations. *Assessments of the Radiation Effects from the Chernobyl Nuclear Reactor Accident*. Disponível em https://www.unscear.org/unscear/en/areas-of-work/chernobyl.html. Consultado em 5.01.2023.

Um acidente com liberação de material radioativo, que nada tem a ver com o de Chernobyl, mas que ocorreu no Brasil, em setembro de 1987, em Goiânia, é aqui comentado, para esclarecimento. Uma fonte radioativa utilizada em uma clínica de tratamento de câncer (desativada) foi abandonada e acabou tendo como destino um ferro-velho. Para vender o material como sucata, e desconhecendo o perigo, o dono do ferro velho abriu essa fonte e levou-a para a sua casa, expondo o material radioativo, Césio 137. Achando brilhante e bonito o pó contido em seu interior, as crianças da família chegaram a passá-lo na pele. Não somente as crianças, mas também os adultos envolvidos ingeriram alimentos que foram contaminados pelas mãos sujas de pó. Após uma semana, um médico da rede pública, ao atender uma das pessoas contaminadas, percebeu que se tratava de doença relacionada ao contato com material radioativo, sendo acionada a Comissão Nacional de Energia Nuclear (CNEN), que deslocou imediatamente uma equipe para Goiânia, identificou a área contaminada, providenciou tratamento às vítimas (cerca de 240 pessoas) e realizou um enorme trabalho de descontaminação e limpeza da área. Poucas gramas de Césio 137 geraram aproximadamente 3.500 m^3 de rejeitos radioativos, com aproximadamente 6.000 toneladas, na forma sólida. 112.000 pessoas foram monitoradas e 249 vítimas apresentaram contaminação externa ou interna. Houve quatro mortes diretamente resultantes desse acidente.

d) Contaminação do Rio Reno. Em 1.11.1986 houve um incêndio de grandes proporções em uma fábrica da Sandoz, em Basileia, na Suíça. Mais de 1.000 toneladas de inseticidas à base de ureia e mercúrio transformaram-se em nuvens tóxicas, com a explosão de tambores que continham esses materiais. A água usada para apagar o incêndio dissolveu e arrastou cerca de 30 toneladas de produtos tóxicos (agrotóxicos) para o Rio Reno. Esse rio que, na época, abastecia 20 milhões de pessoas com água potável, ficou completamente contaminado entre Basileia e Karlsruhe (Alemanha), com a morte de, praticamente, todos seus seres vivos. (Deutsche Welle, 2007)

e) acidente com o *Exxon Valdez* no Alasca.

O navio-petroleiro *Exxon Valdez*, em 24.3.1989, desviou-se do canal de navegação no estreito Príncipe William, ao sair carregado do porto de Valdez, no Alasca, vindo a se chocar com recifes e gelo. Ocorreu um vazamento de 36 milhões de litros de petróleo cru, que o navio transportava do Alasca para os Estados Unidos. O vazamento de óleo foi combatido com grande ineficiência (falta de definição de responsabilidades entre a empresa e a administração do terminal portuário de Valdez, falta de recursos materiais etc.), acarretando a contaminação de extensas áreas de praias e do mar, inclusive viveiros de peixes e frutos do mar. Os prejuízos da Exxon foram elevadíssimos. Até hoje existem ações judiciais em curso (de indenizações, por exemplo), além de problemas sérios de desgaste da imagem comercial da Companhia. Relembra-se que a Exxon participava da "Atuação Responsável" (processo comentado mais adiante) com a indústria química, apresentando um bom desempenho ambiental.

Um incidente ambiental bastante comentado ocorreu em *Love Canal*, nos Estados Unidos. Em 1894, o empresário William Love iniciou a construção de um canal que contornaria as cataratas de Niagara, com fins turísticos e para construção de uma usina hidroelétrica, como estímulo à implantação de novas empresas na área, dependentes de energia. Posteriormente, o Congresso Americano impediu a continuidade das obras do canal, já com 1,6 km construídos (15 m de largura e de 3 a 12 m de profundidade), para evitar o desvio das águas do rio Niagara, que causariam prejuízo às cataratas. Por volta de 1940, a empresa *Hooker Chemicals* assumiu o controle dessa área, com o objetivo de usá-la como depósito de tambores contendo rejeitos químicos, como produtos cáusticos, alcalinos e hidrocarbonetos clorados, resultantes de processos industriais usados na fabricação de solventes, perfumes e resinas sintéticas, entre outros. Foram descartadas 19.800 toneladas de rejeitos, armazenados em tambores, que foram enterrados. Posteriormente, em 1951, a área foi pleiteada para construção de uma escola e para servir para expansão da comunidade, sendo vendida pela empresa para a prefeitura da cidade, por US$ 1,00, como forma de escapar de suas responsabilidades pela contaminação ambiental (*liabilities*). Foram construídas duas escolas, 800 casas e 240 apartamentos para pessoas de baixa renda. Entretanto, com o tempo, começou a ocorrer ferrugem e o vazamento dos tambores, com o afloramento de poças líquidas no solo e nas fundações das casas, resultando em emanações de gases, e detectando-se a presença de benzeno, dioxinas e outros produtos perigosos. Os residentes, principalmente as crianças, passaram a apresentar queimaduras de pele, problemas neurológicos e psicológicos. Em 1978, a situação atingiu um ponto crítico, obrigando o governo do Estado de Nova York a tomar medidas de evacuação da área, com a consequente demolição de casas. Cerca de 800 famílias foram realocadas. A *Occidental Petroleum*, que havia comprado a *Hooker Chemicals*, concordou em pagar uma indenização de US$ 129 milhões. Em 2004 foi encerrada a limpeza da área, em um programa do *Superfund*, a um custo de US$ 400 milhões.

Nos Estados Unidos, existe um número muito grande de áreas degradadas por depósitos de resíduos tóxicos (legais ou clandestinos, onde ocorreu o chamado "*midnight dumping*", ato de jogar fora os resíduos, "à meia-noite", quando ninguém vê. Para recuperar essas áreas, foi criado um fundo a partir da cobrança de impostos sobre a comercialização de produtos químicos, denominado *Superfund*, na verdade, resultado de uma lei chamada de *Comprehensive Environmental Response, Compensation and Liability Act* – CERCLA. A Agência Ambiental Americana (EPA), gerenciadora do *Superfund*, gastou entre 1990 e 1995 cerca de US$ 9,1 bilhões por ano na recuperação de áreas degradadas. Os piores locais são colocados em uma lista denominada "*National Priority List*" – NPL. O custo médio de recuperação de cada local foi de 26 milhões de dólares. Essa lista é ainda ativa, pode-se consultá-la em EPA NPL na internet; em 17.08.2022 estavam registrados 1.329 sites do *Superfund* na *NPL*, a serem descontaminados.

Na década de 70, foi colocado em evidência o problema da destruição progressiva da camada de ozônio por gases, como, por exemplo, o CFC, que quebra a molécula de ozônio (O_3), liberando oxigênio. O ozônio é um gás altamente venenoso, causador de problemas em baixas altitudes (resultado de queimadas de cana e reação fotoquímica a partir do NO_x emitido por veículos, por exemplo); entretanto, na alta atmosfera ele forma um escudo protetor à Terra, bloqueando parte da radiação ultravioleta vinda do sol, que é causadora de câncer de pele, entre outros problemas (catarata etc.), ou seja, é altamente benéfico. Os estudos, focados principalmente na região Antártida, alertaram a humanidade sobre esse problema global, que motivou o Protocolo de Montreal (assinado em 1987 e ratificado por mais de 170 países, inclusive o Brasil), visando à eliminação do uso do CFC e o estabelecimento de prazos, limites e restrições à produção, comercialização e consumo de substâncias que destroem a camada de ozônio, tais como CFC, halogênios, tetraclorometano, HCFC, HBFC, brometo de metila e metilclorofórmio. Na época, foi iniciado um grande esforço para a substituição de produtos contendo esses componentes por outros, tais como aerossóis sem CFC, aplicações de outros gases nos aparelhos de refrigeração como o gás HCFC-22, R-401A, refrigerantes naturais do tipo amônia e hidrocarbonetos.

A ONU, como um dos resultados da Conferência de Estocolmo, havia criado uma comissão para avaliar os problemas ambientais do mundo. Essa comissão (Comissão Mundial sobre Meio Ambiente e Desenvolvimento), presidida pela Sra. Gro Harlem Brundtland, que foi, por duas vezes, primeira-ministra da Noruega, visitou vários países e produziu como resultado de seus trabalhos um documento intitulado "Nosso Futuro Comum", publicado em 1987, também conhecido como *Relatório Brundtland*. Esse trabalho contribuiu para disseminar o conceito de desenvolvimento sustentável.

Em março de 1989 ocorreu a Convenção da Basileia, que estabeleceu um acordo internacional com regras para o controle de movimentos transfronteiriços de resíduos perigosos e seu depósito. Esse acordo visa reduzir os movimentos de resíduos perigosos ao mínimo possível, e estabelece obrigações de realizá-lo, quando necessário, de modo eficiente e ambientalmente seguro. A Convenção proíbe o envio de resíduos perigosos para países que não possuam capacidade técnica para tratá-los. Um incidente diplomático aconteceu, pouco antes, em 1988, quando um navio transportando 3.800 toneladas de resíduos químicos altamente tóxicos, proveniente da Itália, foi proibido de descarregar sua carga em uma vila de pescadores da Nigéria (Koko), tendo que retornar à Itália.

Década de 90:

Nesta década, houve um grande impulso com relação à consciência ambiental. Na maioria dos países a Sociedade passou a aceitar pagar um preço pela qualidade de vida, mantendo-se limpo o ambiente.

O termo "qualidade ambiental" passou a fazer parte do cotidiano das pessoas. Muitas empresas passaram a se preocupar com a racionalização do uso de energia e de matérias-primas (madeiras, água, combustíveis, minérios e outros), além de existir um maior empenho na promoção da reciclagem e reutilização de materiais, evitando-se os desperdícios.

Como um evento importante da década, cita-se a Conferência das Nações Unidas sobre o Meio Ambiente e o Desenvolvimento, realizada no Rio de Janeiro entre 3 e 14 de junho de 1992, também conhecida como Cúpula da Terra, Rio 92, ou Eco 92. Esta conferência contou com a participação de 172 países (apenas seis membros das Nações Unidas não estiveram presentes), representados por cerca de 10.000 participantes e com a presença de importantes Chefes de Governo (116 Chefes de Estado). Ficou evidenciada na Conferência uma mudança generalizada de maior preocupação com o meio ambiente, associada à aceitação da necessidade de desenvolvimento, posição defendida principalmente pelos países do terceiro mundo. Foi, sobretudo a partir dessa conferência que passou a ser melhor entendida a mútua dependência entre o desenvolvimento e um meio ambiente ecologicamente em equilíbrio, com conservação dos recursos para as gerações futuras (desenvolvimento sustentável, pois sem os recursos da natureza não existirá o desenvolvimento a longo prazo) e a necessidade do desenvolvimento para que existam tecnologias que permitam a solução de problemas ambientais crescentes e, principalmente, pelo combate e redução da pobreza, que é causa de graves problemas ambientais e, ao mesmo tempo, é a maior vítima desse tipo de problemas.

Os documentos principais produzidos foram a "Agenda 21", a "Declaração do Rio sobre Meio Ambiente e Desenvolvimento", a "Convenção sobre a Mudança do Clima" e a "Convenção da Biodiversidade", prevendo-se a necessidade de difíceis mudanças em práticas e costumes para implementar as novas resoluções.

A "Agenda 21" é um documento que estabelece um abrangente plano de ação, para ser implementado pelos governos, além de organizações da ONU, agências de desenvolvimento e grupos setoriais independentes, nas áreas em que as atividades humanas prejudiquem o meio ambiente. Trata-se de um programa organizado com ações de longo prazo, temas, projetos, objetivos e metas, que resultaram em cerca de 2.500 ações a serem implementadas. Propõe, entre outros, o estudo das relações entre o meio ambiente e pobreza, saúde, comércio, consumo e população, o uso mais racional de matérias-primas e de energia para a produção de bens e serviços, a realização de pesquisas sobre novas formas de energia, além de motivar a visão de desenvolvimento sustentável para prevenir as necessidades das gerações do século 21. Propõe o fortalecimento dos Grupos Sociais e sugere meios de implementação, com financiamentos. Recomenda a constituição de comissões de "desenvolvimento sustentável" para governos federais, estaduais e municipais.

A "Declaração do Rio sobre Meio Ambiente e Desenvolvimento" apresenta 27 princípios que orientam principalmente as ações de governos para procedimentos recomendáveis na proteção dos recursos naturais e da busca do desenvolvimento sustentável e de melhores condições de vida para todos os povos. Como exemplos, citamos o Princípio 1: "Os seres humanos têm direito a uma vida saudável e produtiva em harmonia com a natureza" e o Princípio 27: "Os Estados e as pessoas devem cooperar de boa fé e num espírito de parceria para o cumprimento dos princípios constantes desta Declaração e para o desenvolvimento do Direito Internacional no campo do desenvolvimento sustentável".

A Convenção-Quadro das Nações Unidas sobre a Mudança Climática (UNFCCC em inglês) também foi um dos resultados mais importantes da Rio 92.

Segundo Christopher Flavis, vice-presidente do *Worldwatch Institute*, com sede nos Estados Unidos, oito nações – os industrializados EUA, Japão, Alemanha e Rússia e aqueles em desenvolvimento, Brasil, China, Índia e Indonésia, juntas são as maiores causadoras de grandes problemas ambientais no planeta. Esses países reúnem 56% da população, 59% da produção econômica, 58% das emissões de gases que provocam o efeito estufa e 53% das florestas.

No final da década de 90, foi observado um aumento de eventos climáticos importantes, como o aumento da intensidade e frequência de furacões e tufões. Como exemplo, cita-se o furacão *Mitch*, em outubro de 1998 que, em seu curso, e de forma não comum, reduziu a sua velocidade no litoral de Honduras e da Nicarágua (passou entre 29 de outubro e 3 de novembro de 1998), atingiu ventos de 290 km/h, matou mais de 11.000 pessoas e despejou bilhões de litros de água salgada que foi aspirada do mar (nesses dias, choveram 1.900 mm), causando enormes alagamentos e salinização do território desses países, com prejuízos superiores a 5 bilhões de dólares.

No que diz respeito ao lado empresarial, nota-se que a emissão das normas BS 7750 e, mais recentemente, das normas da série ISO 14000, vêm motivando as empresas a investirem em melhorias ambientais, por meio da implantação de sistemas de gestão ambiental e um maior cuidado quanto aos processos de fabricação, relacionados aos produtos e rejeitos gerados, visando atender a uma expectativa dos consumidores. Essa mobilização vem conduzindo à busca de certificação dos sistemas de gestão ambiental da empresa, à semelhança da certificação ISO 9000.

Anos 2000

Em 17.5.2004 entrou em vigor, em todo o mundo, a Convenção de Estocolmo Sobre Poluentes Orgânicos Persistentes (Suécia, maio de 2001), que visou banir a produção, uso e disposição dessas substâncias químicas tóxicas. Foi preparada uma lista com 12 tipos dessas substâncias, os "12 sujos", que incluem pesticidas, PCBs (bifenilas policloradas), furanos e dioxinas. A Convenção de Estocolmo proíbe que novos POPs sejam criados e comercializados.

Os eventos climáticos anormais continuaram a se manifestar, ganhando intensidade e afetando a vida de milhões de pessoas na Terra. Uma onda de calor excepcionalmente severa matou cerca de 14.800 pessoas na França, em agosto de 2003. O furacão *Katrina*, formado em 23.8.2005, destruiu parte da cidade de Nova Orleans, causou mais de 1.836 mortes e prejuízos econômicos avaliados em US$ 81,2 bilhões. Depois desse, de 23 a 30.8.2017, o furacão Harvey atingiu o sudeste dos Estados Unidos (principalmente Houston), causando cerca de 60 mortes e US$ 150 bilhões em prejuízos.

Em 2003, dez dos maiores bancos que atuam no financiamento internacional de projetos (ABN Amro, Barclays, Citigroup, Crédit Lyonnais, Crédit Suisse, HypoVereinsbank (HVB), Rabobank, Royal Bank of Scotland, WestLB e Westpac), responsáveis por mais de 30% do total de investimentos em todo o mundo, lançaram as regras dos "Princípios do Equador" nas suas políticas de concessão de crédito para a implantação de projetos, levando em conta os impactos ambientais e sociais provocados pelo empreendimento em avaliação. O objetivo é garantir a sustentabilidade, o equilíbrio ambiental, o impacto social e a prevenção de acidentes, que possam causar situações difíceis, na implantação e durante a vida dos empreendimentos, reduzindo também o risco de inadimplência.

Em 2005, uma seca anormal atingiu a Amazônia, afetando inúmeros rios importantes, no mesmo ano em que chuvas intensas transbordaram os rios Elba e Danúbio, causando incalculáveis perdas econômicas. A *Fundação Re*, de Munich, estimou as perdas financeiras em cerca de US$ 200 bilhões.

A água de qualidade tem se tornado cada vez mais escassa e cara, em vista do crescimento populacional, necessidades de irrigação, e poluição causada por despejos industriais e de esgoto. Além disso, é fonte constante de conflitos, pois existem 263 bacias hidrográficas compartilhadas por países, que abastecem cerca de 40% da população mundial.

Sir Nicolas Stern, importante economista do Reino Unido, emitiu um relatório com 700 páginas em outubro de 2006, chamando a atenção para os prejuízos econômicos decorrentes de mudanças climáticas muito intensas e descontroladas. Ele calcula que os prejuízos ficarão entre 5% e 20% do PIB mundial, a cada ano, com efeitos devastadores para a economia, enquanto as medidas necessárias para reduzir as emissões e suas consequências, agindo-se agora, custariam cerca de 1% do PIB mundial, em cada ano.

Observa-se um aumento da percepção de que o aquecimento global é um fato incontestável, causado por ação humana, havendo enormes movimentos no sentido de modificar processos produtivos e o uso da energia, priorizando-se formas menos poluentes em termos de emissão de gás carbônico. O ex-Vice Presidente dos Estados Unidos, Al Gore, tem se destacado em divulgar o problema e alertar para as consequências. Entre outras ações, ele lançou um documentário e um livro intitulados "Uma Verdade Inconveniente", em 2007 (GORE, 2007), com grande sucesso. Pelo seu trabalho de comunicação das evidências de aumento das emissões e dos problemas ambientais causados pelas mudanças climáticas, Al Gore dividiu o Prêmio Mundial da Paz de 2007 com o IPCC (*Intergovernmental Panel on Climate Changes*), organismo criado pelo Programa Ambiental das Nações Unidas e pela Organização Meteorológica Mundial (WMO).

Entre as reuniões promovidas pelas Comissões das Partes (COP) da Convenção do Clima, foi particularmente importante ao COP-3, realizada em Kyoto, Japão, onde foi discutido e aprovado o Protocolo de Kyoto, visando redução da emissão de gases causadores do aquecimento da atmosfera. Este tópico, pela sua importância, será discutido mais adiante no texto.

A Convenção de Paris, nome pelo qual ficou conhecida a reunião da COP-21, foi realizada em dezembro de 2015. Ela contou com a participação de 195 países, com grande presença de Chefes de Estado e de Governo. O documento resultante das discussões foi ratificado na própria ONU, em abril de 2016, por 175 países participantes. As metas desse acordo visam garantir a limitação de aumento da temperatura global no máximo em 1,5°C. O máximo de CO_2 presente na atmosfera precisaria ser de 430 ppmv. Pelo acordo, não haverá uma meta genérica fixada para cada país, mas, por outro lado, os países fixarão suas metas de redução, chamadas de "Contribuições Nacionalmente Pretendidas Determinadas" (INDC, em inglês). Ficou mantido o princípio das responsabilidades comuns, mas diferenciadas, entre os países. Também pelo Acordo, os países desenvolvidos deverão investir US$ 100 bilhões por ano em medidas de controle às mudanças climáticas. O Acordo entrará em vigor em 2020.

No Brasil, em 5.11.2015, ocorreu o rompimento de uma barragem de rejeitos da empresa mineradora SAMARCO, em Mariana, Minas Gerais. Foram liberados 34 milhões de m³ de lama, atingindo o vilarejo de Bento Rodrigues, deixando cerca de 600 famílias desabrigadas e provocando 17 mortes. 663 km de rios foram atingidos.

Entretanto, neste início do século 21, cada vez mais se vê a consagração do princípio do *Tripple Bottom Line* ou "Tripé da Sustentabilidade" como um dos mais importantes direcionadores da gestão. Nessa visão, é considerado importante que a organização apresente bons resultados financeiros (lucro), mas, ao mesmo tempo, também obtenha bons resultados ambientais e sociais (responsabilidade social), todos esses fatores interagindo orientando decisões empresariais visando obter a propalada "sustentabilidade".

1.1.2 – Grandes Questões

A questão ambiental pode ser analisada, de uma forma resumida, segundo cinco fatores principais:

1. O crescimento populacional

O Planeta Terra formou-se há cerca de 5 bilhões de anos. As primeiras espécies vivas apareceram aproximadamente entre 2,5 e 3 bilhões de anos e o ancestral comum do homem e do macaco há cerca de 10 milhões de anos. Os primeiros bandos de seres humanos se espalharam e ocuparam todos os continentes, exceto a Antártida, sobrevivendo com a coleta de alimentos e caça. O primeiro grande crescimento populacional ocorreu graças ao advento da agricultura no Oriente Médio, por volta de 8000 AC., com a formação dos primeiros vilarejos e cidades, alimentadas graças ao excedente de alimentos no campo. Posteriormente, com a Revolução Industrial e com o advento das vacinas, houve condições para um crescimento espantoso das populações, observando-se que:

- em 1830 havia cerca de 1 bilhão de seres humanos;
- 100 anos depois (1930): cerca de 2 bilhões;
- 30 anos depois (1960): cerca de 3 bilhões;
- 14 anos depois (1974): cerca de 4 bilhões;
- 12 anos depois (1986): cerca de 5 bilhões;
- 12 anos depois (1998): cerca de 6 bilhões;
- 11 anos depois (2011): cerca de 7 bilhões;
- 11 anos depois (novembro de 2022): cerca de 8 bilhões.

O gráfico a seguir mostra esse crescimento, em bilhões de pessoas, no passado, e sua projeção futura. Nota: este gráfico foi preparado há cerca de 20 anos para as aulas do meu curso e mostrado em outras edições deste livro, sem ser modificado. Observem que o crescimento real pode estar sendo maior que o previsto: imaginava-se que os 8 bilhões de pessoas na Terra seriam atingidos por volta de 2024; no entanto, esse número foi atingido em novembro de 2022.

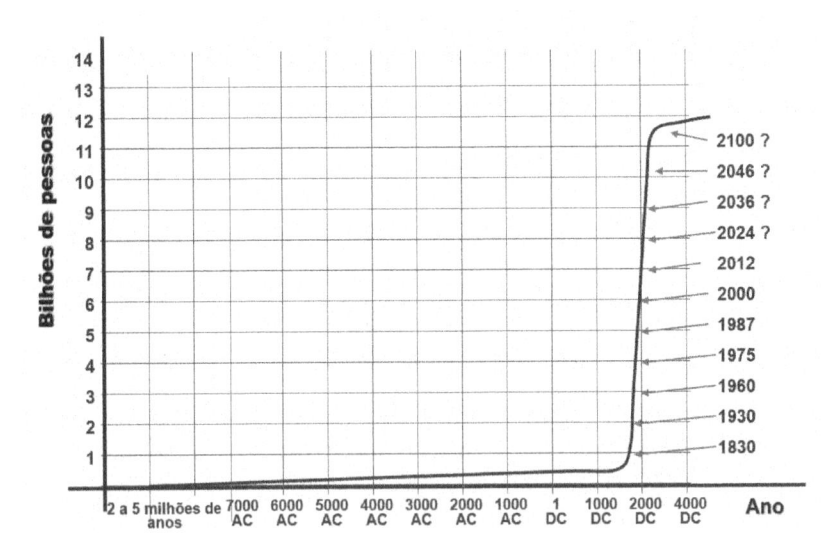

Figura 1.2 – Crescimento populacional
Fonte: Elaborada pelo autor.

Esse crescimento exagerado pode acarretar consequências difíceis de serem contornadas, para que se possa conseguir atingir uma qualidade de vida satisfatória no planeta, conforme mostrado a seguir. Segundo o relatório preparado pela ONU[2] – "*World Population Prospects 2022 – Summary of Results*", a população mundial poderá crescer para cerca de 8,5 bilhões em 2030; 9,7 bilhões em 2050; e para 10,4 bilhões em 2100. Em 2022, a Índia e a China estão praticamente com a mesma população, um pouco superior a 1,4 bilhões de pessoas.

Cerca de 50% do crescimento populacional, até 2050, ocorrerá em apenas 9 países: Índia, Nigéria, Paquistão, República Democrática do Congo, Etiópia, Tanzânia, EUA, Indonésia e Uganda. O número de habitantes das 49 nações menos desenvolvidas do mundo vai triplicar até 2050, justamente nos países hoje mais afetados pela degradação do solo, pela escassez de água e com enormes dificuldades para fornecer serviços básicos a seus habitantes.

---

2 Relatório preparado em 2022 pelo *United Nations Department of Economic and Social Affairs, Population Division.*

2. Esgotamento dos recursos naturais

Trata-se da questão inicialmente levantada na década de 60 no relatório do Clube de Roma, relacionada ao crescimento populacional. Os recursos (matérias-primas, minérios, madeiras, alimentos, fibras, ativos da biodiversidade, fósforo – essencial à agricultura e não renovável) não são infinitos, observando-se sua escassez progressiva, inclusive da água em algumas regiões da Terra, não somente nos países pobres (da África, com a desertificação crescente, na Índia pela irrigação), mas também em regiões ricas (Estados Unidos, no Meio-Oeste com irrigação intensiva sem ocorrer reposição dos aquíferos e na Califórnia). A crise da água será um dos maiores problemas deste século, passando a água a ser vista como uma *commodity*, cada vez com valor mais elevado. A FAO estima que, por volta de 2025, cerca de 1,8 bilhão de pessoas estarão vivendo em regiões com grande escassez de água.

A British Petroleum (BP) estima que as reservas atuais existentes (comprovadas), considerando o consumo e as expectativas de aumento, garantem a disponibilidade de petróleo até um pouco mais de 2050.

3. Esgotamento da Capacidade da Biosfera em Absorver Resíduos e Poluentes

Neste contexto, situam-se problemas globais como o "efeito estufa". Estamos retirando átomos de carbono aprisionados no subsolo há milênios (nas formas de carvão e petróleo) e jogando-os na atmosfera, após a queima dos combustíveis. Constata-se que a atmosfera é capaz de assimilar e processar por fotossíntese cerca de 40% do CO_2 que emitimos. O excesso vem sendo acumulado, retendo parte considerável do calor solar refletido pela Terra, o que vem causando um aumento progressivo das temperaturas médias anuais, com graves consequências para o futuro. Esse problema é causado principalmente pelos países ricos. Por exemplo, os Estados Unidos, de acordo com levantamento feito em 2020 pela União Europeia (*Joint Research Centre*) lançaram cerca de 12% do volume de gás carbônico na atmosfera e a China cerca de 32%. Por outro lado, as florestas, que atuam como "sorvedouro" ou "filtro" desses gases (pela fotossíntese, principalmente com as árvores em processo de crescimento), vêm sendo progressivamente destruídas, o que colabora para agravar o problema. O Brasil emite cerca de 2,5% do volume total de emissões de CO_2, enquanto o primeiro mundo emite 83,8%. Também nesta questão de emissão de resíduos, há a necessidade de considerarmos os despejos de efluentes contaminados em cursos d'água, os despejos de resíduos perigosos no solo etc. John Elkington, conceituado ecologista inglês, comenta que os atuais investimentos realizados sem cuidados ambientais (poluentes) serão vistos como crimes no futuro (Elkington, 2009).

As condições ambientais ruins contribuem para a disseminação de doenças contagiosas e outras, com causas ligadas ao meio ambiente, responsáveis por cerca de 24% de mortes em todo o planeta. Segundo a Organização Mundial de Saúde, a insalubridade do meio ambiente provocou 13,7 milhões de mortes por ano. (WHO, 2022)[3].

O uso da água não potável e a falta de higiene matam cerca de 829.000 pessoas por ano, segundo levantamento da OMS em 2022.

Em 1971, o conceituado Professor Paul Ehrlich, para mostrar o cálculo de um determinado impacto ambiental desenvolveu uma equação conhecida como IPAT:

$$I=PAT$$
Impacto ambiental = **P**opulação * **A**fluência * **T**ecnologia

---

[3] WHO, 2022 – https://www.who.int/data/gho/data/themes/public-health-and-environment. Consultado em 26.11.2022

> Nota: afluência significa abundância. "Afluência" poderia ser interpretada como a "procura do bem-estar", ou seja, a demanda das pessoas por aquele determinado bem ou serviço.
> Por exemplo, suponha o cálculo do impacto ambiental causado pelas emissões globais de CO_2 por carros em 2012, imaginando que exista 1 carro para cada 10 pessoas no mundo:
>
> $$\frac{\text{Emissões de } CO_2}{\text{ano}} = [\text{7 bilhões de pessoas}] * \frac{1 \text{ carro}}{10 \text{ pessoas}} * \frac{6 \text{ tons de } CO_2}{\text{carro.ano}}$$
>
> $$\frac{\text{Emissões de } CO_2}{\text{ano}} = 4{,}2 \text{ bilhões de ton de } CO_2 \text{ por ano}$$

Imaginemos que no ano de 2050 a população da Terra dobre de tamanho, passando a 14 bilhões de pessoas. Imaginemos que, nessa época, a afluência seja multiplicada por 4. Ou seja, o P e o A juntos, fariam com que houvesse uma multiplicação por 8 das emissões, caso não houvesse uma melhoria da tecnologia. Ou seja, as emissões seriam de 33,6 bilhões de toneladas. Para que fosse mantido o mesmo nível das emissões de 2012, a tecnologia teria que reduzir em 8 vezes as emissões, o que poderia ser muito difícil de ser conseguido (cair de 6 para 0,75 tons de CO_2 por carro por ano).

Observamos que há uma busca constante por melhoria da tecnologia. Por exemplo, um ônibus moderno, movido a diesel, emite 0,085g/kWh de material particulado. Mudando-se o combustível para gás, emite-se aproximadamente 1/3 disso, ou seja, 0,027g/kWh.

4. As desigualdades Norte-Sul

O 3º Relatório do Clube de Roma (grupo de mais de 100 pessoas ilustres de 30 países), "Por uma Nova Ordem Internacional", de 1976, propunha a existência de facilidades no comércio de matérias-primas dos países em desenvolvimento, como uma forma a diminuir a pobreza e as desigualdades. Com o passar do tempo, verifica-se que, em vez de facilidades, criaram-se dificuldades – hoje, a matéria-prima custa muito pouco, sendo o preço dos produtos industrializados influenciado principalmente pelo conteúdo tecnológico agregado, o que beneficia os países ricos. Além de a matéria-prima custar muito pouco, os produtos industrializados aumentaram muito de preço. E os pobres, no tocante ao meio ambiente, logicamente colocam o assunto em baixa prioridade, pois não têm suas necessidades básicas atendidas (alimentação, saúde, energia, saneamento). E a pobreza é, às vezes, tanto causa como sofredora das consequências da degradação ambiental (favelização, superutilização dos recursos naturais, falta de saneamento, de água tratada, entre outros problemas). No tocante à energia, constata-se que 25% da população mundial consome 77% da energia produzida, 75% dos metais e 70% dos alimentos. No dia em que for possível aumentar a participação dos pobres nesse consumo, para melhorar a qualidade de vida (que é o que todos queremos), teremos (se os processos industriais não melhorarem) mais poluição e maior produção de resíduos (para produzir os alimentos, bens, serviços e energia) e maior consumo dos recursos naturais, com uma população exponencialmente crescente (até hoje, pelo menos). O modelo de globalização atualmente praticado exportou modelos econômicos que amplificam a desestabilização do clima, como é o caso da China, exportadora em escala mundial de produtos com baixo custo, mas que demandam significativas quantidades de energia elétrica, produzida com grandes emissões de carbono.

5. A globalização

O mundo, hoje, vive a época da globalização, sobretudo comercial e financeira. Com as facilidades de comunicações e transportes e o interesse de aumento de trocas comerciais, observa-se uma crescente pressão internacional sobre as economias nacionais no sentido de eliminação e redução de tarifas. As questões ambientais também estão globalizadas, sobretudo quando os impactos apresentam caráter global (efeito estufa, redução da camada de ozônio, poluição do ar, acidentes nucleares). Há o risco de uso da variável ambiental para fins de proteção da indústria local de países do Primeiro Mundo, onde leis ambientais mais rigorosas presumivelmente impõem um custo mais alto ao produto, tornando-o não competitivo com países de legislação menos restritiva. Além disso, os "selos verdes" podem representar um fator de competitividade e a sua falta causar exclusão de nossos produtos em mercados exigentes do 1º mundo. Outro aspecto refere-se à tentativa de alguns países ricos, que não conseguem diminuir o consumo interno, sobretudo de combustíveis fósseis, de investir em programas ambientais no terceiro mundo (por exemplo, os Estados Unidos financiando as florestas tropicais da Costa Rica, por meio do programa denominado *"joint implementation action"* ou ação implementada conjuntamente), havendo tentativas de aprovar em conferências internacionais alguns mecanismos econômicos como forma de reduzir a emissão de gases do efeito estufa, por exemplo, ou um sistema global de "cotas de emissão" de gases. Uma das formas mais eficazes para solucionar a redução da emissão dos gases causadores do efeito estufa, discutida em Kyoto em 1997, é o uso de um instrumento econômico chamado de "Mecanismo de Desenvolvimento Limpo", MDL, ou em inglês, *"Clean Development Mechanism"*, comentado mais adiante.

Resumindo o que foi apresentado, e utilizando uma imagem criada por Alvin Tofler, a humanidade evoluiu, até hoje, passando por três grandes ondas, "ondas de mudanças", definindo as condições de vida e de utilização da maior parte da população da Terra, assim:

- a primeira onda ocorreu com o advento da agricultura, por volta de 8000 AC. Seu símbolo é a *enxada*. O homem dessa época foi um "ecologista praticante", muito ligado à natureza. O desenvolvimento da agricultura foi o grande fator de formação dos primeiros agrupamentos humanos e de desenvolvimento das primeiras civilizações no Oriente Médio, entre os rios Tigre e Eufrates, modificando as condições de vida das comunidades nômades que antes viviam da caça e da coleta de alimentos. Paradoxalmente, obtendo-se excedentes alimentares graças à irrigação e riquezas graças ao comércio

desses excedentes, gerou-se o primeiro grande desastre ambiental da história, com a desertificação, pois os sais contidos na água permaneciam no solo após a irrigação, em um processo continuado durante alguns séculos, salinizando o solo.
- a segunda onda ocorreu com a revolução industrial, quando se aumentou de forma muito grande a produção de bens, o que ocorria antes de forma artesanal. O símbolo dessa onda é a *linha de montagem*, tendo ela ocorrido quase 10.000 anos depois da primeira. Entre suas características observamos uma predominância do trabalho coletivo sobre o individual, o consumo elevado de recursos naturais sem nenhuma preocupação com o futuro, e a geração de resíduos de toda espécie, praticamente sem nenhum controle. O homem característico dessa época é o "não-ecologista", pois como artesão ou operário não tinha (e não necessitava) um conhecimento ecológico como o caçador ou o agricultor;
- a terceira onda, na qual estamos, refere-se à era do conhecimento e da informática. Seu símbolo pode ser o microcomputador, tendo ela ocorrido relativamente próxima da segunda onda, em termos históricos (cerca de 170 anos). As características da 3ª onda referem-se a um retorno ao trabalho com maior individualidade e um expressivo aumento de conhecimentos graças à maior facilidade de obtenção de informações. No meio industrial cresceu a automatização dos processos, na agricultura ocorrendo uma maior mecanização, fazendo com que a maior parte da população ativa se dedique a "serviços". A maior disseminação de informações (aldeia global) e um maior conhecimento dos riscos à saúde e sobrevivência da humanidade farão com que as pessoas e sociedades pressionem empresas e governos em busca de uma maior qualidade ambiental. O homem dessa época tende a aproximar-se, mais uma vez do "homem ecológico", por uma questão de exigência de qualidade de vida, mais pela informação do que pela prática com a terra ou contato direto com a natureza.

1.1.3 – O Aquecimento Global e o Protocolo de Kyoto

O aquecimento global, também denominado "efeito estufa" é considerado hoje um dos principais problemas ambientais globais (afetam toda a humanidade e não apenas uma única região). A principal causa desse aquecimento é a poluição da atmosfera por gases gerados pela queima de combustíveis fósseis, como carvão e petróleo, sendo o principal desses gases o dióxido de carbono (CO_2). Na verdade, o mais correto seria considerarmos o "efeito estufa ampliado", ou "aumentado", pois sempre houve na Terra a retenção de calor pela atmosfera, graças à qual sempre houve temperaturas adequadas à manutenção da vida. O problema atualmente considerado é, na verdade, a ampliação ou exacerbação desse efeito como resultado de um aumento considerável das emissões de gases que retém calor.

O efeito é análogo ao de um automóvel estacionado no sol. Os raios solares incidem sobre os bancos e o painel, e o calor gerado não é irradiado para fora por ser bloqueado pelos vidros, aumentando a temperatura interna. Um fenômeno análogo ocorre com a Terra. Os raios solares incidem sobre os solos e oceanos, sendo uma parte razoável da energia (cerca de 30%) refletida na faixa do infravermelho de volta para o espaço pelo solo, mares, nuvens. Porém, uma quantidade razoável dessa energia é retida nos gases existentes na atmosfera, sobretudo pelo CO_2 (responsável por 85%) e vapor d'água e outros gases (Nota: o CFC tem uma capacidade de reter calor cerca de 10.000 vezes maior que o CO_2, felizmente a sua concentração não é tão elevada).

Constata-se o aumento de gás carbônico na atmosfera por várias formas como, por exemplo, a análise de cilindros de gelo obtidos em geleiras permanentes da Antártida e por meio de observações diretas (Laboratório *Mauna Loa,* no Havaí). Esse é o principal dos gases causadores do aquecimento da Terra, em vista de seu volume, por reter na atmosfera grande parte da radiação solar refletida, na faixa do comprimento de ondas do infravermelho, ou seja, calor. Na época da revolução industrial os cientistas avaliam que a concentração de CO_2 na atmosfera era de aproximadamente 275 ppmv (partes por milhão volumétrico) e que, em 2018, cerca de 180 anos depois, é de cerca de 410 ppmv, tendo havido um aumento de cerca de 49%. A Figura 1.3, com base em dados da NASA, da NOAA e de outras agências do Governo dos Estados Unidos, apresenta os dados de aumento de CO_2 na atmosfera e aumento da temperatura global.

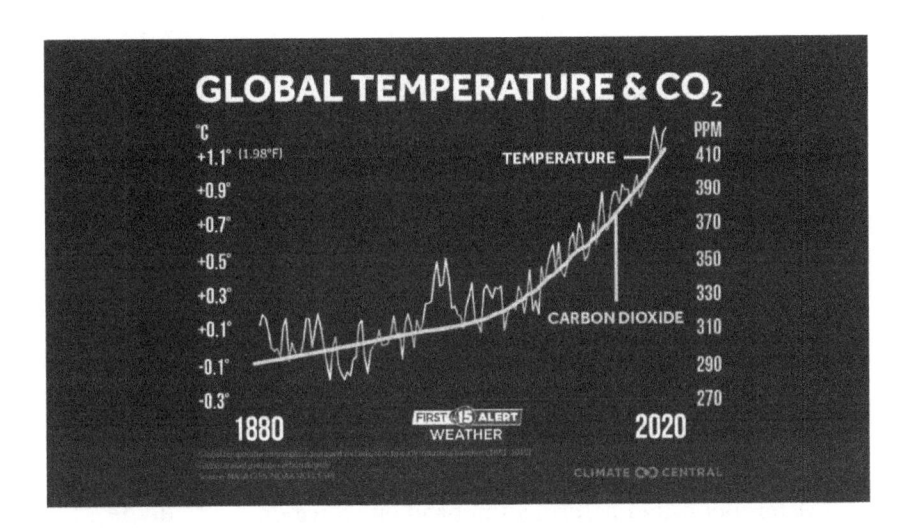

Figura 1.3 – Aumento de CO_2 na atmosfera e aumento da temperatura global.
Fonte: Brian Doogs, atualizado em 12.05.2021. Acessado em https://www.nbc15.com/2021/05/13/yearly-carbon-dioxide-peak/. Consultado em 26.11.2022

A Figura 1.4 apresenta dados mais recentes de aumento da concentração de CO_2 na atmosfera, obtidos pelo laboratório de *Mauna Loa*, no Havaí.

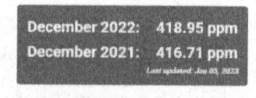

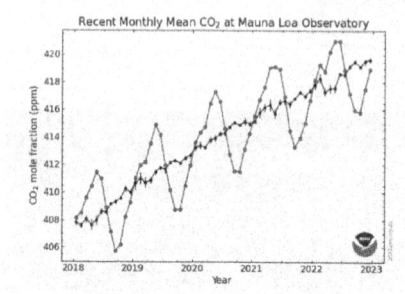

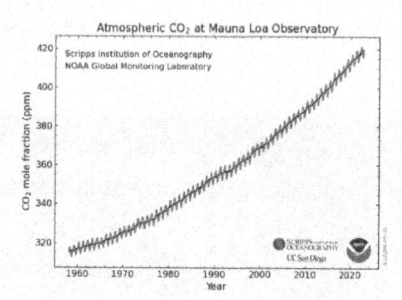

Figura 1.4 – Aumento da concentração de CO_2 na atmosfera
Fonte: https://www.esrl.noaa.gov/gmd/ccgg/trends (Atualizado em 5.01.2023 e consultado em 10.01.2023)

A temperatura da Terra aumentou em cerca de 1,2°C desde a Revolução Industrial e os cientistas avaliam que, no final do século, ela poderia chegar a valores entre 1,5 e 3,5°C. Os efeitos desse aumento podem ser catastróficos, segundo especialistas no assunto, tais como:
– aumento do nível dos oceanos, como consequência do degelo de grandes massas de gelo no Ártico, na Groenlândia e na Antártida, fenômeno que começa a ser observado (alguns navios conseguem navegar até o Polo Norte em épocas em que isso era impossível). O aumento do nível do mar pode ser significativo, afetando economicamente grandes áreas povoadas, na costa dos continentes e ilhas. Alguns países da Polinésia desapareceriam, como, por exemplo, o arquipélago da Tuvalu.
– redução ou mesmo interrupção da Corrente do Golfo (*Gulfstream*), como consequência da mudança de salinidade das águas do mar. Essa corrente submarina é uma "esteira rolante" submarina que transporta calor da região do Equador para a

costa da Europa e retorna pela costa americana. Na verdade, ela é responsável pelas temperaturas amenas da Europa, que seria muito mais fria se a corrente não prestasse esse serviço. Veja, em um Atlas, alguma cidade europeia, e sua temperatura média no inverno. Agora, olhe uma cidade canadense na mesma latitude e compare as temperaturas. A cidade canadense provavelmente estará uma dezena de graus mais fria. Paradoxalmente, se ocorrerem as consequências comentadas do efeito estufa, a Europa esfriaria, necessitando de enorme quantidade de energia para aquecimento.

- seria menor o gradiente térmico entre o Equador e os Polos da Terra. E, como essa diferença de temperatura é a maior responsável pela formação de ventos, estes ficariam reduzidos. E os ventos são os grandes transportadores de umidade, principalmente da água evaporada dos oceanos, transportando-a para o interior dos continentes. Havendo menos ventos, áreas atualmente úmidas poderiam se tornar secas (interior dos continentes), enquanto as áreas litorâneas poderão se tornar mais úmidas.

- havendo aumento da temperatura global ocorreria um maior degelo nos picos de grandes montanhas e menor quantidade de formação de gelo nos invernos. Esse fenômeno já é observável em muitas montanhas, mas ele seria trágico se vier a ocorrer em maior intensidade no Himalaia. Lá, são formados os grandes rios da Ásia, os rios Ganges, Indus, Brahmaputra, Thanlwin, Mekong, Yang-Tsé e Huang-Ho (Amarelo), principalmente com o degelo nas primaveras e verões. Considerando que esses rios abastecem regiões superpovoadas da Terra, pode ocorrer uma grande escassez de água, com sérios problemas econômicos e sociais. Além disso, um maior aquecimento provocará maiores índices de evaporação da água existente.

- aumento da frequência e intensidade de tufões, tornados, furacões, enchentes ou secas, como já se verificou recentemente, como resultado de mudanças climáticas. Estima-se que a temperatura da Terra aumentou em 0,8°C nos últimos 150 anos, sendo o ano de 2020 o mais quente dos últimos 30 anos. Lembra-se dos eventos, anteriormente comentados, em 2005, sobre a seca na Amazônia, aumento de tornados, onda de calor na França e inundações na Europa Central, com enormes prejuízos financeiros.

Essas, e outras prováveis consequências estão sendo constantemente citadas em muitas publicações, ficando muito difícil avaliar o quanto são realistas. Mas, com base no Princípio da Precaução, é válido imaginar que a humanidade deva tomar medidas para, ao mesmo tempo em que avalia de forma mais precisa os fenômenos, procure reduzir as emissões dos gases causadores do efeito estufa.

A Conferência do Rio de Janeiro sobre Meio Ambiente e Desenvolvimento (Rio 92, ou Cúpula da Terra), patrocinada pela ONU e com a participação de 175 países, fez uma primeira tentativa de que os países reduzissem suas emissões. Um dos principais resultados dessa conferência foi a Convenção do Clima, que previa que os países reduziriam no ano 2000 suas emissões para os níveis de 1990, e em 2010 para um nível 10% inferior ao de 1990. Porém, em 1997, já se percebia que seria impossível atingir essas metas. Então, foi realizada a reunião de Kyoto, em que foram negociadas metas mais realistas, definindo-se mecanismos mais eficientes para auxiliar a atingi-las.

O Protocolo de Kyoto, aprovado na 3ª Conferência das Partes da Convenção do Clima (COP-3, realizada entre 1° e 12 de dezembro de 1997 em Kyoto, no Japão, com a participação de 160 países), prevê metas e prazos para a redução de emissões de CO_2 e outros gases causadores do efeito estufa. Foi negociado na Conferência que os países mais desenvolvidos (35 países, constantes do Anexo I), precisariam reduzir entre os anos 2008 e 2012 em média 5,2% das emissões, com relação aos níveis emitidos em 1990, para dióxido de carbono (CO_2), metano (CH_4) e óxido nitroso (N_2O), e aos níveis de 1995 para hexafluoreto de enxofre (SF_6) e famílias de hidrofluorcarbonos (HFC) e perfluorocarbonos (PFC). Como forma de viabilizar essas intenções, o Protocolo previu três instrumentos econômicos para permitir que os países industrializados alcancem suas metas individuais de limitação ou redução de emissões:

a) Comércio de Emissões, somente entre países do Anexo B (artigo 17 do Protocolo);

b) Implementação Conjunta, somente entre países do Anexo I (artigo 6º do Protocolo); e

c) Mecanismo de Desenvolvimento Limpo, entre países do Anexo I e Não-Anexo I (Artigo 12 do Protocolo).

O Protocolo de Kyoto entrou em vigor em 16.2.2005, quando mais de 55% dos países signatários o ratificaram (aprovação pelo Congresso e Governo de cada país) e foi conseguida a adesão de países que fossem responsáveis por, pelo menos, 55% das emissões totais de dióxido de carbono em 1990, do grupo de países industrializados. O último país a aderir foi a Rússia, considerada responsável pela sua viabilização. O Brasil havia ratificado o Protocolo de Kyoto em 20.6.2002.

Interpreta-se que os países desenvolvidos possuem "dívidas climáticas", devido às emissões históricas.

Comentaremos o terceiro mecanismo, por apresentar maior interesse ao Brasil.

O chamado "Mecanismo de Desenvolvimento Limpo", ou "*Clean Development Mechanism*" (CDM), foi proposto a partir de uma ideia apresentada pelo Brasil, qual seja, a de que deveria ser constituído um Fundo de Desenvolvimento Limpo pelos países desenvolvidos emissores, no caso de não atingirem as metas de redução consentidas entre as Partes, de acordo com o Princípio do Poluidor-Pagador, para financiar projetos ambientais nos países em desenvolvimento. Essa proposta evoluiu em outra direção, a de que um país desenvolvido que financiasse um projeto no país em desenvolvimento poderia contar como crédito as emissões reduzidas, e descontar esse valor de suas obrigações de redução.

A concepção desse mecanismo econômico, como foi o caso do protocolo de Kyoto, partiu do princípio de que é mais eficiente, do ponto de vista de custos, realizar as reduções de emissões em alguns países, ou em algumas atividades específicas, do que simplesmente forçar reduções em locais ou atividades onde seja antieconômico fazê-lo. Por exemplo, reduzir uma tonelada de emissões em uma termoelétrica a carvão na Alemanha pode ser muito caro. Essa mesma tonelada pode ser reduzida, de alguma forma, a um custo muito mais baixo, por exemplo, no Brasil ou, em outra solução, pode ser retirada uma tonelada de CO_2 da atmosfera, a um custo muito mais baixo, por exemplo, plantando-se florestas. Nessas atividades, haveria uma compensação financeira por parte daqueles que deveriam reduzir emissões aos que a reduziram por eles, num mecanismo em que estes últimos "venderiam" o direito de emissões de quantidades equivalentes a outros países que precisassem comprovar reduções. Essas transações seriam negociadas entre empresas, ou em bolsas, chamadas de **Reduções Certificadas de Emissões** (RCEs) ou **Créditos de Carbono**, ajustando-se o preço de acordo com a oferta e a demanda, ou seja, por um mecanismo de mercado.

Apesar de ter expirado em 2020 o tempo de aplicabilidade do Protocolo de Kyoto (o período original era de 2008 a 2012, porém em uma reunião de Doha em 2012, foi estendido para 2020), será comentada a forma de seu funcionamento, considerada uma medida de sucesso na redução de emissões, pois o mesmo modelo foi em parte utilizado, com adaptações, ao se implementar o Acordo de Paris ou novos mecanismos de negociação de emissões.

Uma série de projetos podem ser candidatos a gerar créditos de carbono, sendo citados alguns exemplos:

a) construção de aterros sanitários ou sua adaptação de forma a coletar o metano gerado pela decomposição do lixo. O metano emitido para a atmosfera gera um efeito de aquecimento equivalente a 21 vezes o mesmo volume emitido em gás carbônico. Portanto, um projeto que realize a coleta de metano, utilizando-o para geração de energia, constitui-se em um projeto válido de redução de efeito-estufa (de 21 vezes para uma vez). Com exemplo, cita-se o "Projeto de Aproveitamento do Biogás de Aterro Sanitário", pela empresa Nova Gerar, em Nova Iguaçu, Rio de Janeiro (1.895.256 tCO_2e – toneladas de CO_2 equivalentes, com duração de 7 anos);

b) projetos de substituição de combustível, nos quais é realizada a troca de combustíveis fósseis por combustíveis renováveis. Por exemplo, na Petroflex, em Duque de Caxias, RJ, com 206.774 tCO_2e, em 7 anos;

c) projetos de Pequenas Centrais Hidroelétricas (PCHs), por exemplo, o Projeto Brascan, que atendeu alguns municípios do RS, PR, MG e MT, de 2.620.519 tCO_2e, em 10 anos;

d) projetos de cogeração de energia com biomassa, por ex. o Projeto Piratini Koblitz Energia S.A., em Piratini, RS, com 1.221.334 tCO_2e, em 7 anos;

e) projetos de florestamento e reflorestamento, como o projeto de reflorestamento usando espécies nativas nos reservatórios do AES- Tietê (projeto em avaliação), para municípios de São Paulo, de 5.287.550 tCO_2e, em 30 anos.

Há uma série de estágios até o ponto em que seja possível aprovar os projetos do MDL, que procuraremos resumir, a seguir:

1º estágio: **Elaboração** do projeto. Esta etapa é realizada pelas empresas participantes do projeto, que pretendem se beneficiar do mecanismo. É preparado o Documento de Concepção do projeto (DCP), em formato padronizado, definido pelo Comitê Executivo do MDL, contendo todas as informações necessárias para a validação, registro, monitoramento e certificação das atividades do projeto. São definidas, com detalhes, as atividades do projeto, a metodologia, a linha de base e o período de geração do crédito.

2º estágio: **Validação** do projeto, pela Entidade Operacional Designada (EOD), que será uma empresa certificadora cadastrada oficialmente no Comitê Executivo do MDL e responsável pela validação do DCP. A EOD irá revisar o documento de concepção do projeto, verificará o atendimento a algumas exigências como a voluntariedade (assume-se que somente serão aceitos projetos voluntários, ou seja, aqueles em que a empresa não seria obrigada a realizar, por força de lei). Ela também avalia quais seriam os impactos ambientais acarretados, a adequação da metodologia para definir a linha de base, o plano de monitoramento e os grupos de interesse.

3º estágio: **Registro** do projeto na Comissão Interministerial de Mudança Global do Clima, que é a Autoridade Nacional Designada (AND), atuando como entidade do governo brasileiro responsável por definir critérios e indicadores de sustentabilidade para os projetos, elaborar análises e pareceres sobre os projetos elegíveis ao MDL e aprovar ou não esses projetos, segundo os critérios definidos. Essa Comissão é composta por representantes de nove ministérios, sendo presidida pelo Ministro da Ciência e Tecnologia. A seguir, o projeto é enviado para avaliação e registro no Comitê Executivo (CE) do MDL, em Bonn (Alemanha).

4º estágio: **Implementação** do Projeto, pelas empresas.

5º estágio: **Monitoramento** do projeto e dos resultados, pelas empresas.

6º estágio: **Emissão de Relatório** de demonstração dos resultados, pelas empresas.

7º estágio: **Verificação** das reduções de emissão, pela Entidade Operacional Designada.

8º estágio: **Certificação** das Reduções de Emissão ou sequestro de carbono, pelo Comitê Executivo (CE) do MDL, com apoio a Entidade Operacional Designada.

9º estágio: **Emissão** dos Certificados de Redução de Emissões (CREs), também conhecidos como Créditos de Carbono, pelo Comitê Executivo.

A negociação dos créditos de carbono entre a empresa proponente do projeto e algum interessado (empresas de países que tenham compromissos de redução, governos e até mesmo bancos) pode ocorrer em qualquer um dos estágios acima apresentados. Quanto antes ocorrer essa negociação, menor o preço para o comprador, pois ele passa a assumir riscos juntamente com o proponente do projeto, quanto aos resultados efetivos. Observa-se que, atualmente, muitos bancos comerciais mostram interesse em comprar créditos, com o intuito de negociá-los com os seus clientes, mais tarde, logicamente auferindo lucros nessas transações.

O Protocolo de Kyoto prevê que as reduções de emissões precisam ser adicionais às que ocorreriam na ausência da atividade certificada de projeto (adicionalidade e voluntariedade, artigo 12). Por exemplo, é possível que o replantio de uma mata ciliar não possa ser incluído, pois não há a voluntariedade, em se tratando do cumprimento de um requisito legal (obrigatoriedade).

O Protocolo de Kyoto teve a sua validade expandida até o ano de 2020.

1.1.4 – A Convenção de Paris

Conforme comentado brevemente em um trecho anterior deste livro, em dezembro de 2015 houve a reunião da COP-21, na qual 195 países se envolveram em profundas discussões sobre a necessidade de reduzir emissões de gases causadores do efeito estufa. A forma definida em votações foi diferente daquela adotada no Protocolo de Kyoto, até então considerada a mais adequada. Em Paris, no documento denominado "Convenção de Paris", ficou mantido o princípio de responsabilidades comuns, mas diferenciadas, mas cada país fixará as suas metas de redução de emissões, chamadas de Contribuições Nacionalmente Pretendidas Determinadas (INDC, em inglês). As revisões dessas contribuições serão feitas em ciclos sucessivos, de 5 e 10 anos. O Acordo convida os países a desenvolver estratégias de baixo carbono (Artigo 4.19). Ele requer a adesão de 55 países que cubram 55% das emissões de GEE (em relação aos valores atualizados, comunicados – Artigo 21); No Artigo 5.2, prevê o pagamento por resultados (redução de desflorestamento, retenção de estoques de carbono e manejo sustentável). Os países desenvolvidos deverão investir US$ 100 bilhões por ano em medidas de controle às mudanças climáticas. No Artigo 6º do acordo, prevê-se a criação de um mecanismo de mercado, chamado de "Mecanismo de Desenvolvimento Sustentável" (sucedeu ao MDL).

O Brasil responde por 2,5% das emissões globais, segundo as avaliações feitas. Ele pretende comprometer-se a reduzir as emissões de gases de efeito estufa em 37% abaixo dos níveis de 2005 (ponto de referência), até 2025. Foi informada uma contribuição indicativa subsequente de reduzir as emissões de gases de efeito estufa em 43% abaixo dos níveis de 2005, até 2030. A abrangência engloba todo o território nacional, para o conjunto da economia, incluindo CO_2, CH_4, N_2O, perfluorocarbonos, hidrofluorcarbonos e SF_6.

Verificamos que o horizonte temporal estabeleceu metas para o ano de 2025; os valores indicativos de 2030 foram informados apenas para referência.

Como métrica, foi considerado o Potencial de Aquecimento Global em 100 anos (GWP-100) usando valores do IPCC AR5. Por exemplo, 1 ton. de metano emitido para a atmosfera equivale, em termos de retenção de calor, a 21 ton. de CO_2.

Quanto às florestas, existem metas de restauração de 12 milhões de hectares (para facilitar a compreensão, 1 ha=10.000 m^2, é aproximadamente a área de um campo de futebol);

Em 2015, no Brasil, a cana de açúcar ocupou cerca de 5 Mha e árvores para produzir celulose ocuparam cerca de 12 Mha. Verificamos que essas metas são bastante ambiciosas. Como restaurar 12 Mha? Quanto custa reflorestar 12 Mha?

Segundo o Instituto Escolhas, esse custo será de cerca de R$52 bilhões (3,7 bilhões durante 14 anos).

Verificamos também que será necessário implementar o Código Florestal (marco regulatório ambiental e social) e estimular o uso de instrumentos econômicos, tais como incentivos para pagamentos por serviços ambientais (suprimento de água, captura de carbono, regulação de chuvas, fertilidade dos solos, polinização etc.). Também será necessário rever a Lei nº 12.187 de 29.12.2009, que instituiu a Política Nacional sobre Mudança do Clima, em função dos compromissos assumidos pelo Brasil na Convenção de Paris.

Resumindo, como a meta declarada do Brasil (INDC) foi de reduzir 37% das emissões até 2025 (em relação aos níveis de 2005) e 43% até 2030, e, ao verificarmos que as emissões do Brasil em 2005 foram de 2,1 Gton CO_2eq, o Brasil assumiu metas de reduzir 1,3 Gton CO_2eq até 2025 e 1,2 Gton CO_2eq até o ano de 2030.

A reunião de COP 27, realizada em Sharm El-Sheikh, no Egito, no período de 6 a 20 de novembro de 2022 procurou reforçar o comprometimento dos países em cumprir as metas do Acordo de Paris, em manter o limite de aumento da temperatura da Terra em 1,5°C. Ao final do encontro, decidiu-se pela criação de um fundo de "perdas e danos"[4] para os países vulneráveis, bem como fornecimento de assistência tecnológica para que esses países possam enfrentar os efeitos adversos das mudanças climáticas, com ações de adaptação e mitigação, conforme exemplos que apresentaremos no tópico, a seguir.

1.1.5 – Medidas possíveis para controlar o aumento da temperatura global ou atenuar suas consequências

Existem muitas ações possíveis que podem ser tomadas para conter o aumento da temperatura, sendo que algumas delas já estão sendo tomadas por alguns países. Como medidas para reduzir os efeitos do aquecimento, poderíamos considerar as medidas chamadas de adaptação e mitigação.

Adaptação às mudanças climáticas: refere-se aos ajustamentos nos sistemas humanos e naturais, em resposta às variações climáticas, hoje existentes ou esperadas, com o objetivo de reduzir os prejuízos ou explorar as oportunidades benéficas (definição baseada no IPCC).

Adaptação antecipatória: tomar as ações em preparação às mudanças climáticas.

Adaptação reativa: tomar as ações somente quando os efeitos das mudanças climáticas estiverem ocorrendo.

---
4 "Loss and Damage" Fund for Vulnerable Countries – UN

O aumento da temperatura global pode afetar vários setores:
- **Fornecimento de água**: redução da disponibilidade em muitas regiões e excesso de água em outras;
- **Ecossistemas**: aumento do risco de extinção de espécies, morte de corais em recifes;
- **Alimentos**: redução da produtividade de safras agrícolas;
- **Regiões costeiras**: danos à costa, por elevação do nível do mar, riscos aos manguezais, risco a populações e instalações;
- **Saúde**: aumento de doenças e mortalidade por doenças (cardiorrespiratórias, diarreia) e aumento de vetores (mosquitos da dengue, chikungunya, zika, malária). Mortes por ondas de calor;
- **Clima**: aumento de intensidade e frequência de furacões, ciclones, alagamentos, secas, extremos de temperatura.

Podemos citar alguns exemplos de ações de adaptação aos efeitos das mudanças climáticas:
– adaptação a alagamentos na costa em Samoa;
– reflorestamento e contenção de encostas em favelas no RJ, Brasil;
– redução do risco de rompimento do lago glacial Tsho Rolpa, no Nepal (apresentado na Figura 1.4);

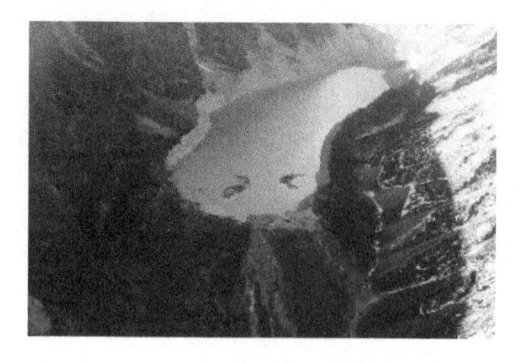

Figura 1.5 – Lago glacial *Tsho Rolpa*, no Nepal

Fonte: https://www.google.com/search?q=tso+rolpa+nepal&oq=tso+rolpa+nepal&aqs=chrome..69i57j0i8i13i30j0i390l3.6823j0j15&sourceid=chrome&ie=UTF-8#imgrc=EKHT3pZcPJRotM&imgdii=. Consultado em 10.01.2023

- desenvolvimento de culturas mais resistentes a temperaturas mais altas e a ataque de insetos. Diversificação de culturas. Controle de erosão. Desenvolvimento de sistemas de alarme antecipado;
- fornecimento de água potável para comunidades costeiras em Bangladesh, para reduzir problemas com a água salinizada por elevação do nível do mar;
- estabilização da dinâmica de rios e cursos d'água em Burundi, Mauritânia e Moçambique;
- infraestrutura de proteção de zonas costeiras, em relação à elevação do nível do mar, na Holanda e Ilhas Maldivas;
- medidas educativas visando adaptação: inclusão em currículos escolares, treinamento de professores, fornecimento de material didático;
- obras para redução de alagamentos em cidades: redes de drenagem, limpeza de bueiros, regularização de córregos e rios, piscinões;
- estocagem de água para garantia de abastecimento em épocas de grande escassez (represas, açudes,...).

No Canadá, observamos a existência de um problema de acesso a comunidades longínquas nos territórios do noroeste, que não dispõem de estradas comuns. Por paradoxal que possa parecer, o acesso a estas comunidades, para abastecê-las de combustíveis, retirar madeira explorada e abastecer de gêneros, é feito por meio de estradas de gelo, normalmente entre janeiro e abril. Existem cerca de 5.300 estradas de gelo, um exemplo é a estrada de gelo de Dettah, que cruza a Baía de Yellowknife. Entretanto, em vista do aquecimento global, o gelo está demorando para se formar e depois derretendo mais cedo, limitando significativamente o uso dessas estradas. Assim, os canadenses estão precisando construir estradas comuns para substituir as estradas de gelo, a um custo de US$ 280 mil por km e com muitas dificuldades técnicas. (Fonte: OESP, 7.5.2017)

Outro exemplo de ação de adaptação aos efeitos das mudanças climáticas que podemos citar ocorre na Holanda. A Holanda é um país em que grande parte de seu território é composto por terras muito baixas, que foram recuperadas de pântanos ou mesmo do mar, com a instalação de diques e o bombeamento da água para fora (o nome do país é *Nederlanden*, ou *Pays Bas*, em francês ou *Netherlands* em inglês, todos significando "países baixos").

Figura 1.6 – Fotografias da Holanda

Fonte: https://www.lesechos.fr/monde/europe/union-europeenne-les-pays-bas-ont-enfin-presente-leur-plan-de-relance-1396922. Consultado em 10.01.2022

O controle de alagamentos na Holanda tem grande importância para a população, sendo um requisito de sobrevivência. Em termos de problema (aumento do nível do mar em situações normais ou em tempestades) é considerada a existência de uma alta exposição aos eventos naturais, alta sensitividade, porém o país tem uma alta capacidade de adaptação (por se tratar de um país rico, com muita experiência em tratar desse problema), e, portanto, baixa vulnerabilidade quanto a mudanças climáticas.

A Figura 1.7 mostra as partes da Holanda que seriam alagadas se não existissem os diques: (se quiser, compare com o território da Holanda no *Google Maps*, para verificar quanto de território foi assegurado pelos diques).

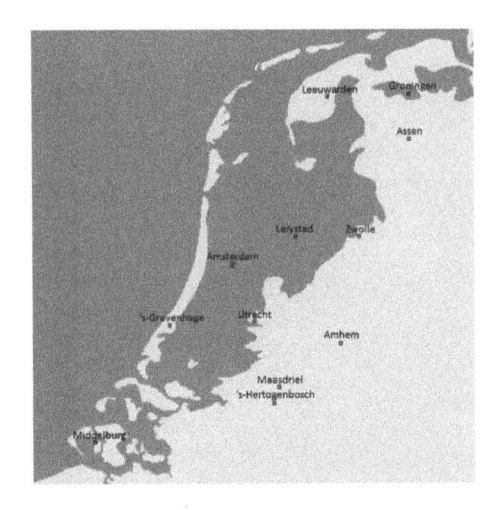

Figura 1.7 – Partes da Holanda que seriam alagadas sem os diques
Fonte: https://en.wikipedia.org/wiki/Flood_control_in_the_Netherlands. Consultado em 10.01.2023

Entretanto, tem-se verificado que, nas últimas décadas, tem ocorrido um aumento do nível do mar, e que os diques comuns, mais antigos, não estão sendo suficientes para proteger a costa. Assim, foram implantados grandes projetos de engenharia para conter os alagamentos, como, por exemplo, o projeto Delta, em Oosterscheidekering, inaugurado pela rainha Beatrix em 4.10.1986. Trata-se de um sistema de defesa contra a elevação do nível do mar e aumento de tempestades na costa, composto por 9 km de barreiras.

A Figura 1.8 mostra um mapa desse empreendimento e uma foto feita por ocasião de uma tempestade no mar.

Figura 1.8 – Barreiras na Holanda para proteção da costa
Fonte: https://en.wikipedia.org/wiki/Flood_control_in_the_Netherlands.
Consultado em 10.01.2023

Outro exemplo semelhante é o projeto MOSE, que protege a cidade de Veneza dos alagamentos provocados por marés muito altas e elevação do nível do mar. Foram previstas grandes comportas (barreiras) que ficam posicionadas no leito do mar, nas proximidades da laguna, que são içadas quando necessário[5].

Mitigação aos efeitos das mudanças climáticas

A **mitigação** aos efeitos das mudanças climáticas consiste nos esforços para reduzir ou prevenir as emissões de gases do efeito estufa, ou para aumentar a sua remoção (sequestro) da atmosfera por sorvedouros.

Podemos citar alguns exemplos de opções de mitigação:

---

5   https://engenharia360.com/projeto-mose-engenharia-civil-de-veneza/. Consultado em 5.12.2022.

- Área de energia: maior uso de energias renováveis, substituindo a queima de combustíveis fósseis por hidroeletricidade, solar, eólica, biocombustíveis; melhorar a eficiência energética das instalações industriais e residenciais.
- Área de transportes: veículos mais eficientes, uso de fontes energéticas alternativas (biocombustíveis, diesel com menos enxofre, melhor transporte público (trem, metrô, ônibus), transporte não motorizado (bicicleta, caminhada).
- Área de edificações: uso mais eficiente de iluminação (natural), equipamentos de refrigeração e aquecimento mais eficientes, melhor isolamento térmico, uso de sistemas fotovoltaicos solares, aproveitamento de materiais e água (LEED).
- **Indústria**: tecnologias mais eficientes reduzindo emissões, reciclagem de materiais, reúso, recuperação de calor e energia.
- **Agricultura**: melhores técnicas de uso de fertilizantes reduzindo emissões de N_2O, redução de emissão de metano, recuperação de solos degradados, controle de erosão, práticas agro-florestais (culturas+gado+matas), manejo adequado do solo.
- **Florestas**: reduzir o desmatamento, promover o reflorestamento, escolher espécies que retenham biomassa e sequestrem mais carbono.
- **Manejo do lixo**: recuperação de metano em aterros sanitários, compostagem, reciclagem, estímulos à redução do lixo, tratamento de chorume.

1.2 – CENÁRIO ECONÔMICO GLOBAL

Verificam-se, atualmente, novas relações comerciais entre as nações, com grandes mudanças na economia global. A partir de uma situação em que os países agiam isoladamente ou procuravam ao máximo sua autonomia, vive-se hoje um clima de integração, com a atuação de blocos. O Mercado Comum Europeu transformou-se na União Europeia, foi criado o NAFTA e, recentemente o Mercosul, que retratam essa posição de blocos, eventualmente gerando protecionismos e barreiras. Há, visivelmente, a proteção aos produtos dos componentes do bloco, em detrimento de outros.

Mais recentemente, com a evolução dos acordos da Rodada Uruguai do GATT (Acordo Geral de Tarifas e Comércio) e a criação da Organização Mundial do Comércio, foi previsto, e vem ocorrendo, um grande crescimento do comércio internacional e da interdependência comercial e financeira dos países. No mundo, o volume total de exportações quadruplicou nos últimos anos, passando de US$ 2 trilhões em 1995 para US$ 8 trilhões em 2005, por exemplo.

Entretanto, sempre há o risco de barreiras, que a OMC tenta evitar, e que são resultantes, com algumas exceções, de pressões de industriais sobre seus governos na defesa de seus interesses (*dumping*, ameaças de desemprego, desatualização tecnológica). E como as barreiras tarifárias são proibidas pelos acordos, sempre haverá o risco de que "problemas ambientais" possam ser um motivo real ou fictício para a imposição de barreiras a alguns produtos brasileiros de exportação ("não tarifárias", também chamadas de "barreiras técnicas"). Lembre-se que a opinião pública, hoje muito influenciada pela mídia, é altamente sensível a apelos no que diz respeito a problemas com o meio ambiente, sobretudo nos países mais ricos, cujas pessoas detêm elevado "poder de compra".

Já existiram pressões junto a consumidores na Alemanha e na Inglaterra para boicotar produtos brasileiros em vista das queimadas de floresta efetuadas na Amazônia, da mesma forma que, em muitos locais, foram boicotados os vinhos franceses como resposta às explosões nucleares no Atol de Mururoa. Também os Estados Unidos, em fevereiro de 1996, bloquearam a importação de gasolina do Brasil alegando "razões ambientais", sendo o caso levado a julgamento da OMC. As barreiras ocorreram também com outros produtos, como o camarão, que já foram boicotados em vista da forma como eram pescados. Um excelente trabalho que trata desse assunto, preparado por Nilson Fornasari Filho e Luciano Rodrigues Coelho para a FIESP encontra-se no endereço[6]:

---

6 Título: Aspectos Ambientais do Comércio Internacional, consultado em 7.03.2017

http://www.fiesp.com.br/indices-pesquisas-e-publicacoes/aspectos-ambientais-do-comercio-internacional-2002/

Observa-se, dessa forma, uma forte tendência de aumento desse tipo de problemas, crescentes na medida em que ganha força a questão ambiental. As normas da série ISO 14000, apesar de resultarem em benefícios visíveis, poderão servir de respaldo às ações de boicote, ou seja, não sendo apresentada uma certificação ambiental, não se aceitariam certos produtos em alguns países. Por outro lado, a existência dessas e de outras normas internacionais, com um critério claro das exigências ambientais, poderá servir como defesa de nossos interesses. Essas normas serão utilizadas para qualificar processos e serviços, proporcionando um caráter mais objetivo, imparcial e quantificável à questão, retirando ou minimizando o lado emocional. Por outro lado, as empresas que não se adaptarem a essas novas regras poderão ter sérias dificuldades com relação à sua sobrevivência nesse ambiente altamente competitivo. E sobreviver é a necessidade nº 1 da empresa, antes de todas as outras (lucro, satisfação dos acionistas, dos empregados etc.).

Verificamos que, com facilidades, disponibilidade de pessoal e de pesquisas, e pela própria exigência das sociedades, são os países mais ricos que vêm trabalhando mais intensamente na elaboração das novas normas de gestão ambiental, da série ISO 14000.

Os movimentos ecológicos internacionais e nacionais contam hoje mais de 50 milhões de pessoas, quase todas moradoras de países ricos. As sociedades desses locais, por terem suas outras necessidades básicas atendidas (alimentação, moradia, emprego, estabilidade econômica, segurança) colocam a preservação ambiental como questão altamente prioritária. Elas possuem recursos suficientes e força de pressão para garantir que suas vontades sejam atendidas, já que para elas é importante evitar a degradação ambiental na busca de uma melhor qualidade de vida, rejeitando produtos considerados ambientalmente nocivos. Foram realizadas, na Alemanha, pesquisas sobre "qual seria para as pessoas consultadas o maior problema atual". As respostas indicaram que, para 56% das pessoas, seriam "problemas do meio ambiente", 34% a "manutenção da paz" e 8% a "situação econômica", ou seja, questões sérias como o desemprego, por exemplo, ficam abaixo das questões ambientais. Outra pesquisa, realizada em 25 países pelo IEML (*International Environmental Monitor Limited*), com sede no Canadá, constatou que mais de 70% das pessoas acham que a saúde de seus filhos seria prejudicada por problemas ambientais. Segundo o presidente desse Instituto, Doug Miller, existe uma percepção comum de que a sobrevivência da humanidade está correndo riscos, prevendo uma nova "onda verde", com a ocorrência de um movimento de pressão popular sobre os líderes das nações para que promovam políticas de desenvolvimento que respeitem a proteção ambiental. Pesquisa realizada em 2009 pela Consultoria *Accenture*, em 22 países, entrevistando cerca de 10.000 consumidores, mostrou que cerca de 96% deles aceitariam pagar mais por um produto "verde", entretanto apenas 12% haviam feito isso no ano anterior. Por que tão pouco? A conclusão é de que faltam produtos sustentáveis no mercado, abrindo-se, aí, uma oportunidade importante para empresas inovadoras e criativas.

Observa-se nos países mais ricos, que a sociedade local, por meio de seus representantes, pressiona as empresas e governos para que realizem investimentos que resultem em melhorias ambientais, tais como o tratamento de águas usadas, melhoria dos processos produtivos com menor emissão de poluentes, desenvolvimento de tecnologias mais limpas etc. E os que estão atrasados do ponto de vista de desenvolvimento, mesmo na Europa, são os que apresentam maiores problemas de emissões, mas que atribuem menor prioridade ao assunto, preferindo o desenvolvimento econômico a qualquer preço. Verifica-se, atualmente, a existência de pressões da Sociedade sobre as empresas no sentido de eliminação de seus passivos ambientais, não os aceitando como herança para as gerações futuras. John Elkington, conhecido ecologista inglês, comenta que os passivos ambientais poderão ser considerados como crimes, no futuro (Elkington, 2009).

Apesar dos avanços na forma de encarar o problema, a questão das emissões está longe de chegar a uma solução efetiva, em vista das implicações econômicas; porém, verifica-se mais uma vez a tendência de que os acordos se voltem mais ao princípio de "poluidor-pagador". Uma das opções seria a constituição de um fundo mundial abastecido pelos ricos, com a aceitação de que os países em desenvolvimento tenham autorização de continuar nos mesmos níveis de emissão (que não é comparativamente muito elevada), porém assegurando-se que os menos desenvolvidos recebam alguma ajuda financeira do fundo para a obtenção de tecnologia, que garanta que os níveis de emissão não aumentem com o seu desenvolvimento. O aumento das metas de redução de emissões e o Mecanismo de Desenvolvimento Limpo, previsto em Kyoto, podem ser formas de reduzir as emissões.

A questão ambiental cada vez mais fica interligada a algumas outras questões que afligem a humanidade. Ao mesmo tempo em que se busca reduzir os efeitos das mudanças climáticas, vem se procurando promover ações sustentáveis para o crescimento nacional e internacional. Em setembro de 2015 foram concluídas as propostas para a adoção dos Objetivos de Desenvolvimento Sustentável globais (ODS), propostos pela ONU, com 17 Objetivos e 169 Metas:

1. Acabar com a pobreza em todas as suas formas, em todos os lugares;
2. Acabar com a fome, alcançar a segurança alimentar e melhoria da nutrição e promover a agricultura sustentável;
3. Assegurar uma vida saudável e promover o bem-estar para todos, em todas as idades;
4. Assegurar a educação inclusiva e equitativa e de qualidade, e promover oportunidades de aprendizagem ao longo da vida para todos;
5. Alcançar a igualdade de gênero e empoderar todas as mulheres e meninas;
6. Assegurar a disponibilidade e gestão sustentável da água e saneamento para todos;
7. Assegurar o acesso confiável, sustentável, moderno e a preço acessível à energia para todos;

8. Promover o crescimento econômico sustentado, inclusivo e sustentável, emprego pleno e produtivo e trabalho decente para todos;
9. Construir infraestruturas resilientes, promover a industrialização inclusiva e sustentável e fomentar a inovação;
10. Reduzir a desigualdade dentro dos países e entre eles;
11. Tornar as cidades e os assentamentos humanos inclusivos, seguros, resilientes e sustentáveis;
12. Assegurar padrões de produção e de consumo sustentáveis;
13. Tomar medidas para combater a mudança do clima e seus impactos;
14. Conservação e uso sustentável dos oceanos, dos mares e dos recursos marinhos para o desenvolvimento sustentável;
15. Proteger, recuperar e promover o uso sustentável dos ecossistemas terrestres, gerir de forma sustentável as florestas, combater a desertificação, deter e reverter a degradação da terra e deter a perda de biodiversidade;
16. Promover sociedades pacíficas e inclusivas para o desenvolvimento sustentável, proporcionar o acesso à justiça para todos e construir instituições eficazes, responsáveis e inclusivas em todos os níveis;
17. Fortalecer os meios de implementação e revitalizar a parceria global para o desenvolvimento sustentável.

O censo de 2010 indicou que o Brasil é um país predominantemente urbano, com 84,35% da população em cidades, e graves problemas ambientais, principalmente nos grandes centros. Pesquisas feitas pelo IBGE em 2017 nos 5.558 municípios brasileiros indicam que apenas 60,5% deles possuem redes de esgoto. Diariamente são lançados cerca de 14 milhões de litros de esgoto bruto nos rios brasileiros (lembramos que grande parte da população pobre mora em favelas junto aos rios contaminados). O problema tende a se agravar com o crescimento da população urbana, e com baixo crescimento dos investimentos em saneamento básico.

1.3 - A SITUAÇÃO DAS EMPRESAS FRENTE À QUESTÃO AMBIENTAL

As empresas, principalmente aquelas que têm interesses em exportação, praticamente estão sendo "obrigadas" a se adequarem às normas da série ISO 9000, por uma exigência do mercado. A grande vantagem dessas normas, que se referem à implantação, operação e manutenção de um Sistema de Gerenciamento da Qualidade, é a de proporcionar uma qualidade constante ao produto, pela existência de um sistema gerencial estabelecido e estruturado, que se preocupa com os procedimentos, treinamento das pessoas, auditorias, registros etc. É conhecida a queixa de importadores estrangeiros que recebiam, na primeira compra, um lote com excelentes produtos, mas em compras subsequentes os produtos chegavam com características completamente diversas. Esse fato decorre da atitude das empresas que colocavam sempre seu "primeiro time" na fabricação dos lotes iniciais, com um bom controle de matérias-primas, com a escolha das máquinas mais ajustadas e calibradas para realizar um bom processo de fabricação, mas que não conseguiam repetir tudo isso nos lotes maiores subsequentes, mas principalmente pela falta de procedimentos e rotinas de gerenciamento e fabricação, que assegurassem uma repetibilidade do processo bem planejado e estudado.

É importante mencionar que as normas da série 9000 não garantem a qualidade do produto, apenas asseguram (quando há a certificação da empresa) que a empresa possui um sistema de garantia da qualidade bem estruturado, o que é meio caminho andado para que o produto apresente boa qualidade. E, para um comprador de outros continentes, é muito difícil e dispendioso o envio de inspetores, de modo que aceitar a certificação pelas normas ISO é uma solução conveniente que, salvo algumas exceções, proporciona as garantias suficientes.

Com a questão ambiental ganhando importância, em grande parte graças à evolução dos meios de comunicação (um acidente ambiental sério é acompanhado hoje ao vivo e em cores, instantaneamente, por grande parte da humanidade), as empresas constataram que demonstrar qualidade ambiental é um item considerado importante por seus clientes. E as pessoas são hoje mais bem informadas e motivadas para o assunto, sendo raro o dia em que a televisão, os jornais e revistas não abordem temas ambientais.

Da mesma forma que ocorreu com as ISO da série 9000, as empresas vêm demonstrando um crescente interesse em melhorar seu desempenho ambiental e, em muitos casos, obterem certificação pela norma ISO 14001.

A existência de qualidade ambiental tem sido uma preocupação das empresas mesmo que não haja o interesse em certificação por normas. Considerando o que disse o Prof. Deming, comentando sobre a adesão aos princípios da qualidade total pelas empresas – "Você não é obrigado a fazer isso, a sobrevivência é opcional", pensamos que a mesma coisa pode vir a se aplicar à questão ambiental. Por outro lado, as empresas que se adaptarem aos novos tempos terão vantagens competitivas, já que a preocupação ecológica é hoje vista como um fator estratégico de competitividade.

Uma pesquisa realizada em abril de 1990 pela *Opinion Research Corporation*, nos Estados Unidos, indicou que 71% das pessoas consultadas disseram que tinham mudado de marca devido a considerações de cunho ambiental e 27% afirmaram ter boicotado produtos por causa de maus antecedentes ambientais do fabricante. Hoje, com certeza, aumentou essa preocupação, graças provavelmente a um maior volume de informações ambientais existente na mídia, com maior conhecimento do assunto pela sociedade. Em recente pesquisa do ISER, verificou-se que mais de 2/3 da população brasileira se diz contra qualquer dano ambiental, ainda que em nome do desenvolvimento econômico e da geração de empregos.

A poluição é encarada como uma perda no processo produtivo, quase sempre resultado do uso incompleto de recursos naturais e da queima de alguma coisa.

É significativo observar que na língua inglesa, a palavra *"waste"* tanto significa *"resíduo"*, como *"desperdício"*.

Citando o Japão, que é totalmente dependente de petróleo, verificamos que o choque foi muito grande quando este produto disparou para quase 30 dólares o barril, mas ao invés de se conformarem com a situação, os japoneses fizeram revisões dos processos produtivos, usando conceitos de TQC, modificaram instalações, analisaram os desperdícios e otimizaram tudo que foi possível, conseguindo hoje fabricar quantidades equivalentes com menos de 60% de energia e de matérias-primas. Como um exemplo negativo, consta que na mineração de quartzito (pedra de São Tomé) em São Tomé das Letras (MG), a taxa de recuperação das pedras na lavra (extração) é de apenas 8%. Isto significa que, de cada 1 t extraída, são aproveitados apenas 80kg e perdidos 920kg como resíduos.

O envolvimento das empresas, de forma a evoluir em seu desempenho ambiental, requer esforços semelhantes, sendo importante lembrar o conceito lembrado pela sigla BATNEEC (*"Best Available Techniques Not Exceeding Excessive Costs"*), ou seja, usar a melhor técnica disponível sem incorrer em custos que inviabilizem os objetivos da empresa. Isso é particularmente aplicável às pequenas e médias empresas, para as quais é necessário um estudo cuidadoso de implementação gradual de padrões mais elevados de desempenho, de modo a adaptar os processos produtivos e gerenciais a orçamentos aceitáveis de médio e longo prazo.

Observa-se que lideranças empresariais passaram a preocupar-se com a imagem de suas empresas, propondo e estabelecendo códigos e declarações de princípios. Assim, por exemplo, as indústrias químicas do Canadá propuseram o *"Responsible Care Program"*, que são os princípios de atuação responsável, aos quais a maioria das indústrias químicas dos países mais desenvolvidos aderiram, inclusive no Brasil, coordenado pela ABIQUIM – Associação Brasileira da Indústria Química (ver quadro e site na Internet). Outro exemplo é o da Câmara de Comércio Internacional, que publicou a Carta de Princípios para o Desenvolvimento Sustentável, composta de 15 artigos.

Assim, verifica-se hoje, que as lideranças empresariais estão atuando de modo bastante sério ao estabelecer requisitos de atuação, com normas que, ocasionalmente, são mais exigentes e abrangentes que as próprias normas da série ISO 14000.

Algumas das entidades formadas para incrementar o desempenho ambiental das organizações afiliadas são:
- WBCDS – *World Business Council for Sustainable Development* – (Conselho Mundial Empresarial para o Desenvolvimento Sustentável)
- *Responsible Care* – (Atuação Responsável)
- E&P – Forum – *European Petroleum Industry Association* – (EUROPIA)
- *The Coalization for Environmental Responsible Economies* (CERES Principles)
- KEINDAREN (*Japan Federation of Economic Organization*)
- FSC – *Forest Stewardship Council* (Conselho de Manejo Florestal)
- BCSD – *Business Council for Sustainable Development* (Suíça)
- GEMI – *Global Environmental Management Initiative* (EUA)
- INEM – *International Network for Environmental Management* (Alemanha).

Conceito de Atuação Responsável
A indústria química, bastante visada pela sociedade em função de emissões de poluentes, riscos de acidentes e problemas de segurança associados, foi uma das primeiras áreas a criar códigos de desempenho. Assim, surgiu no Canadá em 1985, patrocinado pela Indústria Química o "Responsible Care Program – A Total Commitment", visando obter melhorias de desempenho. Atualmente, são definidos cinco elementos de atuação:
1) Princípios Diretivos: são os padrões éticos que direcionam a política de ação das empresas (equivalem à política ambiental). Incorporaram os antigos Códigos e Práticas Gerenciais
2) Comissões de Lideranças Empresariais: são os foros de debates e de troca de experiências entre profissionais e dirigentes de empresas associadas, visando a coordenação das atividades conjuntas ligadas ao Processo de Atuação Responsável. Existem as regionais do Programa, como em Camaçari, em Cubatão etc., englobando as indústrias daquela região, onde são discutidas as experiências obtidas, as dificuldades e os sucessos, colaborando para o estímulo e melhoria de toda aquela comunidade.
3) Conselhos Consultivos, com a participação de membros da comunidade e lideranças locais, pessoas compromissadas em dialogar e cooperar na solução dos problemas ambientais de sua comunidade que possuam elementos de interação com a indústria local. Objetiva-se analisar o comportamento ambiental da empresa, expectativas e sugestões dos empregados, vizinhos etc., de forma a obter melhoria ambiental contínua. Existe também o Conselho Consultivo Nacional, que colabora com o desenvolvimento do "Atuação Responsável" por meio de recomendações que buscam refletir as expectativas da sociedade em relação às atividades da indústria química brasileira.
4) Avaliações de Progresso, com a realização de autoavaliações, que servem como ferramenta de planejamento e monitoramento da implementação do Atuação Responsável e de preparação para a verificação externa com o programa VerificAR (avaliações de terceira parte).

> 5) Parcerias com a Cadeia Produtiva: foi criado o conceito de difusão para a cadeia produtiva, que se inicia com o "Programa de Parceria", mantido com empresas de transporte e de distribuição de produtos químicos, empresas de tratamento de resíduos químicos e empresas de resposta a emergências com produtos perigosos.
> O novo "Programa de Atuação Responsável", introduzido em 2003, procurou criar um modelo integrado com as outras dimensões da gestão das empresas, incluindo aquelas relacionadas à proteção empresarial, qualidade e social. Além disso, incorporou a visão de ciclo de vida dos produtos. Ele supera, por vezes, os requisitos exigidos pelas legislações ambientais locais.
> No Brasil, 14º país a aderir ao programa (entre 40 países participantes), a representante da "Atuação Responsável" é a ABIQUIM – Associação Brasileira da Indústria Química. Desde 1998, participar do programa é um requisito para a filiação das empresas à ABIQUIM. Sugerimos, para maiores informações, consultar o site https://abiquim.org.br/programas (consultado em 26.11.2022).

Nos Estados Unidos, a melhoria do desempenho ambiental das empresas tem sido obtida, em grande parte, graças à aplicação de auditorias ambientais, realizada por pessoas integrantes da própria empresa (da própria fábrica ou da matriz), ou eventualmente pessoas de fora. O termo "auditoria" nos Estados Unidos, cujo conceito originou-se de avaliações contábeis, tem sempre o sentido de "conforme determina a lei", ou seja, auditoria de cumprimento de regras e leis (*compliance*). Os objetivos de uma auditoria ambiental nos Estados Unidos são voltados, principalmente, ao cumprimento da lei, regulamentos da empresa, preservar os diretores e executivos de riscos de sua responsabilização legal como resultado de acidentes ambientais (pois é impossível que essas pessoas conheçam em profundidade a situação real no "chão de fábrica", a auditoria neste caso sendo útil para indicar-lhes um quadro da situação real). Ainda, a auditoria tem como objetivos identificar os passivos ambientais, cujo conhecimento é importante para a definição do valor da empresa em situações de venda, aquisições e fusões, e disseminar boas práticas em unidades de um mesmo grupo.

Atualmente, ganhou muita força a adoção das práticas de sustentabilidade conhecidas como ESG, sigla de "*Evironmental, Social and Governance*" – ou seja, atenção especial em todas as ações gerencias com o "Meio Ambiente, Aspectos Sociais e Governança".

Na busca da sustentabilidade, as empresas implantam sistemas de gestão ambiental e os mantém, eventualmente buscam a certificação; procuram utilizar com mais eficiência os recursos naturais de que fazem uso (principalmente a água); otimizam o uso de energia em suas diversas formas; procuram reduzir os resíduos gerados e descartados; utilizam técnicas de reciclagem; e procuram melhorar os seus produtos com o uso de uma melhor tecnologia gerando produtos menos agressivos ao meio ambiente em todas as etapas do seu ciclo de vida, entre outras possíveis ações visando a sustentabilidade ambiental e econômica.

Existe um número muito grande de exemplos de atitudes empresariais e de exemplos de produtos desenvolvidos recentemente visando um melhor desempenho ambiental, que não cabe discutir neste trabalho, em vista de seu número elevado.

1.4 – A SITUAÇÃO DA ÁREA AGRÍCOLA E DE ENERGIA

No Brasil, verificamos que a situação ambiental é crítica em alguns setores, com efeitos negativos de âmbito global, ao mesmo tempo em que algumas empresas têm realizado trabalhos de seriedade indiscutível, com melhorias significativas de desempenho ambiental, tanto em processos produtivos, quanto no próprio produto.

Nas últimas décadas, o Brasil vem apresentando vários surtos de crescimento da economia (e da população), com grandes agressões sobre o patrimônio natural. A expansão das fronteiras agrícola, mineral e agroindustrial tem acarretado, como consequência inevitável, o crescimento dos impactos ambientais sobre regiões antes praticamente intocadas. Esse crescimento do país tem exigido a realização de obras de grande porte para apoiar esse desenvolvimento, tais como rodovias, hidrelétricas, hidrovias, e outras grandes obras, que contribuem para agredir o meio ambiente. A falta de recursos dos governos (federal, estadual e municipal) tem adiado obras essenciais de saneamento básico (redes de esgoto, estações de tratamento, aterros sanitários, incineradores), obras relativas à ocupação inadequada do solo (erradicação de favelas, recuperação de áreas desmatadas) e de transportes públicos nas grandes cidades, colaborando para o aumento de poluição.

O Brasil tem sido visto no mundo todo, como se sabe, como um país irresponsável do ponto de vista ambiental, por não conseguir evitar as queimadas da Amazônia, que é a última grande floresta tropical da Terra. Entidades e governos estrangeiros constantemente pressionam o governo brasileiro a tomar ações restritivas severas a este processo, ameaçando inclusive violar a nossa soberania. Outras críticas referem-se à poluição nas cidades, praias e rios, à falta de qualidade da água potável e do ar, à perda da biodiversidade da Mata Atlântica, à poluição dos rios por mercúrio em mineração, ao uso descontrolado de agrotóxicos, erosão causada por atividades agrícolas, estradas e outras grandes obras, entre outras, em uma lista de críticas que seria interminável.

Serão, a seguir, comentados alguns aspectos sobre a situação quanto ao desempenho ambiental de duas grandes áreas de atividades: a agroindústria e a geração de energia elétrica, uma vez que, com relação às indústrias em geral, os casos são bem mais específicos, dependendo do tipo de indústria. A maior parte das informações aqui apresentadas foi obtida em um excelente trabalho preparado pelo Ministério do Meio Ambiente, denominado "Os Ecossistemas Brasileiros e os Principais Macrovetores de Desenvolvimento. Subsídios ao Planejamento da Gestão Ambiental", onde são citados como referência dezenas de pesquisadores e autores de renome.

1.4.1 – Agroindústria

A agroindústria brasileira é praticada em propriedades de grande porte, com produção voltada primordialmente para a exportação, empregando-se aplicação intensiva de capital e de tecnologia. É o caso das produções de soja, açúcar, café e carne. Nesse tipo de negócio, sempre que o mercado permite, procura-se agregar valor ao produto primário, com algum processamento industrial antes da venda, de modo à obtenção de maior lucro.

Constata-se, das estatísticas, que a maior parte da terra é utilizada em pecuária (extensiva, com o gado solto para pastar) e relativamente pouca área ocupada por agricultura (cerca de 1/10 do total). As extensões territoriais do Brasil são imensas.

Visando obter elevada produtividade, além da redução de custos com empregados (fator hoje ampliado com maiores direitos trabalhistas dos empregados rurais e conflitos fundiários), aumenta o emprego de máquinas agrícolas, da irrigação e de insumos para aumento da produção: fertilizantes, defensivos, corretivos de acidez do solo, engenharia genética, vacinações e energia elétrica, entre outros.

Observa-se, entretanto, que cada um desses fatores de produção causa algum tipo de degradação ambiental, tendo como resultados a compactação dos solos, a desertificação, a contaminação dos rios, a perda de biodiversidade genética, as consequências ainda desconhecidas e o enfraquecimento de espécies, a expansão descontrolada das fronteiras agrícolas, a destruição de formações vegetais nativas, queimadas na Amazônia e o corte predatório de árvores.

Imensas áreas que antes eram preservadas pela própria distância das áreas habitadas e inóspitas, tornaram-se acessíveis com a abertura de grandes rodovias, necessárias à expansão da fronteira agrícola para escoamento da produção, contribuindo para a ocupação e utilização de forma não planejada. Infelizmente, hoje, constata-se que o Brasil é bastante malvisto no cenário internacional, no tocante às queimadas na Amazônia e à destruição das florestas tropicais (considerado um dos maiores problemas ambientais globais). A Figura 1.9 apresenta as taxas anuais de desmatamento da Amazônia Legal Brasileira, conforme dados do INPE.

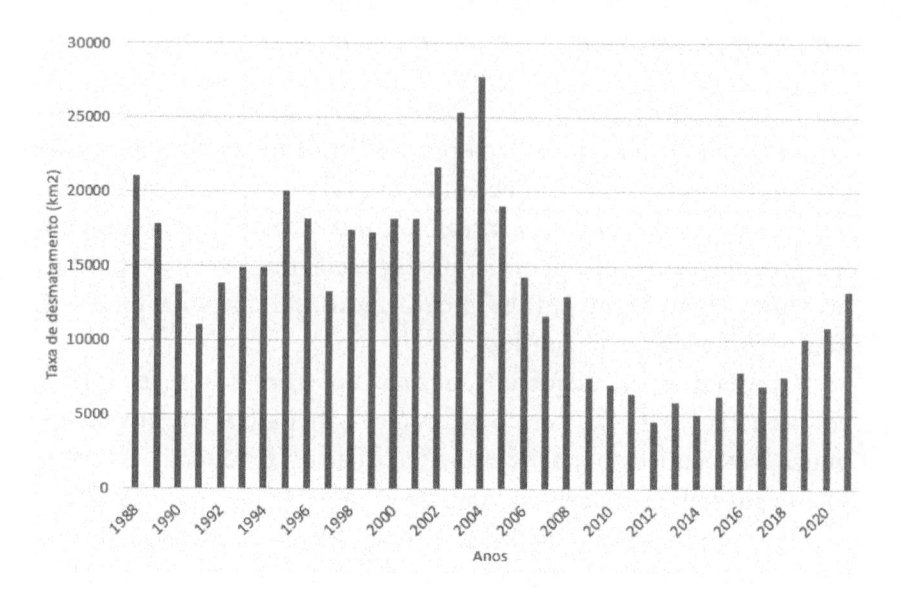

Figura 1.9 - Estimativa anual de desmatamento na Amazônia (referência: INPE)

Fonte: http://www.obt.inpe.br/prodes/dashboard/prodes-rates.html (ref: INPE site http://www.obt.inpe.br/prodes/dashboard/prodes-rates.html, consultado em 10.01.2023)

As perdas de solo agrícola no Brasil, decorrentes da erosão, atingem 25 t/ano por hectare, enquanto os níveis "normais aceitáveis" situam-se de 3 a 12 t/ano por hectare. São perdidas no país quase 200 milhões de toneladas de terra fértil por ano, que são arrastadas para os rios transportando fertilizantes e agrotóxicos (causando eutrofização e poluição das águas) e contribuindo para o assoreamento desses rios. Quando esse processo erosivo atinge limites exagerados, ocorre a desertificação, como vem ocorrendo, por exemplo, na região de Itaqui, no Rio Grande do Sul.

Outra consequência do manejo inadequado da terra refere-se ao uso, cada vez maior, de máquinas pesadas, realizando arações cada vez mais profundas. Esse processo acarreta a compactação dos solos, que faz com que a água da chuva não consiga penetrar, e escoando com maior velocidade para os rios, arraste a camada superficial do solo com os nutrientes. A quantidade de matéria orgânica removida do solo chega a ser algumas vezes superior àquela que permanece, sabendo-se que a natureza leva centenas ou milhares de anos para conseguir reconstruir, por meios naturais, o solo fértil. Além disso, reduzindo a matéria orgânica, reduz-se a porosidade do solo e sua capacidade de absorção de água e de nutrientes. Não sendo retida a água, as raízes das plantas têm que penetrar mais fundo em busca de água, o que é difícil em solo compactado, acarretando problemas de desenvolvimento da planta. A compactação dos solos dificulta a vida de bactérias, fungos e minhocas, pela menor circulação de ar. Com a redução desses elementos auxiliares ao desenvolvimento das plantas, reduz-se a produtividade.

O Brasil é o maior consumidor mundial de agrotóxicos, e seu uso excessivo e sem controle, além do problema já mencionado de poluição das águas, resulta em que as pragas fiquem cada vez mais resistentes, o que exige agrotóxicos mais fortes, gerando um círculo vicioso. O Instituto Nacional do Câncer (INCA), em vários documentos, tem alertado para os riscos dos agrotóxicos à saúde, em especial por sua relação com o desenvolvimento de câncer. Dentre os efeitos associados à exposição crônica a ingredientes ativos de agrotóxicos podem ser citados, além do câncer, infertilidade, impotência, abortos, malformações fetais, neurotoxicidade, desregulação hormonal e efeitos sobre o sistema imunológico[7].

O uso incorreto dos agrotóxicos vem acarretando contaminação dos alimentos e problemas para os trabalhadores agrícolas expostos a venenos (em Maria da Fé, MG, cidade produtora de batatas, a água da cidade foi contaminada com um determinado agrotóxico; cebolas importadas da Argentina foram barradas por terem sido fumigadas com produto cancerígeno, para evitar brotamento precoce). No Rio Grande do Sul, no Vale do Rio Pardo, que é uma região produtora de

---

[7] "INCA lança documento e promove debate sobre os malefícios dos agrotóxicos". Site: https://www.inca.gov.br/noticias/inca-lanca-documento-e-promove-debate-sobre-os--maleficios-agrotoxicos. Consultado em 27.11.2022

fumo, é observado um número sete vezes mais alto de suicídios (médias entre 1990 e 1994 para 100.000 habitantes, em cidades como Candelária com 25,87; Venâncio Aires com 20,33; Lajeado com 20,00; Santa Cruz do Sul com 16,23; enquanto a média nacional é de 3,86), atribuído a depressões causadas por agrotóxicos do grupo dos organofosforados. O mesmo ocorre em Arapiraca, polo de fumo de Alagoas (ref. Jornal "Folha de São Paulo, 29.11.1996).

O uso de agrotóxicos foi em 1997 de 2,27 kg/ha, em 2000 foi 2,76 kg/ha e em 2015 foi de 4,3 kg/ha (informação de 2015 de Moraes, 2019).

O uso indevido deve-se, em parte, à má informação dos agricultores, que acreditam que exagerando nas doses, obtêm um melhor resultado e, ao fazer o descarte das embalagens vazias o fazem de maneira incorreta, com restos de veneno, que contaminam o solo e as águas. Ainda outro problema é o arrastamento desses venenos das lavouras para os cursos d'água, por ação das chuvas e a contaminação dos usuários dos produtos agrícolas, sobretudo ao consumirem verduras e frutas. Sabe-se que os inseticidas organoclorados ficam retidos nas gorduras do organismo pela falta de um mecanismo de eliminação.

Segundo a *Revista Brasileira de Saúde Ocupacional* (artigo de Antenor Ferrari), enquanto os ingleses têm 14,4 ppb (partes por bilhão) de produtos venenosos no sangue, os americanos 22,7 ppb e os argentinos 43,3 ppb, os brasileiros apresentam 572,6 ppb!

As novas técnicas agrícolas que buscam maior produtividade por hectare plantado (com híbridos de alto rendimento, porém que são geneticamente muito mais frágeis às pragas e doenças) estão fazendo com que passe a existir uma menor diversidade genética, diminuindo-se o plantio de espécies mais resistentes e adaptadas às condições do local (plantas seculares, que ao longo do tempo desenvolveram defesas naturais e, portanto, sobreviveram no processo de seleção natural). Esse fenômeno de substituição de plantas é denominado de "erosão genética". Essas novas espécies exigem, cada vez mais, agrotóxicos potentes para defendê-las, aumentando as consequências ambientais.

Outra prática agrícola, muito agressiva ao meio ambiente, consiste na realização de queimadas. Além da poluição por particulados nas cidades ("carvõezinhos") e prejuízos ao solo, esse processo gera ozônio, através de uma reação fotoquímica. Esse gás, necessário na alta atmosfera como um escudo protetor da Terra, é prejudicial ao desenvolvimento das plantas e danoso para o sistema respiratório de homens e animais. O fenômeno é mais sério nas regiões produtoras de cana de açúcar, com a queimada da palha.

Comentando, com um pouco mais de detalhes, a questão da Amazônia, pela importância do tema, observa-se que está na realidade ocorrendo a chamada "mineração de nutrientes". As madeiras estão sendo queimadas ou cortadas e removidas, impedindo a reciclagem da matéria orgânica. O manejo florestal inadequado faz com que, na atividade madeireira, apenas a parte nobre do tronco seja aproveitada, sendo o resto da árvore queimado, com grandes perdas. A pecuária extensiva (também ela uma mineração de nutrientes, através da carne), além do efeito destruidor das matas nativas, substituindo-as por pastagens, tem provocado o esgotamento dos solos que, na realidade são pobres, sustentados apenas pela matéria orgânica das árvores. Como o preço da terra é baixo, os empresários não realizam nenhum investimento para renovar a produtividade, abandonando-a quando ocorre o esgotamento e transferindo seu capital (gado) para outras áreas de maior rendimento e preço baixo. O efeito das chuvas torrenciais sobre as áreas desmatadas faz com que a erosão se desenvolva de modo acelerado, arrastando-se a matéria orgânica para os rios, causando-se eutrofização, assoreamento e modificação do regime dos rios. As queimadas, além do aspecto de perda da floresta, da biodiversidade e de nutrientes, contribuem para o aquecimento global (efeito estufa), desgastando de forma irreparável a imagem do país no exterior.

Os efluentes da agroindústria acarretam outro tipo de problema ambiental, ou seja, a contaminação das águas. É o que ocorria na região de Chapecó, em Santa Catarina, onde há a maior concentração de suínos do mundo (cerca de 3 milhões de cabeças), produzindo 24 milhões de m^3 de dejetos por ano. Essa carga de poluição é equivalente às descargas sanitárias de 30 milhões de pessoas, resultante de dejetos, sobras do processamento pós-abate (sangue, gordura, restos animais).

Atualmente, os cuidados aumentaram, sendo tomadas medidas mais apropriadas para controlar a carga orgânica poluidora, com a construção de estações de tratamento de efluentes e bio-esterqueiras. Na mesma região, constatam-se problemas semelhantes com a criação e o processamento de aves, como frangos, perus, e *chester*, como verificamos em: Vladimir Brandão, "Oeste: bomba suína". Expressão, vol. 4, Florianópolis, 1993).

Hoje, entretanto, percebe-se um crescimento acentuado de produção e consumo de produtos denominados "orgânicos", tais como hortaliças, açúcar e frutas. Nos processos produtivos desses alimentos não são empregadas substâncias químicas, como herbicidas e pesticidas ou adubos sintéticos, preferindo-se o emprego de fertilizantes naturais.

1.4.2 – Energia

A utilização da energia está diretamente associada à qualidade de vida de um povo. Necessitamos de energia durante praticamente todo o tempo de nossa existência, sob as formas de eletricidade, combustíveis para transporte, aquecimento ou refrigeração de alimentos, construções, água, entre outros usos, sendo a energia um insumo importante em praticamente todos os produtos que consumimos. Imagine uma pessoa que mora em um país do terceiro mundo. Por exemplo, no Brasil, em uma propriedade rural no interior, longe de cidades. Para obter energia, ela usa lenha, precisa caminhar para realizar a coleta e, em seguida, transportar essa lenha com grande esforço físico. Com a queima da lenha, ela obtém somente energia térmica, para preparar alimentos (cozinhar) e no máximo, um pouco de água quente para um banho com pouco conforto. Não pode dispor de refrigeradores para preservar alimentos. Não dispõe de TV, rádio, ar-condicionado, banho quente com chuveiro. Ao usar a lenha, ela provoca danos à sua saúde por respirar fumaça (particulados e outros gases nocivos). Cerca de 2 bilhões de pessoas no mundo (1/4 da população!) vivem assim, sem conforto quase nenhum, por não disporem de energia elétrica.

Pode-se dizer que um povo, para ter uma qualidade razoável de vida deve ter à sua disposição instalada uma capacidade de geração de energia elétrica de cerca de 1 KW por habitante. Aqui no Brasil, com aproximadamente 214 milhões de habitantes e cerca de 181,6 GW de capacidade instalada em 2022 (EPE, 2022), estamos abaixo desse valor ideal.

As relações da energia com o meio ambiente são muito intensas. A produção de energia, seu transporte, sua armazenagem, sua distribuição e o próprio uso final, causam significativos impactos sobre o meio ambiente, como procuraremos apresentar neste tópico. Os quadros apresentados, no final deste item, mostram gráficos relativos à evolução do consumo de energia no Brasil, ao longo do tempo.

Petróleo e gás natural

Em sua fase de exploração, observam-se riscos principalmente para os trabalhadores envolvidos e riscos de incêndio e vazamentos para o mar (a maior parte do nosso petróleo é extraída da plataforma continental, no mar), mas considerando os cuidados tomados e o histórico de eventos, pode-se dizer que os problemas ambientais são mínimos.

Em sua fase de transporte, os riscos já são maiores, ocorrendo alguns acidentes na descarga de petróleo nos terminais da Petrobrás, que a empresa tem procurado reduzir (São Sebastião, por exemplo), acidentes com oleodutos e outros.

Com relação à fase de produção, além dos problemas de segurança envolvidos, há problemas ambientais com a liberação de gases tóxicos (CO, SO_x e outros) e particulados, uso de grande quantidade de água que é liberada carregando produtos prejudiciais (fenóis, amônia etc.) e liberação de CO_2 (são liberados 0,412 g de CO_2 para cada litro de petróleo processado).

A utilização dos combustíveis causa os problemas bastante conhecidos de poluição do ar, principalmente nas grandes cidades, por veículos e pela indústria. Os combustíveis mais pesados causam os maiores problemas, como o óleo combustível pesado, que faz parte do grupo dos "ultra-viscosos ou do fundo do barril", que contém enxofre e metais pesados de modo próximo ao carvão, depois vêm os demais como o óleo diesel, gasolina e, finalmente, o gás natural, considerado um combustível "limpo".

Hidroeletricidade

Todos sabemos das inúmeras vantagens ambientais apresentadas pela energia elétrica obtida a partir da transformação da energia potencial dos rios em energia cinética pelo acionamento de turbo-geradores. Trata-se, realmente, de uma "energia limpa" em todos os seus estágios, desde a produção até o uso final. Entretanto, cabe lembrar, como registro, alguns problemas causados pelas hidrelétricas ao meio ambiente, sobretudo pelas grandes barragens:

- perda de enormes extensões de solo agricultável que fica alagado (perdas efetivas e potenciais);
- perda de jazidas nas regiões alagadas, por exemplo, de argila para a fabricação de telhas e tijolos (perdas efetivas ou potenciais);
- modificação do regime do rio, passando de um regime terrestre-fluvial para um regime lacustre, com perdas de espécies que não conseguem se adaptar ao novo *habitat*;
- modificação do ecossistema e do clima local, que fica mais úmido;
- problemas por ocasião do enchimento da barragem (árvores apodrecendo formando gases como o metano, eutrofização, problemas com a qualidade da água estagnada);
- proliferação de mosquitos e plantas aquáticas na barragem;
- assoreamento do lago por retenção de sedimentos;
- submersão de sítios arqueológicos e turísticos;
- riscos de atividades sísmicas devido às enormes pressões sobre o solo;
- problemas com as linhas de transmissão (perda de terras da faixa de segurança, riscos etc.).

Carvão Mineral

O carvão ainda é parte importante da matriz energética principalmente em outros países desenvolvidos e na China. Com a recente Guerra na Ucrânia, mesmo países europeus precisaram aumentar o uso de usinas térmicas movidas a carvão para gerar energia, essencial para a sobrevivência no inverno no norte da Europa.

A mineração do carvão, a céu aberto, causa problemas ocupacionais e ambientais conhecidos: exposição de trabalhadores da mina a particulados, riscos de acidentes, erosão e perda de terrenos nunca mais recuperados devido ao alto custo e baixo valor da terra, acidificação do solo e de águas devido à drenagem, emissão de particulados. Em seu beneficiamento inicial (que produz particulados, óxidos de nitrogênio e de enxofre), para redução de cinzas e enxofre, são geradas grandes quantidades de refugo, que ficam estocadas a céu aberto, e que não têm um destino adequado. Essas pilhas, juntamente com o carvão, ficam expostas à chuva que, atacando a pirita causa drenagens ácidas, contaminando os aquíferos e cursos d'água.

A utilização do carvão nacional deixou de ser obrigatória como coque em siderurgia devido ao alto teor de enxofre e cinzas (até poucos anos atrás era obrigatória a participação de 20%, hoje é usado carvão totalmente importado). Atualmente, a utilização de carvão brasileiro fica restrita à usina termoelétrica de Candiota, RS (usina de 796 MW) e outros poucos utilizadores (pequenas fábricas). Entretanto, a queima desse carvão em Candiota, tem gerado protestos do Uruguai, que alega a formação de chuva ácida.

Energia Nuclear

A energia nuclear representa uma fantástica capacidade de geração de energia. Enquanto a queima de um átomo de carbono gera 3 eV (elétrons-volt), a explosão de uma molécula de TNT gera 10 eV, a fissão de um átomo de urânio 235 gera 200.000.000 eV.

A participação da energia nuclear na matriz energética ainda é muito pequena no Brasil, onde há apenas duas usinas em operação

(Angra-I, com 650 MW e Angra-II com 1.350 MW). A energia nuclear é considerada uma forma "limpa" de energia, pois, durante a sua geração e produção de energia elétrica, não há a produção de gases lançados à atmosfera, principalmente CO_2, ou seja, ela não colabora com o aquecimento global. Segundo a Comissão Econômica da ONU para a Europa (UNECE), a geração de energia elétrica feita em usinas nucleares evitou a emissão de 74 gigatoneladas de CO_2 (UNITED NATIONS, 2021).

Por outro lado, o grande problema da energia nuclear é a radioatividade, que não é percebida (sem cor, sem cheiro), exigindo-se blindagens especiais e elevados cuidados durante a operação da usina para evitar acidentes que poderiam levar a vazamentos de material e contaminação do meio ambiente. As normas de projeto utilizadas para o projeto dos equipamentos e sistemas são bastante rigorosas, de modo a serem construídas instalações seguras.

O ciclo de produção do combustível nuclear requer cuidados especiais, por serem manipulados elementos tóxicos (como o ácido fluorídrico). Porém, conhecendo-se esses riscos, as instalações são projetadas com elevadas condições de segurança.

Um dos maiores problemas da energia nuclear refere-se aos rejeitos e resíduos radioativos. Existe uma quantidade maior na fase de mineração e produção de *yellow cake*, porém de baixa atividade. O maior problema reside nos produtos de fissão resultantes da queima do combustível (transurânicos, actinídeos menores e produtos de fissão de meia vida longa) que emitem radiação, necessitando de estocagem em condições de elevada segurança, alguns durante centenas ou milhares de anos. Em alguns países, existem locais apropriados para essa guarda, como minas desativadas de sal a grande profundidade ou no interior de montanhas, onde o risco de atividade sísmica seja baixo. Hoje, a solução mais recomendada para tratar esse material é o reprocessamento ou a transmutação nuclear (gerando elementos de vida mais curta).

Lenha e Carvão Vegetal.

É importante lembrar que a lenha (ou carvão originado de lenha) ainda é usada em grandes quantidades na zona rural para o cozimento de alimentos, e em pequenas indústrias próximas às regiões produtoras, quais sejam: olarias, cerâmicas, pequenas indústrias alimentícias, pizzarias e outras. O efeito sobre a poluição do ar não é muito significativo, pela dispersão (sem contarmos a contribuição para o aquecimento global), porém é importante registrar as consequências sobre a destruição das matas nativas, como vem ocorrendo com elevada intensidade no semiárido nordestino, bem como sobre a saúde das pessoas que cozinham alimentos em ambientes muito confinados.

Outras formas de energia

Existem formas de energia que são muito interessantes do ponto de vista ambiental e que estão em processo de crescimento, como a energia solar. Inicialmente seu custo do investimento era muito elevado, porém ele vem sendo reduzido gradualmente, em função do desenvolvimento tecnológico e do aumento de escala. Em 2022, por exemplo, estão sendo gerados cerca de 15 GW.

A energia eólica (ventos) está apresentando um quadro de uso crescente. Em 2022 o Brasil produziu cerca de 22 GW de energia a partir dos ventos, correspondendo a cerca de 10,9% da matriz elétrica nacional, em 750 parques eólicos. Os estados principais que contam com essas instalações, por disporem de ventos adequados e com maior regularidade, são a Bahia, o Rio Grande do Sul, o Ceará, o Rio Grande do Norte e o Maranhão.

A energia das marés não tem nenhum aproveitamento no Brasil, embora em algumas regiões como no Maranhão existam desníveis significativos entre a preamar e baixa-mar. Seu custo é muito elevado e os resultados em produção de energia são modestos.

As energias solar e eólica tendem a ter, no futuro, uma maior participação na matriz energética, na medida em que novas pesquisas e novos materiais reduzam seus custos. A motivação para seu uso vem das vantagens ambientais apresentadas.

Outra forma de energia que tende a ser expressiva no futuro é a utilização do hidrogênio, quando for tecnologicamente possível obtê-lo por meio da fusão nuclear, processo que não gera resíduos radioativos. O uso principal previsto é o veicular, substituindo os combustíveis fósseis. Nesse tipo de propulsão, do tipo "células de combustível", o hidrogênio fica armazenado em uma matriz metálica e o oxigênio armazenado em tanques, sob forma líquida. Combinando os dois elementos na célula, produz-se água e energia elétrica, que acionará um motor elétrico de propulsão do veículo (nota: trata-se do processo inverso da eletrólise da água quando, com a aplicação de energia elétrica, são separados o hidrogênio e o oxigênio constituintes da água).

O processo acima descrito, já é hoje tecnologicamente dominado, existindo submarinos alemães e suecos que o empregam para diminuir a taxa de indiscrição (tempo em que o submarino é obrigado a permanecer próximo à superfície, estando, portanto, mais vulnerável, para recarregar as baterias com o uso de motores diesel) e, com o uso desta denominada *"Air Independent Propulsion"*, elimina-se este problema. O emprego desta tecnologia para utilização em larga escala eliminando a poluição do ar em grandes cidades (o resultado do processo é água) reside na dificuldade e custos de produção do hidrogênio. Alguns ônibus com esta tecnologia já fizeram testes na cidade de São Paulo, porém seu custo ainda é muito elevado.

A Figura 1.10 mostra a evolução do uso de energia no mundo, a partir de 1965, com dados levantados até 2021.

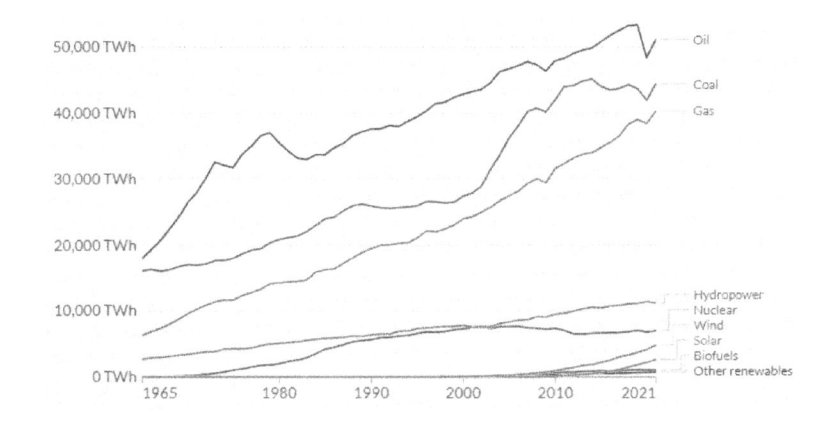

Figura 1.10 – Consumo de energia no mundo por fonte de energia
(Fonte: Our World in Data, baseado na British Petroleum Statistical Review: https://ourworldindata.org/energy-mix, consultado em 27.11.2022)

A Figura 1.11, a seguir, apresenta as fontes de energia, no mundo e no Brasil, nos anos de 2019 (mundo) e 2021 (Brasil):

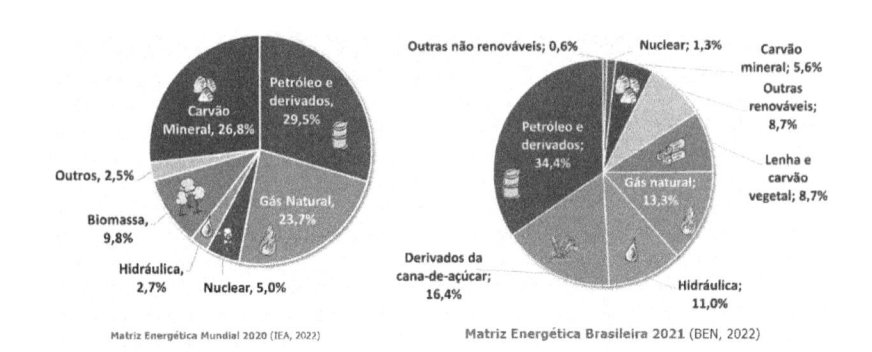

Matriz Energética Mundial 2020 (IEA, 2022):
- Petróleo e derivados: 29,5%
- Carvão Mineral: 26,8%
- Gás Natural: 23,7%
- Biomassa: 9,8%
- Nuclear: 5,0%
- Hidráulica: 2,7%
- Outros: 2,5%

Matriz Energética Brasileira 2021 (BEN, 2022):
- Petróleo e derivados: 34,4%
- Derivados da cana-de-açúcar: 16,4%
- Gás natural: 13,3%
- Hidráulica: 11,0%
- Lenha e carvão vegetal: 8,7%
- Outras renováveis: 8,7%
- Carvão mineral: 5,6%
- Nuclear: 1,3%
- Outras não renováveis: 0,6%

Figura 1.11 – Fontes de energia, no mundo e no Brasil, em 2019 e 2021
(Fonte: EPE – Empresa de Pesquisa Energética – Matriz Energética e Elétrica: https://www.epe.gov.br/pt/abcdenergia/matriz-energetica-e-eletrica. Consulta em 28.11 2022)

Capítulo 2

POR QUE UMA EMPRESA DEVE MELHORAR SEU DESEMPENHO AMBIENTAL

> "Se você quer transformar o mundo, experimente primeiro promover o seu aperfeiçoamento pessoal e realizar inovações no seu próprio interior"
>
> Dalai-Lama

A empresa deve, antes de tudo, atender às necessidades de seus consumidores. Este deve ser sempre seu objetivo principal, sendo vital para que ela possa sobreviver, mantendo ativos os três pilares da sustentabilidade, que asseguram a própria existência da empresa, em longo prazo:

a) resultado econômico: ela precisa produzir bens e prestar serviços de qualidade, ter práticas de administração saudáveis e eficientes, remunerando adequadamente seus acionistas e proprietários, para que o negócio não entre em colapso. O lucro, ao contrário do que muitos pensam, não é a finalidade da empresa, e sim um resultado do seu trabalho, sendo na realidade uma medida de seu desempenho; quando ela estiver atendendo bem aquilo que os seus clientes esperam, consegue vender mais, consegue melhores preços e, portanto, tem lucro. A empresa que não esteja atendendo o que os clientes esperam, ao contrário, vende menos, seus clientes passam a dar preferência aos concorrentes e, cada vez vendendo menos, ela passa a ter prejuízos até o ponto em que ela mude radicalmente sua postura ou encerre as suas atividades.

b) qualidade ambiental: a empresa somente irá sobreviver se ela não agredir a sociedade (representada pela comunidade de entorno, órgãos ambientais, mídia, ONGs), com a poluição do ar, o comprometimento de recursos hídricos e descarte de resíduos sólidos de forma não permitida e fabricação de produtos agressivos ao meio ambiente. Cada vez mais, aumentam as exigências da sociedade quanto á sua qualidade de vida, muito influenciada pela qualidade ambiental.

c) responsabilidade social: representa a postura da empresa quanto às suas ações de caráter e justiça social como, por exemplo, o cumprimento dos direitos trabalhistas, a transparência quanto às informações prestadas, a diversidade de recursos humanos, perspectivas profissionais para mulheres e minorias étnicas, respeito à formação dos trabalhadores, as oportunidades de treinamento, banimento do trabalho infantil, entre outros.

Os conceitos acima foram exaustivamente comentados, com muitos exemplos, em um livro intitulado "Canibais com Garfo e Faca", escrito por um conhecido ecologista inglês, John Elkington (Elkington, 2001).

Os três aspectos acima precisam ser cumpridos satisfatoriamente, de forma a atender às necessidades dos clientes. E quais são as necessidades dos clientes da empresa? São os bens ou serviços que ela produz, de que todos nós necessitamos a todo o tempo, para atender a uma qualidade de vida que o nosso rendimento permita. E, para que façamos a escolha de um dado bem ou serviço, cada um de nós pensa em três aspectos, independentemente daquilo que estamos comprando, seja em uma feira de verduras e frutas, em uma loja de automóveis, supermercado, joalheria, hotel, serviços (cursos, tratamento em um hospital, pacote turístico). Esses três aspectos são representados pela sigla SPC:

— **S** - satisfação da pessoa que está comprando o bem ou serviço, ou seja, se ele agrada, atende à finalidade pretendida, se

é durável, resistente, confortável etc., cumprindo aquilo que costumamos associar com o termo "qualidade";
- **P** - preço, ou seja, se o seu preço está compatível com a qualidade apresentada, se temos condição de pagar aquele valor solicitado, se o preço é melhor do que aquele apresentado por outro concorrente para o mesmo produto ou produto similar;
- **C** - condições de entrega, ou seja, se o produto está disponível nas quantidades de que estamos precisando, se o prazo é adequado às nossas necessidades etc.

Esses são, como dissemos, tradicionalmente, os três aspectos que, instintivamente e, naturalmente, qualquer pessoa analisa ao fazer uma compra, e que compõem o conceito de qualidade daquele bem ou produto. Entretanto, existem produtos que o consumidor não procura para comprar e que lhe são impostos pelas empresas, à margem do processo de comercialização: são os poluentes, resíduos de várias espécies, odor, ruído, materiais que além de incomodar e piorar a qualidade de vida dos consumidores, causam-lhes grandes prejuízos (por exemplo, problemas respiratórios que o obrigam a realizar despesas com médicos, remédios, hospitais). E, hoje, cada vez mais, as pessoas têm consciência dessa quarta variável, o **MA** – Meio Ambiente, que está correspondendo a um novo relacionamento dos consumidores com os produtores, com ações de apoio ou boicotes, pressões junto ao governo para endurecer leis, estimulando a atuação de ONGs e órgãos comunitários, acionistas, comunidade internacional etc. A responsabilidade ambiental é demonstrada por meio de práticas produtivas "mais limpas", do extrativismo sustentável dos recursos naturais, incluindo-se o consumo de água. Verifica-se que a proteção ambiental passou a ser uma **necessidade** das pessoas e clientes da empresa e que, para sobreviver, as organizações estão se estruturando para atender melhor a este aspecto, criando áreas específicas para atuar interna e externamente em melhorias de desempenho ambiental, como apresentaremos mais adiante. Adicionalmente, tem crescido, por parte dos tomadores de decisão nas empresas, a demanda por informações de caráter ambiental, associadas aos seus aspectos financeiros (análise de custos e benefícios dos projetos).

Qualidade é a "totalidade dos atributos e características de um produto ou serviço que afetam sua capacidade de satisfazer necessidades declaradas ou explícitas" (Kotler, 2000). Segundo John F. Welch Jr., ex-presidente da GM, citado por Kotler, "a qualidade é a nossa maior certeza de fidelidade de clientes, nossa mais forte defesa contra a concorrência estrangeira e o único caminho para o crescimento e lucro sustentados". Porém, atualmente a competição é tão acirrada, que somente demonstrar a qualidade pode ser considerado o mínimo necessário, precisando-se agregar "algo mais", que pode ser o desempenho ambiental do produto ou serviço, conforme discutiremos no Capítulo 5, item 5.9 deste livro.

Atualmente, está em destaque no mundo empresarial uma sigla cujo conceito é muito próximo a este que foi apresentado. ESG (*Environmental, Social and Governance*). Ou seja, para que haja sustentabilidade da organização, é preciso que seus dirigentes se preocupem em levar em conta os aspectos de "meio ambiente, aspectos sociais e governança). Observem que fica muito próximo ao que foi definido por John Elkington, muito antes, ao definir os três pilares da sustentabilidade.

A Figura 2.1 mostra uma representação gráfica dos três pilares, aqui o pilar Econômico fica associado ao da Governança. A Contabilidade tem um papel preponderante no auxílio ao monitoramento e avaliação dos resultados pretendidos e realmente alcançados.

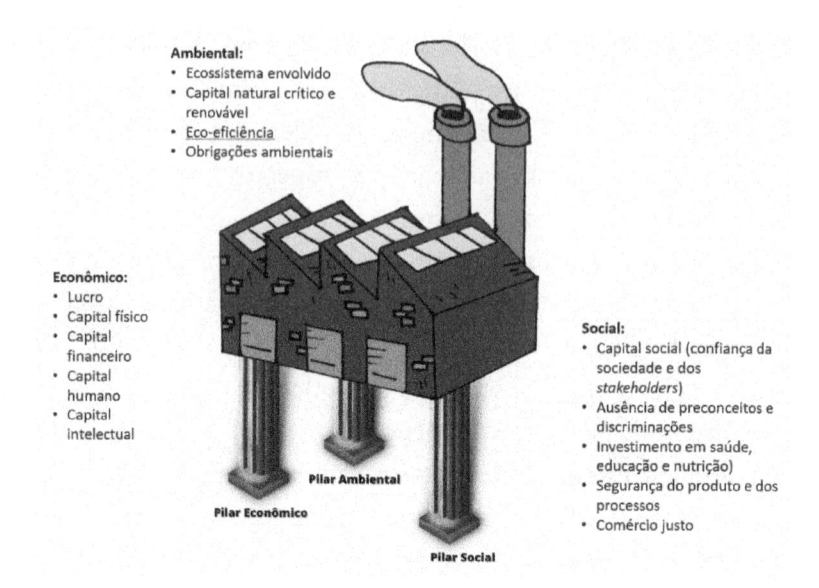

Ambiental:
- Ecossistema envolvido
- Capital natural crítico e renovável
- Eco-eficiência
- Obrigações ambientais

Econômico:
- Lucro
- Capital físico
- Capital financeiro
- Capital humano
- Capital intelectual

Social:
- Capital social (confiança da sociedade e dos *stakeholders*)
- Ausência de preconceitos e discriminações
- Investimento em saúde, educação e nutrição
- Segurança do produto e dos processos
- Comércio justo

Pilar Ambiental
Pilar Econômico
Pilar Social

Figura 2.1 – Pilares da sustentabilidade (ESG e Qualidade Total)
Fonte: Elaborada pelo autor.

Podemos citar algumas razões para o "design ambiental" dos produtos e melhoria do desempenho ambiental das organizações:

a) **Maior satisfação dos clientes**, aspecto antes comentado, que se reflete na preferência aos produtos da empresa, desde que os outros itens como qualidade, preço e condições de entrega estejam nos níveis de expectativa desse cliente. O consumidor esclarecido, hoje, valoriza muito mais as empresas e produtos que demonstrem bom desempenho ambiental. É muito importante que os dirigentes e todos os colaboradores tenham sempre em mente como prioridade o atendimento das expectativas e exigências dos clientes, pois, se isso não ocorrer, a organização não terá acesso ou conseguirá manter esse cliente;

b) **Melhoria da imagem da organização**, junto aos clientes, governo, comunidade, vizinhos, ONGs e mídia. É muito importante a manutenção de uma imagem positiva junto a essas entidades, sendo boa parte dos recursos de publicidade direcionados à formação dessa imagem, com uma postura de responsabilidade social, essencial à aceitação daquela empresa pela sociedade. Sem dúvida, um bom desempenho ambiental auxilia no reforço da reputação e de reconhecimento da marca e, ao contrário, problemas e acidentes ambientais irão colaborar negativamente para o conceito de uma empresa junto à sociedade. Em relação ao cumprimento de leis e regulamentos, item essencial, observa-se a necessidade de uma atuação proativa, em antecipação a regulamentações mais restritivas. As falhas em questões éticas, como a degradação ambiental causada pela empresa, podem reduzir o seu valor e prejudicar a sua reputação;

c) **Conquista de novos mercados**. A preocupação ambiental é um fator de competitividade, facilitando a expansão em novos mercados, e a empresa que souber explorar bem este aspecto conseguirá cativar novos clientes, com perda para os concorrentes. Na visão mais antiga, o investimento em melhorias ambientais era visto como uma despesa inútil que acarretava custos mais elevados e uma correspondente perda de competitividade. Com as novas necessidades dos clientes, cada vez mais eles aceitam pagar um preço um pouco mais elevado, desde que eles percebam que isso retorna como uma melhor qualidade de vida. A empresa que produz atendendo a essas expectativas, criando produtos e serviços inovadores, tem novas perspectivas e oportunidades de negócios, obtendo um maior reconhecimento das suas marcas e melhor imagem junto aos consumidores e outras partes interessadas (*stakeholders*). Por exemplo, uma empresa como a Toyota, ao lançar um carro híbrido como o Prius, com motor a gasolina e motor elétrico, ou a GM ao desenvolver o Volt, com motor elétrico abastecido com eletricidade vinda de uma célula a hidrogênio, estão buscando conquistar consumidores incomodados com as emissões atmosféricas dos veículos. A preocupação com a sustentabilidade do negócio é um indicador indireto de melhor qualidade da gestão empresarial e de que a alta administração tem um senso estratégico mais qualificado que o dos concorrentes. Além disso, o desempenho ambiental melhorado é um importante fator para quebrar ou concordar barreiras comerciais (barreiras técnicas) por razões ambientais impostas por alguns países;

d) **Auxílio na identificação dos requisitos da legislação ambiental**, pois um dos trabalhos importantes visando melhoria de desempenho ou de implantação do sistema de gestão ambiental requer uma análise cuidadosa da legislação ambiental aplicável àquela determinada organização. Em muitos casos a empresa descumpre a legislação ambiental por desconhecê-la, incorrendo em penalidades.

e) **Redução de custos**, pela eliminação de desperdícios, obtida com uma análise cuidadosa dos processos de produção, uso mais racional de recursos naturais como água, energia, combustíveis, matérias-primas e diminuição da produção de resíduos e poluição que, no fundo, são perdas de material e energia. Também serão minimizados os gastos com medidas compensatórias. É significativo observarmos que em inglês *waste* tanto significa *resíduos, lixo,* como *desperdício.* Um projeto bem elaborado, com uma análise cuidadosa dos processos produtivos e a escolha correta das matérias-primas evita problemas futuros que poderão representar custos operacionais elevados, como, por exemplo, a necessidade de instalar filtros de alto custo no final da linha de produção. A empresa compra a matéria-prima, gasta em seu transporte e armazenagem, ao colocá-la na produção para transformá-la em produtos, gasta energia, mão de obra, horas de máquinas, desgaste de máquinas e, no final, perde uma grande quantidade desses materiais, onde colocou todos esses insumos, na forma de resíduos, que precisam ser filtrados ou retirados, gastando-se muito dinheiro nessa operação, além do custo de transporte e sua destinação final (aterros, incineradores). Nesse próprio trabalho de remoção de resíduos existem muitos custos, como no caso de utilização de filtros, que além do seu custo de instalação, acarreta custos de manutenção com a troca do elemento filtrante, que também se transforma em resíduo, exigindo destinação adequada. E passivos ambientais podem representar custos elevados, pois as leis e regulamentos vêm se tornando cada vez mais restritivos quanto ao destino de resíduos. Reduzir passivo, portanto, representa economia de custos. Ou seja, vale muito mais a pena realizar um estudo cuidadoso e uma melhor escolha da matéria-prima, resultando em menor quantidade de resíduos. A análise cuidadosa desses aspectos implicará em se iniciar o processo de produção de uma forma mais orientada, evitando-se trabalhos dobrados e correções futuras, para atingir as especificações desejadas do produto, o que resulta em economia. O tempo, e a quantidade de mão de obra utilizada na remediação de problemas ambientais, também têm um custo, lembrando-se que o tempo é um recurso não renovável. Outro ponto de redução de custos em instalações bem projetadas e operadas sob o aspecto ambiental são as reduções de prêmios de seguros pagos e menores despesas com indenizações com acidentes.

f) **Melhoria do desempenho da empresa**, obtida com a melhoria do controle de seus processos, resultando em um aumento da produtividade, em parte graças às ações preventivas de gestão socioambientais. A utilização da engenharia simultânea, com forte apoio de recursos de informática tem possibilitado uma melhor integração dos projetos (compartilhamento de dados em uma base comum), facilitando a análise e a solução de aspectos de engenharia no processo (identificação de pontos fracos no projeto quanto a resíduos, por exemplo). A empresa que apresenta um bom desempenho tem mais facilidades na obtenção de licenças de instalação e operação junto aos órgãos governamentais, obtendo, sem esforços exagerados, a aprovação do seu EIA-RIMA e a renovação das licenças ambientais. Nesse processo, ela também angaria uma maior confiança dos clientes. As melhorias de desempenho ambiental são conseguidas por meio de um processo estruturado de ações gerenciais, apoiadas por um forte programa de treinamento. Nesse programa, deverão ser aprendidas técnicas de administração e conceitos de qualidade, que fatalmente serão aplicados por todos em outras atividades de sua vida profissional, não somente em relação às questões ambientais, resultando em melhorias globais de desempenho da organização. Além disso, é estimulado um trabalho em equipe que serve de modelo para outros trabalhos na organização, refletindo-se em uma melhor integração das pessoas, com grandes ganhos de produtividade e eficácia. A maior produtividade dos empregados é obtida também em decorrência de maior motivação, melhor capacitação, menor absenteísmo e rotatividade de pessoal, menor risco de litígios legais em relação ao ambiente, empregados e consumidores e a adoção de melhores práticas de trabalho. As normas consagradas, como é o caso da ISO 14001 resumem as melhores práticas de gestão. O processo de implantação de melhorias ambientais implica na criação de gestão do conhecimento no assunto, melhoria da cultura organizacional, incluindo introdução da cultura de segurança e desenvolvimento do capital intelectual, estimulando a retenção de talentos.

Conforme será comentado mais adiante, a preocupação ambiental não deve ser restrita apenas ao pessoal da produção ou ao setor ambiental da empresa, mas ela deve envolver todos os diretores, gerentes, projetistas e operários. Hoje, muitos profissionais qualificados somente aceitam trabalhar para empresas que possuam ambiente de trabalho sadio. Nota-se atualmente, que o bom desempenho facilita o recrutamento e retenção de pessoas de alto desempenho profissional.

Por meio de uma sistematização do gerenciamento ambiental, integrando-o ao sistema de gestão normal (integração da variável ambiental aos negócios da empresa) e utilizando as mesmas ferramentas da qualidade total, ocorrem melhorias do processo e de controle das ações, repetibilidade nos produtos, com reflexos positivos nos lucros, além de reduzir os riscos de arcar com penalidades legais. Há, também, uma melhor precisão das informações, obtendo-se dados mais confiáveis registrados corretamente, arquivados de maneira adequada e rastreáveis. Nas grandes empresas, a implementação da gestão ambiental permite uma melhor definição de responsabilidades e auxilia a identificar outros problemas (não somente ambientais) e a solucioná-los.

Algumas bolsas de valores criaram índices socioambientais específicos para medir o desempenho de empresas ambientalmente corretas, proporcionando maior confiança ao acionista. Por exemplo, foi criado na Bolsa de Valores de Nova York um índice exclusivo para companhias ecologicamente corretas, o *Dow Jones Sustainability Index* (DJSI). Nos últimos anos, as ações desse grupo têm se valorizado mais do que as empresas cotadas no *Dow Jones Index*. No Brasil têm sido criados fundos de investimento em que fazem parte somente empresas que tenham sido aprovadas em critérios socioambientais, como, por exemplo, o Fundo Santander Ethical, da gestora JGP, o BTGP Sustentabilidade, fundos do Itaú e do Bradesco, entre muitos outros.

g) **Redução dos riscos**, pois a empresa bem estruturada para tratar dos seus aspectos ambientais apresenta um menor risco de ter que arcar com multas (cada vez mais pesadas), ações legais por descumprimento da legislação, menor probabilidade de acidentes ambientais sérios, menor passivo ambiental (afetando o valor de venda da empresa em negociações de fusão ou incorporação), redução dos riscos para os utilizadores dos produtos (é o caso, por exemplo, de toxicidade existente em produtos como certos plásticos e tintas de brinquedos), melhor identificação das vulnerabilidades da empresa (ao serem realizadas as análises de confiabilidade dos processos da empresa, visando aspectos ambientais, ficam bem conhecidos os pontos fracos sobre os quais é interessante atuar), menor risco para os administradores e acionistas (ao se realizarem as auditorias ambientais aparecerão aspectos de risco que não eram visíveis e, na ocorrência de acidentes, os administradores poderiam ser criminalmente responsabilizados, embora desconhecessem os pontos fracos, os acionistas tendo que arcar com indenizações que reduziriam o seu patrimônio). Se a empresa investiu em ações preventivas a problemas ambientais, seguramente ela reduziu seus riscos, razão para renegociar com as seguradoras uma redução dos prêmios de seguros. O gerenciamento integrado dos riscos e situações de crise aumentará o valor da empresa.

h) **Maior permanência do produto no mercado**, por não ocorrerem reações negativas dos consumidores. Um problema ambiental identificado posteriormente ao lançamento de um produto (por exemplo, sua pintura com tintas contendo produtos tóxicos ou efeitos danosos após o descarte) pode levar à necessidade de retirá-lo, prematuramente, do mercado, perdendo-se grandes investimentos no seu desenvolvimento, publicidade, instalação do processo produtivo, entre outros gastos que seriam não recuperáveis.

i) **Maior facilidade na obtenção de financiamentos**. Uma empresa que apresenta um bom desempenho ambiental tem mais facilidade em conseguir financiamentos junto a bancos e órgãos ambientais. Além de desfrutar de uma melhor imagem, os riscos menores de problemas e indenizações por acidentes fazem com que existam maiores facilidades. Cabe lembrar que, para implementar sistemas de gestão ambiental e melhorias de processos produtivos existem linhas especiais de financiamento, a juros menores, já que existem fontes internacionais e nacionais que dispõem de recursos para estimular esse tipo de ação, como o programa "Inova Sustentabilidade", do BNDES, MMA e FINEP, o "Protocolo Verde", que é uma carta de princípios sustentáveis assinada pelo Governo Federal com instituições bancárias, com o objetivo comum de promover o desenvolvimento socioeconômico sustentável no país. Outras ações, como os "Princípios do Equador", adotadas por grandes bancos, exigem a avaliação de aspectos ambientais na concessão de financiamentos.

j) **Maior facilidade na obtenção de certificação.** Uma empresa que tenha uma administração preocupada com a variável ambiental e um sistema gerencial estruturado para administrar o seu bom desempenho está, em princípio, bastante mais próxima de obter uma certificação, que assegura que ela cumpre uma norma ambiental, por exemplo, a norma ISO 14001. Essa certificação traz várias vantagens para a empresa, principalmente aquelas voltadas à exportação. Sugerimos que as organizações, mesmo que não visem certificação em uma determinada época, realizem ações para melhorar seu desempenho, pois pode ser que vá existir um interesse futuro na certificação. Com o uso de técnicas, como adoção de procedimentos e padrões de desempenho, monitoramento de efluentes, resíduos, entre outras ações, o processo de certificação ficará muito mais rápido, limitando-se à ajustagem de pontos específicos, realização de auditorias internas para confirmar o atendimento aos requisitos das normas e solicitação de auditoria da entidade certificadora.

k) **Demonstração aos clientes, vizinhos, acionistas, e outros *stakeholders*** (chamados de "partes interessadas" pelas normas). A empresa que tenha um sistema ambiental bem estruturado tem o interesse em demonstrá-lo aos clientes, vizinhos, e outros, para melhorar seu relacionamento e obter as vantagens decorrentes de sua atitude, mostrando que sua política e objetivos estão sendo atingidos, que as ações preventivas têm prioridade sobre as corretivas, que há uma visão de melhoramento contínuo dos processos e produtos, com a segurança, enfim, que a empresa toma todas as medidas necessárias para evitar impactos ambientais significativos e acidentes e que, na eventualidade de sua ocorrência, ela dispõe de uma organização e materiais adequados para reduzir as consequências desagradáveis. Nota-se, portanto, um reforço da integridade e fica mais evidenciada uma boa cidadania corporativa, cada vez mais importante como parte da Responsabilidade Social da empresa.

l) **Senso de responsabilidade ética.** Este item resume todos os anteriores. A empresa precisa melhorar continuamente seu desempenho ambiental, porque esta é a atitude correta, que deve fazer parte dos valores da organização. Implantar e manter um sistema de gestão ambiental são ações que colaboram para um maior comprometimento da Alta Direção, incrementando a sua liderança no processo e conseguindo um comprometimento de todos os componentes da organização. O Instituto Ethos estabelece que uma empresa é socialmente responsável porque seus líderes acreditam que, fazendo isso "ela será uma empresa melhor e estará contribuindo para a construção de uma sociedade mais justa" (Ethos, 2000).

Capítulo 3
NORMAS AMBIENTAIS

"A dificuldade reside não no desenvolvimento de novas ideias, mas sim em escapar das antigas"
John Maynard Keynes (1883-1946)

As Normas ISO 9000 e ISO 14000 provocaram uma verdadeira revolução na forma de atuação dos sistemas da qualidade, em todo o mundo, padronizando formas de trabalho mais eficazes, além de permitirem a mobilidade de profissionais entre áreas industriais e de serviços completamente diferentes, colaborando significativamente para a obtenção de melhorias de desempenho nas áreas de qualidade e ambiental das organizações.

A importância da existência de normas técnicas é bastante conhecida, principalmente na área de engenharia. Seria impossível realizar um projeto, ou uma construção, sem o apoio de normas técnicas. Um engenheiro sabe que, simplesmente definindo que o aço de uma determinada peça é o SAE 6150, ele sabe que a composição química está em uma faixa rigidamente determinada pela usina fabricante do aço (carbono entre 0,48 e 0,53%, manganês entre 0,70 e 0,90%, fósforo com 0,025% no máximo, silício entre 0,20 e 0,35%), que o limite de resistência à tração fica entre 140 – 175 kg/mm^2, dureza Rockwell C entre 42 – 48 etc., ou seja, ele conhece bem as propriedades daquilo que está comprando, somente ao definir a norma técnica. Outro exemplo é o de parafusos, fabricado por centenas de fabricantes, que têm que se adaptar a porcas fabricadas por outras centenas de fabricantes, lâmpadas que têm que se encaixar em bocais, especificação de um óleo lubrificante para motores de automóveis, entre outros exemplos. A normalização, dessa forma, atende a uma necessidade de produção em série e, também, à intercambialidade de componentes.

As normas padronizam peças, materiais e também procedimentos gerenciais, estes últimos colaborando para fixar a comunicação entre clientes e fornecedores, sobretudo quando as relações comerciais envolvem o comércio internacional.

Como se sabe, a maioria dos países tem seu próprio organismo gerador de normas técnicas, havendo uma tendência de que as empresas de um determinado país adotem suas próprias normas, embora elas sejam livres para adotar as normas que quiserem, verificando o interesse dos clientes. No Brasil existe a ABNT, Associação Brasileira de Normas Técnicas, que é uma entidade sem fins lucrativos, mantida por um grupo grande de empresas associadas e pelos recursos obtidos com a venda das normas produzidas.

3.1 – A ISO E O TC-207

No plano internacional, a organização principal de normalização é a *International Organization for Standardization*, às vezes referenciada como ISO, fundada em 1947 por 25 países que se reuniram em Londres. Sua sede atual é em Genebra, na Suíça, e dela, atualmente participam 157 países, representados por seus organismos nacionais de certificação. Para fazer parte da ISO é necessário que o país tenha um único organismo normalizador (só temos a ABNT, fundada em 1940), sendo o Brasil um dos sócios fundadores, e com assento no seu Conselho Superior, representado pela ABNT.

Recentemente, a ISO passou a ser citada com maior frequência, pelo grande impacto internacional obtido com suas normas da série 9000, referentes a sistemas da qualidade. Ao mesmo tempo, criou-se o sistema EMAS, Sistema Europeu de Ecogestão e Auditorias Ambientais.

Logo percebeu-se a necessidade de criação de normas ambientais, inicialmente nacionais e depois transformadas em normas internacionais, como resultado do aumento da conscientização ambiental e pressões de grupos ambientalistas e dos consumidores mais exigentes. Após a Conferência de Estocolmo e do Relatório Brundtland, observou-se um aumento das preocupações com as gerações futuras em termos das condições de vida na Terra, ganhando corpo as ideias de sustentabilidade. Também foram ampliados os requisitos das legislações e a atuação dos órgãos ambientais, principalmente na concessão de licenças e ações de fiscalização. Todos esses fatores, ocorrendo simultaneamente em muitos países do mundo, estimularam a Isso a estabelecer normas ambientais.

Com base nas recomendações *do Strategic Advisory Group on Environment* (SAGE), foi instalado em 1993, pela ISO, um Comitê Técnico para a elaboração de uma série de normas sobre gestão ambiental e suas ferramentas para as empresas, o ISO/TC-207 (4 de março de 1993), que está trabalhando na elaboração das normas da série ISO 14000, por meio de seis Subcomitês (SC) e três Grupos de Trabalho (WG):

SC ou WG	Assunto	Local da Secretaria	Escopo das normas
SC-01	Sistemas de Gestão Ambiental	Inglaterra (BSI)	Avaliação da Organização
SC-02	Auditoria Ambiental e Investigações Correlatas	Holanda (NNI)	Avaliação da Organização
SC-03	Rotulagem Ambiental	Austrália (SAA)	Avaliação do Produto
SC-04	Avaliação de Desempenho Ambiental	Estados Unidos (ANSI)	Avaliação da Organização
SC-05	Análise do Ciclo de Vida	França (AFNOR)	Avaliação do Produto
SC-06	Termos e Definições	Noruega (NFS)	
SC-07	Gerenciamento de Gases de Efeito Estufa e Atividades Correlatas	Canadá (CSA)	Avaliação da Organização
WG7	Inclusão de Aspectos Ambientais em Normas de Produtos	Alemanha (DIN)	Avaliação do Produto

SC ou WG	Assunto	Local da Secretaria	Escopo das normas
WG8	Contabilidade de fluxos de materiais (*carbon footprint of products*)		
WG9	Degradação de terras e desertificação		

Foram excluídos do escopo do TC-207 os seguintes tópicos:
- métodos para teste de poluentes (ISO/TC-146);
- qualidade do ar, qualidade do solo ((TC-90), acústica (TC-43);
- o estabelecimento de limites para poluentes e efluentes;
- o estabelecimento de níveis de desempenho ambiental;
- a normalização de produtos.

A Secretaria-Geral do TC-207 fica localizada no Canadá (em Toronto), no *Canadian Standards Association* (CSA), o que por si só já indica um interesse de compatibilidade com a ISO 9000 (também com sede da secretaria no Canadá). Acredita-se que, como a qualidade ambiental é uma parte essencial para que exista qualidade total, esses dois conjuntos de normas sejam fundidos no futuro. Como serão apresentados mais adiante, a estrutura de construção das normas, os tipos de exigências e a própria terminologia geral estão mantidos em comum nas ISO 9000 (principalmente na versão 2000) e 14000.

Observa-se, pela tabela apresentada, que as secretarias de todas as subcomissões estão localizadas em países do primeiro mundo, provavelmente pela existência de recursos humanos e materiais requeridos ao desenvolvimento das normas. Entretanto, sem uma participação efetiva dos demais países, existiria o risco de haver parcialidade e defesa de interesses ao fixar requisitos. Sabemos que a Organização Mundial do Comércio, sucessora do GATT, proíbe a existência de barreiras tarifárias nas relações de comércio internacional. Há sempre o risco de que, na defesa de seus interesses e, sob a bandeira de defesa do meio ambiente, alguns países imponham barreiras não tarifárias, difíceis de serem quebradas.

O Brasil, assim como vários outros países (entre os quais os Estados Unidos e o Japão) aparentemente não deram grande importância à fase inicial de preparação das normas da série ISO 9000. Observa-se, hoje, a grande repercussão mundial dessas normas, afetando em larga escala o relacionamento comercial das empresas, sobretudo no comércio internacional. Verificamos a existência, hoje, no Brasil, de uma quantidade considerável de empresas certificadas na ISO 9000. As normas ambientais também terão grande repercussão sobre as decisões estratégicas nas empresas, tais como investimentos em equipamentos não poluentes, modificações em processos produtivos, decisões para se obter certificação, custos decorrentes, e precisarão ser consideradas visando a própria sobrevivência do produto, em um mercado muito mais exigente em termos de desempenho ambiental, de forma que se decidiu que seria importante que o país, representado pela ABNT, participasse e opinasse sobre o conteúdo das normas da série ISO 14000 e seus impactos sobre a realidade industrial do país. Para isso, foi constituído em 1994, na ABNT, o Grupo de Apoio à Normalização Ambiental (GANA), subsidiado por um conjunto de 34 empresas, dentre as quais podemos citar a Eletrobrás, Bosch, Usiminas, Villares e Rhodia, entre outras. As atividades do GANA foram encerradas, tendo sido criado um Comitê Técnico na ABNT que absorveu e expandiu suas atividades, o ABNT/CB38 – Gestão Ambiental.

3.2 – NORMAS AMBIENTAIS BS 7750 E ISO 14000

A primeira das normas da série é a ISO 14001, que fixa as especificações para a certificação e avaliação de um sistema de gestão ambiental de uma organização. Essa norma foi fortemente inspirada na norma inglesa BRITISH STANDARD 7750, *Specification for Environmental Management Systems* (Especificação para Sistemas de Gerenciamento Ambiental), lançada em caráter experimental em 1992,

passou dois anos sendo avaliada pelas empresas e pela BSI, e teve a sua edição definitiva publicada em 1994, dentro da seguinte sequência:
- criação da EMAS (*Eco Management and Audit Scheme*), que é a regulação ambiental da Comunidade Europeia, e que colaborou para determinar as condições da elaboração da BS 7750;
- a BSI iniciou estudos a respeito da norma, em conjunto com o *Environmental and Pollution Standards Policy Committee*;
- em junho de 1991 foi emitido um rascunho (draft) para comentário público;
- em março de 1992, foi feita a publicação oficial;
- corrigidas as imperfeições, a norma foi reemitida, em 2 de janeiro de 1994;
- ao ser emitida a ISO 14001, a BS 7750 foi cancelada.

Compõem a série ISO 14000, as seguintes normas, nesta lista incluídas as normas já publicadas pela ABNT e aquelas publicadas somente pela ISO (estas mantidas com o título em inglês)[8]:

ABNT NBR ISO 14001:2015 – Sistemas de gestão ambiental – Requisitos com orientações para uso.

ISO 14002-1:2019 – Environmental management systems — Guidelines for using ISO 14001 to address environmental aspects and conditions within an environmental topic area — Part 1: General.

ABNT NBR ISO 14004:2018 – Sistemas de gestão. Diretrizes gerais para implementação.

ABNT NBR ISO 14005:2022 – Sistemas de gestão ambiental — Diretrizes para a implementação em fases de um sistema de gestão ambiental.

---

8 Nota: Esta lista de normas publicadas pela ISO e pela ABNT visa facilitar o leitor para tomar conhecimento das normas existentes. Sugere-se, ao necessitar de uma dessas normas, verificar a sua versão mais atualizada.

ABNT NBR ISO 14006:2014 – Sistemas da gestão ambiental — Diretrizes para incorporar o ecodesign.

ISO 14006:2020 – Environmental management systems — Guidelines for incorporating ecodesign.

ISO 14007:2019 – Environmental management — Guidelines for determining environmental costs and benefits.

ISO 14008:2019 – Monetary valuation of environmental impacts and related environmental aspects.

ISO 14009:2020 – Environmental management systems — Guidelines for incorporating material circulation in design and development.

ABNT NBR ISO 14015:2013 – Gestão ambiental – Avaliação ambiental de locais e organizações (AALO).

ISO 14015:2022 – Environmental management — Guidelines for environmental due diligence assessment.

ISO 14016:2020 – Environmental management — Guidelines on the assurance of environmental reports.

ISO 14017:2022 – Environmental management — Requirements with guidance for verification and validation of water statements.

ABNT NBR ISO 14020:2002 – Rótulos e declarações ambientais – Princípios Gerais.

NBR ISO 14021:2017 – Rótulos e declarações ambientais – Autodeclarações ambientais (Rotulagem do tipo II).

ABNT NBR ISO 14024:2022 – Rótulos e declarações ambientais – Rotulagem ambiental do tipo 1 – Princípios e procedimentos.

ABNT NBR ISO 14025:2015 – Rótulos e declarações ambientais – Declarações ambientais de Tipo III – Princípios e procedimentos.

ISO 14026:2017 – Environmental labels and declarations — Principles, requirements and guidelines for communication of footprint information.

ISO/TS 14027:2017 – Environmental labels and declarations — Development of product category rules.

ISO/TS 14029:2022 – Environmental statements and programmes for products — Mutual recognition of environmental product declarations (EPDs) and footprint communication programmes.

ISO 14030-1:2021 – Environmental performance evaluation — Green debt instruments — Part 1: Process for green bonds.

ISO 14030-2:2021 – Environmental performance evaluation — Green debt instruments — Part 2: Process for green loans.

ISO 14030-3:2022 – Environmental performance evaluation — Green debt instruments — Part 3: Taxonomy.

ISO 14030-4:2021 – Environmental performance evaluation — Green debt instruments — Part 4: Verification programme requirements.

ABNT NBR ISO 14031:2004 – Gestão ambiental - Avaliação de desempenho ambiental – Diretrizes.

ISO 14031:2021 – Environmental management — Environmental performance evaluation — Guidelines.

ABNT ISO/TS 14033:2016 – Gestão ambiental – Informações ambientais quantitativas – Diretrizes e exemplos.

ISO 14033:2019 – Environmental management — Quantitative environmental information — Guidelines and examples.

ABNT NBR ISO 14034:2018 – Gestão ambiental – Verificação da tecnologia ambiental (VTA).

ABNT NBR ISO 14040:2009. Versão Corrigida de 2014 – Gestão ambiental – Avaliação do ciclo de vida – Princípios e estrutura.

ABNT NBR ISO 14044:2009. Versão Corrigida de 2014 – Gestão ambiental – Avaliação do ciclo de vida – Requisitos e orientações.

ABNT NBR ISO 14045:2014 – Gestão ambiental — Avaliação da ecoeficiência de sistemas de produto — Princípios, requisitos e orientações.

ABNT NBR ISO 14046:2017 – Gestão ambiental — Pegada hídrica — Princípios, requisitos e diretrizes.

ABNT ISO/TR 14047:2016 – Gestão ambiental – Avaliação do ciclo de vida – Exemplos ilustrativos de como aplicar a ABNT NBR ISO 14044 a situações de avaliação de impacto.

ISO/TS 14048:2002 – Environmental management — Life cycle assessment — Data documentation format.

ISO/TR 14049:2014 – Gestão ambiental – Avaliação do ciclo de vida — Exemplos ilustrativos de como aplicar a ABNT NBR ISO 14044 à definição de objetivo e escopo e à análise de inventário.

ABNT NBR ISO 14050:2012 – Gestão ambiental — Vocabulário.

ISO 14052:2017.

Environmental management — Material flow cost accounting — Guidance for practical implementation in a supply chain.

ISO 14053:2021 – Environmental management — Material flow cost accounting — Guidance for phased implementation in organizations.

ISO 14055-1:2017 – Environmental management — Guidelines for establishing good practices for combatting land degradation and desertification — Part 1: Good practices framework.

ISO/TR 14055-2:2022 – Environmental management — Guidelines for establishing good practices for combatting land degradation and desertification — Part 2: Regional case studies.

ABNT ISO/TR 14062:2004 – Gestão ambiental – Integração de aspectos ambientais no projeto e desenvolvimento do produto.

ABNT NBR ISO 14063:2009 – Gestão ambiental — Comunicação ambiental — Diretrizes e exemplos.

ISO 14063:2020 – Environmental management — Environmental communication — Guidelines and examples.

ABNT NBR ISO 14064-1:2007 – Gases de efeito estufa – Parte 1: Especificação e orientação a organizações para quantificação e elaboração de relatórios de emissões e remoções de gases de efeito estufa.

ISO 14064-1:2018 – Greenhouse gases — Part 1: Specification with guidance at the organization level for quantification and reporting of greenhouse gas emissions and removals.

ISO 14064-2:2019 – Greenhouse gases — Part 2: Specification with guidance at the project level for quantification, monitoring and reporting of greenhouse gas emission reductions or removal enhancements.

ISO 14064-3:2019 – Greenhouse gases — Part 3: Specification with guidance for the verification and validation of greenhouse gas statements.

ABNT NBR ISO 14065:2015 – Gases do efeito estufa – Requisitos para organismos de validação e verificação de gases de efeito estufa para uso em acreditação e outras formas de reconhecimento.

ISO 14065:2020 – General principles and requirements for bodies validating and verifying environmental information.

ISO 14066:2011 – Greenhouse gases — Competence requirements for greenhouse gas validation teams and verification teams.

ISO 14067:2018 – Greenhouse gases — Carbon footprint of products — Requirements and guidelines for quantification.

ISO/TR 14069:2013 – Greenhouse gases — Quantification and reporting of greenhouse gas emissions for organizations — Guidance for the application of ISO 14064-1.

ISO/TS 14071:2014 – Environmental management — Life cycle assessment — Critical review processes and reviewer competencies: Additional requirements and guidelines to ISO 14044:2006.

ISO/TS 14072:2014 – Environmental management — Life cycle assessment — Requirements and guidelines for organizational life cycle assessment.

ISO/TR 14073:2017 – Environmental management — Water footprint — Illustrative examples on how to apply ISO 14046.

ISO/TS 14074:2022 – Environmental management — Life cycle assessment — Principles, requirements and guidelines for normalization, weighting and interpretation.

ISO 14080:2018 – Greenhouse gas management and related activities — Framework and principles for methodologies on climate actions.

ISO 14090:2019 – Adaptation to climate change — Principles, requirements and guidelines.

ISO 14091:2021 – Adaptation to climate change — Guidelines on vulnerability, impacts and risk assessment.

ISO/TS 14092:2020 – Adaptation to climate change — Requirements and guidance on adaptation planning for local governments and communities.

ISO 14093:2022 – Mechanism for financing local adaptation to climate change — Performance-based climate resilience grants — Requirements and guidelines.

> ISO 14097:2021 – Greenhouse gas management and related activities — Framework including principles and requirements for assessing and reporting investments and financing activities related to climate change.
>
> ISO 14100:2022 – Guidance on environmental criteria for projects, assets and activities to support the development of green finance.
>
> ABNT NBR ISO 19.011:2018. Diretrizes para auditoria de sistemas de gestão.
>
> ISO 19694-1:2021 – Stationary source emissions — Determination of greenhouse gas emissions in energy-intensive industries — Part 1: General aspects.

As normas citadas encontram-se em diferentes estágios de prontificação, a maioria delas já emitida. Para obter essa informação atualizada, sugiro consultar o site da ISO na Internet. A ISO define os seguintes estágios:

1. (WI) – estágio inicial ou preliminar de trabalhos (*Preliminary Work Item*), quando fica decidido que o grupo ou subcomitê poderá se dedicar a analisar aquele assunto;

2. (NP) – proposta de trabalho (*New Work Item Proposal*), quando ele é analisado e proposto para votação sobre a adequabilidade de se trabalhar na norma em questão;

3. (WD) – Rascunho ou minuta de trabalho (*Working Draft*), quando os especialistas que compõem o grupo de trabalho (*working group*) elaboram a primeira minuta da norma;

4. (CD) – Minuta do Comitê (*Committee Draft*), quando a minuta de norma foi revisada, sendo votada pelo comitê da ISO responsável (ou TC);

5- (DIS) – Minuta ou Projeto de Norma Internacional (*Draft of International Standard*), quando a norma já pode ser colocada experimentalmente em aplicação, e está pronta para ser formalmente votada pelo comitê responsável na ISO;

6- (FDIS) – Rascunho Final de Norma Internacional (*Final Draft of International Standard*), quando a norma sofre apenas revisões de forma, pela secretaria do comitê, não podendo mais sofrer modificação de conteúdo.

7- (IS) – Norma internacional *(International Standard)*, aprovada e publicada pela ISO.

Existem alguns pontos comuns entre as normas de gestão da qualidade (ISO 9000) e de gestão ambiental (ISO 14001): exigência de uma política escrita (declaração expressa de compromissos assumidos), necessidade de envolvimento da alta direção, motivação e formação de pessoal, preparação de um sistema de documentação, processos de identificação e tratamento de não-conformidades, tomada de ações corretivas e preventivas, e compromisso em realizar melhorias contínuas. A Norma ISO 14001, por sua vez, trata adicionalmente de assuntos específicos ligados ao meio ambiente como, por exemplo, a identificação dos aspectos e impactos ambientais, a criação de objetivos e metas e a exigência em firmar um compromisso em cumprir as legislações aplicáveis.

3.3 – NORMALIZAÇÃO E REGULAMENTAÇÃO

Antes de encerrar este capítulo e passar à exposição dos tópicos específicos das normas de Sistemas de Gestão, é interessante comentar as diferenças entre normalização e regulamentação.

A norma é um documento de caráter privado, elaborado voluntariamente por alguma entidade credenciada, apresentando requisitos resultantes de um consenso entre as opiniões técnicas dos diferentes especialistas, participantes do grupo encarregado de sua elaboração, que representam diferentes entidades que têm interesse naquele assunto. Esses representantes discutem e votam o conteúdo da norma, na verdade, uma especificação técnica sobre um assunto específico. A aplicação ou adoção da norma, por uma determinada entidade ou empresa, é totalmente voluntária.

A regulamentação, por sua vez, é decidida pelos poderes públicos (federal, estadual ou municipal) para questões de saúde, segurança, ordem pública, meio ambiente, proteção e defesa do consumidor, e se aplica de maneira obrigatória.

Pode ocorrer, em alguns casos, que a regulamentação se apoie e faça referência a normas, situação em que elas deixam de ser de adoção voluntária e passam a ser de cumprimento obrigatório, como, por exemplo, leis estaduais que obriguem ao limite máximo de emissão de poluentes de alguma norma da CETESB ou ABNT.

Outra situação em que a norma passa a ser de cumprimento obrigatório refere-se à situação em que seu cumprimento é citado em um contrato entre empresas (voluntariamente assinado pelas partes).

Capítulo 4

IMPLANTAÇÃO DE UM SISTEMA DE GESTÃO AMBIENTAL (SGA)

> *"A diferença entre o que fazemos e o que somos capazes de fazer bastaria para resolver boa parte dos problemas do mundo"*
> Mahatma Ghandi (1869-1948)
> (citado por John Elkington)

A implementação de práticas ambientais corretas em qualquer organização reflete uma postura sempre interessante e necessária, trazendo inúmeros benefícios. Dependendo do porte da organização, passa a ser necessário existir um setor específico voltado a essas atividades, que cuide dos aspectos ambientais dos produtos, serviços e processos industriais, além de assegurar o cumprimento dos requisitos legais associados ao tema, eventualmente implantando-se um sistema de gerenciamento ambiental. E, dependendo dos interesses envolvidos, pode vir a ser interessante obter a certificação ambiental relativa ao cumprimento de alguma norma, com vistas a demonstrar uma postura adequada da empresa às partes interessadas ("pessoas ou organizações que podem afetar, serem afetadas ou se perceberem afetadas por uma decisão ou atividade da organização", ou seja, todos que têm interesse no desempenho ambiental da organização, e que normalmente não pertencem a ela).

A decisão sobre a necessidade, ou não, de implantação de um sistema de gestão ambiental deve ser feita analisando-se, conforme foi apresentado anteriormente, se isto vai atender ou não a uma "necessidade dos seus clientes" e avaliando-se de que forma esse sistema irá colaborar no auxílio ao cumprimento da legislação ambiental. A implantação de um SGA é uma das melhores formas de conseguir obter melhorias de desempenho ambiental em uma organização e, nesse trabalho, serão cumpridos, basicamente, **três grandes conjuntos** de atividades:

a) **Análise da situação atual da organização.** Implica em verificar "onde estamos" no momento, no tocante ao desempenho ambiental da empresa, quanto aos seus produtos, serviços prestados e sistemas de produção, realizando-se também a verificação dos requisitos da legislação e seu total cumprimento. É a fase de *diagnóstico* do problema, levantando-se os impactos ambientais principais que resultam das atividades da empresa;

b) **Estabelecimento de Metas.** Implica em estudar as possibilidades físicas, recursos materiais e humanos necessários e, a partir de diretrizes vindas da Política Ambiental, definir "*onde queremos chegar*" em termos de melhorias, em um certo período de tempo;

c) **Estabelecimento de Métodos.** A palavra *método* tem uma origem grega que significa "caminho para se alcançar a meta". Ou seja, o estabelecimento de métodos ou de um determinado modo de trabalho, vai definir "*como chegar*" aos resultados pretendidos, para que sejam atingidas as metas.

A implementação e operação de um Sistema de Gestão Ambiental consistem, na realidade, na aplicação de conceitos e técnicas de Administração, particularizados para os assuntos de meio ambiente. Existem, dessa forma, várias técnicas possíveis e que levam a resultados semelhantes. Neste trabalho, preferimos utilizar as ferramentas empregadas em Qualidade Total, associadas aos conceitos e requisitos estabelecidos na norma internacional ABNT NBR ISO 14001, com base em sua edição de 06.10.2015 (3ª Edição dessa Norma).

Uma rápida reflexão sobre o assunto indica que a obtenção de QUALIDADE AMBIENTAL é resultado de uma série de fatores que, em conjunto, irão compor um sistema (conjunto interligado e harmonioso desses fatores):

a) resultado de uma análise inicial e uma boa compreensão do *CONTEXTO DA ORGANIZAÇÃO*, em que se procura entender a organização, os ambientes externo e interno associados a ela, bem como as necessidades e expectativas das partes interessadas;

b) resultado de existir uma *POLÍTICA AMBIENTAL*, originária da Alta Direção que, em seu papel relevante de "Liderança do processo", define uma linha de conduta para toda a empresa;

c) resultado de se elaborar um *PLANEJAMENTO ADEQUADO*, definido a partir de um diagnóstico da situação ambiental da organização, com a identificação de impactos, atribuição de prioridades em sua solução ou mitigação, estabelecimento de objetivos e preparação de um Plano de Ação, com a atribuição de recursos para a consecução desse plano, após uma análise econômico-financeira;

d) resultado da existência de um nível adequado de *EDUCAÇÃO AMBIENTAL*, aqui visto em seu sentido mais amplo, com a formação das pessoas nos conceitos mais importantes de Ciência Ambiental, obtenção de um padrão elevado de motivação para que sejam atingidos bons resultados, e preparação das pessoas nas técnicas necessárias para gerenciar o processo e realizar as atividades profissionais relacionadas ao desempenho ambiental;

e) resultado de um *MODO DE TRABALHO*, consequência de uma boa estruturação de procedimentos e instruções de trabalho, de forma que todos os participantes trabalhem de uma forma correta e com maior eficiência;

f) resultado de um *TRABALHO CONTÍNUO*, em que os participantes do processo não se deixem abater pelas adversidades e dificuldades naturais, cujos resultados serão fruto principalmente de muita persistência e dedicação na busca de melhorias contínuas;

g) resultado de um processo bem estruturado de *VERIFICAÇÕES* e acompanhamento de todos os passos programados, com monitoramento constante das variáveis importantes dos processos industriais (evitando emissões de poluentes e descarte de resíduos fora dos níveis normais estabelecidos), e de um processo de auditorias sistemáticas e organizadas para assegurar o desempenho adequado do sistema;

h) resultado do estabelecimento de mecanismos eficientes para identificar, em conjunto com auditores, problemas e desvios de procedimento e, rapidamente, serem tomadas medidas corretivas. Adicionalmente, identificar ações preventivas, de forma a evitar tais desvios (que normalmente acarretam custos mais elevados de remediação) e preparação das pessoas, com o fornecimento de recursos materiais para, em caso de eventos anormais com liberação de poluentes, tomar as medidas rapidamente, e com eficácia, para evitar a ampliação de consequências prejudiciais à empresa, seus funcionários e comunidades vizinhas.

Verificamos, assim, que se trata de um conjunto de ações que precisam ser tomadas para se chegar a um bom resultado, formando um sistema harmônico e integrado. Uma observação mais apurada mostra que a Norma NBR ISO 14001 cobre todos esses aspectos, entre outros existentes, que deixam o sistema mais robusto e eficaz. Neste texto, sempre que citarmos a palavra "Norma", estaremos nos referindo à Norma Internacional NBR ISO 14001, em sua Edição de 2015.

O papel da Liderança, exercido pela Alta Direção da organização, hoje é considerado como um dos pontos mais importantes para o sucesso do programa. Também, nos últimos anos e, conforme recomendado pela Norma ISO 14001 em sua última edição, devem ser observadas com muito cuidado, e atendidas sempre que viável, as necessidades e expectativas das partes interessadas.

A ferramenta gerencial que consideramos a mais importante, e que poderá resumir toda a implantação do processo do Sistema de Gestão Ambiental (SGA) é o ciclo PDCA, também conhecido como *Ciclo de Deming ou Ciclo de Shewhart*, composto por quatro grandes passos: *Plan* (Planejar); *Do* (Realizar); *Check* (Verificar); e *Action* (Atuar para corrigir) e recomeçar um novo ciclo. Esse ciclo deve ser precedido pelas atividades relacionadas à compreensão da Organização e seu contexto e pelo estabelecimento da Política Ambiental.

Na fase *Plan*, devem ser identificadas as oportunidades de melhoria e planejadas as mudanças nos processos da organização. Na fase *Do*, implementadas as mudanças. Na fase *Check,* são coletados os dados sobre a implementação da fase *Do* e analisados os resultados para verificar se foram obtidos os resultados esperados e na fase *Act* são avaliados os resultados globais do processo, como um todo. Caso não sejam satisfatórios, deverá ser reiniciado o ciclo PDCA.

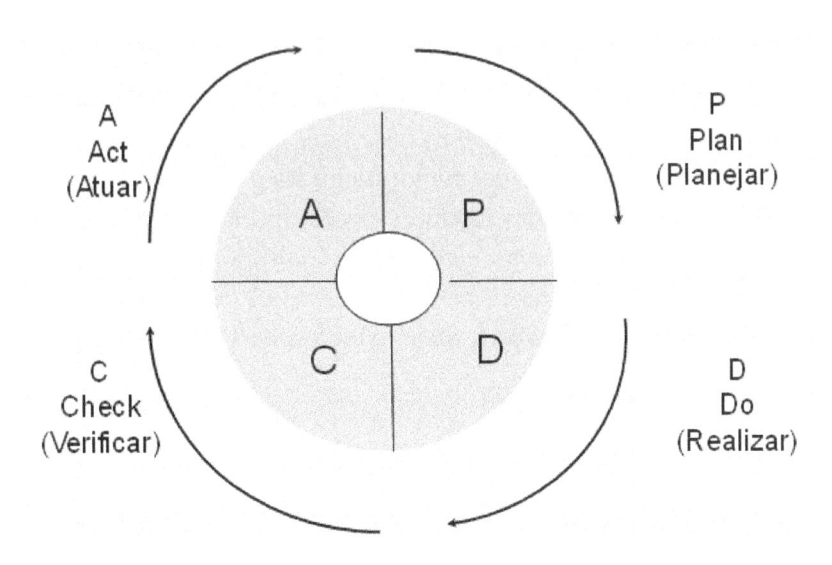

Figura 4.1 – Ciclo PDCA
Fonte: Elaborada pelo autor.

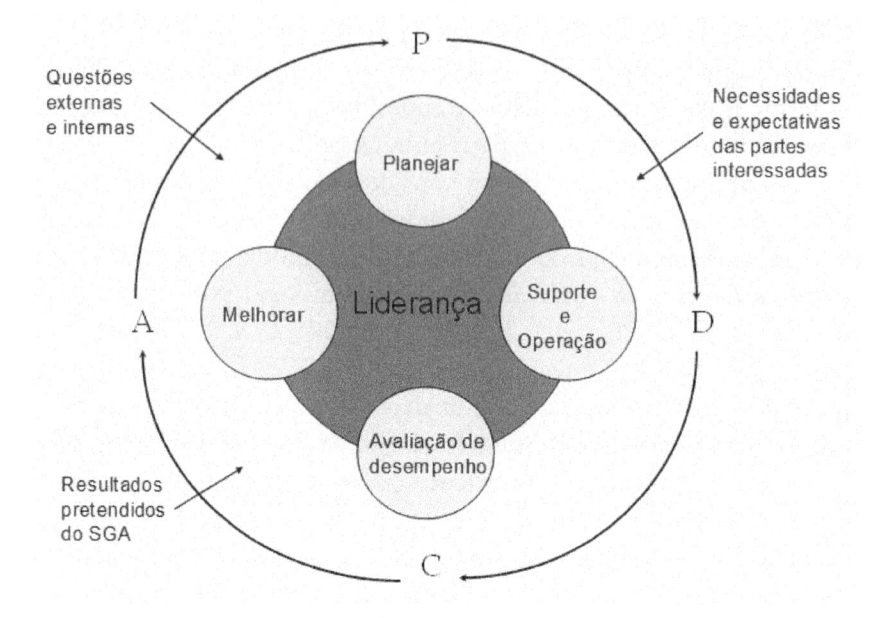

Figura 4.2 – Relação entre o Ciclo PDCA e a estrutura da Norma ISO 14001

Fonte: NBR ISO 14001:2015

A Norma ISO 14001, em sua edição de 2015, passou a exigir uma série de atividades preparatórias, antes de iniciar o percurso de ciclo PDCA. Essas atividades foram incluídas para proporcionar um melhor conhecimento da organização e o ambiente em que ela se insere, bem como outras atividades que irão proporcionar uma maior eficácia dos trabalhos de implantação do SGA. Detalhando-se um pouco mais as atividades de cada fase, temos, na Figura 4.3:

Implantação de um Sistema de Gestão Ambiental (SGA)

Atividades preparatórias de base (prévias ao PDCA):

| Definição do escopo do SGA | Entendimento da organização e seu contexto | Definição do papel da liderança e comprometimento | Planejamento estratégico | Estabelecimento da Política Ambiental |

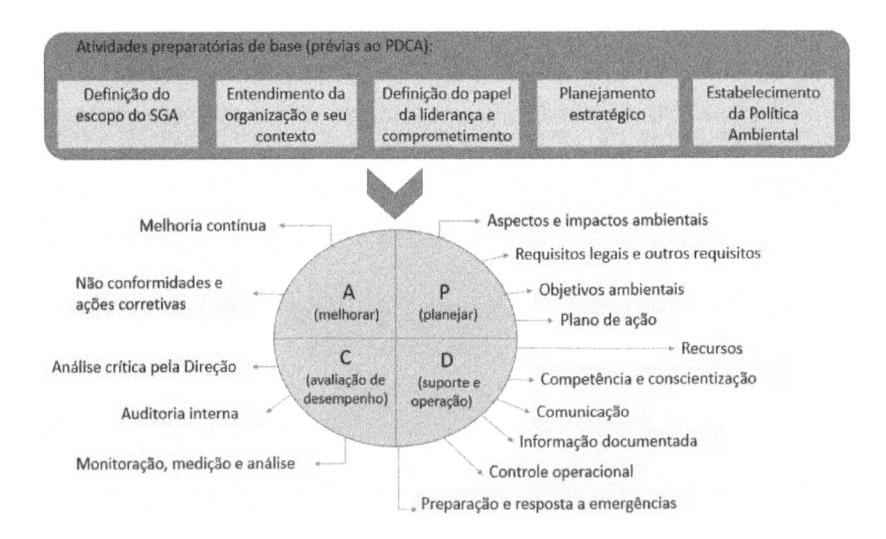

Melhoria contínua

Não conformidades e ações corretivas

Análise crítica pela Direção

Auditoria interna

Monitoração, medição e análise

A (melhorar)
P (planejar)
C (avaliação de desempenho)
D (suporte e operação)

Aspectos e impactos ambientais
Requisitos legais e outros requisitos
Objetivos ambientais
Plano de ação
Recursos
Competência e conscientização
Comunicação
Informação documentada
Controle operacional
Preparação e resposta a emergências

Figura 4.3 – Atividades principais da ISO 14001 organizadas no Ciclo PDCA.

Fonte: Elaborada pelo autor.

4.1 – CONTEXTO DA ORGANIZAÇÃO

A Edição de 2015 da Norma ISO 14001 implementou uma nova abordagem das etapas iniciais de implantação da norma, determinando que sejam analisados vários aspectos importantes relacionados ao entendimento da própria organização e seu contexto no tocante às questões externas e internas relevantes. Essa análise visa assegurar que a organização tenha a capacidade de controlar as variáveis que tenham um potencial de afetar a sua capacidade de alcançar os resultados pretendidos do seu sistema de gestão ambiental.

Segundo a Norma ISO 14001:2015, "organização" é uma pessoa ou grupo de pessoas com suas próprias funções, com responsabilidades, autoridades e relações para alcançar seus objetivos. Mas, no contexto deste livro e de aplicação da Norma, conforme exposto nas suas definições, o conceito de organização inclui, mas não é limitado a empreendedor individual, **companhia**, corporação, firma, **empresa**, autoridade, parceria, organização de caridade, ou **instituição**, ou parte ou combinação desses, seja incorporada ou não, pública ou privada." Usamos, em muitos locais o termo "empresa" com o significado de "organização", pois a aplicação da norma é feita por empresas, na grande maioria dos casos.

De acordo com o item 4.1 da Norma, é necessário entender a organização e seu contexto:

- Determinar questões externas e internas que sejam pertinentes ao seu propósito e que afetem sua capacidade de alcançar os resultados pretendidos do SGA;
- Incluir questões ambientais que afetam ou são capazes de afetar a organização.

Sugere-se que um grupo pequeno de pessoas, que tenha um bom conhecimento da organização realize um estudo sucinto, abordando em alto nível (portanto, baixo grau de detalhes) as questões que podem afetar, tanto positivamente quanto negativamente, o desempenho ambiental da organização, de forma a facilitar a seu propósito de alcançar os resultados pretendidos. Dentre as questões que podem ser discutidas, sumariamente nesse estudo, segundo orientações da norma, podem ser citados:

a) as condições ambientais relacionadas ao clima (temperatura, pressão atmosférica, pluviometria, ventos); qualidade do ar (poluição atmosférica e seus efeitos sobre a saúde e qualidade de vida das pessoas, condições atmosféricas da região, capacidade de dispersão de poluentes); qualidade da água (características físicas, químicas e biológicas da água disponível para a organização, bem como o atendimento de padrões para a água a ser descartada); uso do solo (planejamento de ocupação do solo, legislação sobre o uso do solo, zoneamento, riscos de erosão, de inundações e de assoreamento de cursos d'água); contaminação existente (passivos ambientais na área do empreendimento); disponibilidade de recursos naturais (facilidade na obtenção de insumos necessários aos processos produtivos); e biodiversidade (equilíbrio das espécies no local do empreendimento). Todos estes aspectos devem ser analisados, verificando-se como eles podem afetar o propósito da organização e como eles podem ser afetados pelos aspectos ambientais da organização;

b) as circunstâncias externas, nos aspectos culturais (hábitos regionais, influência da tecnologia sobre a sociedade local, reações adversas ao empreendimento); aspectos sociais (níveis de emprego, escolaridade, condições de moradia e saúde das populações de entorno); aspectos políticos (condições de vida, desigualdade, inclusão social, proteção social); aspectos legais (arcabouço jurídico com leis e normas a serem cumpridas, leis trabalhistas); aspectos regulamentares (licenciamento das atividades, aberturas de mercado, normas para os produtos); aspectos financeiros (investimentos requeridos, retorno sobre o investimento, financiamentos disponíveis); aspectos tecnológicos (tecnologia disponível em relação aos processos produtivos e em relação aos produtos); circunstâncias econômicas (mercado, preços dos produtos, nível de atividade); circunstâncias naturais (relações com a natureza) e competitividade. Essas circunstâncias e aspectos devem ser analisadas em âmbitos internacional, nacional, regional e local, dependendo do alcance que se pretenda ter em relação aos produtos e serviços da organização;

c) as características ou condições internas da organização, analisando-se as suas atividades, os seus produtos e serviços, o direcionamento estratégico (uma análise SWOT simplificada, a ser abordada mais adiante neste livro), a cultura organizacional (hábitos, práticas, normas adotadas) e as capacidades da organização (qualificação e motivação das pessoas, processos empregados (processos administrativos, processos técnicos na produção, em projeto, sistemas).

Essa análise é importante, mesmo que seja feita de forma simplificada, para permitir um passo inicial seguro na implantação do sistema de gestão ambiental, e depois para mantê-lo, permitindo melhorar continuamente. Também é importante para auxiliar a identificar os riscos (efeitos potenciais adversos ou ameaças) e oportunidades (efeitos potenciais benéficos) para a organização e para o sistema de gestão ambiental. Mais adiante, comentaremos no tópico "Planejamento Estratégico" a questão de riscos e oportunidades, importante para a sobrevivência e o sucesso das organizações.

4.2 – ENTENDIMENTO DAS NECESSIDADES E EXPECTATIVAS DAS PARTES INTERESSADAS

O item 4.2 da norma ISO 14001 estabelece que a organização deva "entender as necessidades e expectativas das partes interessadas". As "partes interessadas" são as pessoas ou organizações que são afetadas, podem afetar ou se perceberem afetadas por uma decisão ou atividade da organização. Por exemplo, algumas "partes interessadas" são os clientes, as comunidades vizinhas, os fornecedores, as organizações não-governamentais, os órgãos regulamentadores, as administrações públicas (prefeituras, secretarias de meio ambiente), os investidores e funcionários.

Da mesma forma que comentamos no item anterior, sugere-se a realização de um estudo de alto nível, não detalhado, mas que, a partir de uma análise dos aspectos pertinentes, aumente a compreensão geral das expectativas expressas e necessidades das partes interessadas, externas e internas (colaboradores). E, a partir daí, sejam definidas quais dessas expectativas e necessidades serão consideradas pertinentes, ou seja, quais ela precisa cumprir ou opta por cumprir. Nesse caso, essas expectativas e necessidades se transformam em requisitos para o sistema de gestão ambiental, sendo incorporados na lista de "requisitos legais e outros requisitos" (item 6.1.3 da Norma).

Assim, ela deve:

a) identificar as partes interessadas que sejam pertinentes para o sistema de gestão ambiental. Trata-se de realizar um trabalho de identificação de quais são as pessoas ou organizações, principalmente externas à organização, que normalmente demonstrem interesse no seu desempenho ambiental. Como exemplos, podem ser citadas as comunidades vizinhas, as Organizações Não-Governamentais (ONG) atuantes na região, os órgãos ambientais de regulamentação e controle ambiental, os clientes, os fornecedores e os colaboradores internos;

b) determinar as necessidades e expectativas pertinentes (requisitos) dessas partes interessadas. Essas necessidades podem ser avaliadas pela experiência de pessoas internas que tenham contato com as partes interessadas, por exemplo, as pessoas de Comunicação Social, caso exista essa área na empresa, ou por meio de visitas e entrevistas rápidas, perguntando-se os interesses das pessoas e suas queixas eventuais sobre problemas ambientais por elas percebidos;

c) determinar quais dessas necessidades e expectativas se tornam seus requisitos legais e outros requisitos. Não é mandatório que todas as demandas das partes interessadas sejam levadas em conta. Deve-se realizar uma análise da pertinência e razoabilidade das queixas e demandas, selecionando-se aquelas mais importantes e realmente significativas, descartando aquelas consideradas abusivas e não relevantes. As necessidade e expectativas aceitas após essa análise deverão, a seguir, serem consideradas como "requisitos" da organização, sendo incorporadas ao documento "requisitos legais e outros requisitos", conforme definido no item 6.1.3 da Norma.

Como exemplo da importância de interação com as partes interessadas, podemos citar o exemplo de uma postura da fábrica de pneus

Bridgestone Firestone, citada no artigo "Bridgestone Firestone Conversa com Vizinhos em Outdoors", de 8.11.2007, autoria de Jorge Luis Mussolin (fonte: http://eagora.pressroom.com.br/8283590d5/bridgestone-firestone-conversa-com-vizinhos-em-outdoors.html). Trata-se de uma fábrica instalada na década de 40, onde a Firestone produziu seus primeiros pneus no Brasil, em Santo André, SP. Segundo o artigo, a área que era ocupada por indústrias e pequenos depósitos, gradualmente passou a contar com construções habitacionais. Com essa mudança, a empresa começou a se preocupar mais com seus impactos, investindo para reduzi-los, ao mesmo tempo em que buscou o diálogo com os seus vizinhos para explicar suas operações. Segundo Raul Viana, Diretor de Assuntos Corporativos da Bridgestone Firestone do Brasil na época do artigo, eles sentiram a necessidade de criar de criar um canal adicional à comunicação regularmente disponibilizada para o contato com os vizinhos. "Precisávamos também externar com veemência o nosso interesse em buscar esse diálogo e os painéis foram a forma mais simples e direta que encontramos". O diretor informa ainda que "os contatos gerados pela ação formarão um grupo com o qual a Bridgestone pretende manter um diálogo contínuo. O nosso desejo é que, gradativamente, essas pessoas passem a conhecer a nossa empresa com maior profundidade e a criar vínculos mais duradouros. Exatamente como fazem bons vizinhos".

As Figuras 4.4 e 4.5, a seguir, mostram fotos dos painéis (*outdoors*), instalados externamente em uma das paredes da fábrica, em Santo André, SP, em setembro de 2007.

Implantação de um Sistema de Gestão Ambiental (SGA)

Figura 4.4 – *Outdoor* instalado na fábrica da Bridgestone Firestone do Brasil, em Santo André, SP

Figura 4.5 – *Outdoor* instalado na fábrica da Bridgestone Firestone do Brasil, em Santo André, SP

4.3 – DETERMINAÇÃO DO ESCOPO DO SISTEMA DE GESTÃO AMBIENTAL

A palavra "escopo" tem o significado de "aquilo que se pretende atingir", os propósitos de uma atividade, sua finalidade, sua extensão e limites. Assim, antes de começar o processo de implantação do sistema de gestão ambiental, será necessário a realização de um trabalho de determinação dos limites e a aplicabilidade do SGA, para determinar o seu escopo.

O escopo, preparado em cumprimento ao requisito 4.3 da Norma, deve ser mantido como informação documentada (a ser mais comentado quando abordarmos o item 7.5), bem como estar disponível para as partes interessadas.

Para que esse escopo seja bem determinado, será importante considerar:

a) as questões externas e internas, conforme estudadas no item 4.1;

b) os requisitos legais e outros requisitos. Os requisitos legais e outros requisitos complementares (por exemplo, decorrentes de compromissos voluntariamente assumidos pela organização – por exemplo, decorrentes da adesão voluntária a "Códigos Empresariais", bem como os requisitos derivados das demandas de partes interessadas e adotados pela organização);

c) suas unidades organizacionais, funções e limites físicos. É importante definir, logo no início do processo, se o SGA irá se aplicar a toda a organização ou somente a uma parte dela. Nesse caso, há a necessidade de definir quais unidades serão abrangidas. Suas funções e seus limites físicos devem ser bem delimitados. Em organizações que possuam mais de uma unidade organizacional (UO), uma única unidade organizacional poderá ser definida como uma "organização", ao se aplicar a Norma ISO 14001 somente a ela. Uma organização tem a liberdade e flexibilidade para definir seus limites. Normalmente os auditores de certificação não aceitam que as unidades organizacionais (*sites*) sejam definidas com situações em que os efluentes da unidade definida no escopo do SGA se misturem aos efluentes de outros *sites* não incluídos no escopo. Também é interessante, para grandes empresas, que o SGA seja aplicado inicialmente somente a uma UO escolhida como piloto, para que, ao aplicar os requisitos da Norma a essa UO, haja um processo de aprendizagem da equipe, que estará resolvendo problemas, dirimindo dúvidas e avaliando os resultados. Isto pode ser feito desde que a Alta Direção dessa parte tenha autoridade para estabelecer um sistema de gestão ambiental. Esta abordagem facilitará sobremaneira o processo, quando este for expandido, mais tarde, a toda a organização;

d) suas atividades, produtos e serviços, definir com precisão para as unidades organizacionais abrangidas pelo sistema de gestão ambiental;

e) sua autoridade e capacidade de exercer controle e influência. A organização precisa ter, *a priori*, uma boa compreensão dos aspectos ambientais que ela possa controlar e aqueles em que ela possa influenciar, no sentido de eliminar ou reduzir os seus correspondentes impactos ambientais.

Definido o escopo, todas as atividades, produtos e serviços da organização dentro desse escopo precisam ser partícipes do sistema de gestão ambiental.

É importante definir o escopo com muita precisão e cuidado, pois a credibilidade do sistema de gestão ambiental dependerá da escolha dos limites organizacionais. Não é recomendável estabelecer esses limites de forma muito reduzida, onde existem poucos impactos significativos, apenas para "obter uma certificação ISO 14001" e divulgá-la. Ao se perceber isso (auditores e partes interessadas) a credibilidade da organização e de seus dirigentes ficará bastante comprometida.

Como novidade desta Edição da Norma, recomenda-se que seja levada em conta a extensão de controle ou influência que a organização pode exercer sobre as atividades, produtos e serviços, considerando uma **perspectiva de ciclo de vida**. Ou seja, a norma não determina a realização de uma análise de ciclo de vida, que normalmente se constitui em uma atividade complexa, demorada e de custo elevado, mas sim, recomenda que exista a visão de uma perspectiva de ciclo de vida. Deve-se olhar sem muitos detalhes a questão da extração, pré-processamento e transporte das matérias-primas principais e mais volumosas, ter uma ideia dos impactos causados pelo uso do produto, seu consumo de energia e impactos causados após seu descarte final. Dessa forma, eventualmente a organização poderá desenvolver ações para reduzir esses impactos, modificando projetos, substituindo uma matéria-prima poluente por outra menos poluente e adotar outras providências, simplesmente como resultado dessa análise, mesmo que feita de uma forma relativamente superficial e não-numérica (como é exigido nos estudos de ciclo de vida), nessa visão de "perspectiva de ciclo de vida".

Segundo a Norma, "convém que que a definição de escopo não seja usada para excluir atividades, produtos, serviços ou instalações que têm ou podem apresentar aspectos ambientais significativos, ou para evitar seus requisitos legais e outros requisitos". O escopo "deve se constituir em uma declaração real e representativa das operações da organização incluídas nos limites de seu sistema de gestão ambiental" (NBR ISO 14001:2015). Essa recomendação é feita para não induzir as partes interessadas a erro, já que elas poderiam imaginar um sistema mais completo e efetivo, quando a realidade seria diferente.

4.4 – SISTEMA DE GESTÃO AMBIENTAL

Após a organização ter realizado os estudos recomendados em 4.1 e 4.2, e aumentado muito o seu nível de conhecimento, graças a essas pesquisas e reflexões, ela estará pronta para iniciar a implantação de seu sistema de gestão ambiental. É a organização quem estabelece o nível de desempenho ambiental pretendido, quais os impactos ambientais serão eliminados ou mitigados. Ela tem liberdade nesse sentido, mas com a obrigação de atender os requisitos da Norma. Assim, a organização "mantém a autoridade e responsabilidade por prestar contas e decidir como atender aos requisitos da Norma", incluindo o nível de detalhes e a extensão dos limites do sistema.

Um "sistema" é um conjunto de elementos interdependentes, que precisam atuar de forma harmoniosa e integrada para a obtenção do seu melhor resultado. Podemos imaginar uma torre metálica como sendo um sistema estrutural. Se uma ou mais pernas dessa treliça não estiverem funcionando bem, é até possível que esse sistema opere, mas com deficiências e maior risco. Entretanto, se uma ou mais pernas colapsarem, é certo que o sistema não conseguirá se sustentar. Um sistema de ventilação e ar condicionado depende do bom funcionamento de seus componentes que são os aparelhos de refrigeração, filtros, ventiladores, isolamento térmico e sensores. Um deles funcionando mal compromete todo o sistema. Da mesma forma, o sistema de gestão ambiental será composto de muitas atividades gerenciais e técnicas, como as atividades de planejamento, identificação dos impactos, criação do plano de ação, treinamento das pessoas com potencial de causar não-conformidades, informações documentadas, auditorias, solução de não-conformidades etc. Todas as atividades previstas, que se constituem no suporte ao sistema, precisam funcionar bem, de forma harmônica e integrada, para a obtenção dos melhores resultados. Uma única delas, mal executada, pode comprometer todo o sistema. Um único elo de uma corrente que se rompe compromete totalmente o sistema de sustentação de uma carga.

Esse sistema, implantado e mantido seguindo as melhores técnicas, com certeza irá colaborar para melhorar continuamente o desempenho ambiental, pois ele estabelecerá processos, seguindo as recomendações e requisitos da Norma, que irão colaborar na solução de problemas ambientais, permitindo alcançar os resultados pretendidos. Estes requisitos orientam os responsáveis em todos os aspectos julgados relevantes para a obtenção de êxito nas ações.

Outra recomendação atual é a de integrar os requisitos do seu sistema de gestão ambiental nos vários processos de negócios da organização, tais como projeto e desenvolvimento, compras, recursos humanos, vendas e marketing. O sistema de gestão ambiental deve ser interpretado como sendo uma parte do sistema de gestão da organização como um todo. Ele não pode ser isolado do todo e, sim, estar perfeitamente integrado e participante. A própria Norma NBR ISO 14001:2005 definia sistema de gestão ambiental como sendo "parte do sistema de gestão usado para gerenciar aspectos ambientais, cumprir requisitos legais e outros requisitos e abordar riscos e oportunidades".

No início do processo de desenvolvimento de sistemas de gestão ambiental pelas empresas, era comum o relativo isolamento da área ambiental. Visando resolver problemas, quase sempre com uma abordagem reativa, eram contratados profissionais com esse propósito. Porém, observou-se que eles tinham grande dificuldade em conseguir bons resultados, por mais competentes que fossem, principalmente em razão do isolamento em relação às outras áreas da empresa. Hoje, estimula-se o oposto, ou seja, obter a maior integração possível, com forte interação entre as áreas. São estimuladas as trocas de conhecimentos e experiências, participação na solução de problemas, em uma postura "ativa", ou "proativa", mais do que reativa. Assim, no lançamento e desenvolvimento do projeto de um novo produto, estimula-se a participação dos especialistas na área ambiental, que abordarão aspectos ligados ao ciclo de vida, materiais empregados, processos de desmontagem rápida visando reciclagem, destinação final, por exemplo. O setor de compras conseguirá apoio no sentido de obter matérias-primas que resultem na geração de volumes menores de resíduos, ou materiais de menor periculosidade. A área de recursos humanos poderá ser beneficiada com apoio na seleção e treinamento de colaboradores, para que estes atuem em conformidade com requisitos voltados à menor possibilidade de geração de impactos adversos ao meio ambiente no seu trabalho e redução de riscos. O setor de marketing poderá se beneficiar com a obtenção de dados e informações que motivem o potencial consumidor com argumentos comparativos com os produtos e processos melhores em relação à concorrência. Também, é praticamente certo que nenhuma fusão ou aquisição de empresas, terrenos e atividades de expansão da planta produtiva possam ser feitos sem a observância de precauções do ponto de vista ambiental, que poderiam gerar passivos ou responsabilidade legal futura para a organização.

A Norma recomenda também que, se ela for implementada em apenas uma parte da organização, existe a possibilidade de que políticas, procedimentos e informações documentadas desenvolvidas para outras partes possam ser usadas para atender os requisitos da Norma ISO 14001, desde que sejam aplicáveis àquela parte específica. Por exemplo, suponha que exista, para a organização como um todo ou para uma determinada parte específica, um procedimento do sistema da qualidade que contenha requisitos para a preparação, classificação e controle de documentos. Esse procedimento poderia ser incorporado ao sistema de gestão ambiental visando os documentos desse sistema, à unidade organizacional que esteja implantando o sistema (parte da organização).

4.5 – LIDERANÇA

(Itens 5 e 5.1 da Norma NBR ISO 14001:2015)

A versão 2015 da Norma expandiu as responsabilidades da Alta Direção da organização, em relação às duas versões anteriores.

Segundo a definição da Norma (item 3.1.5), a Alta Direção é uma pessoa ou grupo de pessoas que dirige e controla uma organização, em seu nível mais alto. É também definido que se o escopo do sistema de gestão cobrir apenas parte da organização, então "Alta Direção" se refere àqueles que dirigem e controlam aquela parte da organização.

Segundo a Norma, "a Alta Direção deve demonstrar liderança e comprometimento com relação ao sistema de gestão ambiental". Os seguintes requisitos deverão ser atendidos:

a) "a Alta Direção deve responsabilizar-se por prestar contas pela eficácia do sistema de gestão ambiental". A responsabilidade não é mais atribuída a gerentes ou outros colaboradores, mas sim ao nível mais elevado da organização. Essa prestação de contas é feita em relação às partes interessadas, auditores e outros interessados, devendo-se demonstrar como o sistema de gestão ambiental está sendo útil à organização, que os procedimentos corretos estão sendo adotados, sendo alcançados os resultados pretendidos (conceito de eficácia);

b) "a Alta Direção precisa assegurar que a política ambiental e os objetivos ambientais sejam estabelecidos e compatíveis com o direcionamento estratégico e o contexto da organização". Mostraremos, mais adiante, sugestões para a realização de um planejamento estratégico simplificado, adaptado ao contexto da organização, no qual ficarão evidenciados os riscos e oportunidades. Também comentaremos as formas sugeridas de definição da política ambiental e dos objetivos ambientais;

c) "a Alta Direção deve assegurar a integração dos requisitos do sistema de gestão ambiental nos processos de negócios da organização". Segundo a Norma, a referência a "negócio" pode ser interpretada, de modo amplo, como sendo as atividades centrais para os propósitos da existência da organização;

d) "a Alta Direção deve assegurar que os recursos necessários para o sistema de gestão ambiental estejam disponíveis". Este é um dos papéis mais importantes da Alta Direção, pois praticamente todas as ações a serem desenvolvidas exigem recursos financeiros e humanos. O esforço dedicado à identificação dos aspectos e impactos ambientais, sua priorização quanto à sua relevância, a definição dos objetivos e do plano de ação, tudo será um grande trabalho completamente perdido se a

Alta Direção não atribuir os recursos necessários, na quantidade requerida e no tempo correto;

e) "a Alta Direção deve comunicar a importância de uma gestão ambiental eficaz e de estar conforme com os requisitos do sistema de gestão ambiental". Essa comunicação deve ser feita aos colaboradores internos, ponto extremamente importante na motivação das pessoas para atuarem na busca nos objetivos e para as partes interessadas;

f) "a Alta Direção deve assegurar que o sistema de gestão ambiental alcance seus resultados pretendidos". Esses resultados devem ter sido definidos por ocasião da análise e determinação do escopo, conforme comentado no item 4.3;

g) "a Alta Direção deve dirigir e apoiar pessoas a contribuírem para a eficácia do sistema de gestão ambiental." Para conseguir os resultados pretendidos, é essencial o apoio irrestrito aos colaboradores envolvidos nos processos de implantação do sistema, ou sua manutenção, selecionando os componentes da equipe, dando-lhes o apoio, acompanhando o seu trabalho com a frequência requerida, garantindo as condições mínimas e cobrando os resultados;

h) "a Alta Direção deve promover a melhoria contínua". Este é um dos requisitos mais importantes da Norma, e que será mais discutido no item "Política Ambiental". Implica que a organização melhore continuamente, ao longo dos anos, não sendo suficiente realizar melhorias pontuais, estacionando-se naquele ponto alcançado. A melhoria contínua é um dos axiomas estabelecidos pelos primeiros organizadores da Norma, e mantido desde então. Se todas as empresas certificadas estiverem sempre melhorando (segundo a ISO, em 31.12.2021 eram 420.433 organizações no mundo, em 610.924 sites[9]), passo a passo, o resultado global será bastante significativo em termos de avanço no desempenho ambiental global;

i) "a Alta Direção deve apoiar outros papéis pertinentes da gestão a demonstrar como sua liderança se aplica às áreas sob sua responsabilidade". O grupo de pessoas dedicado, mais diretamente, a implantar o sistema de gestão ambiental não conseguirá realizar um trabalho eficiente sem contar com o apoio e a participação de todas as áreas da organização. Todos têm uma parcela da responsabilidade. Assim, a Alta Direção deve deixar bem claro para os Chefes de todas as áreas que eles têm uma responsabilidade grande nesse processo e precisam participar, exercendo a sua liderança perante os componentes da área, mostrando como a participação de todos é importante na redução dos impactos ambientais, em preparar e cumprir procedimentos estabelecidos, participar de treinamentos ambientais e em todas as ações requeridas para a obtenção dos resultados pretendidos pela organização.

É importante comentar que a Alta Direção pode delegar a realização das ações previstas nesta norma, porém a responsabilidade por prestar contas para assegurar que as ações sejam realizadas não pode ser delegada, ela continua sendo da Alta Direção.

Realizar uma mudança de hábitos em uma empresa já em funcionamento, para implantar algo novo, é muito difícil e desgastante. Existe uma tendência natural de que cada área ache que "o problema não é dela e sim dos outros", resistindo às mudanças. Vencer a frase "sempre foi feito assim", dita por alguém, é muito mais difícil do que realizar complexos cálculos de engenharia e análises de viabilidade dos empreendimentos, para modificar um sistema e realizar melhorias ambientais. É mais difícil modificar a cabeça das pessoas, mudar

---

[9] Informação da ISO, https://www.iso.org/the-iso-survey.html, consultado em 2.12.2022

hábitos e posturas erradas do que modificar ou adquirir máquinas e sistemas de produção. Assim sendo, se houver o interesse da empresa em implantar um Sistema de Gestão Ambiental é muito importante e imprescindível, que haja um apoio muito forte da alta direção ao programa, sem o qual ele está fadado ao insucesso antes de nascer, com desperdício de recursos. Algumas empresas internacionais têm implantado a área ambiental ligada ao mais alto nível da organização, como assessoria ou até vice-presidência (por exemplo, a GM nos Estados Unidos), de forma a prestigiar o programa. Os seguintes pontos devem ser considerados:

- Conscientização da Direção quanto aos problemas ambientais, sobretudo os de nível "local" (afeta a empresa e suas redondezas) e ligados ao próprio produto da empresa (seu uso, embalagens, possibilidade de reciclagem, ciclo de vida);
- Divulgação, a partir da alta direção, das metas ambientais da empresa e de sua visão de "desenvolvimento sustentável", para todos os níveis;
- Seleção do coordenador do programa, apoio ao seu trabalho e cobrança dos resultados;
- Seleção do "representante da direção", ou "representante da administração", que participará mais de perto da implantação do sistema e das auditorias, acompanhando e apoiando os trabalhos e relatando problemas e resultados à Alta Direção;
- Atribuição de recursos financeiros para os programas, para contratar pessoal, realizar estudos e projetos, apoiar a melhoria dos processos produtivos, modernização de instalações, contratação de auditoria externa, entre outras ações;
- Reconhecimento dos bons resultados, com elogios às pessoas responsáveis por sugestões pela implantação de melhorias, atribuição de prêmios, promoções e outros incentivos.

4.6 – ESTABELECIMENTO DA POLÍTICA AMBIENTAL

(item 5.2 da Norma NBR ISO 14001:2015)

"Uma política", em uma empresa, é o conjunto de intenções de sua alta direção sobre um determinado assunto, do qual decorre uma série de medidas e procedimentos que orientam as condutas gerenciais. As políticas são baseadas na missão e na visão da organização, servindo para definir os seus objetivos. Elas determinam um senso geral de orientação, fixando os princípios gerais da organização e suas definições estratégicas. Reflete um conjunto de princípios que, nas pequenas organizações, normalmente não são escritos, mas constituem um código de conduta conhecido e respeitado. Quando a organização cresce de tamanho e complexidade, as políticas passam a ser definidas em um nível mais elevado de formalidade; por vezes, elas são originárias da matriz para serem cumpridas pelas filiais, forçando os gerentes a atuarem com mais uniformidade naquele assunto, segundo as diretrizes e vontades da alta direção corporativa. Como exemplos de políticas, citam-se a "Política de Qualidade" e a "Política de Pessoal", que estabelece os planos de carreira.

Uma organização que queira estabelecer um sistema de monitoramento do seu desempenho ambiental ou, mais apropriadamente, um Sistema de Gerenciamento Ambiental, "deve estabelecer, implementar e manter uma política ambiental, dentro do escopo definido em seu sistema de gestão ambiental".

Segundo definição da Norma (item 3.1.3), "política ambiental são as intenções e direção de uma organização relacionadas ao seu desempenho ambiental, como formalmente expresso pela sua Alta Direção".

Os seguintes requisitos são aplicáveis na determinação da política ambiental:

a) que essa política "seja apropriada ao propósito e ao contexto da organização, incluindo a natureza, escala e impactos ambientais das suas atividades, produtos e serviços". Na preparação da política de uma empresa devem ser evitados textos excessivamente genéricos (às vezes observamos algumas políticas tão genéricas que poderiam ser aplicadas a qualquer tipo de empresa, o que não é considerado adequado), bem como a inadequação das intenções à realidade da empresa. Deve-se buscar uma grande coerência das ações com o tipo de atividade da organização. Por exemplo, não se espera que a Política de uma usina siderúrgica coloque como preocupação a economia de papel ou reciclagem de papel de escritório, enquanto, seguramente, existem problemas importantes no tocante aos particulados no ar, vindos de empilhamento de minério com partículas carregadas pelo vento ou na questão dos efluentes líquidos descartados. Quando se diz "adequada à natureza", devemos considerar o tipo de atividade, produto ou serviço; "adequada à escala", implica em considerarmos o porte da organização, a amplitude geográfica da empresa e o reconhecimento e grau de importância dos impactos em regiões vizinhas;

b) "proveja uma estrutura para o estabelecimento dos objetivos ambientais". A Política Ambiental é, na verdade, um conjunto de grandes objetivos, ou objetivos em alto nível. Assim construída, ela estará proporcionando condições para que os objetivos ambientais (item 6.2 da Norma) sejam definidos com o grau de precisão adequado;

c) "Inclua um comprometimento com a proteção do meio ambiente, incluindo a prevenção da poluição e outro(s) compromisso(s) específico(s) pertinente(s) para o contexto da organização". O conceito de "proteção do meio ambiente" é muito mais amplo do que o de "prevenção da poluição", conforme era constante do texto da Norma em sua versão de 2004. Prevenção da poluição é um subconjunto englobado pelo conceito de "proteção do meio ambiente". Segundo definição da NBR ISO 14001:2015, item 3.2.7, "prevenção da poluição consiste no uso de processos, técnicas, materiais, produtos, serviços ou energia para evitar, reduzir ou controlar (separadamente ou em conjunto) a geração, emissão ou descarga de qualquer tipo de poluente ou rejeito, a fim de reduzir os impactos ambientais adversos". Quando a organização se compromete a proteger o meio ambiente, ela precisa demonstrar que está prevenindo a poluição, mas também está desenvolvendo outras ações e iniciativas para evitar as agressões e degradações do meio ambiente, tais como promover o uso eficiente e sustentável dos recursos naturais, a proteção da biodiversidade, dos ecossistemas e dos recursos hídricos na região de influência do empreendimento, o uso de energia e a preservação da paisagem natural, sempre que possível. Ela também deve proteger o meio ambiente natural dos danos e degradações resultantes das atividades, produtos e serviços da organização. Os compromissos específicos que uma organização assume em sua política ambiental devem ser pertinentes ao seu contexto, incluindo as condições ambientais locais e regionais. Conforme comentário constante da Norma, estes compromissos podem abordar, por exemplo, a qualidade da água, a reciclagem ou a qualidade do ar. Também, como compromisso específico, podem ser previstas ações de mitigação e adaptação às mudanças climáticas. Mitigação, segundo a ONU, refere-se aos esforços para reduzir ou evitar as emissões de gases do efeito estufa ou aumentar a sua remoção da atmosfera por sorvedouros. Adaptação à mudança climática refere-se aos ajustamentos nos sistemas humanos e naturais em resposta às variações climáticas atuais ou esperadas, com o propósito de moderar os prejuízos e explorar as oportunidades benéficas (definição dada pelo IPCC em 2001);

d) "inclua um compromisso em atender os seus requisitos legais e outros requisitos". A política ambiental não pode nunca apresentar conflitos com a legislação e regulamentos de órgãos ambientais do país em que a organização (ou a filial, ou subsidiária) estiver instalada. Ao se comprometer com o cumprimento dos requisitos legais, é como se ficassem incorporados à norma todos os limites de emissões estabelecidos pelas autoridades competentes para aquele país, estado ou município. Dessa forma, fica proporcionada ao auditor uma base sólida, ao constatar um requisito legal não atendido, pode ser aberta uma não conformidade por desrespeito à política, já que a empresa declarou que cumpriria os requisitos legais. O atendimento à legislação pode estar sendo realizado como resultado de um acordo com a autoridade competente, normalmente o órgão ambiental, situação em que a empresa eventualmente não esteja naquele instante totalmente cumpridora da Lei, mas esteja em processo de adequação, através de um Termo de Ajustamento de Conduta (TAC). Os organismos certificadores irão sempre verificar se a empresa possui Licença de Operação, emitida pelo órgão ambiental competente. A política deverá se harmonizar e ser compatível com outros regulamentos da própria organização, bem como em relação a outros requisitos subscritos, voluntariamente, por exemplo, a adesão aos compromissos da "Atuação Responsável" (comentados no Capítulo 1), à Carta CCI da Câmara de Comércio Internacional e contratos com Bancos e entidades de financiamento (BNDES, por exemplo);

e) "inclua um comprometimento com a melhoria contínua do sistema de gestão ambiental para aumentar o desempenho ambiental". Em concordância com a política ambiental, trata-se da melhoria do desempenho ambiental ano a ano, como resultado de um esforço continuado. Ou seja, houve uma postura de não se aceitar que a organização dê um salto de melhoria e se acomode. Esta melhoria será conseguida por meio de medidas tais como: i) utilização de tecnologias mais limpas nos processos de fabricação; ii) melhoria da qualidade do produto em relação a aspectos ambientais, com melhor comportamento ao longo do ciclo de vida e maior eficiência na utilização de recursos naturais; iii) a aplicação de medidas com o objetivo de reduzir os efeitos adversos ao ambiente em níveis que não excedam àqueles correspondendo à aplicação viável da melhor tecnologia. Assumir um compromisso com a "melhoria contínua" não pode ser uma declaração vaga, sem consequências. Caberá à empresa, durante as auditorias, apresentar ao auditor algumas evidências objetivas de que a melhoria contínua está incorporada às ações empresariais, como os investimentos realizados em melhorias dos processos industriais (não apenas melhoria dos processos, simplesmente, mas sim, melhorias visando uma menor emissão de poluentes), treinamentos, modificações em produtos, com resultados na melhoria do desempenho ambiental da organização.

A Norma apresenta também os seguintes requisitos:

a) "a política ambiental deve ser mantida como informação documentada". Essa definição deve ser feita por escrito, pelas seguintes vantagens:

   i) ela permite que todas as pessoas conheçam as intenções da alta chefia, sem a distorção que poderia ocorrer em comunicados verbais feitos por meio dos vários níveis hierárquicos;

   ii) ela permite que as "partes interessadas", ou seja, o público externo, clientes, fornecedores, órgãos ambientais, entre outros, conheçam essas intenções;

   iii) ao elaborar a política, faz-se necessário que os dirigentes reflitam sobre o assunto antes de formular uma definição, conduzindo a um comprometimento maior e mais realista de cumprimento de metas;

iv) sem a existência de políticas escritas emanadas dos níveis mais altos, corre-se o risco de que os níveis mais baixos formulem políticas informais, ocupando o espaço deixado vago, formalizando práticas que poderiam, em alguns casos, estar em desacordo com as intenções da alta chefia;

v) ela permite que as auditorias tenham um ponto de partida em relação aos pontos a verificar.

b) "a política ambiental deve ser comunicada na organização". Conforme aspecto já comentado, a política deve ser registrada por escrito e comunicada internamente na organização e às "partes interessadas". A política ambiental deve definir, com clareza, em que unidade ou linhas de produtos irá se aplicar o Sistema de Gestão Ambiental. Quando nada for informado, fica subentendido que o sistema irá se aplicar a toda a organização.

c) "a política ambiental deve estar disponível para as partes interessadas". A política ambiental deve ser publicada de forma a ser acessível ao público (jornais, internet, folhetos distribuídos a visitantes, publicação de um resumo no balanço anual da empresa, ou outros meios), e divulgada à comunidade interna e vizinha à empresa (convite para visitas e reuniões de divulgação).

A seguir, serão apresentados outros comentários sobre a política ambiental, em complemento aos requisitos da Norma.

Antes da emissão da política, sugere-se que sejam definidos o papel e as atribuições de cada departamento quanto à proposta de sugestões, comentários, redação da minuta, aprovações, bem como da alta administração na formulação final da política.

A política deverá ser revista com uma certa periodicidade, em função dos resultados alcançados pela empresa, bem como sua adaptação às mudanças impostas pelos governos, pela concorrência e pelo mercado. A política deve apresentar a estrutura geral do sistema a ser implantado para o estabelecimento dos objetivos e metas ambientais da organização, bem como o processo periódico de revisão desses objetivos e metas.

A política tem que estar coerente com as diretrizes estabelecidas para as outras áreas da empresa, para evitar conflitos. O processo fica muito mais eficiente quando se observa que, em todas as decisões estratégicas da empresa a variável ambiental esteja sendo considerada, sendo analisadas as repercussões dessas decisões, por exemplo, em operações de fusões e incorporações de empresas, desenvolvimento de uma nova linha de produtos etc. Devem ser definidas as atribuições e responsabilidades de cada área da empresa no processo de revisão periódica e atualização da política ambiental.

A política é uma declaração de intenções da alta direção, sendo a base para o estabelecimento de objetivos e metas ambientais da empresa. Alguns documentos tais como a "Declaração do Rio sobre Meio Ambiente e Desenvolvimento" e a "Carta Empresarial para o Desenvolvimento Sustentável", da Câmara de Comércio Internacional (ICC), entre outros, podem ser utilizados para dar subsídios e ideias na formulação de políticas ambientais das empresas. Devem ser declaradas as exigências a serem cumpridas e, antes de formular a política, devem ser examinadas, de um modo preliminar, as implicações na empresa em termos de modificações a realizar, custos e metas, bem como uma ideia sobre como medir o cumprimento das metas (objetivos), com base na magnitude dos impactos ambientais (e riscos) gerados pelas atividades. É claro que essa análise deve ser preliminar e relativamente grosseira, feita apenas para não gerar uma política ambiental muito fora da realidade, pois a análise detalhada e final será feita ao ser cumprido um primeiro ciclo completo de implementação do SGA.

Assim, a existência de uma Política da Qualidade Ambiental, além de ser requerida pela Norma ISO 14001 é um dos fatores mais importantes na obtenção de melhoria de desempenho.

A política ambiental deve ser escrita em linguagem fácil e acessível a todos os níveis da organização, não ser muito longa (já que há uma necessidade de que todos tenham conhecimento razoável de seu conteúdo, isso será certamente avaliado pelos auditores em um processo de certificação) e cumprir os requisitos explicitamente colocados na norma. Além disso, nunca podemos nos esquecer de incluir requisitos mandatórios, tais como assumir compromissos em proteger o meio ambiente (inclusive prevenindo a poluição), cumprir a legislação e obter melhorias contínuas.

A Política definirá as grandes metas no tocante ao desempenho ambiental pretendido pela alta direção. Essas metas, consideradas de alto nível (ou seja, de grande abrangência, mas ainda pouco detalhadas) orientarão o grupo de pessoas de toda a organização em implantar o sistema, tudo a seguir precisará ser coerente com as orientações vindas da Política. Assim, será importante que todas as grandes questões ambientais da organização, identificadas previamente ao preparar o tópico "Entendendo a Organização e seu Contexto" (item 4.2) estejam contempladas com alguma orientação expressa na política. Mas, antes de emiti-la em definitivo, deve-se realizar uma análise crítica para verificar se ela é realista em termos de possibilidades de sua concretização, sobretudo em termos de recursos financeiros e humanos. Todas as grandes mudanças exigirão modernização de equipamentos e sistemas de produção, contratação ou treinamento de profissionais para capacitá-los aos novos métodos de trabalho e, ao emitir a política, a alta direção deverá prever a fonte de recursos necessários para atingir essas grandes metas que foram colocadas.

Uma política ambiental nunca será definitiva. Ela é preparada ao início de um processo de implantação do SGA e, com o tempo, gradualmente serão implantadas muitas modificações na empresa, decorrentes dessa própria política e das atividades de cumprimento do Plano de Ação. Assim, com o tempo, a política ficará superada, necessitando uma revisão e atualização, quando serão colocadas novas metas, para um período seguinte, por exemplo, em um novo ciclo PDCA.

A política ambiental deve ser assinada pelo responsável de nível mais elevado na organização (Presidente da empresa, por exemplo), em certos casos devendo-se citar a sua confirmação pelo Conselho de Administração, para reforçar a sua importância.

É muito difícil e arriscado criar um exemplo genérico de uma Política Ambiental. Sugerimos a consulta a algumas políticas de empresas ou outras organizações, pela internet (por mais facilidade), para verificar a forma como elas estão preparando esse documento, tipo de linguagem e atenção aos pontos da norma. Apenas como uma ideia geral, é apresentado no Quadro 4.1 um exemplo genérico de redação de uma política ambiental:

Quadro 4.1 – Política Ambiental

EMPRESA XXXAAA

O objetivo principal de nossa empresa é o atendimento das necessidades de nossos clientes, entre as quais hoje se inclui a qualidade de vida, somente possível com o respeito ao meio ambiente.

Temos forte compromisso com a segurança, tanto dos usuários de nossos produtos, como de nossos colaboradores, procurando seguir as melhores práticas internacionais.

Temos um firme compromisso com a qualidade ambiental e com a adoção de procedimentos de melhoria contínua dos nossos processos e serviços, visando melhorias ambientais de seu desempenho, dentro da ótica de desenvolvimento sustentável. Para isso, realizaremos as seguintes atividades que resultarão em benefícios à empresa, funcionários, clientes, fornecedores e o público em geral, implementando um Sistema de Gestão Ambiental, seguindo as orientações da norma ISO 14001. Assumimos os compromissos de:

- proteger o meio ambiente, prevenindo a poluição e atuando na proteção da biodiversidade do entorno da empresa e adotando ações de mitigação das emissões de gases do efeito estufa;
- cumprir as legislações federal, estadual e municipal, relativas ao meio ambiente;
- adotar ações que permitam obtenção de melhoria contínua de nossos processos industriais, visando o meio ambiente.
- realizar melhorias na fábrica que resultem em economias de energia e outros recursos naturais (água, matéria-prima etc.), e quando necessário modificando os processos com vistas à prevenção da poluição;
- estudar e implementar processos de reciclagem de materiais, tanto quanto possível;
- realizar treinamentos de nosso pessoal operacional, com ênfase em controle de emergências.

Daremos preferência à aquisição de matérias-primas e insumos de fornecedores com compromissos ambientais semelhantes aos nossos, com Sistema de Gestão Ambiental em funcionamento.

A Alta Direção dará todo o apoio necessário ao atingimento dos objetivos ambientais determinados. Esta nossa política será divulgada a todos os nossos colaboradores, bem como às partes interessadas e ao público externo.

etc. (Nota importante: Falta incluir aqui um compromisso bem adaptado a um impacto ambiental bem específico daquela organização, sugerimos que seja escolhido o mais relevante).

etc.

Assinado: _____
Presidente
Aprovada pelo Conselho de Administração em reunião de __/__/___

4.7 – PAPÉIS, RESPONSABILIDADES E AUTORIDADES ORGANIZACIONAIS

(item 5.3 da Norma NBR ISO 14001:2015)

Segundo o requisito da Norma, "a Alta Direção deve assegurar que as responsabilidades e autoridades para papéis pertinentes sejam atribuídas e comunicadas na organização".

"A Alta Direção deve atribuir a responsabilidade e a autoridade para:

a) assegurar que o sistema de gestão ambiental esteja conforme com os requisitos da Norma;

b) relatar o desempenho do sistema de gestão ambiental, incluindo desempenho ambiental, para a Alta Direção".

Conforme comentário da Norma, "papéis e responsabilidades específicas podem ser atribuídos para um indivíduo, algumas vezes referenciado como "representante da direção", compartilhados por diversos indivíduos, ou atribuídos a um membro da Alta Direção".

É incorreto supor que a questão ambiental na empresa deva ser de responsabilidade única das pessoas que atuam na Divisão de Meio Ambiente, Assessoria ou Setor, qualquer que seja o nome da área. Da mesma forma, não se trata de um problema exclusivo da Produção, sob a ótica de que é ela quem gera os resíduos e poluentes, portanto, ela quem deveria resolver os problemas. Embora não seja possível generalizar, comentaremos, de forma resumida, o envolvimento que as várias áreas de uma organização poderiam ter com os aspectos e impactos ambientais ocorridos ao longo do ciclo de vida do produto (a tendência atual é pensar no produto em toda a sua vida, "do berço ao túmulo").

- Pesquisas e Desenvolvimento: estudar as tendências do mercado quanto às exigências ambientais de novos produtos que estejam com possibilidade de lançamento pela empresa no mercado, expectativas dos clientes em termos de funcionalidade desses produtos, seu desempenho técnico, preço e qualidade. Análise da situação do mercado quanto à rentabilidade prevista, imagem da organização e de seus produtos. Conceber lançamento de produtos com bom desempenho ambiental. Analisar as expectativas do público e da mídia quanto aos aspectos ambientais relevantes e aproveitamento do "marketing ecológico";

- <u>Planejamento</u>: programação de atividades e investimentos decididos pela direção da empresa;
- <u>Engenharia</u>: incorporação da variável ambiental no projeto dos produtos e serviços. Decisão sobre os custos finais levando em conta as melhorias pretendidas (segundo William Davidow, 75% dos custos de um produto são decididos na fase de projeto conceitual, pela escolha de materiais componentes, requisitos a serem cumpridos). Estudos e projetos relacionados à modernização de processos produtivos, plantas industriais, visando à redução de poluentes e resíduos. Projetos desenvolvidos visando à desmontagem final do produto (facilitar o processo de desmontagem) visando a recuperação e a reciclagem de partes. Projetos considerando a simplicidade e a modularidade (uso de peças comuns a vários produtos da empresa). Realizar análises de ciclo de vida, visando comparar diferentes opções de produtos ou identificar pontos específicos a ser melhorados;
- <u>Compras</u>: colaboração com a Alta Direção na questão de responsabilidade social por meio da realização de "compras sustentáveis", atendendo às necessidades da organização, mas beneficiando também a sociedade, assegurando que os fornecedores estejam agindo com correção e responsabilidade em evitarem a degradação ambiental e forneçam produtos sustentáveis, evitando a geração de desigualdades e pobreza. A área de compras deve interagir com as outras áreas na identificação de fornecedores de matérias-primas mais "limpas",

especificações e aquisições de matérias-primas que produzam menor quantidade de resíduos e poluentes nos produtos e serviços adquiridos (em associação com a engenharia), qualificação de fornecedores que possuam bom desempenho ambiental; armazenamento adequado e manuseio de matérias-primas;

- Produção: melhoria dos processos produtivos, melhoria da confiabilidade de processos com vistas a reduzir acidentes, caracterização de resíduos, atividades de reaproveitamento, reciclagem e recuperação de materiais, transportes, redução de necessidades de armazenagem, por meio da administração da produção (por exemplo, se possível usar técnicas de *just in time*, baseada originalmente no sistema de produção Toyota, visando à redução de áreas ocupadas, necessitando-se de menos energia para iluminação e refrigeração, por exemplo);

- Manutenção: preparação e realização de procedimentos de manutenção de máquinas visando à redução de acidentes, incidentes e vazamentos. Realização de manutenção preventiva, preditiva e uso de técnicas de "prevenção da manutenção" (participação do pessoal da manutenção na seleção de equipamentos e sistemas, adquirindo-se material mais fácil de manter, preparação de rotinas de manutenção e apoio logístico integrado); podemos comentar que a manutenção corretiva se configura, na maioria das vezes, como o tipo mais usado, caro e indesejado de manutenção. As falhas aleatórias (de tipo e temporalidade), podem gerar grandes prejuízos. A manutenção preventiva, por sua vez, é programada e totalmente planejável, e visa, com intervenções periódicas, garantir uma operação contínua e segura. A manutenção preditiva, por sua vez, mais cara, deve ser aplicada a sistemas que agregam alta tecnologia e elevados custos de obtenção e operacional dos sistemas e equipamentos. Neste tipo de manutenção, deve ser feito um monitoramento dos desgastes operacionais e, com essa informação, deve-se prever a necessidade de interven-

ção da manutenção antes da ocorrência do problema. Como exemplo deste tipo, podemos comentar a questão da periodicidade da troca de óleo em motores de grande porte, realizando-se análises químicas frequentes de amostras do óleo (viscosidade, quantidade de partículas etc.), que forneceriam uma indicação do desgaste e orientariam a hora da próxima troca;
- <u>Meio Ambiente e Segurança do Trabalho</u>: preparação de procedimentos, documentos necessários ao bom funcionamento, monitoramento e registros do SGA, assessoria a todas as áreas em questões específicas, gerenciamento do Plano de Gestão Ambiental, ou seja, é a área motivadora e animadora do processo na empresa;
- <u>Garantia da Qualidade</u>: aprovação dos documentos e seu arquivamento, controle de emissões e distribuição de documentos, verificação dos processos, controle da qualidade, metrologia, elaboração de estatísticas de emissões, realização de treinamentos visando a compreensão de normas técnicas e planejamento e realização de auditorias;
- <u>Jurídica</u>: conhecimento e consolidação das leis e regulamentos obrigatórios, divulgação de pontos específicos da legislação aos setores envolvidos com o seu cumprimento, defesa dos interesses da empresa em tribunais;
- <u>Contabilidade</u>: procedimentos contábeis para identificação e incorporação dos custos e despesas "ambientais" aos produtos e serviços da empresa. Discriminação dos custos ambientais em categorias específicas; por exemplo, custos de prevenção de problemas ambientais, custos de avaliação de desempenho ambiental, custos de falhas internas e custos de falhas externas;
- <u>Comunicação Social</u>: recebimento de comunicados, queixas e opiniões da comunidade, vizinhos e de órgãos governamentais de controle, relacionados aos impactos ambientais da empresa. Respostas e comunicações a estes interessados, imprensa e outras partes interessadas sobre os resultados obti-

dos. Avaliação constante dos interesses e demandas das "partes interessadas";
- Prestadores de Serviço e Subcontratados que atuam dentro da empresa, que devem seguir a mesma filosofia empresarial.

Vê-se, portanto, que o espectro de alcance da questão ambiental envolve várias áreas da organização, não devendo ser esquecido o importante papel da alta administração, que já foi anteriormente comentado.

O papel do Gerente Ambiental, que irá atuar como um "animador" da equipe formada para implantar e manter o Sistema de Gestão Ambiental é também muito importante. Ele irá orientar a equipe a ser formada para realizar a maioria das ações requeridas, que poderá trabalhar de acordo com as sugestões colocadas no próximo item comentado neste livro. O Gerente Ambiental ou Coordenador do Programa marcará as reuniões, dará orientações técnicas e distribuirá tarefas na organização, preparará análises econômicas dos investimentos ambientais e seus orçamentos. Como parte de suas responsabilidades, ele irá responder por seus atos e por parte dos atos dos componentes do grupo. Sua responsabilidade legal é definida em leis e regulamentos, cabendo a ele zelar pelo estrito cumprimento das leis ambientais, assessorando a Direção e prevenindo-a de eventuais descumprimentos da legislação, tomando as providências necessárias para regularizar essas obrigações. A responsabilidade moral não tem limites fixados, significando que o gerente irá responder por suas ações perante a sua própria consciência, de acordo com um padrão de moralidade existente, adaptado a uma determinada época e cultura. A ética no trabalho e na própria vida pessoal, capacitando a escolha entre o certo e o errado, preferindo-se o certo, irá assegurar a responsabilidade moral, que resulta em dignidade e autoridade moral perante todo o grupo e a alta administração da empresa. O gerente ambiental deverá possuir muito tato, resolvendo de forma amigável as questões de serviço com outras pessoas, devendo ser oportuno nas palavras, nos gestos, nas soluções, nos elogios e nas críticas. Resolver amigavelmente as questões não significa ceder sempre aos argumentos e pressões de outros. Ele deverá ter as qualidades de tenacidade e persistência, ou seja, capacidade de realizar as suas tarefas vencendo todas as dificuldades e perseverança para alcançar seus objetivos.

O "representante da Direção" ou "representante da administração" será alguém escolhido pela Alta Direção para acompanhar relativamente de perto os trabalhos de implantação dos vários passos do sistema de gestão ambiental e reportar as dificuldades e sucessos à Alta Direção. Um papel importante é participar das auditorias de certificação, passo natural na maioria das organizações, depois de implantado o SGA.

4.8 – PLANEJAMENTO

(item 6 da Norma ISO 14001:2015)

4.8.1 – Ações para abordar riscos e oportunidades – Generalidades

(Item 6.1 e 6.1.1 da Norma ISO 14001;2015)

A organização deverá estabelecer, implementar e manter processos necessários para implementar um planejamento adequado de seu sistema de gestão ambiental, incluindo a determinando dos riscos e oportunidades, a determinação dos aspectos ambientais, identificação dos requisitos legais e outros requisitos e o planejamento de todas as ações visando atingir os objetivos.

Os aspectos ambientais podem criar riscos e oportunidades. Riscos serão associados aos aspectos ambientais adversos e oportunidades serão associadas aos aspectos ambientais benéficos e outros efeitos na organização.

Para a realização desse planejamento, será importante levar em conta as análises resultantes do estudo do contexto da organização, das necessidades e expectativas de partes interessadas e do escopo do sistema de gestão ambiental.

Nesta etapa inicial dos trabalhos relacionados à implantação do sistema, é necessário estudar e ter uma boa compreensão dos riscos e oportunidades relacionados aos aspectos ambientais, requisitos legais e outros requisitos, expectativas das partes interessadas e outras questões, riscos estes que precisam ser abordados para que o sistema de gestão ambiental possa alcançar seus resultados pretendidos. Essa análise de riscos e oportunidades também colabora para prevenir e reduzir efeitos indesejáveis, incluindo o potencial para condições ambientais externas que afetem a organização, contribuindo também para alcançar a melhoria contínua.

Os riscos e oportunidades podem estar associados à questão do cumprimento dos requisitos legais e outros requisitos. Deixar de cumprir a legislação pode resultar em ações judiciais, incorrer em pesadas multas e comprometer a imagem e reputação da organização. Por outro lado, cumprir a legislação e decidir exceder nesse cumprimento dos requisitos, indo além do mínimo desempenho requerido, proporciona uma maior segurança à empresa, além de colaborar para aumentar a reputação.

Os comentários da Norma, em seu item A6.1.1.1 indicam alguns exemplos de situações de risco que podem afetar a capacidade da organização em alcançar os resultados pretendidos em seu sistema de gestão ambiental:

a) derramamento acidental devido a barreiras de alfabetização ou idioma entre os trabalhadores que não estão aptos a entender os procedimentos de trabalho local. Imagine uma situação em que uma empresa multinacional traga para o Brasil seus procedimentos, escritos em inglês, e pretenda que seus colaboradores cumpram integralmente esses procedimentos sem traduzi-los. Ou, em uma área rural, em que os funcionários tiveram poucas oportunidades de instrução e a linguagem dos procedimentos não seja clara para eles, aumenta o risco de um evento indesejável desse tipo;

b) aumento de inundação devido à mudança climática que poderia afetar as instalações da organização. Imagine que sua empresa está muito próxima da costa ou de um rio e que esteja sendo previsto um aumento do nível do mar que alcançaria a empresa, ou enchentes mais severas do rio, como resultado de intensificação dos eventos climáticos extremos. Nesse caso, a empresa não pode fazer praticamente nada em termos de mitigação de emissões de gases do efeito estufa que sejam causa desses eventos, mas ela deverá pensar em ações de "adaptação" a essas consequências, como mudanças de localização, criação de barreiras ou contenções;

c) escassez de recursos disponíveis para manter um sistema de gestão ambiental eficaz devido a restrições econômicas. Iniciar os estudos preparatórios e a implantação do sistema de gestão ambiental já irá demandar a alocação de recursos financeiros e humanos. Assim, interromper o processo em estágios mais avançados irá representar desperdício dos recursos já empregados. Uma análise de risco feita *a priori* pode identificar soluções que permitam adaptar os programas a um nível mais econômico e modesto, sem a perda de resultados significativos, concentrando-se nos aspectos mais críticos, de forma à adaptação a épocas de restrições econômicas;

d) introdução de novas tecnologias financiadas por subsídios governamentais, que poderiam melhorar a qualidade do ar. Trata-se de uma oportunidade que precisa ser aproveitada, pois em outras ocasiões ela não poderia existir, e, ao mesmo tempo, serem requeridas medidas para a redução de poluentes, por força da legislação;

e) escassez de água durante períodos de seca, que poderia afetar a capacidade da organização de operar seus equipamentos de controle de emissão. Imagine um lavador de gases, que requer um grande volume de água para a sua operação. Em épocas de restrições de fornecimento de água, eventualmente a empresa não conseguirá manter sua capacidade produtiva, por não poder operar o lavador de gases, esse risco precisando ser analisado e levado em conta para a tomada de ações preventivas e de adaptação (criação de tanques de armazenagem, reciclagem e reúso dessa água, por exemplo).

A questão dos riscos é muito ligada à possibilidade de ocorrência de acidentes, quase sempre com consequências ambientais severas. O risco refere-se à ameaça de que um evento indesejável aconteça, com uma certa probabilidade, como resultado de uma situação de perigo. Dessa forma, mais adiante discutiremos a necessidade de análise das possíveis situações de emergência, principalmente aquelas ligadas aos aspectos ambientais para que, conhecendo esses riscos, possam ser adotadas ações preventivas e ações visando resposta rápida em caso de ocorrência desses eventos indesejáveis.

Conforme comentado no item A6.1.1 da Norma, "as situações de emergência são eventos inesperados, não planejados, que precisam da aplicação urgente de competências, recursos e processos específicos para prevenir ou mitigar as consequências reais ou potenciais". Como exemplos de situações de emergência que resultem em aspectos ambientais adversos, podem ser citados os incêndios, os vazamentos ou derramamento de produtos químicos, explosões e condições climáticas severas. Para essas situações, deverão ser consideradas:

a) a natureza dos perigos no local (por exemplo, existência de líquidos inflamáveis, tanques de armazenamento e gases comprimidos). Perigos são ameaças à integridade das pessoas e instalações, inerentes aos produtos ou atividades envolvidas;

b) o mais provável tipo e a escala de uma situação de emergência. É provável que, na análise das situações de risco e preparação à resposta rápida nas situações de emergência possam existir muitas possibilidades e situações diferentes. Dessa forma, dado à impossibilidade de cobrir todas elas, será necessário atribuir uma prioridade, com base na significância dos impactos ambientais e na gravidade das consequências;

c) As possibilidades de ocorrência de situações de emergência em instalações próximas (por exemplo, outras indústrias, rodovias, linhas férreas). Essa análise precisará ser feita, de forma se justiçar a colocação de barreiras, contenções ou outras formas de reduzir a gravidade das consequências.

A Norma, ao mesmo tempo em que estimula a realização de análises de risco, ressalta que não existe nenhum requisito de gestão de risco formal ou processo documentado de gestão de risco. A organização é quem deverá determinar o método que usará para determinar seus riscos e oportunidades, podendo envolver a realização de uma análise de risco qualitativo simples ou a realização de uma avaliação quantitativa complexa, dependendo do contexto no qual a organização opera. Esse tópico será desenvolvido com maior grau de detalhes ao discutirmos o item 8.2 da Norma – Preparação e resposta a emergências.

4.8.2 – Recomendações adicionais no tocante ao planejamento

A elaboração cuidadosa de um planejamento é fundamental para que a organização implante e mantenha um sistema de gerenciamento ambiental (SGA). Comentaremos alguns pontos genéricos, antes de discutirmos cada ponto do planejamento.

• Análise Crítica da Política Ambiental
Com base em análise de planejamento estratégico efetuada com o objetivo principal de identificar os riscos e oportunidades, é necessário, antes de tudo, realizar uma análise crítica da política ambiental estabelecida pela alta direção, que, é claro, conhece a empresa e sabe aonde se quer chegar, porém às vezes estabelece uma política muito genérica, ou excessivamente ambiciosa, sem levar em conta alguns aspectos. É importante concluir (antes de

partir para um trabalho volumoso, que mobiliza muitas pessoas) se a política ambiental é realista, se as grandes metas são possíveis de serem atingidas, se ela é apropriada para a empresa (em vista da análise estratégica). Esta é a ocasião de criticar a política estabelecida (no bom sentido, sentido construtivo), retornando-a à alta direção para uma revisão e nova edição, se for o caso.

- Compatibilidade do Planejamento com a Política Ambiental
O planejamento que será elaborado terá o objetivo de permitir que sejam atingidas as metas fixadas pela política ambiental. Ultrapassada a fase descrita no tópico anterior, a política não poderá mais ser contestada, e sim cumprida.

- Uso do PDCA para garantir o sucesso da implantação do Sistema de Gerenciamento Ambiental
O ciclo PDCA é uma ferramenta importante da qualidade total, devendo ser usado de três formas. A primeira delas ocorre em uma situação de "implantação" do sistema, onde todas as análises de impactos precisam ser realizadas, os procedimentos precisam ser elaborados e os funcionários serem treinados, conforme será apresentado neste trabalho. A segunda forma de uso do PDCA ocorre na situação de "manutenção" do sistema implementado, onde seria mais adequado chamar de SDCA ("S" de *Standardization*, padronização), obtida pelo treinamento intenso dos operários e funcionários em cumprir os procedimentos exaustivamente testados, onde se pretende a repetição das ações. A terceira forma de aplicar o PDCA é relacionada ao "melhoramento contínuo", quando não se contenta com a manutenção da situação (que tende a ter redução de desempenho com o passar do tempo) e sim procurar sempre melhorar, rodando um ciclo PDCA clássico.

- Uso do diagrama de causa e efeito (Ishikawa) para auxiliar na identificação de causas dos problemas
Mostraremos, por meio de um exemplo, que o diagrama de Ishikawa se presta, de uma forma eficiente, para a identificação

das causas de um problema. Ora, a emissão anormal de efluentes e resíduos é quase sempre a consequência de um problema com equipamentos, com o processo, com o modo de operar. O uso desse diagrama, além de outras ferramentas gerenciais (sobretudo aquelas desenvolvidas para a aplicação de qualidade total) na abordagem dos problemas irá facilitar nosso trabalho.

- Emprego de processos estruturados, disciplinados e sistematizados de administração

Hoje, é visível que não é possível improvisar ou administrar de forma não ordenada. Os processos empresariais tornaram-se complexos e interdisciplinares, sendo interessante contar com a participação de especialistas de áreas muito diversas. A única forma de obter eficiência é trabalhar com processos sistematizados. É necessário integrar a administração ambiental aos outros sistemas gerenciais da empresa, harmonizando os procedimentos. A própria norma ISO 14001 segue uma estrutura totalmente compatível e semelhante à da ISO 9000, facilitando uma futura fusão dessas normas.

- Atribuição de prioridades

O plano deverá auxiliar na definição das prioridades, indicando onde será mais importante agir em primeiro lugar, onde colocar os recursos disponíveis com vistas a melhorar o desempenho ambiental, em decisões do tipo: comprar um filtro?; modificar processos químicos?; desenvolver novos materiais?; melhorar as comunicações?; aumentar os treinamentos? O mais interessante será iniciarmos as melhorias pelos setores onde há maiores problemas, ou onde os problemas causam consequências mais sérias, como riscos de acidentes, elevada possibilidade de pagamentos de multas impostas pelos órgãos de fiscalização do cumprimento de leis ambientais. Ou atuar onde há maiores desperdícios, ou em programas de estímulo à reciclagem e reutilização de materiais.

- Implantação de uma estrutura funcional na organização voltada ao gerenciamento ambiental

Dependendo do porte da empresa, será importante implantar uma área funcional com responsabilidade direta na gestão ambiental. Esse setor pode ser bastante pequeno, com poucos especialistas, que atuariam como consultores de outras áreas e se preocupariam em "fazer o plano andar". Conforme comentamos anteriormente, o mais comum é que, a esses poucos especialistas sejam agregadas pessoas dos departamentos e setores envolvidos, com bom conhecimento da organização, designados como "facilitadores" e formando um Comitê, ou Grupo de Trabalho. O tamanho desse grupo deve ser proporcional ao porte da empresa. Essas pessoas trabalhariam em tempo parcial no apoio à implantação do plano, representando as posições de seus departamentos e áreas, retornando das reuniões com ações definidas para esses departamentos. É importante que elas sejam designadas formalmente para esse trabalho, para que elas se reconheçam nesse papel e assumam responsabilidades. O chefe desse grupo, normalmente o gerente ambiental, convocará e coordenará as reuniões, será responsável pela formação das pessoas e comunicações, pela redação dos procedimentos principais e pelas ações corretivas principais e por zelar pela validade das licenças ambientais da organização.

Para a implantação do setor ambiental (que muitas empresas de menor porte colocam junto ao setor de Qualidade) será necessário rever os organogramas, regulamentos internos, definir funções e responsabilidades, implantar mecanismos de controle de custos (centros de custo) para apropriação de despesas relacionadas ao plano. A implantação do plano pode ser feita por estágios, para facilidade de controle, pois ela depende do grau de maturidade da organização. Se o sistema gerencial que está operando tiver um bom nível fica mais fácil implementar um SGA. E, se possível e viável, é interessante escolher uma unidade relativamente pequena, ou processo mais simples, para aplicar o SGA como um piloto, aprendendo-se a resolver os problemas existentes e consolidando uma "cultura" na empresa. E, posteriormente, usar essa experiência em unidades ou sistemas maiores com as próprias pessoas que praticaram os conceitos auxiliando e orientando os colegas. Segundo Michael Hammer, "as grandes coisas têm começo modesto. Por isso, os grupos piloto constituem uma excelente forma de encarar um processo de mudança profunda".

- Flexibilidade de adaptação a mudanças
O SGA não pode ser um sistema hermético, muito pesado e inflexível a mudanças, pois, fatalmente sempre surgem necessidades de ajustes. Ele tem que ser preparado de forma modular, com procedimentos bem definidos e interligados (referências cruzadas), de modo que seja flexível às mudanças de processos, de prioridades e da situação existente.

- Cumprimento de normas ambientais
A organização pode se decidir pela implantação de um SGA conforme ela queira, criando procedimentos, realizando investimentos e melhorando o seu desempenho ambiental. Entretanto, como hoje existe uma tendência de ter que se "comprovar" o desempenho de seu SGA, é interessante que as recomendações e exigências de alguma das normas (são muito semelhantes) de gestão ambiental sejam seguidas, sugerindo-se a ISO 14001, por ser uma norma de reconhecimento internacional. As normas irão proporcionar uma orientação às organizações sobre como proceder, fixando os elementos centrais de um SGA. Cabe lembrar que elas estabelecem formas de administrar o plano, porém não fixam parâmetros numéricos de desempenho, definem a necessidade de cumprimento da legislação, porém não ampliam nem alteram nenhuma exigência fixada nas legislações (as normas são internacionais e de grande abrangência, sendo muito difícil conciliar o cumprimento de legislações locais, adaptadas a culturas, hábitos e necessidades locais de cada país).

- Participação de fornecedores e subcontratados

A empresa, ao contratar o fornecimento de um produto ou serviço quase sempre tem uma enorme força de pressão, podendo impor condições de cumprimento de um desempenho ambiental, se for de seu interesse (por exemplo, na obtenção de matérias-primas de melhor qualidade, que resultem numa menor geração de resíduos). Ela pode exigir, por exemplo, que seus fornecedores e subcontratados demonstrem a existência de um SGA implantado. Esta prática tem sido, por exemplo, uma constante no relacionamento das montadoras da indústria automobilística com os fabricantes de autopeças.

Quando a empresa colocar exigências para seus fornecedores, ela deve enviar procedimentos específicos a esses fornecedores, comunicando com clareza esses requisitos. Para garantir o cumprimento, será necessária a realização de auditorias no fornecedor, previstas nos procedimentos entregues e negociados.

- Registros da situação atual da empresa

É muito comum realizarmos modificações em um processo existente sem o cuidado de registrar previamente a situação vigente, ficando difícil provar, no futuro, que as modificações trouxeram melhorias. Assim sendo, um dos primeiros trabalhos que devem ser realizados, consiste em documentar e descrever a situação atual da empresa quanto ao seu desempenho ambiental (diagnóstico ambiental), procurando caracterizar e quantificar os valores dos efluentes gerados, emissões e outras informações de caráter ambiental, como uma base para comparações futuras. Da mesma forma, devem ser registrados os casos de incidentes e acidentes ocorridos e as repercussões havidas dentro e fora da empresa. Se possível, devem ser registradas as dificuldades esperadas (sobretudo tecnológicas) para a implantação do plano, custos esperados, após a identificação de todas as possibilidades de melhoria de processos.

- Abordagem de "desenvolvimento sustentável"

Qualquer plano a ser elaborado deve levar em conta a preservação e reposição de recursos esgotáveis, conforme os conceitos de desenvolvimento sustentável, evitando os processos e usos predatórios de recursos naturais, cada vez mais escassos e valiosos.

4.8.3 – Diagnóstico e planejamento estratégico

Conforme foi observado item 6.1 da Norma, a fase de planejamento deve definir as ações para abordar riscos e oportunidades, que podem ser definidos com mais precisão e conhecimento a partir de um diagnóstico inicial e de uma análise de planejamento estratégico da organização com enfoque ambiental, de modo a determinar as ameaças ao seu desenvolvimento (ou eventualmente à sua própria existência) e identificar as oportunidades que podem colaborar para o seu crescimento. A visão estratégica ajudará os administradores a definir a finalidade, o direcionamento e a criação de destino para a organização.

Recomenda-se aos elaboradores do processo de planejamento estratégico da organização que atribuam uma grande prioridade ao gerenciamento ambiental estratégico, com vistas a identificar ameaças e oportunidades levando em conta tanto os interesses da organização quanto os do meio ambiente. Estes devem ser analisados nos contextos local, regional e global, observando-se como eles afetam ou são afetados pelas atividades da organização.

A realização da fase de diagnóstico dos problemas ambientais é muito importante, ou seja, a verificação da situação atual do seu desempenho ambiental, antes do início da implantação de um sistema de gestão ambiental, sobretudo para que seja possível identificar e medir a capacidade de adaptação da empresa, bem como os ganhos e vantagens obtidos com a adoção de medidas adequadas de administração para obter melhorias de desempenho. Este tópico será discutido mais adiante.

Entretanto, em uma visão mais macroscópica e global do problema, objetivando subsidiar decisões de médio ou longo prazo, recomenda-se no início do processo, realizar um planejamento estratégico ambiental.

As ameaças à empresa serão identificadas após a análise do ambiente externo, sendo as vulnerabilidades e potencialidades identificadas após a análise do ambiente interno. Com base nas informações levantadas e com a observância da Política Ambiental, serão planejadas as fases seguintes de implementação do sistema de gestão ambiental.

O processo estratégico é caracterizado pela aplicação de técnicas capazes de permitir, com a maior precisão possível, que sejam escolhidas as linhas de ação de atuação da organização e, em função delas, sejam fixados os objetivos e metas. Utilizando os dados e informações disponíveis, relacionados aos ambientes externos e internos, analisando-os em conjunto com os interesses da alta direção registrados na Política Ambiental, é possível delinear cenários de previsão de como será a empresa no futuro, identificando as suas vantagens competitivas em relação à concorrência. Trata-se, na realidade, de um exercício de futurologia que tenta criar futuros possíveis a partir dos dados e das incertezas atuais. Definido o cenário mais adequado, devem ser estruturados e assegurados os recursos materiais e humanos para as equipes de trabalho, para que, com base nas ações do presente, seja possível perseguir metas e construir aquele futuro pretendido, mais conveniente para a empresa.

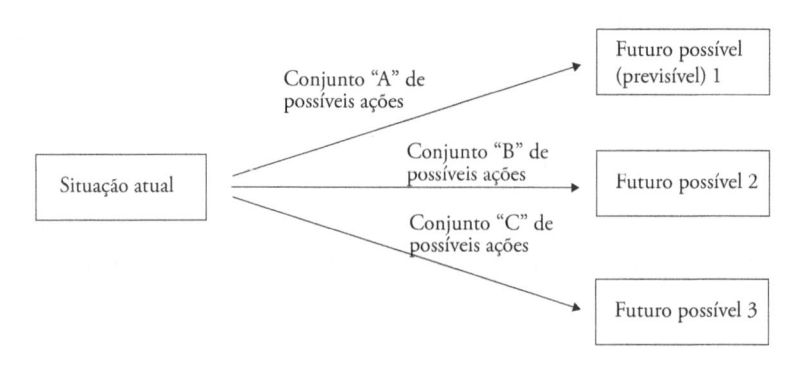

As variáveis que devem ser identificadas e mapeadas para a realização das análises estratégicas são:
- Variáveis externas:
  - Políticas
  - Sociais
  - Econômicas
  - Tecnológicas

- Variáveis internas:
  - Recursos Humanos
  - Recursos Materiais
  - Recursos Financeiros
  - Recursos Tecnológicos

Essas variáveis devem ser analisadas segundo dois ambientes:
- Ambiente Externo:
  - Ameaças
  - Oportunidades

- Ambiente Interno:
  - Vulnerabilidades
  - Potencialidades

Descrevendo e exemplificando os tipos de dados levantados:
- *Variáveis externas*: identificação de dados relacionados ao ambiente externo da empresa, mas que afetam suas atividades. Dependendo do interesse do estudo, ele pode incluir dados sobre as empresas concorrentes.

- Políticas:
  - decisões de governo sobre problemas ambientais e tendências futuras;
  - ações e iniciativas ambientais de governos estrangeiros;

- modificações na legislação existente ou em curso de preparação (federal, estadual e municipal);
- estímulos a melhorias e sanções;
- política ambiental do país;
- acordos internacionais assinados pelo país;
- política energética do país;
- definição de obras de saneamento e outras, que afetem a empresa.

- Sociais
    - interesses da comunidade;
    - atuação de ONGs;
    - imagem da empresa junto aos seus clientes e à comunidade;
    - repercussões das emissões de poluentes;
    - pressões dos consumidores e clientes;
    - estrutura socioeconômica e cultural do país.

- Econômicas
    - financiamentos subsidiados para melhorias ambientais;
    - riscos de multas;
    - restrições causadas por requisitos de normas técnicas internacionais;
    - barreiras tarifárias e não tarifárias;
    - flutuações do câmbio;
    - custos da tecnologia limpa;
    - custos de reciclagem, de recuperação e de descarte de resíduos;
    - taxa de inflação.

- Tecnológicas
    - disponibilidade de sistemas produtivos mais modernos e menos poluentes (disponibilidade tecnológica);

- disponibilidade de tecnologias de reciclagem em empresas na região;
- situação tecnológica dos concorrentes;
- cooperação tecnológica com instituições (ou entre países);
- ritmo das mudanças tecnológicas.

- *Variáveis internas*: referem-se a dados referentes ao ambiente interno da empresa, obtidos em documentos, relatos, estudos estatísticos e de pesquisas de opinião, registros, medições etc.:

- Recursos Humanos
  - qualificação dos colaboradores na operação segura dos sistemas que possam causar impactos ambientais;
  - motivação e conscientização dos colaboradores e da alta gerência quanto às questões ambientais (postura);
  - treinamento de pessoal em prevenção de acidentes com repercussões ambientais;
  - participação dos departamentos na solução de problemas ambientais;
  - riscos para os colaboradores na eventualidade de acidentes;
  - responsabilidades da diretoria frente aos riscos;
  - existência de uma definição de cargos e responsabilidades ligadas à área ambiental.

- Recursos Materiais
  - matérias-primas utilizadas (consequências sobre o meio ambiente);
  - equipamentos e sistemas da fábrica (atualizados ou obsoletos);
  - existência e qualificação de laboratórios de ensaios e de metrologia;
  - controle de substâncias perigosas na empresa;
  - gerenciamento e redução de passivos ambientais.

- Recursos Financeiros
    - recursos financeiros atribuídos para modernização dos sistemas;
    - recursos financeiros disponíveis para implantação e operação do SGA;
    - interesses dos acionistas (lucros, riscos de perdas de valor de ações);
    - valores de seguros pagos;
    - indenizações e multas pagas decorrentes de problemas ambientais;
    - economias obtidas com programas de conservação de energia;
    - economias obtidas com reciclagem e reutilização de materiais;
    - existência de uma contabilidade de custos ambientais.

- Recursos Tecnológicos
    - tecnologia empregada na fabricação de equipamentos e sistemas da empresa (atualização tecnológica).

A análise dos dados é feita por estudos (que deverão ser posteriormente encaminhados aos níveis mais elevados da empresa), segundo uma análise SWOT (*Strong, Weak, Opportunities, Threats*). Sempre que possível, deve-se comentar a situação das empresas concorrentes, comparando-se resultados com aqueles equivalentes da nossa empresa.

- *Ambiente Interno*:
- Potencialidades (Pontos Fortes – "*Strong*")
    - sistemas da fábrica com baixa emissão de poluentes;
    - sistemas de alta confiabilidade quanto a incidentes e acidentes;
    - colaboradores conscientizados e treinados;
    - produtos não poluentes (em todo o ciclo de vida);

- melhorias conseguidas em economia de energia e uso de recursos naturais (água, matéria-prima);
- ganhos obtidos em processos de reciclagem e recuperação etc.

- Vulnerabilidades (Pontos Fracos – "*Weak*")
  - processos produtivos obsoletos;
  - riscos elevados de acidentes na planta de produção por baixa confiabilidade dos sistemas;
  - emissões de poluentes fora dos limites da lei;
  - desorganização dos controles de materiais perigosos ou de materiais descartados para aterros;
  - colaboradores com baixo treinamento para controlar situações de emergência etc.

- *Ambiente Externo*:
- Oportunidades ("*Opportunities*")
  - demanda por novos produtos com apelo de marketing ambiental;
  - demanda por novos processos mais modernos e menos poluentes;
  - obtenção de financiamentos subsidiados para melhorar o SGA ou modernizar a planta industrial;
  - ocupação de novos nichos de mercado por enfraquecimento da concorrência devido a problemas ambientais etc.

- Ameaças ("*Threats*")
  - riscos de perda de mercado por razões ambientais (produto poluente, por exemplo);
  - riscos de acidentes e de ações de indenização na justiça por problemas ambientais;

- passivo ambiental da empresa (existência de muitos tambores com material perigoso, por exemplo);
- novas leis ambientais mais rigorosas em processo de prontificação;
- pressões da comunidade por problemas ambientais;
- seguros elevados;
- problemas com fornecedores de matérias-primas etc.

O diagnóstico estratégico resultante dessa análise permite uma escolha consciente, entre as opções possíveis, do rumo que deverá ser adotado pela organização e uma visualização das ações a serem tomadas. Analisamos, então, os ambientes externo e interno da empresa. Verificamos os pontos que estão predominando, de um lado as ameaças e oportunidades e, do outro, as vulnerabilidades e potencialidades. Esse balanço (realizado no contexto deste trabalho no tocante ao desempenho ambiental) deve ser visto no conjunto dos outros desempenhos da organização (financeiro, produção, vendas etc.), servindo de auxílio à definição da melhor postura estratégica a ser adotada pela alta direção. Será necessário existir uma prioridade para mitigar os riscos adversos e explorar as oportunidades.

E, finalmente, com essa massa de dados e pontuações, definiremos a "postura estratégica" que dará uma indicação do melhor rumo a ser adotado pela organização. Tradicionalmente, existem quatro tipos de postura estratégica:

a) uma postura de *Sobrevivência*, quando percebemos que no ambiente externo estaríamos muito ameaçados e no ambiente interno muito fracos. Neste cenário, desaconselha-se a realização de investimentos, pois os valores gastos poderiam ser perdidos caso a crise aumente ainda mais (ameaças);

b) uma postura de *Crescimento*, quando percebermos que existem oportunidades predominando no ambiente externo, entretanto, por outro lado, estaríamos fracos no ambiente interno. Não poderíamos perder essas oportunidades e, para isso teríamos que investir para melhorar o ambiente interno, modernizar os sistemas produtivos, qualificar melhor os nossos funcionários. Caso não exista capital para realizar esses investimentos, a solução poderia ser capitalizar a empresa com a emissão de ações, ou realizarmos *joint-ventures* ou fusões;

c) uma postura de *Manutenção*, quando percebermos a existência de ameaças fortes, porém constatamos potencialidades no ambiente interno. Na verdade, com essa postura, visamos manter a nossa fatia de mercado sem realizarmos muitos investimentos, esperando que as ameaças se reduzam, em um determinado momento, ocasião em que investiríamos para aumentar a nossa participação, aproveitando a nossa condição interna favorável (predominância de pontos fortes); e

d) uma postura de *Desenvolvimento*, quando constatássemos muitas oportunidades se abrindo no ambiente externo (teríamos que aproveitá-las para crescer a empresa e nossa participação no mercado) e, no ambiente interno da empresa teríamos pontos fortes, sistemas limpos, pessoal bem treinado, bons produtos a ofertar ao mercado.

Algumas sugestões são apresentadas resumidamente no quadro a seguir:

Quadro 4.2 – Posturas Estratégicas (baseado em: Almeida, Sérvio – "Planejamento Empresarial – Uma Visão Integrada")

DIAGNÓSTICO ESTRATÉGICO		Análise do Ambiente Interno.	
		Predominância de **VULNERABILI-DADES**	Predominância de **POTENCIALIDA-DES**
Análise do ambiente externo.	Predominância de AMEA-ÇAS	SOBREVIVÊNCIA: - redução de custos - redução de investimentos - liquidação da empresa	MANUTENÇÃO: - estabilidade - ocupação do nicho - especialização
	Predominância de OPOR-TUNI-DADES	CRESCIMENTO: - Inovação - Internacionalização - *Joint ventures e* alianças estratégicas - Aumento de investimentos	DESENVOLVI-MENTO: - desenvolvimento de: • produtos • mercados • capacidades - diversificação: • vertical • externa • interna

Fonte: Elaborado pelo autor, com base em: Almeida, Sérvio – "Planejamento Empresarial – Uma Visão Integrada."

Philip Kotler (2000), em seu livro "Administração de Marketing", classifica os negócios em quatro categorias:

a) um *negócio ideal* apresenta muitas oportunidades e poucas ameaças importantes;

b) um *negócio especulativo* apresenta grandes oportunidades e ameaças importantes;

c) um *negócio maduro* apresenta poucas oportunidades e poucas ameaças;

d) um *negócio com problemas* apresenta poucas oportunidades e muitas ameaças.

4.8.4 – Aspectos ambientais
(Item 6.1.2 da Norma ISO 14001:2015)

4.8.4.1 – Conceituação

Aspectos ambientais são todos os elementos das atividades, produtos ou serviços de uma organização que interagem ou podem interagir com o meio ambiente. Como exemplos de aspectos ambientais em um produto ou processo temos: o uso de matérias-primas naturais, o consumo de água e energia, as emissões para a atmosfera ou corpos d'água, o descarte de resíduos da produção, as embalagens utilizadas. A palavra-chave na conceituação de aspectos ambientais é a de *interação* com o meio ambiente.

Impactos ambientais são quaisquer modificações no meio ambiente (adversas ou benéficas) que resultam total ou parcialmente dos aspectos ambientais da organização. A ideia de impactos ambientais é quase sempre associada à geração de eventos indesejáveis, ou seja, agressões ao meio ambiente. O conceito de "efeitos ambientais" (que foi utilizado, por exemplo, na norma inglesa BS 7750), por sua vez, é o de qualquer consequência direta ou indireta das atividades, produtos e serviços da organização sobre o ambiente, sejam eles adversos ou benéficos. A relação entre os aspectos ambientais e os impactos ambientais é de causa e efeito. A palavra-chave na conceituação de impactos ambientais neste caso é "alteração" (do meio ambiente), como resultado da "interação".

A norma NBR ISO 14001:2015 define que "a organização, dentro do escopo definido no sistema de gestão ambiental, deve determinar os aspectos ambientais de suas atividades, produtos e serviços que ela possa controlar, e aqueles que ela possa influenciar, e seus impactos ambientais associados, considerando uma perspectiva do ciclo de vida".

Deve, ainda, levar em conta as mudanças, incluindo os desenvolvimentos novos ou planejados (em novos produtos ou novas instalações) e também as atividades, produtos e serviços novos ou modificados, a fim de determinar aqueles que tenham ou possam ter impactos significativos sobre o meio ambiente. As informações relacionadas aos aspectos ambientais significativos devem ser documentadas. A organização deve, ainda, assegurar que esses aspectos sejam levados em consideração no estabelecimento, implementação e manutenção do seu Sistema de Gestão Ambiental, sendo considerados na definição de seus objetivos ambientais.

Ao determinar os aspectos ambientais, a organização deve levar em conta as condições anormais e situações de emergência razoavelmente previsíveis. Ou seja, ela não deve se restringir aos aspectos existentes somente nas condições normais, mas sim, deve visualizar e gerenciar aspectos que ocorrem nas condições de partida e parada da planta industrial (quando as emissões podem ser maiores), as condições insatisfatórias de operação e condições de emergência (incêndios, vazamentos, explosões etc.), ou seja, situações potenciais e probabilísticas de ocorrência de problemas.

4.8.4.2 – Percepção de problemas ambientais

A identificação dos aspectos e impactos ambientais é importante, principalmente para a realização da avaliação de desempenho ambiental da organização. Conforme comentamos anteriormente, um dos primeiros passos que a empresa deve realizar, antes de propriamente iniciar a implantação de um Sistema de Gestão Ambiental (ou mesmo apenas investir em melhorias isoladas, sem pretender implantar um

SGA) é o de avaliar a situação atual da organização no tocante ao seu desempenho ambiental, realizar uma "fotografia" da situação, ou seja, responder à pergunta "onde estamos". A Norma ISO 14031 – "Avaliação do Desempenho Ambiental – Diretrizes Gerais", define **desempenho ambiental** como sendo "o conjunto de resultados alcançados com a gestão dos aspectos ambientais da organização". Essa avaliação é, na realidade, uma ferramenta gerencial para auxiliar a identificar e avaliar, com realismo e objetividade, se os processos produtivos, produtos e serviços estão de acordo com os padrões estabelecidos pela alta administração na política ambiental, legislação ou outros documentos e compromissos assumidos pela empresa. A avaliação, feita nesta fase inicial, deve ser depois repetida ao longo do desenrolar das atividades, com a coleta de dados, sua análise e realização de registros, com o propósito de bem conhecer o problema e permitir fixar objetivos e metas realistas, dentro de um processo de melhoria e aperfeiçoamento contínuos. Posteriormente, a avaliação de desempenho ambiental será verificada e refeita com mais dados pelas auditorias ambientais, internas e externas, para a verificação de "conformidades" (se os resultados estão conforme a norma exige).

Deve ser preparada uma lista contendo todos os aspectos ambientais identificados e associados a impactos, com o propósito de fornecer subsídios à realização de uma lista de prioridades à solução ou mitigação desses impactos (redução das consequências indesejáveis). Surge quase sempre uma dúvida, ao se preparar uma lista de impactos, existindo dúvidas quando o mesmo impacto está associado a problemas de segurança do trabalho. Então, quando tais aspectos ficam restritos aos limites da propriedade, e são especificados nas leis e normas de segurança do trabalho, eles não devem ser considerados nas listagens dos aspectos ambientais previstas no Sistema de Gestão Ambiental.

A organização deverá documentar as informações referentes à identificação dos aspectos e impactos ambientais e manter essas informações sempre atualizadas.

Antes de prosseguirmos com a análise dos principais aspectos e impactos ambientais, é interessante enumerar os principais problemas ambientais atuais, que podem ser divididos em três grandes categorias:

a) Problemas globais: são aqueles que afetam toda a humanidade, ou cuja amplitude de consequências é suficientemente grande para ser considerada como global, afetando as condições de vida na Terra;

b) Problemas regionais: afetam uma região geográfica razoavelmente bem definida;

c) Problemas locais: afetam o local de instalação da empresa e suas vizinhanças imediatas.

Em 1990, foi realizada nos Estados Unidos uma pesquisa para avaliar a percepção das pessoas em relação aos problemas ambientais, para saber quais os problemas que mais preocupavam a população. Esta pesquisa (e outras existentes) ajudam a perceber as principais preocupações da sociedade e pode auxiliar na identificação de aspectos ambientais eventualmente existentes em nossa organização. A pesquisa, encomendada pelo Diretor da Agência Ambiental dos Estados Unidos (EPA), William Reilly, visava orientar a aplicação e recursos da entidade. Os números entre parênteses significam a percentagem de pessoas que consideravam esse problema específico como sendo "muito sério". Fizemos a classificação nas categorias acima indicadas, não constante da pesquisa:

Problemas globais:

Destruição da camada de ozônio............................(60%)
Resíduos de pesticidas em alimentos..................... (49%)
Efeito estufa (aquecimento global) .... (48%)

Destruição de áreas úmidas (manguezais, pântanos) ...... (42%)

Chuva ácida .... (40%)

Biotecnologia .... (30%)

Problemas regionais:

Locais de despejo de resíduos sólidos perigosos
(lixões ativos) .... (67%)

Locais abandonados de despejos de resíduos sólidos .... (65%)

Poluição da água por resíduos industriais .... (63%)

Vazamentos de petróleo .... (60%)

Acidentes com usinas nucleares .... (60%)

Acidentes industriais com liberação de poluentes .... (58%)

Radiação emitida por rejeitos radioativos .... (58%)

Poluição do ar por fábricas .... (56%)

Vazamento de tanques para o subsolo .... (55%)

Contaminação de água do mar na costa .... (54%)

Resíduos sólidos e lixo .... (53%)

Poluição da água devido à agricultura .... (51%)

Poluição da água por estações de tratamento de esgotos . (50%)

Poluição do ar por veículos .... (50%)

Contaminação da água potável .... (46%)

Poluição da água por esgotos de cidades .... (35%)

Locais de despejos de lixo não perigosos .... (31%)

Problemas locais:

Exposição ocupacional a produtos químicos tóxicos ...... (63%)

Riscos de pesticidas para trabalhadores do campo .... (52%)

Poluição do ar no interior de edifícios .... (22%)

Radiação por Raios X ....(21%)

Radônio em residências .... (17%)

Radiação por fornos de micro-ondas .... (13%)

(Fonte: "Counting on Science at EPA", Revista Science, Vol. 249, 1990). O enquadramento no tipo (global, regional ou local) é deste autor, sujeito a críticas ou reclassificações.

Uma pesquisa mais recente, feita pelo Instituto Gallup em março de 2018 e registrada no *Gallup's Annual Environment Survey*, indica os seguintes resultados com os índices de pessoas que consideram como sendo problema "muito importante":

Poluição da água potável .... (59%)
Poluição de rios, lagos e reservatórios................................ (55%)
Poluição do ar .... (46%)
Perda de florestas tropicais .... (42%)
Aquecimento global ou mudanças climáticas .... (43%)
Extinção de espécies da fauna e flora .... (46%)

Os tipos de problemas citados (globais, regionais ou locais) são, quase sempre, excessivamente genéricos para serem utilizados diretamente na solução de um problema específico das empresas. Esse mesmo comentário é válido quanto ao quadro que apresenta os principais agentes da poluição, que será apresentado mais adiante. Nos casos em que se deseja aplicar as técnicas gerenciais das normas visando à certificação ou simplesmente melhorar o desempenho da empresa, será necessário entrar em profundidade na identificação dos elementos poluentes ou resíduos envolvidos. Para isso, um dos primeiros passos é compreender os processos envolvidos com bastante profundidade, ou seja, analisar com detalhes cada etapa do processo e identificar (inicialmente identificar e posteriormente quantificar, ou seja, realizar um inventário), bem como avaliar todos os materiais e energia que são envolvidos naquela determinada etapa do processo produtivo.

> Nota: para você conhecer as opiniões atuais dos norte-americanos sobre os problemas ambientais, recomendo acessar as pesquisas do Instituto Gallup, no site: **https://news.gallup.com/poll/1615/environment.aspx**

4.8.4.3 – Agentes da poluição

São denominados como "poluentes primários" aqueles emitidos diretamente pelas fontes de emissão, enquanto os "poluentes secundários" são aqueles formados na atmosfera por meio de reação química entre os poluentes primários e os constituintes naturais da atmosfera.

A seguir, serão apresentados os principais **agentes da poluição**, bem como seus efeitos principais, para subsídios à identificação de impactos ambientais da empresa.

<u>Dióxido de Carbono (CO_2)</u>. Gerado a partir da combustão de combustíveis fósseis (carvão, derivados de petróleo, madeira, gás natural) em indústrias ou usinas de geração de energia elétrica, veículos, na queima de florestas (cerca de ¼ das emissões), fabricação de cimento, entre outras possibilidades. As consequências principais referem-se ao aumento da temperatura global (efeito estufa) e à poluição do ar (consequência mais séria para as grandes cidades).

Não se conseguindo reduzir a emissão de CO_2 (ação de mitigação, que é o mais recomendável), é interessante conhecer as consequências das emissões. Em média, após alguns anos em que permanece na atmosfera, moléculas de CO_2 serão absorvidas tornando-se parte de uma planta em crescimento, ou serão dissolvidas na superfície do mar. Somente centenas de anos depois é que o CO_2 penetra em águas profundas, que será um sumidouro permanente. Das emissões em anos recentes, cerca de 56% permanecem na atmosfera, havendo um acúmulo, pois as emissões são crescentes. Se a água do mar se aquecer, é importante lembrar que a retenção de CO_2 nas águas superficiais irá diminuir, pois a solubilidade dos gases na água diminui com o aumento da temperatura. Também cabe lembrar que, com o aumento da temperatura da Terra, ocorre uma maior liberação de CO_2 e metano dos solos, pois aumenta a taxa de decomposição da matéria orgânica.

Monóxido de Carbono (CO). Resultado da combustão incompleta de materiais fósseis em veículos, fábricas, siderúrgicas, refinarias, residências (aquecedores, fogões), garagens e estacionamentos subterrâneos, cigarros etc. Trata-se de um gás incolor e inodoro e, como consequência, verificamos que, em altas concentrações, causa morte por asfixia, e em baixas concentrações afeta o sistema nervoso, o sistema cardiovascular e os pulmões. Provoca dores de cabeça, fadiga, e perda de consciência.

Óxidos de Nitrogênio (NO_x). São produzidos como resultado de processos de combustão, com a reação do nitrogênio e oxigênio do ar sob a ação de altas temperaturas, principalmente em fornalhas de caldeiras e em motores de combustão interna (veículos), principalmente quando estiverem desregulados. O gás gerado é o óxido nítrico (NO) que, quando em contato com o ar é oxidado para formar o dióxido de nitrogênio (NO_2). Também resultam da combustão de produtos que contenham nitrogênio. Causam *smog* (névoa com fumaça), irritação da mucosa dos olhos, nariz e garganta, e em casos mais graves provocam enfisema pulmonar.

O controle da combustão e conversores catalíticos instalados antes do tubo de escapamento dos veículos (com catalisadores à base de ródio, ou paládio com platina) transformam os óxidos de nitrogênio dos veículos em nitrogênio e oxigênio elementares.

Dióxido de enxofre (SO_2). Gerado pela combustão de materiais fósseis que contém enxofre, principalmente com a combustão de carvão (que às vezes contém de 1 a 9% de enxofre), em motores Diesel, combustão em caldeiras, motores veiculares, vulcões, decomposição de plantas e indústrias de extração de metais não-ferrosos (principalmente cobre e níquel). A consequência principal é a chuva ácida (os dois ácidos predominantes na chuva ácida são o ácido sulfúrico H_2SO_4 e o ácido nítrico HNO_3), com prejuízos para o desenvolvimento de plantas e a vida de peixes. Em seres humanos, causa problemas respiratórios, asma; aumenta a incidência de rinite, faringite e bronquite.

Mercúrio (Hg). É proveniente de resultado da combustão descontrolada de grandes quantidades de carvão e petróleo, que contém traços de mercúrio (em alguns carvões algumas centenas de ppm) e com a incineração de lixo municipal. Utilizado na mineração de ouro, na produção de cloro, na fabricação de tintas, pilhas e papel, entre outras aplicações. Seu descarte em efluentes e resíduos sólidos causa a poluição do ar e das águas (gerando um processo de bioacumulação em organismos vivos) e contaminação do solo. Quando respirados, os vapores de mercúrio passam para a corrente sanguínea e atravessam a barreira sangue-cérebro. Resulta em problemas neurológicos graves quando ele consegue atingir o cérebro, gerando dificuldades na coordenação motora, problemas na visão e no tato.

Chumbo (Pb). Resíduos e efluentes gerados em indústrias de fundição (principalmente de baterias) e indústria química. É componente de tubulações antigas de água, louças com camada de esmalte à base de chumbo e pigmento de tintas. Está em desuso como aditivo da gasolina. Usos em alambiques. Causam contaminação do solo, poluição da água, poluição do ar, acumula-se em frutas e vegetais, com efeitos tóxicos sobre o organismo. Acumula-se no sangue e depois atinge o cérebro e os ossos (substitui o cálcio). Presente nos tecidos macios. Veneno metabólico geral. Causa dissolução de ossos e efeitos sobre o sistema neurológico e reprodutivo. Muitos historiadores defendem a tese de que uma das causas da queda do Império Romano se deve ao envenenamento crônico da classe alta romana por chumbo (uso de vasilhas, tubulações de água, além de ser relatado que dissolviam sais de chumbo em vinho azedo para melhorar o sabor).

Pesticidas e defensivos agrícolas. Utilizados na agricultura, conforme comentado no Capítulo 1, incluindo inseticidas, herbicidas e fungicidas. Seu uso inadequado causa poluição das águas, devido ao arrastamento desses materiais pela água da chuva para os cursos d'água. Outro efeito refere-se à própria contaminação dos alimentos produzidos, incorporando os venenos nas plantas, animais e no próprio homem. Muitos pesticidas participam de processos de bioacumulação, aumentando a sua concentração em cada nível trófico.

Material particulado. São aerossóis, ou seja, poeiras, fumos, névoas e neblinas, formas variadas de partículas em suspensão no ar, resultantes da combustão de materiais fósseis, poeiras de indústrias de cimento, poeiras geradas pelo vento atuando sobre pilhas de minérios e rejeitos de minérios em mineração, siderurgia, poeiras da varrição de ruas, entre outras causas. Quanto menor o tamanho das partículas (por exemplo, partículas de diâmetros menores do que 2,5 mícrons), as consequências para a saúde humana serão mais graves. As partículas grossas sedimentam mais rapidamente, são mais fáceis de serem retidas por filtros tais como os precipitadores eletrostáticos e filtros de manga e também, quando inaladas, são mais facilmente retidas nos pelos do nariz e na garganta (provocam tosse ou espirro, sendo expelidas), o que não ocorre com as partículas finas que chegam até os alvéolos dos pulmões, sendo adsorvidas nas superfícies das células. As partículas finas têm também maior capacidade de transporte de poluentes adsorvidos por elas, pois a sua área superficial por unidade de massa é maior. Causam problemas respiratórios, eventualmente câncer de pulmão e provocam a contaminação do solo quando ocorre a sua deposição, causando danos à vegetação. Também prejudicam a visibilidade. Avalia-se que, no Reino Unido, morrem por ano cerca de 10.000 pessoas como resultado de doenças pulmonares decorrentes da exposição a material particulado. No Brasil, em particular, no

Estado de São Paulo, estudos mostram que "haverá um total de mais de 246 mil óbitos por todas as causas entre 2012 e 2030, cerca de 953 mil internações hospitalares públicas e um gasto público estimado em internações de mais de R$ 1,6 bilhão" (RODRIGUES *et al.*, 2015).

<u>Compostos orgânicos voláteis</u>. São hidrocarbonetos gasosos que resultam da evaporação de combustíveis líquidos, solventes da indústria e de uso doméstico e agrícola, e outros compostos orgânicos. São produtos da indústria química, de uso muito comum em processos de limpeza. Motores de popa de barcos também geram grandes emissões. Ocorrem também na forma de emissões naturais (por exemplo, em plantações de eucalipto). Trata-se, em muitos casos, de produtos tóxicos, que afetam de alguma forma o sistema respiratório. Alguns compostos são tóxicos, irritantes e mesmo cancerígenos, outros causam a destruição da camada de ozônio (por exemplo, o CFC).

<u>Radiação</u>. Resultante de acidentes em usinas nucleares ou do manejo inadequado de materiais e resíduos radioativos ou da explosão de bombas atômicas. As consequências mais sérias são a contaminação de pessoas, plantas e animais, podendo evoluir para problemas genéticos e tumores.

<u>Dioxinas</u>. São produtos sintéticos, usados para a fabricação de pesticidas, desfolhantes (por exemplo, o agente laranja), herbicidas (desfolhantes pré-colheita), inseticidas e fungicidas (controle de cupins). Consistem na ligação de dois anéis benzênicos por dois átomos de oxigênio, substituindo-se alguns átomos de carbono por cloro nos anéis benzênicos. São produtos altamente tóxicos, com efeitos carcinogênicos, mutagênicos, alguns são bioacumulativos e causam problemas dermatológicos. Por exemplo, para o TCDD (tetracloro dibenzeno dioxina), a representação é:

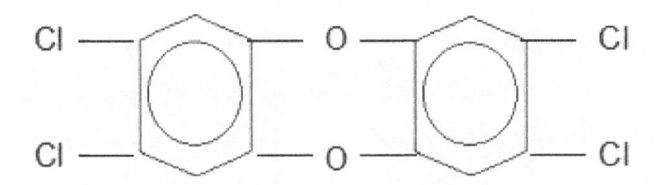

Resíduos e efluentes industriais. Materiais e produtos resultantes da produção industrial, principalmente na indústria química. As consequências mais severas ocorrem quando se trata de materiais não biodegradáveis, tóxicos, inflamáveis ou corrosivos. Os resultados negativos dependem de cada produto, em geral, ocorrendo contaminação do solo, do ar e das águas.

Fosfatos. Utilizados em fertilizantes e detergentes, também resultando de dejetos da criação de animais (que se alimentaram de produtos contendo fosfato), as descargas de fosfato por esgotos e arrastamento para os rios a partir das plantações, normalmente pelas águas de chuvas, provocam nos rios e lagos um resultado prejudicial ao meio ambiente, chamado de "eutrofização" das águas (fenômeno explicado no anexo ao livro), com o crescimento de algas. Matéria orgânica nos esgotos também tem um efeito análogo ao descrito para o fosfato.

Ozônio. Trata-se de um poluente secundário, ou seja, não é emitido diretamente pelas fontes poluentes, mas sim formado pela reação química de poluentes (sobretudo óxidos de nitrogênio decorrentes do uso de combustíveis como o óleo diesel) com compostos voláteis, em presença da luz do sol (reação fotoquímica). O ozônio resulta também de gases produzidos em queimadas de cana e florestas, com a ação da luz solar. As consequências do ozônio são a irritação nos olhos, nariz e garganta, o aumento de incidência de tosse e asma, problemas de desenvolvimento de plantas (quebra de safras) e efeito estufa.

A Organização Mundial da Saúde recomenda que não devem ser ultrapassados os seguintes níveis máximos:

Poluente	Concentração	Tempo de Amostragem
Material particulado	$MP_{2,5}$ 10 µg/m³	média anual
	25 µg/m³	média de 24 horas
	MP_{10} 20 µg/m³	média anual
	50 µg/m³	média de 24 horas
Monóxido de Carbono	10 mg/m³ (9 ppm)	8 horas

Poluente	Concentração	Tempo de Amostragem
Dióxido de Enxofre (SO_2)	20 µg/m³ 500 µg/m³	média de 24 horas média de 10 min
Dióxido de Nitrogênio (NO_2)	40 µg/m³ 200 µg/m³	média anual média de 1 hora
Ozônio (O_3)	100 µg/m³	média de 8 horas

Fonte: *WHO Air Quality Guidelines for particulate matter, ozon, nitrogen dioxide and sulfur dioxide. Global update 2005.*

Observamos que a indústria automobilística vem melhorando continuamente os padrões de emissão dos veículos, em atendimento a novos padrões impostos, cada vez mais rigorosos: Os quadros abaixo apresentam alguns resultados:

Limites para poluição por automóveis					Limites para poluição de ônibus e caminhões				
Automóveis novos – limites de emissão em g/km					Veículos novos a diesel (em g/kWh)				
	CO	HC	NO_x	RCH		CO	HC	NO_x	MP
1980	33,0	3,0	1,4	0,050					
1990	13,3	1,4	1,4	0,040	1994	1,86	0,68	10,7	0,66
1995	4,7	0,6	0,6	0,025	1996	1,62	0,54	6,55	0,318
2000	0,73	0,13	0,21	0,004	2000	0,85	0,29	6,16	0,12
2004	0,35	0,11	0,09	0,004	2004	0,93	0,17	4,64	0,087
2006	0,33	0,08	0,08	0,002	2006	0,89	0,15	4,68	0,079

Notas:

CO – monóxido de carbono

HC – hidrocarbonetos

NOx – óxidos de nitrogênio

RCH – aldeídos totais

MP – material particulado

Fonte: CETESB, citada pelo Jornal Valor, artigo de Daniela Chiaretti, 26.6.2007

4.8.4.4 – Aspectos ambientais identificados em EIA-RIMA

Finalizando este tópico, também com o objetivo de dar "pistas" para a identificação de aspectos ambientais, listaremos aspectos e impactos que são frequentemente analisados quando se elabora um "Estudo de Impacto Ambiental" e um "Relatório de Impactos sobre o Meio Ambiente", conhecidos pela sigla EIA-RIMA, dentro do processo de licenciamento de um empreendimento, que discutiremos mais adiante:

Aspectos:
- emissões para o ar
- lançamentos em águas
- lançamentos em terra
- uso de matérias-primas e recursos naturais
- uso de energia
- emissão de energia (exemplos: calor, radiação, vibração (ruído) e luz)
- geração de rejeitos e subprodutos
- uso do espaço
- liberação de odores
- Impactos
- variação da qualidade do ar
- variação das populações aquáticas
- modificação na vazão de rios
- variação na qualidade do solo
- contaminação da vegetação
- contaminação da fauna
- contaminação do homem
- evasão da fauna silvestre
- queda da produção agropecuária
- variação da qualidade de vida
- variação das populações aquáticas

4.8.4.5 – Identificação dos Aspectos e Impactos Ambientais

A identificação dos aspectos e impactos ambientais é uma fase muito importante no processo de implantação de um SGA. Mostraremos, mais adiante, uma ferramenta que poderá auxiliar nesse trabalho, que é o fluxograma de processo. Mas, para facilitar essa tarefa, apresentaremos uma sugestão sobre uma forma de gerar "aspectos e impactos ambientais", de forma relativamente simples.

Inicialmente, para a identificação dos Aspectos e Impactos, pense sempre em procurar um *Agente da poluição* (efluente, ruído, resíduo, CO_2 etc.), existente em sua atividade industrial (processo, produto ou serviço), que será posteriormente relacionado a um *Evento* (ou *Efeito*), que será a forma de interação desse agente da poluição com o meio ambiente. Essa interação será o *Aspecto Ambiental* considerado que, por sua vez, poderá ser a *causa* de um *Impacto Ambiental* (alteração do meio ambiente).

A relação entre aspectos e impactos é uma relação de causa e efeito. Um aspecto ambiental se refere a um elemento da atividade, produto ou serviço da organização que pode ter um impacto benéfico ou adverso sobre o meio ambiente. Por exemplo, ele poderia envolver uma descarga, uma emissão, consumo ou utilização de um material ou geração de ruído. Um impacto ambiental se refere à alteração (física, química ou biológica) que ocorre no meio ambiente como um resultado do aspecto. Exemplos de impacto podem incluir poluição ou contaminação da água ou esgotamento de um recurso natural.

Na determinação dos aspectos ambientais, devem ser levados em conta a influência que a organização possa exercer e sua capacidade de atuação sobre:

— os produtos e serviços utilizados pela organização (influência sobre o fornecedor para que ele gerencie adequadamente seus aspectos ambientais);

- os produtos e serviços fornecidos pela organização (quais seriam os principais impactos que ocorreriam durante o uso do produto ou serviço, quais impactos ocorreriam em seu final de vida, descarte final, possibilidades de reciclagem etc.); e
- os processos terceirizados.

É a organização quem determina a extensão de controle que ela é capaz de exercer, os aspectos ambientais que ela possa influenciar e a extensão que ela escolhe para exercer a sua influência.

A Norma NBR ISO 14001:2015, em seus comentários no item A6.1.2, cita exemplos de atividades em que convém que os aspectos ambientais sejam considerados:
- projeto e desenvolvimento de instalações, processos, produtos e serviços;
- aquisição de matérias-primas, incluindo extração;
- processos operacionais ou de fabricação, incluindo armazenamento;
- operação e manutenção de instalações, recursos organizacionais e infraestrutura;
- desempenho ambiental e práticas de provedores externos;
- transporte de produtos e prestação de serviços, incluindo a embalagem;
- armazenamento, uso e tratamento pós-uso dos produtos; e
- gestão de rejeitos, incluindo a reutilização, recuperação, reciclagem e disposição.

A identificação de *aspectos ambientais* e de seus *impactos ambientais* associados é um processo que pode ser realizado em três etapas:

Etapa 1 – Seleção de uma atividade, produto ou serviço.

É recomendado que a atividade, produto ou serviço selecionado constitua-se em um processo extenso o suficiente para que o exame tenha significado e pequeno o suficiente para que seja adequadamente compreendido.

Etapa 2 – Identificação de *aspectos ambientais* da atividade, produto ou serviço

Identificar o maior número possível de aspectos ambientais associados à atividade, produto ou serviço selecionado.

Etapa 3 – Identificação de *impactos ambientais*

Identificar o maior número possível de impactos ambientais reais e potenciais, positivos e negativos, associados a cada aspecto ambiental identificado.

Exemplos das três etapas acima são mostrados no Quadro 4.3, a seguir.

Quadro 4.3 – Exemplos de Aspectos e Impactos Ambientais

Atividade, produto ou serviço	Aspecto	Impacto
Atividade – Manuseio de materiais perigosos	Possibilidade de vazamentos para o meio ambiente	Contaminação do solo ou da água
Produto – Projeto de um veículo (ou componentes)	Uso de matérias-primas esgotáveis (água, metais, plásticos)	Esgotamento de recursos naturais
Serviço – Operação de caminhões de transporte	Emissões de gases pelo escapamento	Contaminação do ar

Fonte: Elaborado pelo autor.

Um *aspecto ambiental* se caracteriza pela associação de um agente da poluição (ou recurso natural esgotável) com um dado evento (ou causa do aspecto ambiental).

Exemplos:

AGENTE DE POLUIÇÃO	EVENTO (CAUSA)
Exemplos:	**Exemplos:**
Efluente contaminado	Lançamento
Água	Desperdício
Lâmpadas usadas	Descarte inadequado
Energia elétrica	Emissão
Vapores	Lançamento
Efluente industrial com óleo	

Os *"Aspectos Ambientais"* dos eventos citados são:
- lançamento de efluente contaminado;
- desperdícios de água;
- descarte inadequado de lâmpadas usadas;
- desperdício (uso mais do que o necessário) de energia elétrica;
- emissão de vapores;
- lançamento de efluente industrial com óleo.

Identificando os aspectos ambientais, o próximo passo será o de identificarmos os "impactos ambientais" correspondentes.

Um *impacto ambiental* se caracteriza pela associação de um *aspecto ambiental* com um dado *evento* causador da modificação do meio ambiente (impacto ambiental).

Por meio da associação do aspecto ambiental com a *palavra-chave*, que designa o *Evento/Impacto*, é obtida a designação do impacto ambiental.

Além disso, o impacto ambiental deverá ser categorizado, indicando se ele está associado ao ar (atmosfera), águas, solo ou a recursos naturais.

Por exemplo, poderíamos considerar as seguintes palavras-chave para os eventos relacionados a impactos ambientais:

Alteração
Contaminação
Danos
Esgotamento
Exposição
Geração
Incômodo
Redução

Para facilitar nas empresas a identificação dos aspectos e impactos ambientais colocamos, a seguir, algumas listas que podem servir de "catálogo" em um primeiro momento, ganhando-se tempo e dando "pistas" de alguns impactos que poderiam passar despercebidos. Lembramos que essas listas não são exaustivas, devendo-se analisar cuidadosamente o processo de operação ou a atividade para que sejam identificados os impactos.

A primeira lista apresenta (Quadro 4.4) os principais aspectos ambientais e o modo que são originados, ou seja, correlaciona os aspectos com algumas atividades típicas nas empresas.

Quadro 4.4 – Principais aspectos ambientais

ASPECTO AMBIENTAL	ATIVIDADE
LIBERAÇÃO DE EFLUENTES LÍQUIDOS	Lançamento de esgoto sanitário
	Lavagem de piso
	Lançamento de efluente industrial
	Lançamento de óleo solúvel
	Outros
EMISSÕES ATMOSFÉRICAS	Emissão de fumaça
	Emissão de vapores
	Emissão de CFC / HCFC
	Emissão de HF/ F_2
	Emissão de particulado (poeira)
	Emissão de névoa / neblina de...
	Outros

ASPECTO AMBIENTAL	ATIVIDADE
GERAÇÃO DE RESÍDUOS SÓLIDOS	Descarte de sucatas metálicas
	Descarte de cavacos
	Descarte de plásticos
	Descarte de bombonas
	Descarte de borrachas
	Descarte de madeira
	Descarte de papel e papelão
	Descarte de lixo comum
	Descarte de vidro
	Descarte de lâmpadas
	Descarte de placas de circuito impresso
	Descarte de baterias e pilhas
	Descarte de borras
	Descarte de lama
	Descartes diversos com óleo e restos de tinta
	Descarte de óleo usado
	Descarte de resinas
	Descarte de solventes
	Descarte de terra com óleo
	Serragem com Óleo
	Lodo da ETE (Estação de tratamento de esgoto)
	Lodo da ETA (Estação de tratamento de água)
	Emissão de fuligem
	Descarte de carvão ativado
	Descarte de filtros de ventilação
	Descarte de equipamentos eletrônicos
	Descarte de pneus usados

ASPECTO AMBIENTAL	ATIVIDADE
GERAÇÃO DE RESÍDUOS SÓLIDOS	Cinza
	Entulho
	Embalagens
	Outros
CONSUMO DE RECURSOS NATURAIS E ENERGÉTICOS	Energia elétrica
	Combustíveis fósseis, vegetais e nucleares
	Água
	Outros
REJEITO RADIOATIVO	Rejeito radioativo líquido
	Rejeito radioativo gasoso
	Rejeito radioativo sólido
ASPECTOS POTENCIAIS	Vazamento de......
	Derramamento de ....
	Transbordo
	Explosão
	Incêndio
	Inundação
	Contaminação radiológica

Fonte: Elaborado pelo autor.

A segunda lista (Quadro 4.5) apresenta os principais aspectos relacionados ao meio ambiente dividido em categorias.

Quadro 4.5 – Principais impactos ambientais

CATEGORIA	IMPACTO AMBIENTAL
AR	Alteração da qualidade do ar
	Redução da camada de ozônio
	Contribuição para o aquecimento global
	Odores
	Geração da chuva ácida
ÁGUA	Alteração da qualidade de águas superficiais
	Alteração da qualidade de águas subterrâneas
	Assoreamento ou alteração de cursos d'água
	Contaminação radiológica
SOLO	Alteração da qualidade do solo
	Contaminação radiológica
COMUNIDADE	Ruído
	Vibração
	Radioatividade
	Calor
	Danos à saúde
	Incômodo
RECURSOS NATURAIS	Esgotamento ou redução da disponibilidade de recursos naturais
FAUNA / FLORA	Danos à flora
	Danos à fauna

Fonte: Elaborado pelo autor.

A terceira lista (Quadro 4.6) apresenta, com detalhes um pouco maiores os possíveis agentes de poluição. Seria, na verdade, a primeira lista a ser consultada para a identificação dos aspectos ambientais, conforme mostrado no exemplo.

Quadro 4.6 – Agentes da poluição

Agrotóxicos	Filtros exauridos	Produto radiológico sólido
Amianto	Fuligem	Produtos de combustão
Ascarel	Fumaça	Radioatividade
Baterias	Gases de combustão	Refratários
Bombonas	Lama	Resíduo
Borra	Lâmpadas	Resíduo ambulatorial
Borra de graxa	Latas de tinta usadas	Resíduos de jardinagem
Borra de óleo de corte	Lixo comum	Resíduos de vidro
Borra de tinta	Lodo	Resíduo sólido
Borra salina	Lodo de ETA	Resíduos de alimentos
Borrachas	Lodo de ETE	Resíduos de material elétrico
Cartucho	Madeira (sobras)	Resíduos energéticos
Carvão ativado	Material não reciclável	Resíduos naturais
Cavacos	Material particulado	Resinas
Cavacos com óleo	Material radioativo gasoso	Resina de troca iônica
Cera	Material radioativo líquido	Ruído
CFC	Material radioativo sólido	Serragem
CFC/HCFC	Mercúrio	Serragem com óleo
Cinza	Microfilme usado	Solventes
Combustível fóssil	Óleo usado	Substância radioativa
Combustível nuclear usado	Óleo usado contaminado	Sucatas metálicas
Combustível vegetal	Óleo vegetal de restaurante	Tambores

Efluente	Papel	Telha de amianto
Efluente industrial	Papelão	Terra com óleo
Efluente líquido	Pilhas	Tintas usadas
Embalagem	Placa de circuito interno	Toner
Emulsão (óleo solúvel)	Plástico	Vapores
Entulho	Pneus usados	Vibração
Equipamentos eletrônicos	Prod. radiológico gasoso	
Esgoto sanitário	Prod. radiológico líquido	

Fonte: Elaborado pleo autor.

A quarta lista (Quadro 4.7) apresenta os *eventos* ou *efeitos* que, combinados com os *agentes da poluição*, irão formar os *aspectos ambientais*:

Quadro 4.7 – Eventos de impactos

Alteração	Desperdício	Lançamento
Assoreamento	Emissão	Lavagem
Consumo	Esgotamento	Liberação
Contaminação	Explosão	Odores
Contribuição	Inalação	Redução
Derramamento	Incêndio	Rejeito
Danos	Incômodo	Transbordo
Depleção	Infiltração	Uso abusivo ou inadequado
Descarte inadequado	Inundação	Vazamento

Exemplos:

Descarte de efluentes industriais	Emissão de vapores
Desperdício de água	Emissão de produtos de combustão
Emissão de materiais particulados	Lançamento de esgoto sanitário

Fonte: Elaborado pelo autor.

Finalmente, a quinta lista (Quadro 4.8) mostra exemplos da associação de *aspectos ambientais* identificados (interações do produto, processo produtivo ou serviço com o meio ambiente) com os correspondentes *impactos ambientais* (as alterações que são produzidas no meio ambiente, como um resultado daquele determinado aspecto ambiental):

Quadro 4.8 – Aspectos e Impactos Ambientais

ASPECTOS AMBIENTAIS (causa)	IMPACTOS AMBIENTAIS (efeito)
Desperdício de água	Esgotamento de recursos naturais
Desperdício de energia elétrica	
Descarte de efluente industrial	Contaminação de água e solo
Emissão de névoa	Contaminação do ar
Emissão de vapores	Contaminação do ar
Incêndio ou explosão	Danos materiais decorrentes
Infiltração de efluente industrial	Contaminação do solo
Derramamento de óleo lubrificante	Contaminação de solo e água
Desperdício de papel	Esgotamento de recurso natural
Uso de material não reciclável	Esgotamento de recurso natural
Vazamento de resíduos	Contaminação de solo e água
Inalação de gases de combustão	Danos pessoais
Exposição excessiva à ruído (agente)	Danos pessoais
Lançamento de esgoto sanitário	Alteração da qualidade da água superficial
Lançamento de efluente industrial com óleo	Alteração da qualidade da água superficial
Lançamento de efluente industrial sem óleo	Alteração da qualidade da água superficial
Emissão de produtos de combustão (CO_2, SO_2, NOx etc.)	Alteração da qualidade do ar Efeito estufa Chuva ácida

ASPECTOS AMBIENTAIS (causa)	IMPACTOS AMBIENTAIS (efeito)
Emissão de gases e materiais particulados	Alteração da qualidade do ar
Uso de CFC/HCFC	Depleção /Redução da camada de ozônio
Emissão de vapores	Alteração da qualidade do ar Incômodos
Emissão de ozônio	Contaminação do ar
Descarte de fluido hidráulico	Contaminação de águas e solo
Desperdício de derivados de petróleo, água, metais	Esgotamento dos recursos naturais
Uso de energia elétrica	Redução dos recursos naturais
Geração de ruído	Danos a saúde
Produção de vibração e radioatividade	Danos a saúde
Descarte de: Sucata metálica Cavacos com óleo Cavacos sem óleo Plásticos Tambores Madeiras Papel ou papelão Lixo comum Resíduos de alimentos Resíduo ambulatorial Resíduos de jardinagem Resíduos de vidro Resíduo de pneus Resíduos de lâmpadas Resíduos de material elétrico	Alteração da qualidade do solo

ASPECTOS AMBIENTAIS (causa)	IMPACTOS AMBIENTAIS (efeito)
Descarte de: Baterias, pilhas e equipamentos eletrônicos Borra salina Borra graxa Borra de tinta Latas de tintas Latas de produtos químicos. Cera Óleo usado contaminado Óleo vegetal de restaurante Resina Solvente usado Terra com óleo Borra de óleo de corte Refratários Resina de troca iônica Lodo de ETE Entulho Terra diatomácea Fuligem Emulsão (óleo solúvel) Toner e cartuchos Microfilme e microfichas Telhas de amianto Carvão ativado Mercúrio Ascarel Amianto Fluido hidráulico Metais tóxicos (metais pesados) Pesticidas, inseticidas e fungicidas Lixo hospitalar	Alteração da qualidade do solo e águas
Descarte de agrotóxicos Outros	Alteração da qualidade do solo e águas

Fonte: Elaborado pelo autor.

4.8.4.6 – Ferramentas para a identificação de aspectos e impactos ambientais

A empresa deverá iniciar a identificação dos aspectos ambientais, inicialmente em uma situação referente às condições de operação normal da planta. Porém, mais adiante, ela deverá considerar também os aspectos que ocorrem nas situações anormais de operação e nas condições de emergência, avaliando os possíveis acidentes que poderiam acontecer. Deverá existir um controle bem elaborado das interfaces com os fornecedores e clientes, de modo a identificar com clareza as responsabilidades dos impactos, sobretudo os indiretos.

Um processo é um conjunto de atividades inter-relacionadas. A partir de certas entradas, tais como: materiais, mão de obra e energia, serão produzidos resultados (saídas), que podem ser produtos finais ou intermediários, serviços, resíduos e energia. Mas o processo industrial, para ser bem compreendido e analisado precisa ser subdividido em partes menores. Entendendo-se as partes menores e a sua relação com as partes precedentes e subsequentes poderemos bem compreender o processo. O "fluxograma de processo" é uma ferramenta que representa essa quebra do processo. Ele se constitui como sendo uma das ferramentas mais interessantes para auxiliar na identificação dos aspectos e impactos ambientais. Indicando em cada bloco (na verdade, uma quebra do processo em partes menores) as entradas de materiais e energia e as saídas de materiais e energia (entre os materiais, os resíduos sólidos, líquidos e gasosos) estaremos identificando os aspectos e impactos ambientais. Usando um fluxograma em conjunto com as ideias e "catálogos" dados como exemplo no item 4.5.2, ficará fácil e precisa a identificação dos aspectos e impactos ambientais.

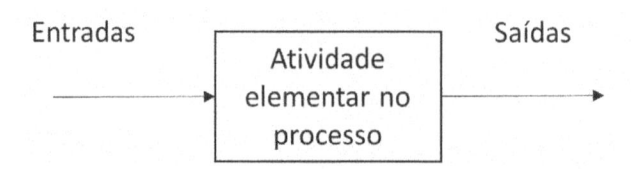

Figura 4.6 – Representação de entradas e saídas em um processo

Fonte: Elaborada pelo autor.

Recomendamos que a equipe de gestão ambiental conheça bem os processos da empresa que possam gerar poluição. Esse conhecimento deve ser obtido estudando-se os documentos de engenharia (projetos, especificações dos sistemas, fluxogramas de engenharia), mas principalmente seja construído um "fluxograma de processo", acompanhando-se o processo "no campo", perguntando-se aos engenheiros, supervisores e operários que controlam as máquinas e o processo como funciona o sistema, como ocorre a transformação dos materiais de matérias-primas para produtos, ou como se desenvolve um serviço. Com esse método, será difícil que alguma emissão de poluentes passe desapercebida.

Apresentaremos, a seguir, um modelo daquilo que poderia ser feito (aqui, ainda sem a profundidade necessária, por ser um exemplo muito genérico), tomando como exemplo o processo produtivo de aço, em particular de chapas de aço em uma usina siderúrgica. Descrevemos, no Quadro 4.9, de forma ultra-resumida o processo, dentro do quadro abaixo, para melhor compreensão, caso necessário, e apresentamos, a seguir, o fluxograma, que é a ferramenta de interesse na identificação inicial dos aspectos e impactos ambientais daquele processo.

Quadro 4.9 – Produção de aço

A produção de chapas de aço em uma usina siderúrgica:

Como matéria-prima para a produção de aço entram o minério de ferro, o carvão e calcário. O minério de ferro é beneficiado através do processo de sinterização, sendo produzidos o sínter ou *pellets*. O carvão, na coqueria, é transformado em coque e gás de coqueria, sendo o minério de calcário transformado em cal, através do processo de calcinação. Estes três elementos principais (*pellets*, coque e cal) são introduzidos no alto forno, ocorrendo fusão, graças às temperaturas elevadas obtidas com a queima do coque. A cal serve para facilitar a separação da escória. O alto forno produz *gusa*, que é vertido no cadinho para a panela de vazamento.

> Dessa panela, o gusa é transferido para os conversores ou fornos elétricos onde, com a adição muito controlada de oxigênio (por lanças), de sucata e os elementos de liga desejados (Cr, Mo, V etc.), e com controle rígido de temperaturas (curvas TTC) obtém-se o aço na composição desejada. Esse aço é transferido diretamente em fusão para as lingoteiras (formando blocos, ou diretamente para lingotamento contínuo) e laminadores, onde, sob ação mecânica dos rolos, transforma-se em placas e, com novas laminações, em chapas de aço. As proporções dos insumos, grosso modo, são: ar (4.000 m³ por tonelada de gusa), minério de ferro (metade do peso de ar), coque (metade do peso de minério) e calcário (metade do peso de coque). No alto forno, as proporções obtidas são, aproximadamente: gases (6.000 m³ por ton. de gusa), gusa (1/5 dos gases) e escória (1/3 do gusa).

Fonte: Elaborado pelo autor.

Reparamos que, neste fluxograma (Figura 4.7), para uso no SGA, na vertical entre os blocos fica representado o fluxo de materiais que irão de transformar no produto final do processo. E, com entradas pela esquerda, ficam representados insumos que apresentam relação principalmente com aspectos ambientais. E, mais importante, na saída à direita de cada bloco, ficam representadas as saídas daquela etapa, com relacionamentos a aspectos e impactos ambientais.

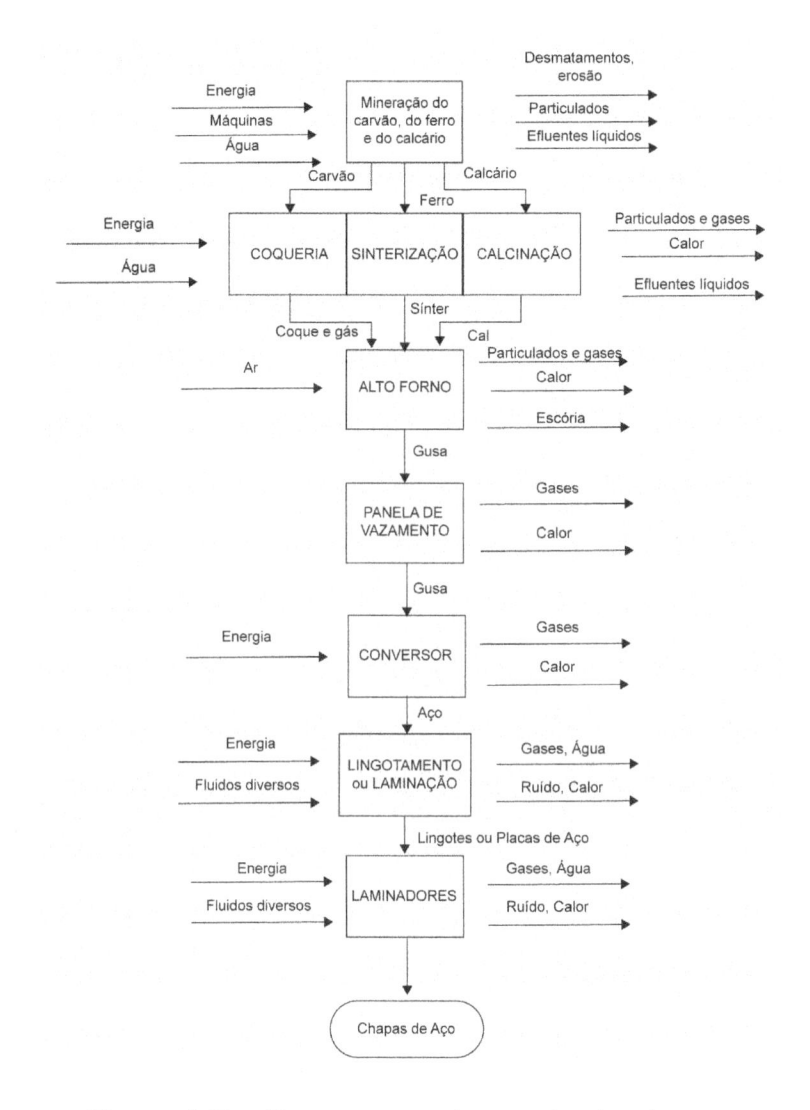

Implantação de um Sistema de Gestão Ambiental (SGA)

Figura 4.7 – Fluxograma da produção de aço
Fonte: Elaborada pelo autor.

A seguir, é apresentado outro exemplo, referente a um processo de mineração a céu aberto. Nesse exemplo (Figura 4.8), não foram indicados os insumos a cada parte do processo, mas somente os impactos de cada etapa.

FLUXOGRAMA DE PROCESSO DE UMA MINERAÇÃO A CÉU ABERTO E SEUS IMPACTOS

Pesquisa Mineral (abert. picadas, escavações, sondagens, etc.)	→	Abertura de vias de acesso e instalação de equipamentos (aterros, fundações, calhas, etc.)	→	Decapeamento (retirada de vegetação, solo e rocha para expor o minério à lavra)
⇩		⇩		⇩
Erosão, destruição vegetal, contaminação do solo e águas por óleo.		Desmatamentos, erosão, deslizamentos, modificações em escoamentos das águas		Destruição vegetal, perda de solo orgânico, erosão, assoreamentos de rios

Beneficiamento (concentração do minério: britagem, concentração, silagem, tratamento)	←	Carregamento e transporte do minério	←	Perfuração e desmonte (fragmentação do maciço rochoso e explosões)
⇩		⇩		⇩
Poeiras, efluentes líquidos, metais e sais dissolvidos contaminando solo e águas		Partículas e poeiras em suspensão, gases de combustíveis, ruído		Poeiras, gases tóxicos, vibrações, ruído, fragmentos lançados, contaminação de aquíferos

Disposição do rejeito e estéril (em bota-foras)	→	Estocagem do produto (silos ou pilhas)	→	Carregamento e transporte do produto
⇩		⇩		⇩
Erosão, particulados e poeiras no ar, obstrução de escoamentos naturais, deslizamentos		Partículas sólidas e poeiras na atmosfera		Partículas sólidas na atmosfera, ruídos

Figura 4.8 – Fluxograma com impactos ambientais da mineração
Fonte: Elaborada pelo autor.

Como um terceiro exemplo de um "fluxograma de processo", apresentamos (Figura 4.9) as atividades e impactos de um restaurante industrial:

FLUXOGRAMA DE PROCESSO - RESTAURANTE INDUSTRIAL

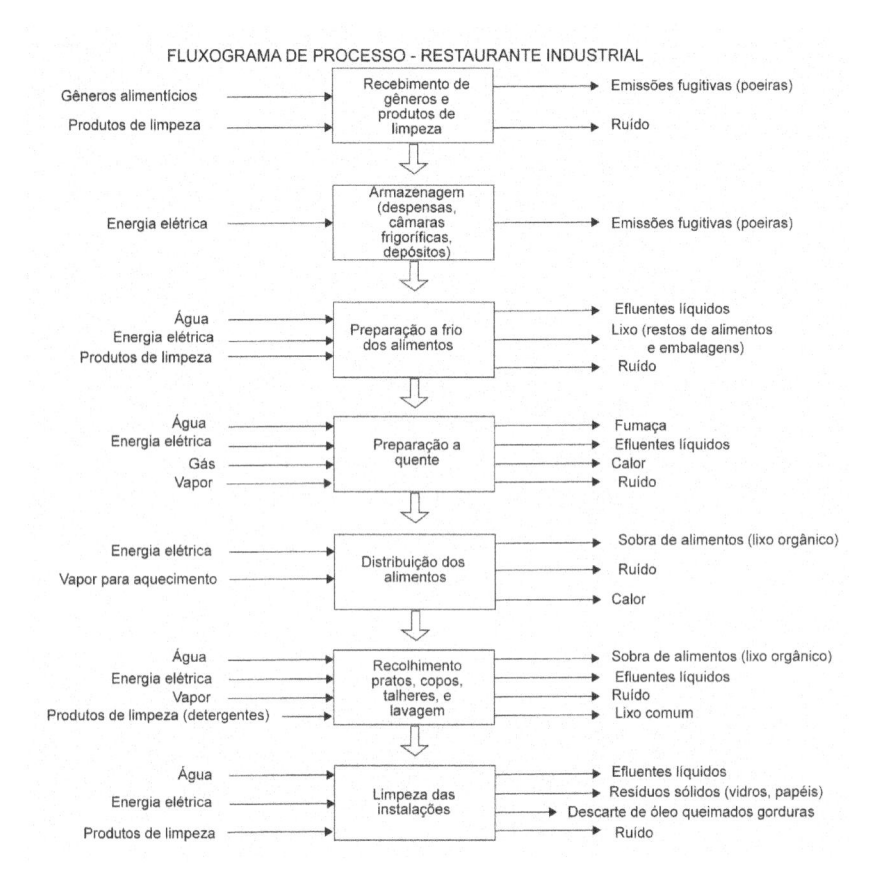

Entradas	Processo	Saídas
Gêneros alimentícios / Produtos de limpeza	Recebimento de gêneros e produtos de limpeza	Emissões fugitivas (poeiras) / Ruído
Energia elétrica	Armazenagem (despensas, câmaras frigoríficas, depósitos)	Emissões fugitivas (poeiras)
Água / Energia elétrica / Produtos de limpeza	Preparação a frio dos alimentos	Efluentes líquidos / Lixo (restos de alimentos e embalagens) / Ruído
Água / Energia elétrica / Gás / Vapor	Preparação a quente	Fumaça / Efluentes líquidos / Calor / Ruído
Energia elétrica / Vapor para aquecimento	Distribuição dos alimentos	Sobra de alimentos (lixo orgânico) / Ruído / Calor
Água / Energia elétrica / Vapor / Produtos de limpeza (detergentes)	Recolhimento pratos, copos, talheres, e lavagem	Sobra de alimentos (lixo orgânico) / Efluentes líquidos / Ruído / Lixo comum
Água / Energia elétrica / Produtos de limpeza	Limpeza das instalações	Efluentes líquidos / Resíduos sólidos (vidros, papéis) / Descarte de óleo queimados gorduras / Ruído

Figura 4.9 – Fluxograma de um restaurante industrial
Fonte: Elaborada pelo autor.

A produção de resíduos e poluentes, em muitos casos, é resultado de falhas no processo, principalmente se os valores estiverem em níveis excessivos, ou seja, fora dos limites previstos nas leis, regulamentos ou normas (externas ou internas à empresa). Essa produção de resíduos configura-se, assim, como uma consequência anormal ou problema, cujas causas precisam ser bem identificadas para que sejam tomadas as medidas corretivas.

Uma ferramenta da qualidade total bastante útil, que pode ser usada para esta finalidade, é o "diagrama de causa e efeito", ou "diagrama de Ishikawa" (em homenagem ao Prof. Kaoru Ishikawa), ou ainda "diagrama de espinha de peixe" (pela sua forma de apresentação). Esse diagrama registra, em um retângulo à direita (exemplo da Figura 4.10), a consequência indesejável do processo ou problema, ou "efeito ambiental" indesejável, do qual se pretende determinar as causas. Ligado a um eixo central, são desenhados seis eixos, cada um registrando um dos possíveis enquadramentos de causas genéricas de problemas, chamadas de "fatores de manufatura" ou "fatores de serviços", conforme o caso, todos iniciados com a letra "M", razão pela qual o diagrama também é chamado de "6Ms", e que representam grandes grupos de causas: *Matérias-Primas, Máquinas, Métodos, Mão de Obra, Meio Ambiente e Medidas.* Esse seria um diagrama genérico. Se houver uma ideia melhor, é possível usar o diagrama com outras categorias de variáveis mais específicas e representativas do problema.

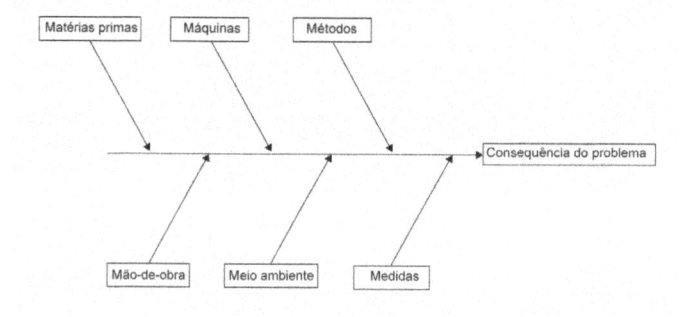

Figura 4.10 – Diagrama de Ishikawa
Fonte: Elaborada pelo autor.

Em cada uma dessas categorias, identificadas por um trabalho de observação direta do processo, feito pelos profissionais ligados ao projeto ou operação daquela unidade particular sob análise, deve ser explorada e identificada cada uma das possíveis causas, sendo registradas no diagrama. O exemplo apresentado a seguir (Figura 4.11), refere-se ao estudo das causas identificadas em um incinerador de resíduos, quanto à emissão elevada de particulados e monóxido de carbono (efeito ambiental indesejável).

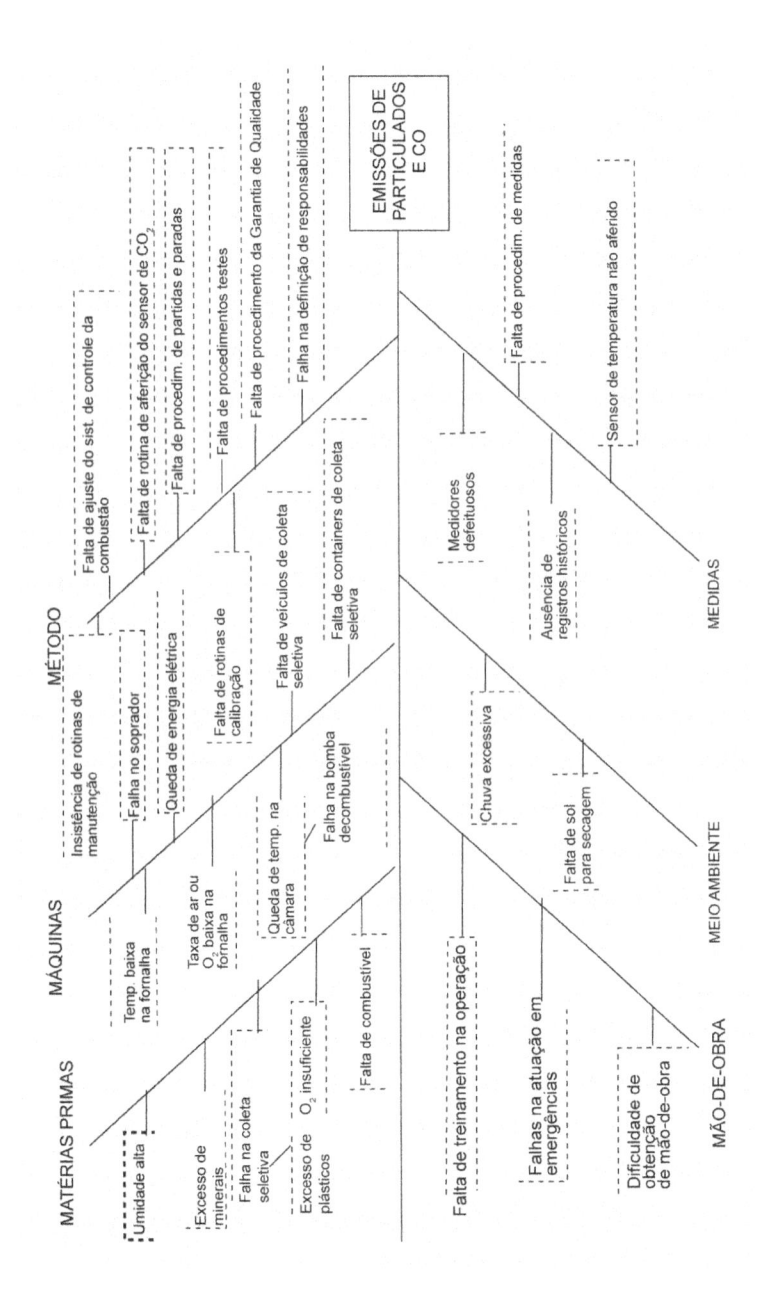

Implantação de um Sistema de Gestão Ambiental (SGA)

Figura 4.11 – Diagrama de Ishikawa de problemas em um incinerador de resíduos

Fonte: Elaborada pelo autor.

Após esta identificação das causas, o prosseguimento desse trabalho poderá ser realizado com a identificação da "causa fundamental" ou "causa vital", que é aquela considerada como a mais importante ou significativa para determinar a ocorrência do problema. Lembramos o princípio de Pareto (Vilfredo Pareto, economista italiano 1848-1923), segundo o qual "poucas causas são vitais e muitas são triviais". Poucos impactos identificados podem ser responsáveis pela maior parcela da degradação ambiental causada pela empresa. O uso do princípio de Pareto constitui-se em uma técnica interessante para separar o problema maior (poluição) em duas categorias: uma pequena quantidade de problemas derivados de causas vitais (aos quais daremos elevada prioridade de solução) e uma grande quantidade de problemas referentes a causas triviais (aos quais daremos menor importância e prioridade). Logicamente, esta abordagem é válida se os impactos tiverem importâncias semelhantes quanto às suas consequências para a saúde e o meio ambiente. Por exemplo, em 10 situações de emissões constatadas nos fluxogramas de processo, 3 delas podem representar 90% do volume total emitido, conforme a distribuição registrada na Figura 4.12. Daremos, então, prioridade em reduzir essas 3 primeiras emissões.

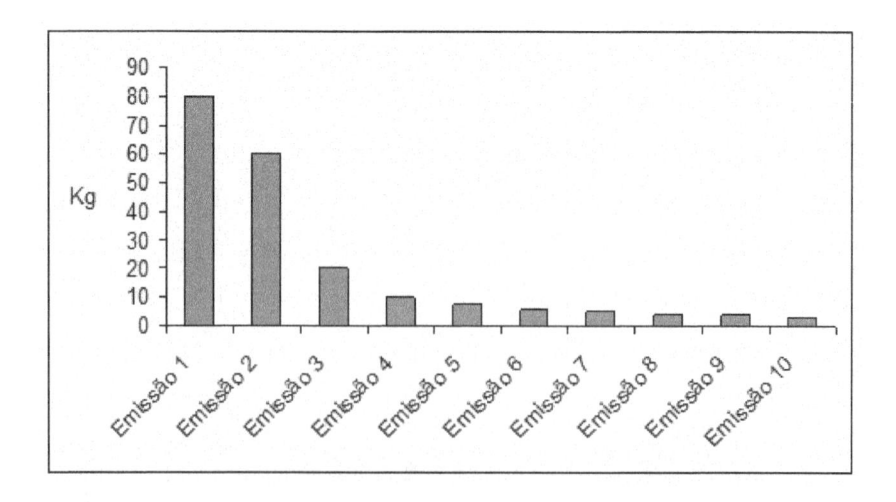

Figura 4.12 – Diagrama de Pareto

Fonte: Elaborada pelo autor.

Outra técnica interessante de identificação das causas reais dos problemas ambientais denomina-se "5 Por Quês", em que, no mínimo, devem ser feitas 5 vezes a pergunta "Por Quê?". Como exemplo, cita-se um caso fictício, em que teria havido um vazamento de óleo no mar, ocasionado por um petroleiro.

Pergunta: Por que vazou petróleo no mar? Resposta: Porque o navio bateu em pedras e perfurou o costado atingindo um tanque de óleo.

Pergunta: Por que o navio bateu em pedras? Resposta: Porque falhou o sistema de governo (lemes).

Pergunta: Por que falhou o sistema de governo? Resposta: Porque falhou o sistema hidráulico (parte do sistema de governo).

Pergunta: Por que falhou o sistema hidráulico? Resposta: Porque a bomba não conseguiu manter a pressão.

Pergunta: Por que a bomba não conseguiu manter a pressão? Resposta: Porque houve vazamento de óleo hidráulico no selo (retentores).

Não se conseguindo continuar a pesquisa de "por quês", pode-se então concluir que a causa básica do acidente foi uma falha dos retentores, saindo daí, por exemplo, a recomendação de inspecionar os selos de todos os navios da frota, preparar novas rotinas de manutenção, rever o projeto etc., de modo a prevenir futuras ocorrências desse tipo.

Os aspectos ambientais, conforme foi exposto, são os elementos das atividades da organização que **podem interagir** com o meio ambiente, e não somente aqueles que efetivamente interagem. Os impactos, conforme foi também mostrado, são as consequências dessa interação, normalmente agressivas ao meio ambiente. Assim sendo, não basta apenas identificar e dar um tratamento gerencial adequado aos aspectos e impactos efetivamente atuantes por ocasião da análise, ou em situações normais de operação do processo produtivo. É necessário que sejam avaliadas situações possíveis de ocorrer, e que naquela determinada ocasião não estão acontecendo, ou situações de risco, que na eventualidade de acidentes poderiam gerar impactos catastróficos, com graves consequências para a vida humana e para o meio ambiente, comprometendo inclusive a sobrevivência da empresa (lembrar do acidente do *Exxon Valdez*, que acarretou prejuízos vultuosos à Exxon).

Para melhor explorar este aspecto, bastante importante na questão de identificação de aspectos e impactos, passaremos a apresentar alguns conceitos ligados a perigo e risco.

4.8.4.7 – Conceitos de perigo e risco

a) Perigo

Segundo o dicionário "Aurélio", perigo é uma circunstância que prenuncia um mal para alguém ou para alguma coisa. Em inglês o termo é *"hazard"*. O perigo é, portanto, uma característica inerente a uma substância, instalação, atividade ou procedimento, que representa um potencial de causar danos a pessoas ou instalações. Como exemplos de perigo, tem-se:
- produção, manuseio ou uso de substâncias tóxicas, patogênicas, inflamáveis, reativas, radioativas, corrosivas, explosivas, muito quentes ou muito frias, a pressões elevadas;
- operação de instalações industriais que usem produtos nas características acima;
- viajar de avião, praticar alpinismo, paraquedismo, entre outras atividades;
- beber em excesso, tomar muito sol sem proteção solar;
- descer uma escada, atravessar uma rua.

b) Risco

O risco reflete a incerteza associada a um perigo, com um evento imaginário ou com possibilidade de acontecer no futuro, que cause uma redução de segurança. Em inglês o termo é *"risk"*. É a probabilidade de perda ou danos em pessoas, sistemas e equipamentos em um determinado período de tempo, como resultado de uma situação de perigo. O risco é função da probabilidade ou da frequência de ocorrência de um acidente e de um dado tipo de dano resultante do acidente, ou seja, a magnitude das consequências. Observa-se que, no tratamento da questão, as pessoas tendem a associar o risco mais com a "probabilidade de ocorrência" do evento e, não tanto, com as "consequências", embora o correto seja associar as duas coisas. Por exemplo:

$$R_{morte} = \sum_i p_i * C_i$$

Por exemplo, o risco de morte de uma pessoa, na eventualidade de uma explosão acidental em uma indústria química, depende da magnitude da explosão, combustível ou produto envolvido, probabilidade de ocorrência e as consequências para o organismo humano (fatores avaliados segundo os denominados "modelos de vulnerabilidade", que refletem a resposta média do comportamento orgânico às agressões químicas, físicas e biológicas).

c) **Risco social**

Risco Social é o risco à população na zona de influência de um acidente. Sua avaliação é importante no tocante à eventualidade de acidentes com consequências ambientais. Esquematicamente (Figura 4.13):

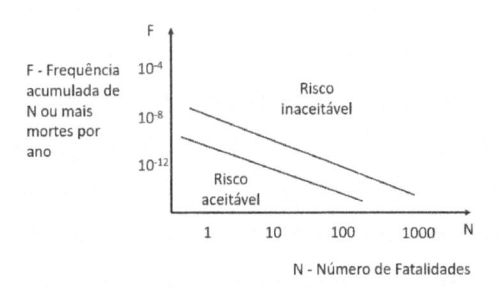

Figura 4.13 – Curva F x N (figura apenas ilustrativa, não considerar valores).
Fonte: Elaborada pelo autor.

O risco é, quase sempre, assumido pelas pessoas, em troca de uma necessidade de realizar a ação perigosa, um benefício ou um prazer resultante. Avalia-se que o risco assumido voluntariamente é de 10 a 100 vezes maior do que aqueles que a pessoa não os assume voluntariamente.

Reproduzimos, a seguir (Figura 4.14), um gráfico interessante sobre a percepção do risco social, baseado em um trabalho de Slovic, P. *et al.*, **The Assessment and Perception of Risk**, The Royal Society of London, Londres, 1980.

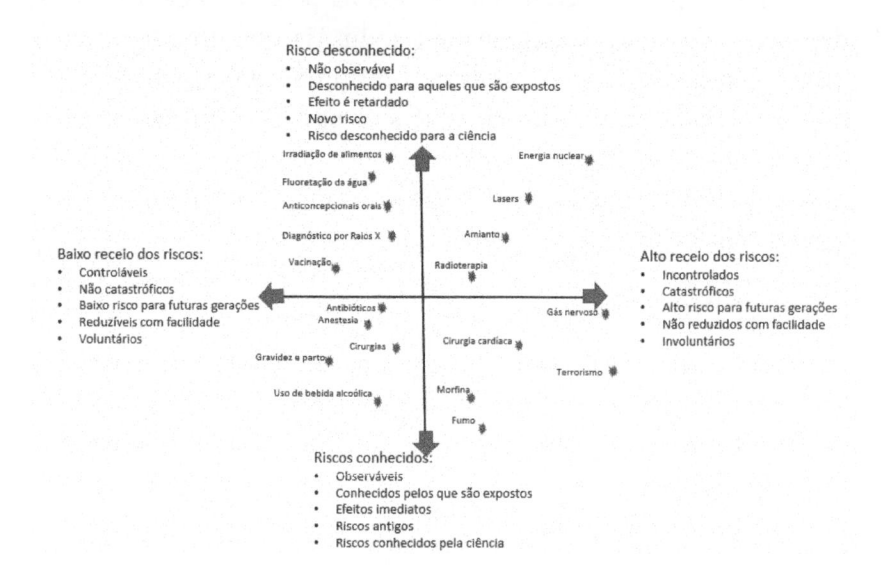

Figura 4.14 – Risco Social
Fonte: Elaborada pelo autor.

Como um exercício interessante de reflexão na questão, sugiro que o leitor, com sua opinião e conhecimento, reflita sobre o assunto, colocando números como ele imagina que a sociedade classificaria os seguintes riscos:

1- Pesticidas;   2- Dioxinas;   3- Consequências do efeito estufa; 4- Uso de fertilizantes;   5- Emissão de SO$_2$;   6- Desmatamento;   7- Contaminação do solo;   8- Contaminação de águas de superfície;   9- Lixões;

d) Análise de riscos

A realização da análise de riscos e de estudos de confiabilidade das plantas (instalações) industriais tem-se revelado como uma ferramenta interessante no auxílio à determinação de impactos ambientais em potencial. Além disso, é um método organizado para identificar ações preventivas e preparar resposta às emergências. Os próprios órgãos ambientais têm estimulado a sua realização, sobretudo as análises quantitativas, que mostram, em termos numéricos (probabilísticos), os riscos de acidentes ambientais, retirando um pouco o caráter subjetivo que existe na análise qualitativa.

Para que não haja uma quebra muito grande na continuidade do texto, apresentaremos outros comentários referentes à realização dessas análises, em capítulos subsequentes.

4.8.4.8 – Priorização e classificação dos impactos ambientais

Ao implantarmos um SGA em uma empresa de médio ou grande porte, uma das dificuldades que, provavelmente terá que ser vencida pela equipe será definir uma prioridade para a solução dos impactos ambientais. A Norma NBR ISO 14001:2015, em seu item 6.1.2 determina que sejam identificados os "aspectos ambientais significativos" Teremos centenas de aspectos e seus correspondentes impactos identificados e a necessidade de definirmos uma prioridade ou ordem de execução, já que não existirão recursos financeiros nem tempo para realizarmos todas as atividades necessárias. Então, a ferramenta denominada "matriz de risco", que será vista a seguir, pode ser uma maneira interessante de indicar essa prioridade, com base nos riscos que os impactos ambientais apresentam.

E, quando pensamos em risco, sempre precisaremos refletir em duas variáveis que compõem o risco:

a) a gravidade da consequência daquele evento ou impacto, ou severidade, que dará uma graduação das consequências, desde a morte de pessoas até consequências desprezíveis para pessoas e o meio ambiente, na ocorrência do evento ou daquele determinado impacto ambiental considerado;

b) a probabilidade ou frequência de ocorrência daquele determinado impacto ambiental. A frequência é avaliada quando se trata de um impacto que ocorre com uma certa constância (por exemplo, o lançamento de um determinado efluente industrial em um curso d'água) enquanto a probabilidade é considerada nos impactos potenciais, que normalmente não ocorrem, mas que existe uma chance de que ocorra aquele evento (por exemplo, o rompimento de um tanque contendo amônia, cujo vazamento poderia contaminar um riacho nas proximidades).

A "matriz de risco" se revela, dessa forma, como uma ferramenta interessante para priorizar os impactos ambientais. Veremos a forma de construí-la.

As categorias de gravidade (severidade) são definidas para indicar uma medida qualitativa do pior evento que esteja ocorrendo ou com risco de ocorrer, resultante de erros do operador, condições ambientais, projeto inadequado, procedimentos inadequados ou falhas e funcionamento inadequado de sistemas, subsistemas ou componentes:

CATEGORIAS DE GRAVIDADE

Descrição	Descrição	Definição
CATASTRÓFICA	I	Coloca em perigo a vida das pessoas ao redor da área, como resultado dos produtos e processos envolvidos. Riscos elevadíssimos para o meio ambiente.
CRÍTICA	II	Ameaça a saúde das pessoas que vivem ao redor da área. Sério prejuízo ao meio ambiente em casos de acidentes. Não conformidade com requisitos legais. Consumo significativo de recursos naturais.
MARGINAL	III	Não conformidade com requisitos internos (normas). Prejuízo moderado ao meio ambiente. Não conformidade com a política ambiental da empresa. Possível prejuízo à reputação da empresa. Consumo moderado de recursos naturais.
DESPREZÍVEL	IV	Impacto baixo ou muito baixo sobre o meio ambiente. Evento dificilmente detectado

A frequência de ocorrência de impactos ambientais, caso das duas primeiras listas para condições normais e anormais de operação, ou probabilidade de ocorrência do impacto ambiental no caso em que a análise esteja sendo feita para identificar riscos (3ª lista) é determinada por pesquisa, análise e avaliação do desempenho histórico do sistema (ou de sistemas semelhantes), podendo ser descrita em ocorrências reais ou potenciais por unidade de tempo, eventos, população, itens ou atividades. A classificação pode ser feita nas seguintes categorias:

NÍVEIS DE FREQUÊNCIA OU PROBABILIDADE DE OCORRÊNCIA

Definição	Nível	Descrição
FREQUENTE	A	Ocorre frequentemente (ou alta probabilidade), ou ocorre permanentemente quando iniciada a atividade.
PROVÁVEL	B	Irá ocorrer várias vezes na vida do sistema ou do item.
OCASIONAL	C	Irá ocorrer algumas vezes ao longo da vida do sistema ou do item.
REMOTA	D	Não se espera que ocorra (embora haja alguma expectativa) ao longo da vida do item ou sistema.
IMPROVÁVEL	E	Pode-se assumir que não irá ocorrer, ao longo da vida do sistema ou do item.

A combinação dos dados de frequência ou probabilidade com os de gravidade das consequências resulta na chamada "Matriz de Risco*" (Figura 4.15):

Frequência ou Probabilidade					
A	5	5	10	15	20
B	4	4	8	12	16
C	3	3	6	9	12
D	2	2	4	6	8
E	1	1	2	3	4
X		1	2	3	4
		IV	III	II	I

Gravidade das consequências

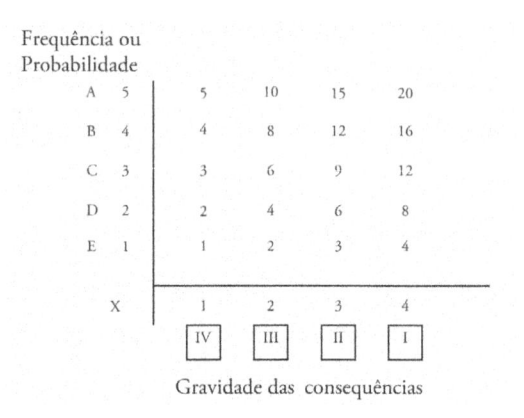

Figura 4.15 – Matriz de Risco
Fonte: Elaborada pelo autor.

*Para cada impacto identificado, marque com um código (numeração ou letras) o seu posicionamento na matriz de risco – gráfico semelhante ao da Figura 4.15 (combinação de gravidade das consequências com frequência ou probabilidade.

Os números constantes do interior da matriz podem ser obtidos pela multiplicação de "gravidade das consequências" pela "frequência ou probabilidade".

Sugestões para enquadramento:
- Efeito é **crítico**: valor igual ou superior a 8 pontos;
- Efeito é **moderado**: inferior a 8 pontos e igual ou superior a 4 pontos;
- Efeito é **reduzido**: inferior a 4 pontos.

A grande utilidade em elaborar a matriz de risco é permitir a identificação de regiões onde ocorre uma associação de situações de alta gravidade com probabilidades de ocorrência consideradas altas (condições inaceitáveis, quando cuidados mais expressivos deverão ser tomados, com ações para gerenciar os riscos e modificar os sistemas), regiões onde é prudente realizar ações de gerenciamento de riscos, e outras regiões onde as condições são aceitáveis.

Quando ficar evidenciado que o efeito é *crítico*, os riscos são considerados inaceitáveis, com os controles existentes, sendo necessário estudar e implementar modificações que aumentem a segurança, com medidas de projeto, treinamento de operadores e modificações físicas nos processos industriais, resultando em uma nova situação em que tenha sido reduzida a gravidade da consequência ou a probabilidade ou frequência do evento.

Quando o efeito é enquadrado como *moderado*, o risco pode ser considerado aceitável quando mantido sob controle. Havendo a possibilidade de reduzir ainda mais esse risco, justificada por análise de custos e benefícios, pode ser interessante introduzir modificações de projeto e controles adicionais.

Quando o efeito for considerado *reduzido*, os riscos são considerados aceitáveis, não havendo a necessidade de medidas adicionais, somente de monitoramento periódico para assegurar que não houve modificação das condições de gravidade da consequência ou de frequência do evento ou sua probabilidade de ocorrência.

Outra possibilidade a ser considerada é agregar à análise uma terceira variável, ou seja, definir a extensão dos impactos, com a possibilidade de quatro enquadramentos:

- os impactos restringem-se somente ao local de ocorrência;
- os impactos restringem-se aos limites físicos da empresa;
- os impactos atingem a região adjacente à empresa;
- os impactos atingem amplas áreas externas à empresa.

Outra recomendação é de que os aspectos identificados sejam comparados com as exigências legais ou regras e regulamentos da empresa, o que será discutido no próximo item.

São propostas algumas outras classificações de gravidade das consequências, que levam em conta outros atributos:

a) que levem em conta a segurança das pessoas, dos sistemas e do meio ambiente:

Catastrófica: morte, perda do sistema ou danos ambientais severos.

Crítica: ferimentos graves, doença ocupacional grave, danos grandes no sistema ou no meio ambiente; consumo significativo de recursos naturais; geração elevada de poluição.

Marginal: ferimentos leves, doenças do trabalho não importantes, danos pequenos nos sistemas ou ao meio ambiente; consumo moderado de recursos naturais; geração moderada de poluição e rejeitos.

Desprezível: menos do que a categoria de pequenos ferimentos, doenças do trabalho não importantes ou não causa danos em sistemas ou ao meio ambiente; consumo desprezível de recursos naturais; não causa poluição significativa.

b) que levem em conta prejuízos financeiros:

Catastrófica: Comprometimento total da instalação. Prejuízos superiores a R$ 1.000.000.

Crítica: Danos que requerem reparos extensivos na instalação. Prejuízos entre R$ 100.000 e R$ 1.000.000.

Marginal: Danos que requerem a reposição ou reparo de equipamentos de importância fundamental ou pequenos danos estruturais. Prejuízos entre R$ 10.000 e R$ 100.000.

Desprezível: Danos que requerem a reposição de equipamentos de importância secundária. Prejuízos inferiores a R$ 10.000.

Nota: sugere-se ajustar os valores de acordo com o interesse da empresa.

b) que levem em conta as condições de operação da planta:

Catastrófica: Comprometimento total do processo. Liberação de quantidades significativas de contaminantes para o meio ambiente (solo, águas e ar). Retomada da planta em período superior a 1 ano.

Crítica: Comprometimento significativo do processo. Contaminação interna da planta, do solo e de águas. Contaminação moderada do ar. Retomada da rotina da planta em período entre 3 e 12 meses.

Marginal: Falhas que causam desvios no processo desenvolvido, necessitando de parada para correção, com retomada da rotina da planta em período entre 7 e 90 dias. Contaminação interna à planta e mínima contaminação do solo.

Desprezível: Falhas que não causam desvios no processo desenvolvido. Retomada da rotina da planta em período inferior a 7 dias. Contaminação interna à planta, facilmente eliminada.

Visto o conceito de "Matriz de Risco" que, conforme comentamos, pode ser uma ferramenta interessante para priorizar os impactos ambientais identificados, comentaremos a questão da ordenação dos aspectos e impactos em três listas, para prosseguirmos na implantação do SGA.

Feita a identificação, a classificação dos efeitos e impactos ambientais poderá prosseguir criando-se três listas para registro:
- lista para as condições normais de operação (funcionamento contínuo dos equipamentos da planta);
- lista para as condições anormais de operação (condições de partida, de parada, variações de regime, pequenas avarias etc.);
- listas para as condições de riscos ambientais (emergências, incidentes, acidentes, ou seja, condições imaginadas, modeladas ou observadas, com alguma probabilidade de ocorrência).

O fluxograma, apresentado a seguir (Figura 4.16), mostra um exemplo das possíveis etapas a observar, para a identificação dos impactos ambientais e seu registro.

```
                          ┌─────────┐
                          │  Início │
                          └────┬────┘
                               │
              ┌────────────────┴────────────────┐
              │ Identificação dos aspectos e    │
              │ impactos ambientais             │
              └────────────────┬────────────────┘
```

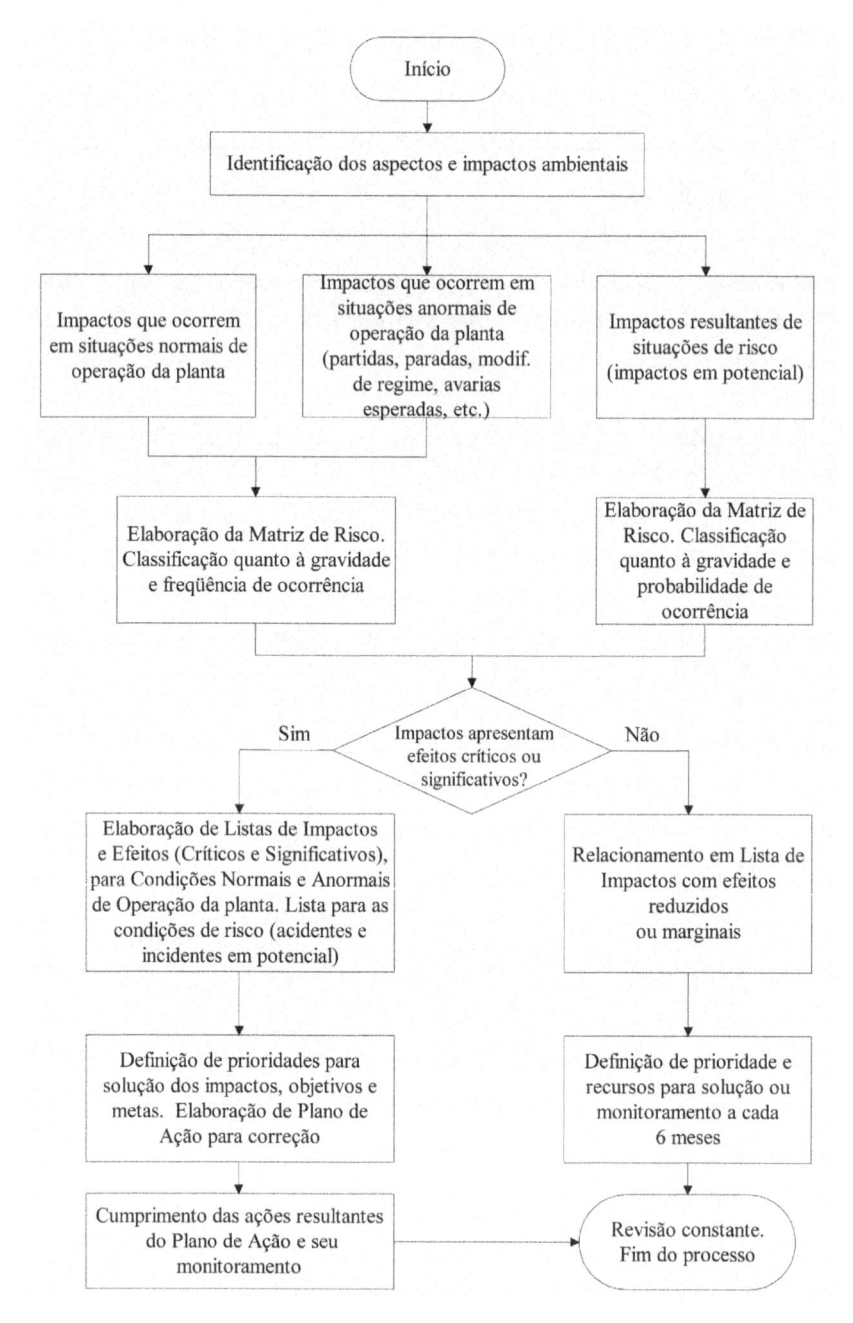

```
┌──────────────────┐   ┌──────────────────────┐   ┌──────────────────┐
│ Impactos que     │   │ Impactos que ocorrem │   │ Impactos         │
│ ocorrem em       │   │ em situações         │   │ resultantes de   │
│ situações        │   │ anormais de          │   │ situações de     │
│ normais de       │   │ operação da planta   │   │ risco (impactos  │
│ operação da      │   │ (partidas, paradas,  │   │ em potencial)    │
│ planta           │   │ modif. de regime,    │   │                  │
│                  │   │ avarias esperadas,   │   │                  │
│                  │   │ etc.)                │   │                  │
└──────────────────┘   └──────────────────────┘   └──────────────────┘
```

```
        ┌──────────────────────────┐       ┌──────────────────────────┐
        │ Elaboração da Matriz de  │       │ Elaboração da Matriz de  │
        │ Risco. Classificação     │       │ Risco. Classificação     │
        │ quanto à gravidade e     │       │ quanto à gravidade e     │
        │ freqüência de ocorrência │       │ probabilidade de         │
        │                          │       │ ocorrência               │
        └──────────────────────────┘       └──────────────────────────┘
```

```
                          ╱╲
                Sim      ╱  ╲       Não
              ◄─────────╱ Impactos ╲─────────►
                        ╲apresentam╱
                         ╲efeitos ╱
                          ╲críticos
                           ╲ou significativos?╱
                            ╲╱
```

```
┌────────────────────────────┐        ┌────────────────────────────┐
│ Elaboração de Listas de    │        │ Relacionamento em Lista de │
│ Impactos e Efeitos         │        │ Impactos com efeitos       │
│ (Críticos e Significativos),│       │ reduzidos                  │
│ para Condições Normais e   │        │ ou marginais               │
│ Anormais de Operação da    │        │                            │
│ planta. Lista para as      │        │                            │
│ condições de risco         │        │                            │
│ (acidentes e incidentes    │        │                            │
│ em potencial)              │        │                            │
└────────────────────────────┘        └────────────────────────────┘
```

```
┌────────────────────────────┐        ┌────────────────────────────┐
│ Definição de prioridades   │        │ Definição de prioridade e  │
│ para solução dos impactos, │        │ recursos para solução ou   │
│ objetivos e metas.         │        │ monitoramento a cada       │
│ Elaboração de Plano de     │        │ 6 meses                    │
│ Ação para correção         │        │                            │
└────────────────────────────┘        └────────────────────────────┘
```

```
┌────────────────────────────┐        ╭────────────────────────────╮
│ Cumprimento das ações      │        │ Revisão constante.         │
│ resultantes do Plano de    │───────►│ Fim do processo            │
│ Ação e seu monitoramento   │        │                            │
└────────────────────────────┘        ╰────────────────────────────╯
```

Figura 4.16 – Avaliação de Impactos Ambientais
Fonte: Elaborada pelo autor.

Além destas listas, poderá ser interessante classificar a caracterização do impacto, ou seja, sua incidência (se o impacto é direto ou indireto) e suas consequências (se o impacto é adverso ou benéfico).

Para as duas primeiras listas (condições normais e anormais), será necessário fazer a qualificação de cada efeito ambiental identificado, quanto à gravidade das consequências versus a frequência de sua ocorrência.

Mostraremos, mais adiante, uma forma mais completa e sofisticada de classificarmos os impactos ambientais, levando em conta também os requisitos legais e demanda de partes interessadas, além da matriz de risco. Caso a empresa deseje, essa identificação poderá ser feita com o conteúdo até aqui apresentado; porém, com a sofisticação do sistema e a necessidade de levar em consideração outras variáveis, a forma mais completa pode se mostrar adequada.

4.8.5 – Requisitos legais e outros requisitos

(Item 6.1.3 da Norma ISO 14001:2015)

A Norma NBR ISO 14001:2015 estabelece a exigência de que a organização deva determinar e ter acesso aos requisitos legais e outros requisitos relacionados a seus aspectos ambientais, isto sendo feito de uma maneira formal, usualmente seguindo procedimentos.

De acordo com a versão atual da Norma ISO 14001, não basta apenas listar os requisitos legais aplicáveis. É necessário determinar como esses requisitos se aplicam à organização e aos seus aspectos ambientais.

A organização deverá, também, levar em consideração os requisitos legais e outros requisitos quando estabelecer, implementar, manter e melhorar continuamente seu sistema de gestão ambiental.

Não se aceita que essa identificação de requisitos seja feita de maneira informal, sem registros. Ao contrário, os requisitos legais e outros requisitos devem ser mantidos como informação documentada, acessíveis a todos os interessados, sendo de grande valia por ocasião das auditorias.

Os requisitos legais e outros requisitos podem resultar em riscos e oportunidades para a organização. Não cumprir a legislação é sempre bastante grave, deixando a empresa sujeita a uma série de sansões, inclusive para os seus dirigentes. A própria política ambiental exige um comprometimento em cumprir a legislação e outros requisitos. Dessa forma, o trabalho recomendado neste item pode ser um fator crucial para reduzir riscos.

Dependendo da amplitude de atuação da organização, principalmente em caso de empresas, eventualmente será necessário incluir leis internacionais, além das nacionais e locais. Isso pode ocorrer em cumprimento a algum contrato firmado pela empresa, por exemplo, no caso de exportações de produtos e serviços, situações em que ela seja obrigada a cumprir as leis do país envolvido.

Também, ao obter permissões, licenças de órgãos ambientais e outras formas de autorização de funcionamento, esses documentos impõem, por vezes, alguns requisitos adicionais. Da mesma forma, agências regulamentadoras podem emitir ordens, regras ou orientações. A organização deverá administrar esses requisitos, incluindo-os em seus documentos referentes aos requisitos legais.

Em caso de decisões de tribunais, a organização deverá levá-las em conta, se elas contiverem determinações referentes a aspectos ambientais.

Para que não exista o risco de que a organização deixe de cumprir requisitos legais, por falta de conhecimento ou desorganização de seus registros, é desejável que elas possuam um setor (pequeno), dentro da área jurídica (se existir), ou dentro da própria área ambiental, que fique responsável por identificar as leis promulgadas, decretos, ou outros dispositivos legais que se apliquem ao desempenho ambiental. É interessante que elas criem um banco de dados com essas informações, que permitam o acesso rápido a esses requisitos legais. Para que esse trabalho seja bem elaborado, é necessário existirem procedimentos que auxiliem a administração a garantir a identificação e cumprimento dos requisitos da legislação. Inicialmente, porque toda empresa precisa, no mínimo, cumprir os requisitos legais do país, estado e município e, além disso, foi declarado explicitamente no texto da Política Ambiental o compromisso de cumprimento da legislação.

Para isso, os procedimentos devem indicar quem será responsável (qual a unidade organizacional ou empresa contratada) pelo trabalho de compilar as leis, resoluções e deliberações que se aplicam àquela determinada atividade produtiva ou de serviços. Realizando um controle organizado de acesso (lista das leis, arquivamento de cópia em pastas ou arquivos eletrônicos), deve-se implantar um mecanismo de divulgação aos setores afetados, realizar treinamentos no assunto e, em seguida, montar listas de verificação (*checklists*) com os requisitos aplicáveis, de forma a programar auditorias para verificar o cumprimento desses requisitos. Dessas auditorias, certamente resultarão pontos não cumpridos, que demandarão outras ações de correção. De qualquer forma, terá sido atingido o objetivo de identificar esses pontos para que possam ser corrigidos. A realização dessas auditorias, consolidada em registros e relatórios, demonstrará o cumprimento das leis ou indicará a existência de não-conformidades que irão requerer ações corretivas e preventivas, e protegerá os gerentes e diretores da empresa, resultando em uma atividade muito útil do Sistema de Gestão Ambiental para a empresa e seus Diretores.

É importante esse trabalho de acompanhamento da legislação ambiental, com a listagem de todas as leis e regulamentos (em níveis federal, estadual, municipal, ou mesmo internacional, no caso de empresas exportadoras) que tenham alguma relação com as suas atividades, produtos ou serviços. Esse material deve ser constantemente atualizado, com seu conteúdo periodicamente informado aos diversos setores da empresa, responsáveis por alguma atividade ligada a aspectos ambientais (comunicação por escrito, seguindo um procedimento específico), a quem cabe comparar o desempenho específico com aquilo que estiver estabelecido nos requisitos legais e outros. Esta documentação deve ser guardada em um único local, com um sistema centralizado de controle, para maior garantia de atualizações. O sistema gerencial precisa possuir mecanismos para garantir que a lei está sendo cumprida (listas de verificação, diretrizes, rastreamento das informações).

Esse mesmo setor deve ficar responsável por manter um registro de outros requisitos resultantes de acordos, códigos industriais, normas voluntariamente subscritas pela empresa (por exemplo, o *Responsible Care*/Atuação Responsável), e compromissos ambientais constantes especificamente de contratos assinados pela empresa, divulgando esses requisitos aos setores responsáveis pelo seu cumprimento, o que será verificado posteriormente pelas auditorias. Esse setor poderá, também, ser utilizado para verificar se as ações corretivas identificadas para corrigir as não-conformidades legais foram, efetivamente, tomadas pelos setores responsáveis. Outra forma de realizar esse trabalho é contratá-lo a escritórios de advocacia especializados.

Os requisitos legais não atendidos devem ser tratados de acordo com os procedimentos estabelecidos para a tomada de ações corretivas.

Outra atividade típica do grupo responsável pelo cumprimento de requisitos legais é a verificação dos requisitos de licenciamento. Se a empresa exerce atividades potencialmente poluidoras, ela precisou passar pelo processo de licenciamento junto aos órgãos ambientais, descrito ao final deste livro. Ela precisou preparar Estudos de Impacto Ambiental e Relatório de Impactos sobre o Meio Ambiente (EIA-RIMA), passar por audiências públicas e recebeu as licenças necessárias (Licença Prévia, Licença de Instalação e Licença de Operação). Essas licenças ambientais têm validade, precisam ser publicadas e, então, uma das tarefas do setor é verificar se elas continuam válidas e, caso seja necessário, interagir com o órgão ambiental para deixar sempre regularizada a situação, além de arquivá-las cuidadosamente. Ela precisa estar cadastrada no órgão ambiental fiscalizador e apresentar um responsável técnico junto a esses órgãos. Também será necessário verificar frequentemente se os compromissos assumidos no EIA-RIMA (medidas mitigadoras) estão sendo observados. Se houver alguma mudança no processo produtivo, essa modificação terá que ser comunicada e aprovada.

É importante acessar a legislação existente em todos os níveis: Leis, Decretos, Decretos-Lei, Medidas Provisórias, Portarias, Resoluções, Instruções Normativas e Deliberações. A legislação federal pode ser acessada pelo site www.planalto.gov.br/legislacao. Este site também apresenta a legislação de cada Estado. Os Atos Normativos do CONAMA podem ser acessados em www.conama.mma.gov.br. Existem leis específicas para cada tipo de atividade, sendo necessária uma pesquisa nos sites apropriados ou literatura especializada. Há, portanto, a necessidade de uma pesquisa específica para cada empresa.

Apresentamos, a seguir, uma sugestão de procedimento para realizar esse trabalho de identificação dos requisitos legais (e manutenção desse processo) pelos próprios participantes do Grupo de Trabalho encarregado da implantação do SGA.

a) Acesso e identificação dos requisitos legais

O Grupo de Trabalho deverá, em conjunto e por divisão de trabalho entre seus membros, identificar as leis e demais requisitos aplicáveis aos aspectos ambientais identificados, atualizando (ou preparando a versão inicial) uma Lista de Requisitos Legais.

Em sequência, deverá ser feita uma divisão de trabalho, para que cada participante do Grupo examine, em detalhes, cada capítulo e inciso da legislação, extraindo os pontos onde fique evidenciada uma necessidade de ação para que o requisito legal seja cumprido. Preferencialmente, esse trabalho deverá ser realizado pelo componente do Grupo de Trabalho que elaborou ou examinou os fluxogramas de processo utilizados na identificação dos aspectos e impactos ambientais.

Observado um item eventualmente não cumprido, este deverá ser transcrito para o formulário apresentado no Quadro 4.10.

b) Comunicação dos requisitos aos colaboradores

Após serem preparados, os registros de "Identificação dos Requisitos Legais" serão analisados pelo Grupo de Trabalho do SGA, sendo tomadas outras ações necessárias, quais sejam:

b1) elaboração de projetos/atividades pelo Grupo de Trabalho no Plano de Ação, quando coerentes com os objetivos e metas estabelecidos (assunto que apresentaremos logo a seguir neste livro);

b2) elaboração de Procedimentos e Instruções de Trabalho que visem orientar o cumprimento do requisito legal considerado;

b3) preparação do relatório à alta direção da empresa quando não for possível a realização das ações previstas em a) ou b) acima.

Após a preparação dos procedimentos ou instruções de trabalho, deverá ser previsto e realizado um treinamento formal de todos os colaboradores envolvidos com o cumprimento da conformidade legal considerada.

O Programa de Auditorias do SGA deverá prever uma verificação semestral do cumprimento dos requisitos identificados nos registros da "Identificação de Requisitos Legais", por um período no mínimo de dois (2) anos, bem como no Procedimento ou Instrução de Trabalho, estabelecidos para cumprimento desse requisito. Observando-se o cumprimento nesse prazo inicial, deverão ser feitas auditorias de verificação, por exemplo, a cada dois anos.

c) *Acompanhamento dos requisitos legais*

Após a implantação inicial do SGA, caberá ao Gerente de Meio Ambiente (ou cargo semelhante na empresa) lançar tarefas para que os colaboradores realizem uma atualização da Lista de Requisitos Legais, bem como do trabalho descrito no item acima. Como sugestão, essa ação deverá ser tomada pelo Gerente de Meio Ambiente a cada 6 meses.

Quadro 4.10 – Identificação dos requisitos legais

FORMULÁRIO – IDENTIFICAÇÃO DE REQUISITOS LEGAIS			Folha nº	
Referência: Lei (ou outro dispositivo) nº				
Título:				
Item da legislação (conteúdo):				
Setor ou setores envolvidos na ação de cumprimento do requisito legal:				
Ação a tomar: - Modificação no sistema de processo - Criação de Procedimento ou Instrução do Trabalho. Especificar: - Preparação de Relatório à alta direção.				
Responsável pela Identificação:	Crachá:	Nome:	Rubrica:	Data:
Gerente de Meio Ambiente:	Crachá:	Nome:	Rubrica:	Data:

Fonte: Elaborado pelo autor.

4.8.6 – Procedimento mais completo de registro e avaliação de impactos ambientais

Os itens apresentados anteriormente podem, em muitos casos, atender às necessidades da organização no tocante à identificação e priorização de impactos ambientais. Porém, em alguns casos, principalmente em empresas de grande porte ou na realização de aperfeiçoamentos do Sistema de Gestão Ambiental, pode ser interessante agregar novas informações no tocante à identificação dos aspectos e impactos ambientais.

Em linhas gerais, nossa sugestão é de que sejam usados os mesmos procedimentos já apresentados, ou seja, usarmos o fluxograma de processo e a "matriz de risco", porém agregando informações que reflitam também a questão do atendimento da legislação aplicável e outros suportes a um melhor julgamento. Nesta hora, já teríamos compreendido e identificado com mais detalhes os requisitos legais, associados aos impactos referentes aos processos industriais e administrativos, bem como os impactos dos produtos e serviços da empresa.

Sugerimos (com as adaptações necessárias para apropriá-la à cultura de cada organização) a seguinte planilha (Quadro 4.11):

Implantação de um Sistema de Gestão Ambiental (SGA)

Quadro 4.11 – Planilha de Avaliação dos Impactos Ambientais

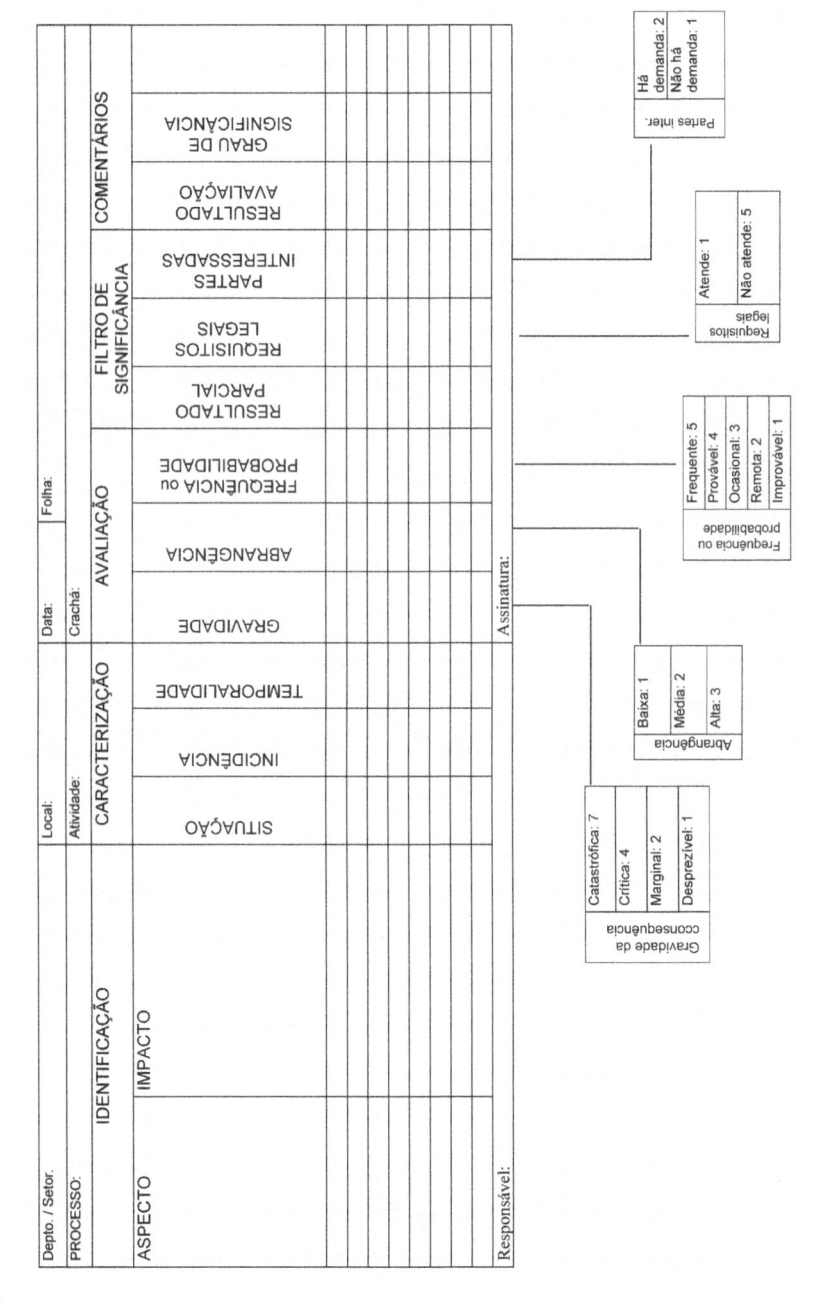

Depto. / Setor:		Local:		Data:		Folha:
PROCESSO:		Atividade:		Crachá:		

IDENTIFICAÇÃO		CARACTERIZAÇÃO			AVALIAÇÃO		FILTRO DE SIGNIFICÂNCIA			COMENTÁRIOS	
ASPECTO	IMPACTO	SITUAÇÃO	INCIDÊNCIA	TEMPORALIDADE	GRAVIDADE	ABRANGÊNCIA	FREQUÊNCIA ou PROBABILIDADE	RESULTADO PARCIAL	REQUISITOS LEGAIS	PARTES INTERESSADAS	RESULTADO AVALIAÇÃO	GRAU DE SIGNIFICÂNCIA

Responsável: Assinatura:

Gravidade da consequência
- Catastrófica: 7
- Crítica: 4
- Marginal: 2
- Desprezível: 1

Abrangência
- Baixa: 1
- Média: 2
- Alta: 3

Frequência ou probabilidade
- Frequente: 5
- Provável: 4
- Ocasional: 3
- Remota: 2
- Improvável: 1

Requisitos legais
- Atende: 1
- Não atende: 5

Partes inter.
- Há demanda: 2
- Não há demanda: 1

Fonte: Elaborado pelo autor.

Para o preenchimento da planilha, são apresentadas sugestões de pontuação:

a) CARACTERIZAÇÃO DO IMPACTO

a1) **Situação**. Refere-se a um indicativo para mostrar se o impacto é esperado, continuado ou referente a situações mais difíceis de serem observadas (por essa razão, é mais fácil esquecer de registrar):

Regime Normal (N) – relativos ao regime de operação normal (rotineiro), que ocorre com o funcionamento comum das máquinas e processos de produção, ou durante a realização normal dos serviços ou no uso dos produtos; inclui situações de partida, parada e manutenção;

Eventual (E) – impactos eventuais não existentes na condição normal de operação, mas que podem ocorrer em condições de partida da planta industrial (por exemplo, ao se ligar uma caldeira pode ocorrer uma liberação de grande quantidade de fuligem retida na chaminé), condições de parada (ao ser desligado o equipamento, podem ocorrer liberações intempestivas) ou durante manutenções (uso de solventes e outros materiais poluentes, descarte de peças gastas etc). Podemos classificar neste item as situações de risco, ou seja, impactos potenciais (acidentes, colapso operacional) e também impactos imagináveis como resultantes de manifestações da natureza (em terremotos, enchentes etc).

a2) **Incidência**. Trata-se um indicativo (não pontuado), que irá refletir se a responsabilidade direta pela geração daquele determinado impacto é da própria empresa, ou de organizações contratadas por ela.

Direta (D) – impacto associado a uma determinada atividade, executada pela própria organização;

Indireta (I) – impacto associado a uma atividade realizada por empresas contratadas, fornecedores de material, prestadores de serviços e outras empresas que utilizam eventualmente as instalações e serviços da nossa empresa, sobre as quais ela pode exercer influência.

a3) **Temporalidade.** Também é um indicativo não numérico, que permite que o observador avalie quando aquele determinado impacto foi gerado.

Passado (P) – impacto identificado no presente, porém resultante de atividade desenvolvida pela organização no passado (que tenha gerado algum passivo ambiental);

Atual (A) – impacto decorrente de atividade realizada no presente;

Futuro (F) – impacto previsto para ocorrer no futuro, como resultado de atividades previstas, provavelmente em instalações ainda não construídas, porém já projetadas. Para identificar estes impactos, sugere-se consultar o EIA-RIMA, caso ele tenha sido feito, para aquela instalação. A identificação desses impactos é interessante, no sentido em que eles ainda não ocorreram, sendo possível realizar modificações de projeto para sua eliminação ou redução.

b) **AVALIAÇÃO DO IMPACTO**

b1) **Gravidade das consequências.** Esta avaliação visa definir, para o impacto considerado, quais são as consequências para o meio ambiente. Nas classificações sugeridas, a seguir, foram descritos vários elementos, como o tipo de poluição produzida, o custo de recuperação após um acidente, entre outros. Deve-se enquadrar o impacto em um ou mais elementos de cada categoria, escolhendo aquela que se apresente como a mais adequada. Nota: podem ser criados, pela equipe da própria organização, os tipos de classificação ou mesmo a descrição de cada tipo, pois a Norma ISO 14001 não fixa nenhum critério a este respeito:

Catastrófica ou muito alta: pode causar a morte de uma ou mais pessoas, como resultado dos produtos e processos envolvidos. Impactos elevadíssimos para o meio ambiente. Liberação de quantidades significativas de contaminantes para o meio ambiente (solo, águas e atmosfera). Esgotamento de um recurso natural. Extinção de uma espécie. Eventos que causem prejuízos (reparos) de substituição da ordem de 25% (ou superiores) em relação ao valor da instalação. Recuperação após um acidente ou avaria com prazo superior a 6 meses;

Crítica ou alta: pode causar ferimentos ou doenças graves. Sério prejuízo ao meio ambiente. Exposição a agentes tóxicos acima de valores estabelecidos por critérios. Contaminação interna da planta, do solo e de águas, em níveis cerca de 10% acima dos valores permitidos pela legislação ambiental. Contaminação elevada do ar. Consumo exagerado de recursos naturais. Custos de recuperação da instalação entre 2% e 25% do custo total. Recuperação da instalação entre 3 e 6 meses;

Marginal ou baixa: Pode causar ferimentos ou doenças de baixa gravidade. Não conformidade com requisitos internos (normas). Prejuízo moderado ao meio ambiente. Não conformidade com a política ambiental da empresa. Possível prejuízo à reputação da empresa. Contaminação interna à planta e mínima contaminação do solo. Consumo moderado de recursos naturais. Interrupções de parte da instalação para reparos por um período inferior a 90 dias. Custos de recuperação da ordem de 1% do valor da instalação;

Desprezível: impacto baixo ou muito baixo sobre o meio ambiente. Evento dificilmente detectado. Não causa ferimentos ou doenças. Recuperação de parte avariada em período inferior a 15 dias. Custos de recuperação inferiores a 1% do valor da instalação.

Sugestões de pontuação:
Catastrófica: 7 pontos
Crítica: 4 pontos
Marginal: 2 pontos
Desprezível: 1 ponto

b2) **Abrangência**. Este item visa pontuar o alcance do impacto, em termos geográficos. Pontuações mais altas, ou seja, aquelas que sejam referentes a impactos que atingem áreas externas, colaborarão para que seja atribuída uma maior prioridade em sua solução:
Baixa (B) – impacto restrito ao local da ocorrência, às proximidades do gerador;
Média (M) – impacto que extrapola o local da ocorrência, mas que permanece dentro dos limites da organização;
Alta (A) – impacto que extrapola os limites da organização, atingindo áreas externas.

Sugestão de pontuação:
B: 1 ponto
M: 2 pontos
A: 3 pontos

b3) **Frequência ou probabilidade de ocorrência do impacto considerado**. Esta é uma das variáveis de maior importância no julgamento de um impacto ambiental. Os pontos atribuídos deverão favorecer a solução de impactos que ocorram com maior frequência, ou aqueles que, em

situações de risco potencial apresentam uma maior probabilidade de ocorrência. As classificações sugeridas são:
Muito alta: ocorre frequentemente (ou alta probabilidade), ou ocorre permanentemente quando iniciada a atividade, em situação normal de operação. Em eventos potenciais, probabilidade maior ou igual a 1 caso por ano;
Alta: irá ocorrer muitas vezes na vida do sistema ou item avaliado. Em situações de risco (eventos potenciais), as probabilidades avaliadas são menores que 1 e maiores ou iguais a 10^{-2} casos por ano;
Média: irá ocorrer algumas vezes ao longo da vida do sistema ou do item. Em situações de risco (eventos potenciais), ocorre com probabilidades menores que 10^{-2} e iguais ou superiores a 10^{-4} casos por ano;
Baixa: não se espera que ocorra (embora haja alguma possibilidade) ao longo da vida do item ou sistema. Possibilidade remota de ocorrer aquele impacto. Em situações de risco (eventos potenciais), com probabilidades menores que 10^{-4} e iguais ou superiores a 10^{-6} casos por ano.
Muito baixa: pode-se assumir que não irá ocorrer, ao longo da vida do sistema ou do item. Em situações de risco (eventos potenciais), com probabilidades inferiores a 10^{-6} casos por ano.

Sugestões de pontuação:
Muito alta: 5 pontos
Alta: 4 pontos
Média: 3 pontos
Baixa: 2 pontos
Muito baixa: 1 ponto

b4) **Resultado parcial**
Podemos obter um **resultado parcial** da avaliação do aspecto e impacto considerado, que dará uma pontua-

ção dos itens avaliados até esta fase, multiplicando-se o valor do índice atribuído à **FREQUÊNCIA/PROBABILIDADE**, com a soma dos índices **GRAVIDADE** e **ABRANGÊNCIA**.

c) **FILTRO DE SIGNIFICÂNCIA.** A aplicação de um filtro de significância é útil para permitir que sejam levados em conta alguns requisitos especiais, como, por exemplo, o cumprimento da legislação. Neste caso, quando se observar que o impacto viola alguma lei, devem ser dados pontos (pesados, neste caso), para que esse impacto acabe tendo uma prioridade elevada para a sua solução.

c1) **Requisitos legais**: não cumprir a legislação é grave em qualquer empresa, pois além de sujeitá-la a sanções diversas, existe a questão das repercussões na Sociedade na eventualidade de um acidente ou incidente com liberação de produtos. E também por comprometer a certificação, já que os auditores abrirão uma não conformidade pelo descumprimento da Política Ambiental (onde foi declarado, como um dos compromissos, o cumprimento da legislação).

Sugestões de pontuação:
Atende: 1
Não atende: 5

c2) **Demanda de partes interessadas**. Partes interessadas, segundo a Norma ISO 14001, "são os indivíduos ou grupos interessados pelo desempenho ambiental de uma organização", ou seja, os vizinhos, membros de ONGs, órgãos ambientais, mídia e outros. Na avaliação deste tópico, visamos influenciar a pontuação final dos impactos que chamam mais a atenção das partes interessadas.

Sugestão de pontuação:
Não há demanda: 1
Há demanda: 2

d) Resultado da avaliação.

O resultado da avaliação será obtido por meio de um cálculo, onde somaremos os pontos atribuídos a "Requisitos legais" com os pontos do item "Partes Interessadas". A seguir, podemos multiplicar o valor obtido pelo "Resultado Parcial" anteriormente calculado.

e) Grau de significância.

O grau de significância irá refletir, por meio de um enquadramento, os pontos obtidos pelos cálculos, separando os impactos em quatro categorias, às quais podemos atribuir prioridades para a sua solução.
Sugestões de enquadramento:
Efeito **crítico (C)**: entre 350 e 260 pontos – prioridade 1
Efeito **significativo (S)**: inferior a 260 pontos e igual ou superior a 170 pontos – prioridade 2
Efeito **reduzido (R)**: inferior a 170 pontos e igual ou superior a 80 pontos – prioridade 3
Efeito **desprezível (D)**: inferior a 80 pontos – prioridade 4

Realizado esse trabalho (muito importante), teremos um conhecimento grande dos impactos ambientais resultantes das atividades, produtos e serviços da organização. E teremos avaliado, com um método racional e rastreável, a prioridade com que devemos procurar eliminar ou reduzir os impactos a níveis aceitáveis. Nossa próxima etapa do SGA será a fixação de objetivos e metas.

4.8.7 – Objetivos ambientais e planejamento para alcançá-los

(Item 6.2 da Norma NBR ISO 14001:2015)

A edição anterior da Norma previa duas definições distintas, uma para "objetivos ambientais", como sendo "os propósitos ambientais gerais de desempenho, originários da política ambiental e da avaliação de efeitos e impactos significativos, que uma organização se propõe a atingir; e outra, para "metas ambientais", que seriam "os requisitos detalhados de desempenho, sempre que possível sendo quantificados (metas mensuráveis), aplicáveis a uma organização ou parte dela, que se originam dos objetivos ambientais e que necessitam ser implementadas de modo a atingir aqueles objetivos".

Os objetivos deveriam ser específicos, coerentes com a política ambiental da empresa, devendo levar em conta os requisitos legais e outros códigos de conduta subscritos voluntariamente, evidenciar os compromissos de melhoria contínua e colaborar para tornar realidade o comprometimento com a proteção do meio ambiente, estabelecido na Política Ambiental. Os objetivos, na versão anterior da Norma, eram, na realidade, metas de alto nível (gerais), enquanto as "metas" refletiam exigências mais objetivas, mensuráveis sempre que possível. Também é possível que um objetivo, para que fosse alcançado, tivesse a necessidade de ser desdobrado em várias metas.

A edição atual definiu apenas "objetivos ambientais" como conceito. Mas, se a organização preferir, por questões de administração e maior detalhamento, continuar a utilizar o conceito de metas, acreditamos que não haverá nenhuma restrição a isso.

Entretanto, nesta edição do livro, para manter a coerência com a edição de 2015 da Norma, utilizaremos apenas o conceito de "objetivos ambientais".

4.8.7.1 – Objetivos ambientais

(Item 6.2.1 da Norma NBR ISO 14001:2015)

Objetivo ambiental é o objetivo (resultado a ser alcançado) definido pela organização, coerente com a sua política ambiental.

A organização, para definir seus objetivos ambientais, deve levar em consideração os aspectos ambientais significativos e os requisitos legais e outros requisitos, considerando seus riscos e oportunidades.

Objetivos ambientais devem ser:

a) coerentes com a política ambiental. Não pode haver conflitos entre os objetivos e a política, ou diferenças de interpretação; a "política", na verdade, é composta de "grandes objetivos" (objetivos em nível macro). Ao se fixar os objetivos, a prioridade deve ser estabelecer requisitos e atuar nos aspectos ambientais "significativos";

b) mensuráveis (se viável). O objetivo mensurável, quantificável, é muito mais fácil de ser administrado e verificado. Deve-se, assim, evitar a criação de objetivos não quantificáveis. O gerenciamento de um objetivo fica facilitado quando se consegue medir o seu cumprimento, com algum tipo de métrica. Entretanto, há situações em que isso não é possível, em que a avaliação somente possa ser feita de forma qualitativa. Mesmo nesses casos, a organização deverá ser capaz de determinar se um objetivo foi ou não alcançado. Também é importante incluir a existência de um contexto temporal em um objetivo, ou seja, o prazo para que aquele objetivo seja alcançado;

c) monitorados. A equipe de gestão ambiental deve acompanhar, com uma certa frequência, o andamento das ações visando atingir objetivos ambientais, adotando ações corretivas para garantir o sucesso, em termos de resultados e prazos;

d) comunicados. Ao serem definidos, os objetivos devem ser comunicados a toda a organização (visando obter todo o apoio das pessoas) e, principalmente, aos setores em que exista a necessidade de ações visando cumprir os objetivos;

e) atualizados, como apropriado. Não se espera que os objetivos sejam definidos e permaneçam indefinidamente sem uma revisão. Eventualmente, pequenos ajustes serão necessários. A partir de um estágio em que os objetivos tenham sido atingidos, será necessário criar novos objetivos, eventualmente em uma nova volta no ciclo PDCA, em consonância com o conceito de melhoria contínua.

Os objetivos ambientais devem ser mantidos como informação documentada, em cada nível e função pertinente da organização. Os objetivos devem ser comunicados principalmente às pessoas que têm capacidade de influenciar o alcance dos objetivos. Existindo um documento com a lista dos objetivos ambientais e indicações sobre como atingi-los, será mais fácil permitir que todos os envolvidos com as ações necessárias dentro da organização possam se mobilizar no cumprimento de todas as atividades necessárias, no tempo correto. O registro documentado dos objetivos permitirá que as partes interessadas também tenham pleno conhecimento, o mesmo ocorrendo com os auditores, que terão uma base sólida para verificação do cumprimento das ações e prazos, avaliando os resultados atingidos.

Os objetivos deverão ser definidos nos níveis estratégico, tático ou operacional. O nível estratégico refere-se aos objetivos de nível mais alto, aplicáveis a toda a organização, enquanto os níveis tático e operacional referem-se a unidades ou funções específicas, compatíveis com o direcionamento estratégico. É necessário que o Comitê de Meio Ambiente, ao definir e estudar os impactos significativos, tenha uma interação com a alta direção, para revisão dos objetivos ambientais estratégicos, obtendo a sua aprovação.

Quando a equipe encarregada de estabelecer os objetivos ambientais estiver realizando esse trabalho, ela deve alinhar e harmonizar esses objetivos com os compromissos definidos pela alta direção, normalmente na política ambiental.

Os objetivos e metas (se utilizar) devem ser previstos sempre como pontos "alcançáveis", e não utópicos, impossíveis de serem atingidos com os recursos disponíveis ou que se prevê alocar ao programa (recursos humanos, equipamentos e sistemas, opções tecnológicas etc.), levando em conta as condições financeiras e comerciais da organização, devendo atender, de forma mais próxima possível, as expectativas das partes interessadas.

Os objetivos devem ser definidos de maneira ampla para a organização, ou de uma forma específica para uma unidade, uma fábrica, um setor, ou mesmo um determinado processo, conforme tiver sido estabelecido no escopo do SGA.

Os objetivos e metas devem ser estabelecidos a partir da análise dos efeitos e impactos ambientais (que fizeram uso das várias ferramentas disponíveis como diagramas de Ishikawa, de Pareto, fluxogramas etc.). Lembramos o Princípio de Pareto na escolha das causas a atacar: "Muitas causas são triviais, poucas são vitais". Ou seja, é importante a concentração das prioridades na solução de causas vitais.

Sempre que factível, antes da redação definitiva, deve ser ouvida a opinião dos colaboradores que serão envolvidos no cumprimento dos objetivos, para verificar se estes são realistas e possíveis de serem alcançados. Essa participação é, sobretudo, um fator de motivação e de comprometimento (ninguém gosta que lhe sejam impostas ações, sem antes serem ouvidos). É importante lembrar que cada pessoa de uma organização tem uma experiência pessoal, muitas vezes importante, que precisa ser levada em consideração. Outra participação recomendada refere-se às partes interessadas, ouvindo os seus pontos de vista.

Conforme foi enfatizado, há a necessidade que os objetivos sejam, sempre que possível, quantificáveis, para remover a subjetividade quanto ao cumprimento. E, principalmente, há a necessidade de que sejam identificados os *indicadores de desempenho ambiental*, ou seja, como iremos medir de forma objetiva os resultados, para garantir que as ações necessárias para atingir os objetivos foram realmente cumpridas. "Se não se puder medir não se consegue gerenciar". Medir é mais fácil na área técnica como, por exemplo, DBO, vazão de emissões, composição de efluentes. As melhorias administrativas ou aquelas relativas às práticas gerenciais são mais difíceis, mas podem ser feitas estatísticas, gráficos de Pareto etc.

Em todos os processos, é necessário medir, para avaliar se os resultados apresentam, ao longo do tempo, melhorias de desempenho. Qualquer atleta sabe disso, que não basta correr, que é preciso medir, por exemplo, medir o tempo gasto em correr determinada distância, lutar contra o cronômetro antes de enfrentar a competição, melhorando continuamente seu desempenho.

Conforme citados na Norma ISO 14.031 – "Avaliação de desempenho ambiental", alguns **indicadores de desempenho ambiental,** que podem ser utilizados são:

Implementação de políticas e programas:
- Número de objetivos atingidos;
- Número de unidades organizacionais que estejam atingindo objetivos ambientais;
- Número de iniciativas implementadas para prevenção da poluição;
- Número de empregados treinados versus o número que necessita de treinamento;
- Número de sugestões dos empregados para a melhoria ambiental;
- Número de fornecedores e prestadores de serviço consultados sobre questões ambientais;
- Número de produtos projetados para desmontagem, reciclagem e reutilização;

- Número de produtos com instruções relativas ao uso e disposição final ambientalmente seguros.

Conformidade:
- Grau de atendimento a regulamentos;
- Tempo para responder ou corrigir os incidentes ambientais;
- Número de ações corretivas identificadas que foram encerradas ou as que ainda não foram encerradas;
- Número de multas ou penalidades ou os custos a elas atribuídos;
- Número de auditorias concluídas versus planejadas;
- Número de constatações de auditorias por período;
- Frequência de revisões dos procedimentos operacionais;
- Número de exercícios de simulação de emergência realizados.

Desempenho financeiro:
- Custos (operacional e de capital) associados com os aspectos ambientais de um processo ou serviço;
- Retorno sobre o investimento para projetos de melhoria ambiental;
- Economia obtida com a redução do uso de recursos, da prevenção de poluição ou da reciclagem de resíduos.

Relações com a comunidade:
- Número de consultas ou comentários sobre questões relativas ao meio ambiente;
- Número de reportagens da imprensa sobre o desempenho ambiental da organização;
- Número de programas educacionais ambientais ou materiais fornecidos à comunidade;
- Recursos aplicados para apoiar os programas ambientais da comunidade;
- Número de locais com relatórios ambientais;
- Número de locais com programas de vida selvagem;

- Índices de aprovação em pesquisas na comunidade.

Indicadores de desempenho operacional:
Materiais:
- Quantidade de materiais usados por unidade de produto;
- Quantidade de materiais processados, reciclados ou reutilizados que são usados;
- Quantidade de materiais de embalagem descartados ou reutilizados, por unidade de produto;
- Quantidade de água por unidade de produto;
- Quantidade de água reutilizada;
- Quantidade de materiais perigosos usados nos processos de produção.

Energia:
- Quantidade de energia usada por ano ou por unidade de produto;
- Quantidade de cada tipo de energia que foi utilizada;
- Quantidade de energia gerada com subprodutos ou correntes de processo.

Serviços de apoio às operações da organização:
- Quantidade de materiais perigosos usados pelos prestadores de serviço contratados;
- Quantidade de produtos de limpeza usados pelos prestadores de serviço contratados;
- Quantidade e tipo de resíduos gerados pelos prestadores de serviço contratados.

Instalações físicas e equipamentos:
- Número de situações de emergência (por exemplo: explosões) ou situações não rotineiras (exemplo: paradas operacionais) por ano.

Resíduos:
- Quantidade de resíduos por ano ou por unidade de produto;
- Quantidade de resíduos perigosos, recicláveis ou reutilizáveis produzidos por ano;
- Quantidade de resíduos para disposição;
- Quantidade de resíduos armazenados no local;
- Quantidade de resíduos perigosos eliminados, graças a substituição de material.

Emissões:
- Quantidade de emissões específicas por ano;
- Quantidade de emissões específicas por unidade de produto;
- Quantidade de emissões atmosféricas com potencial de aquecimento global;
- Quantidade de emissões atmosféricas com capacidade de degradação da camada de ozônio;
- Quantidade de material específico descarregado na água, por unidade de produto.

A definição de objetivo é, quase sempre, resultado da identificação e priorização dos impactos ambientais. Foi comentado que a identificação dos aspectos e impactos é bastante auxiliada pela elaboração do "fluxograma de processo", que indica como o produto caminha ao longo do processo produtivo. Em cada etapa do processo, existem as "atividades" ou "operações" que são realizadas, de modo que o fluxo de tarefas permite cumprir aquela determinada etapa do processo. É bastante comum que os analistas ou engenheiros, na tentativa de melhorar o processo acabem se concentrando nas operações e não no processo em si, "olhando as árvores sem conseguir ver a floresta". Por exemplo, usando os conceitos de Taiichi Ohno, criador do sistema *just in time*, uma montadora automobilística, ao melhorar o seu sistema de estoque de pneus com empilhadeiras mais modernas, *pallets* melhores, sistema informatizado de controle de estoque etc., estará atuando na melhoria das operações. Por outro lado, se ela abolir o estoque na fábrica, recebendo diariamente os pneus dos fabricantes para uso na linha de montagem, ela estará melhorando o processo, com isso evitando áreas de armazenagem, uso de energia elétrica para iluminação e ventilação, menor necessidade de sistemas de emergência (combate a incêndios) etc. Em outro exemplo, se considerarmos um sistema de produção que utiliza uma caldeira para a produção de vapor saturado para uma indústria, se for instalado um filtro na saída dos gases de combustão estaremos melhorando a operação. Por outro lado, se instalarmos uma turbina a gás, usando gás natural e uma caldeira de regeneração que usa os gases de escape, nós estaremos melhorando o processo, com redução considerável dos impactos ambientais.

Serão apresentados, a seguir, no Quadro 4.12, alguns exemplos de objetivos e, em seguida, para resumir os passos principais de implantação do SGA até esta fase, apresentamos um fluxograma com exemplos sumários, desde a elaboração da política, até a discriminação das metas.

Quadro 4.12 – Objetivos Ambientais

Aspectos ou impactos ambientais	Objetivos ambientais
Uso de recursos naturais (água)	Reduzir o desperdício de água na planta industrial, com o aproveitamento de toda a água vinda do poço artesiano, utilizada na lavagem de frascos de medicamentos, para limpeza doméstica da fábrica. Prazo: 6 meses. (exemplo de objetivo em uma indústria farmacêutica)
Emissão de particulados na atmosfera	Reduzir as emissões de particulados MP_{10}, em 90% nos próximos 2 anos.

Aspectos ou impactos ambientais	Objetivos ambientais
Emissão de efluentes líquidos	Reduzir o teor de chumbo nos efluentes industriais, de forma a atender ao limite de emissão da CETESB, art. 18, para um valor máximo 0,5 mgPb/l de efluente, no prazo de 6 meses.
Contaminação do solo	Reduzir o volume de resíduos dispostos no terreno da fábrica em 80%, no prazo de um ano, transferindo-o para um aterro sanitário.
Passivo ambiental da empresa	Avaliar e quantificar a área contaminada e registrar os valores considerados como passivo ambiental nas demonstrações contábeis da empresa. Prazo: 8 meses
Conscientização ambiental dos funcionários	Aumentar a conscientização de nossos empregados e dos vizinhos quanto à questão ambiental, promovendo cursos de curta duração para 50% dos funcionários. Programar a "Semana de Meio Ambiente" em setembro, estimulando a visita dos vizinhos da fábrica.
Contaminação do solo no descarte final de produtos da empresa	Modificar o projeto de nossos produtos, de modo a reduzir seus impactos ambientais por ocasião de sua disposição final. Somente utilizar material biodegradável nas embalagens, no prazo de 1 ano.
Contaminação do ar	Reduzir o odor emanado das instalações da fábrica. Estudar a instalação de filtros, preparar as especificações de aquisição e incluir no orçamento do próximo ano. Reduzir as queixas dos vizinhos quanto ao odor a um máximo de 10% do número atual, no prazo de 1 ano.

Aspectos ou impactos ambientais	Objetivos ambientais
Geração de resíduos sólidos	Implantar programa de segregação de embalagens vazias, por tipo de material, até dezembro de 2005.
Descarte de efluentes líquidos	Reduzir em 15% a carga poluidora de amônia no emissário geral da Usina até dezembro/1999 (objetivo da Usiminas em out/96).
Geração de resíduos oleosos	Reduzir em 50% a geração de resíduos oleosos da Laminação a Frio até dezembro/1998 (objetivo da Usiminas em out/96), por meio da implantação de melhoria no processo de tratamento de resíduos oleosos da Laminação a Frio até dezembro/1998 (meta da Usiminas em out/96).
Proteção do meio ambiente no descarte de embalagens	Modificar o projeto de nossos produtos, de modo a reduzir seus impactos ambientais, por ocasião de sua disposição final, optando-se pela utilização de material biodegradável nas embalagens, com prazo até dezembro de 2018.
Proteção do meio ambiente quanto ao descarte de embalagens	Utilizar 100% de papel e papelão usados em embalagem, com produtos provenientes de fornecedores certificados pela FSC – *Forest Stewardship Council*, até dezembro de 2008. (baseado na Semp Toshiba)
Emissão de efluentes líquidos	Reduzir a DBO dos efluentes líquidos descartados, em 50% do valor atual, até junho de 2017

Aspectos ou impactos ambientais	Objetivos ambientais
Uso de recursos naturais (água)	Reduzir o consumo interno de água, para um índice médio de 3,2 litros para cada litro de bebida envasada, até dezembro de 2012. (baseado na AMBEV, em 2012)
Emissão de efluentes gasosos e uso de energia	Reduzir a emissão de gases de efeito estufa e o consumo de energia em 10%, até dezembro de 2012. (baseado na AMBEV, em 2012)
Proteção do meio ambiente	Desenvolver e implementar um projeto paisagístico na área do parque industrial da empresa, com a finalidade de embelezamento e controle de erosão, visando o plantio de, pelo menos, mil mudas de espécies como buganvílias, palmeiras e plantas ornamentais e nativas, até dezembro de 2006. (baseado na Bio Extracts)

Fonte: Elaborado pelo autor.

Apresentaremos, a seguir, no Quadro 4.13, um exemplo aplicável à agricultura, onde colocaremos em um mesmo quadro os aspectos ambientais, impactos, objetivos e metas:

Quadro 4.13 – Objetivos – exemplo na agricultura

ASPECTO AMBIENTAL	IMPACTO AMBIENTAL	OBJETIVOS
Qualidade do solo	Perda de fertilidade	Evitar a perda de fertilidade do solo, melhorando-se as técnicas de controle de erosão, por meio da redução das perdas de solo agrícola em 50%, no prazo de 1 ano

ASPECTO AMBIENTAL	IMPACTO AMBIENTAL	OBJETIVOS
Qualidade do solo	Compactação	Diminuir a compactação do solo, reduzindo o uso de máquinas pesadas para aração, através do plantio direto, na taxa de 20% ao ano, em área
Qualidade das águas subterrâneas	Poluição das águas por fertilizantes solúveis	Melhorar a qualidade das águas subterrâneas, por meio da substituição de fertilizantes químicos de alta solubilidade por fertilizantes orgânicos e por fertilizantes químicos de baixa solubilidade (fosfatos naturais) a uma taxa de 20% ao ano.
Qualidade dos alimentos	Contaminação de alimentos por defensivos	Reduzir a contaminação de alimentos por agrotóxicos, substituindo 100% dos defensivos químicos por defensivos biológicos, imediatamente
Economia de água	Desperdício de água e contaminação do solo	Reduzir o desperdício de água e evitar salinização do solo, com a preparação de um novo projeto de irrigação, de modo a evitar a evaporação e salinização do solo. Prazo: 90 dias

Fonte: Elaborado pelo autor.

Conforme comentado anteriormente, em suas edições anteriores (1996 e 2004), a Norma ISO 14001 recomendava a adoção das definições de "Objetivos" e "Metas". Todos os dois representavam pontos a atingir, resultados a serem alcançados. A diferença entre essas definições residia no nível de profundidade de cada uma. Enquanto o "objetivo" era "um propósito ambiental geral, decorrente da política ambiental, que uma organização se propõe a atingir", a "meta" era definida como sendo "um requisito de desempenho detalhado, aplicável à organização ou a parte dela, resultante dos objetivos ambientais e que necessita ser estabelecido e atendido para que tais objetivos sejam atingidos" (definições da Norma NBR ISO 14001:2004).

Podemos comentar que, em muitos casos, pode ser interessante que a organização trabalhe com os conceitos de "objetivos e metas", se ela perceber que isso lhe traz vantagens em termos de organização dos trabalhos e seu detalhamento. Acreditamos que as empresas certificadoras não irão se opor a isso, mas é conveniente e recomendável discutir esse aspecto com a certificadora escolhida (caso um dos objetivos seja obter a certificação) para evitar mal-entendidos e contratempos por ocasião das auditorias, já que a Norma em sua versão atual considera apenas a definição de "objetivo ambiental".

A Figura 4.17, a seguir, mostra a interligação dos elementos do SGA até agora apresentados:

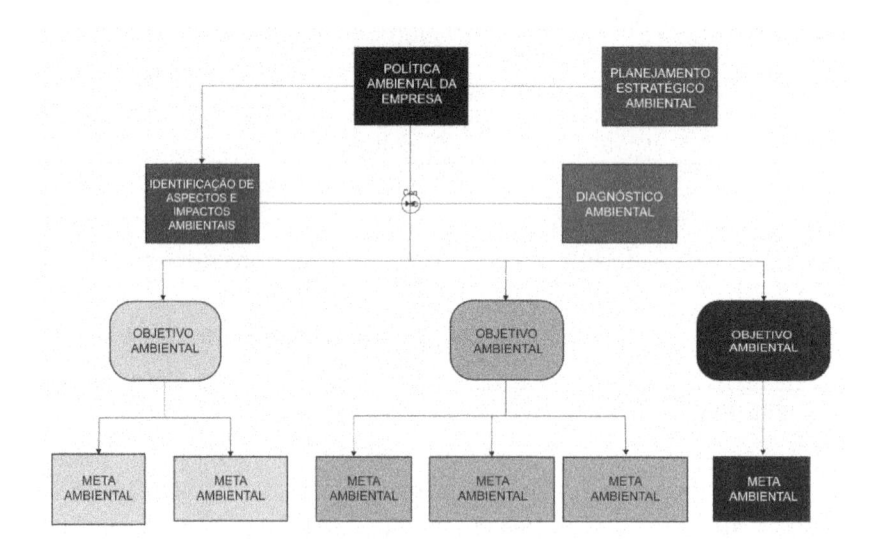

Figura 4.17 – Fluxograma de elementos do SGA – Objetivos e metas

Fonte: Elaborada pelo autor.

E, colocando um exemplo, na Figura 4.18:

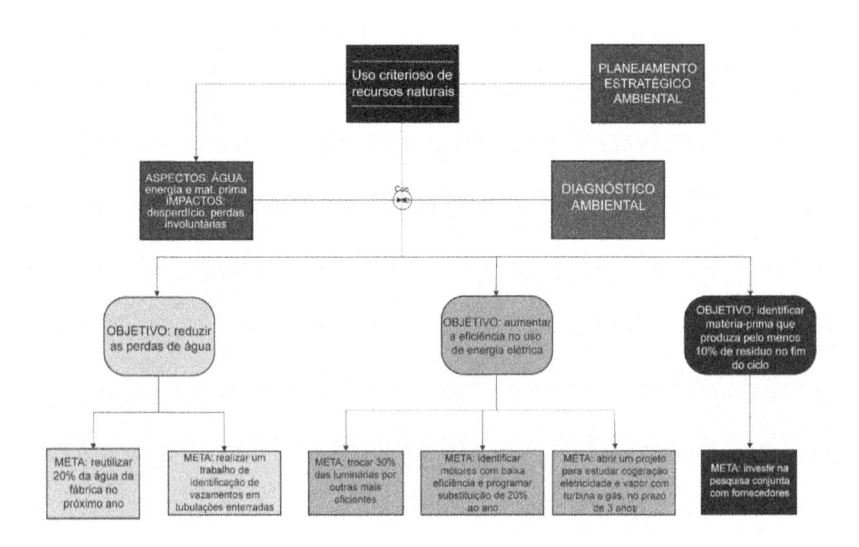

Figura 4.18 – Fluxograma de elementos do SGA –
Exemplo de objetivos e metas
Fonte: Elaborada pelo autor.

Para ressaltar em poucas palavras a importância de uma determinação cuidadosa dos objetivos, lembre-se de um antigo ditado: *"o vento nunca sopra a favor de quem não sabe onde quer chegar"*. Ou, podemos relembrar o seguinte diálogo entre Alice e o Gato, em "Alice no país das Maravilhas", de Lewis Carrol:

"Aonde fica a saída?", perguntou Alice ao gato que ria.
"Depende", respondeu o gato.
"De quê?", replicou Alice;
"Depende de para onde você quer ir..."

Estabelecer e perseguir objetivos é saber onde se quer chegar.

4.8.7.2 – Planejamento de ações para alcançar os objetivos ambientais

(Item 6.2.2 da Norma NBR ISO 14001:2015)

A Norma define que, "ao planejar como alcançar seus objetivos ambientais, a organização deve determinar:

a) o que será feito;

b) que recursos serão requeridos;

c) quem será responsável;

d) quando isso será concluído;

e) como os resultados serão avaliados, incluindo indicadores para monitorar o progresso em direção ao alcance dos seus objetivos ambientais mensuráveis".

Após terem sido definidos os objetivos, a etapa seguinte consiste em planejar a implementação das diretrizes, realizando as modificações necessárias nos processos industriais que permitam atingi-los, ou seja, definir com precisão o trabalho a ser realizado, os funcionários requeridos e as responsabilidades de cada um, os recursos necessários e o prazo de execução. O propósito deste planejamento é garantir que, dentro da empresa, um programa realista de implantação facilite o alcance dos objetivos e da própria política, sendo importante que esse programa esteja integrado ao plano estratégico da organização.

É possível que, em muitos casos, os objetivos ambientais não sejam tão isolados que suas ações se restrinjam ao sistema de gestão ambiental. Elas podem estar associadas a outros sistemas, como segurança e saúde ocupacional, ou a outros processos de negócios, como, por exemplo, a gestão de riscos, gestão financeira e gestão de recursos humanos. Se a administração dessas ações estiver sob a responsabilidade de outras áreas da organização, é necessário que o Gerente Ambiental acompanhe esses processos e assegure que a parte que interage com os objetivos ambientais esteja sendo realizada.

Os programas devem ser adaptados à atividade específica da empresa e aos processos envolvidos, sendo revisados quando necessário. Por exemplo, o programa de uma indústria química (preocupação maior com resíduos perigosos emitidos) tem que ser diferente de uma construtora (que causa problemas de ruído para os vizinhos, poeiras). É interessante lembrar que, caso a empresa esteja prevendo construir uma nova unidade, lançar um novo produto, ou expandir-se, é ideal que os problemas ambientais em potencial sejam antevistos, definidos objetivos e metas e preparado um programa de gestão ambiental ou plano de ação, dentro da ótica de que "é preferível prevenir do que remediar".

O Plano de Ação pode ter vários formatos, contendo as metas, as diretrizes, a forma de medida e um cronograma ou rede do tipo PERT de implementação de cada diretriz. Entre os vários objetivos definidos, deve ser estabelecida uma prioridade de implantação pela alta administração (dependendo dos recursos envolvidos). Uma ferramenta interessante e simples para a preparação e posterior gerenciamento do programa de gestão ambiental é o *software* "Project", da Microsoft. Porém, uma forma bastante prática, e ainda mais simples de elaboração desse plano, é construir um quadro com colunas, onde sejam abordadas as perguntas básicas denominadas "5W1H":

- **What**: O que tem que ser feito? Quais são os aspectos ambientais e impactos ambientais que serão tratados?
- **When**: Quando será feito? Quais os prazos de execução de cada atividade planejada? Quais são as datas de início e fim previstas para cada atividade?
- **Where**: Onde serão executadas as ações programadas? Em qual unidade da empresa? Em qual processo ou linha de produtos?
- **Why**: Porque serão realizadas as ações? Quais são os requisitos legais ou corporativos que determinam a realização das ações?

- **Who**: Quem tem a responsabilidade de realizar aquela ação? Qual a pessoa ou a área da companhia diretamente responsável pela ação a ser tomada?
- **How**: Como será realizada a ação necessária para atingir a meta? Qual o procedimento que terá que ser cumprido para se chegar ao resultado pretendido? Nota: o próprio Plano de Ação define o "como fazer" para se atingir os objetivos estabelecidos, porém esta fase pode ser melhor realizada expandindo-se o planejamento, definindo-se atividades ou tarefas bem específicas, por meio de Gráficos de *Gantt*, PERT-CPM etc., e não apenas registrando os objetivos globais. Poderá ser incluído no "*How*" uma coluna para que seja respondido o "*How much*", ou seja, apresentar sempre os custos e despesas envolvidas na realização daquele determinado Plano de Ação.

O Plano de Ação, por se apoiar em etapas anteriores, forçosamente deverá estar coerente com a Política Ambiental da organização e com seus objetivos. O Programa de Gestão Ambiental, mais detalhado, poderá ser realizado se houver necessidade de maior aprofundamento das tarefas e atividades do Plano de Ação. Caso o conteúdo do plano já seja suficiente para a realização das ações, pode ser dispensada a elaboração do programa. O Programa de Gestão Ambiental deverá deixar bem claro de que forma as metas serão atingidas, com um detalhamento de todas as etapas (cronogramas detalhados), prioridades entre as ações, responsabilidades das pessoas envolvidas e interações entre elas (trocas de informações), necessidades de recursos (materiais e humanos), atividades de projeto, de produção (processos produtivos), de comissionamento, de garantia de qualidade, de uso e disposição final de produtos etc. A seguir, no Quadro 4.14, são apresentados alguns exemplos de um Plano de Ação.

Implantação de um Sistema de Gestão Ambiental (SGA)

Quadro 4.14 – Plano de Ação

WHAT		WHY		WHERE	WHEN	WHO	HOW	HOW MUCH
ASPEC- TOS AM- BIENTAIS	IMPAC- TOS AM- BIENTAIS	OBJETI- VOS	REQUISI- TOS LE- GAIS	NORMAS DA EM- PRESA	UNIDA- DE OU PROCES- SO	PRAZO DE REA- LIZAÇÃO	RESPON- SÁVEL	MÉTO- DO	CUSTO PREVIS- TO
Emissão de efluentes líquidos	Poluição das águas	Reduzir a geração de efluentes que estejam fora de li- mites legais, para um valor de 45 mg/l	Padrões limi- tes de despe- jos de maté- ria orgânica dissolvida - DBO limite 60 mg/l (Art. 18 da Lei Estadual SP, Lei n° 997, de 31 de maio de 1976)	Valor limite aceitável de matéria orgânica dissolvida DBO 55 mg/l.	Depto. Industrial. Estação de Tratamen- to Bioló- gico	1 ano	Depto. de Engenharia	- preparar o projeto; - adquirir os equi- pamentos previstos; - modificar a planta de tratamento - testar; - treinar os operadores treinar os operadores	R$ 1.000.000

WHAT		WHY		WHERE	WHEN	WHO	HOW	HOW MUCH
ASPECTOS AMBIENTAIS	IMPACTOS AMBIENTAIS	OBJETIVOS	REQUISITOS LEGAIS	NORMAS DA EMPRESA	UNIDADE DE OU PROCESSO	PRAZO DE REALIZAÇÃO	RESPONSÁVEL	MÉTODO	CUSTO PREVISTO
Destinação de resíduos industriais perigosos – resíduos da estação de tratamento da galvanoplastia	Contaminação do solo na fábrica com metais pesados	Reduzir a contaminação do solo, transferindo 5 ton por mês para aterro industrial	Lei Federal nº 12.305, de 2.08.2010, que institui a Política Nacional de Resíduos Sólidos	Procedimento operacional PRO nº 018.	Departamento Industrial Seção de Galvanoplastia.	30.12.2018	Seção de Galvanoplastia, apoiada pela Gerência de Meio Ambiente	- realizar análise química dos rejeitos; - quantificar rejeitos produzidos; - contratar o aterro industrial; - preparar o "Cadastro de Movimentação de Resíduos" (CADRI em SP); - transportar o resíduo	R$ 200.000

Implantação de um Sistema de Gestão Ambiental (SGA)

WHAT		WHY		WHERE	WHEN	WHO	HOW	HOW MUCH
ASPECTOS AMBIENTAIS	IMPACTOS AMBIENTAIS	OBJETIVOS	REQUISITOS LEGAIS	NORMAS DA EMPRESA	UNIDADE OU PROCESSO	PRAZO DE REALIZAÇÃO	RESPONSÁVEL	MÉTODO	CUSTO PREVISTO
Despejo de águas residuais com fenol	Poluição das águas	Instalar uma planta de tratamento físico-químico, através da oxidação com peróxidos e polimento com carvão ativado, de forma a reduzir a concentração de fenóis nos efluentes de 60mg/l para 5 mg/l.	Artigo 19A da Lei Estadual do Estado de S. Paulo nº 997 de 31.05.1976 (índice de fenóis e graxas). Limite de fenóis: 5,0 mg/l	Não há	Fábrica de lixas e abrasivos	30.07.2018	Departamento de Engenharia e Gerência de Implantação de Unidades de processo	- preparar o projeto para o novo processo; - contratar os equipamentos; - contratar e implementar a instalação; - realizar os testes de operação; - treinar os operadores	R$ 1.200.000

WHAT		WHY		WHERE	WHEN	WHO	HOW	HOW MUCH
ASPECTOS AMBIENTAIS	IMPACTOS AMBIENTAIS	OBJETIVOS	REQUISITOS LEGAIS	NORMAS DA EMPRESA	UNIDADE OU PROCESSO	PRAZO DE REALIZAÇÃO	RESPONSÁVEL	MÉTODO	CUSTO PREVISTO
Acidentes no transporte de produtos químicos, com potencial de degradação do meio ambiente	Contaminação do solo e de águas	Exigir melhoria de desempenho da empresa de transporte, com a finalidade de evitar desgaste de imagem de nossa empresa, por meio de: implementação de controle de velocidade nos caminhões; treinamento dos motoristas	Decreto nº 88.821 de 6.10.1983	Não há	Empresa de Transportes (serviço terceirizado)	8 meses	Gerência Administrativa	- discutir o problema de riscos e consequências com a empresa de transportes; - enviar correspondência formal, contendo os requisitos; - realizar auditorias sobre incidentes e acidentes a cada 6 meses	A cargo da empresa de transporte

Implantação de um Sistema de Gestão Ambiental (SGA)

WHAT			WHY		WHERE	WHEN	WHO	HOW	HOW MUCH
ASPECTOS AMBIENTAIS	IMPACTOS AMBIENTAIS	OBJETIVOS	REQUISITOS LEGAIS	NORMAS DA EMPRESA	UNIDADE DE OU PROCESSO	PRAZO DE REALIZAÇÃO	RESPONSÁVEL	MÉTODO	CUSTO PREVISTO
Consumo de água	Esgotamento de água	Reduzir o consumo de água nas linhas de tingimento Reduzir o consumo de 29,71 para 28,96 m³/ton de produção	Não há	Não há	Tinturaria	1 ano	Chefe da área	Reutilização da água de resfriamento	R$50 mil

257

WHAT		WHY		WHERE	WHEN	WHO	HOW	HOW MUCH
ASPECTOS AMBIENTAIS	IMPACTOS AMBIENTAIS	OBJETIVOS	REQUISITOS LEGAIS	NORMAS DA EMPRESA	UNIDADE OU PROCESSO	PRAZO DE REALIZAÇÃO	RESPONSÁVEL	MÉTODO	CUSTO PREVISTO
Vazamento de cloro para a atmosfera	Contaminação do ar	Eliminar a emissão, por meio da instalação de selos hidráulicos e de uma unidade de abatimento de cloro com soda cáustica, produzindo hipoclorito de sódio	NR-15 – Atividades e Operações Insalubres, do Ministério do Trabalho	Não há	Fabricação de cloro-soda e derivados	30.12.2017	Divisão de Manutenção	- especificar os selos hidráulicos; - instalar unidade de abatimento; -realizar treinamento de operadores; - realizar medições em uma área de círculo igual a 100 m	R$ 300 mil

Implantação de um Sistema de Gestão Ambiental (SGA)

WHAT			WHY		WHERE	WHEN	WHO	HOW	HOW MUCH
ASPECTOS AMBIENTAIS	IMPACTOS AMBIENTAIS	OBJETIVOS	REQUISITOS LEGAIS	NORMAS DA EMPRESA	UNIDADE OU PROCESSO	PRAZO DE REALIZAÇÃO	RESPONSÁVEL	MÉTODO	CUSTO PREVISTO
Vazamento nas tubulações dos produtos PBF, Diesel, CM-30, óleo térmico e CAP-20	Contaminação do solo e subsolo	Melhorar a confiabilidade dos dutos e reduzir vazamentos em, no mínimo, 90%.	Não há.	Procedimento ST 04/2001	Seção de utilidades	30.05.2018	Divisão de Manutenção	Realizar uma inspeção detalhada e treinar funcionários	R$ 30 mil
Controle de Incêndios Florestais	Contaminação do ar	Controlar a entrada de pessoas estranhas, de modo a reduzir em 80% eventos iniciadores de incêndios	Não há	Procedimento DF 015/93	Divisão Florestal	6 meses	Chefe da Divisão	Vigilância: aumento no número de vigias de 2 para 4. Construir duas torres de vigilância	R$5.000,00 por mês

Fonte: Elaborado pelo autor.

4.8.7.3 – Plano de gestão ambiental

Para diferenciar do Plano de Ação, nesta seção proporemos a preparação de um novo documento, o "Plano de Gestão Ambiental", que agrega ao Plano de Ação outras informações, principalmente de caráter financeiro.

Em muitas empresas, é provável que a equipe de Gestão Ambiental julgue que o Plano de Ação, conforme mostrado anteriormente, já atende às suas necessidades. Tudo bem, então estaremos nessa fase encerrando a fase de "Planejamento" do nosso PDCA. Em outras empresas, ou nessa mesma empresa em fases mais avançadas do SGA (por exemplo, ao ser percorrida a segunda ou terceira volta do PDCA) poderemos realizar um trabalho mais sofisticado e completo, que seria a preparação deste Plano de Gestão Ambiental.

Para isso, criaremos, além dos Objetivos e do Plano de Ação, os Programas, Subprogramas e Projetos, que darão suporte (principalmente financeiro) às ações necessárias a atingirmos os objetivos e metas.

a) Programas – são as sequências de grandes temas que incorporam as ações desenvolvidas para implementar e manter o Sistema de Gestão Ambiental de uma organização, bem como todas as implementações de sistemas, equipamentos e de desenvolvimento de recursos humanos.

b) Subprogramas – são os desdobramentos dos programas em itens menores, visando um melhor acompanhamento e gerenciamento.

c) Projetos – são temas mais específicos, desenvolvidos a partir de um detalhamento dos subprogramas, e que englobam as ações a empreender.

No Quadro 4.15, mostramos com um exemplo, uma matriz de correlação dos Objetivos e Metas (neste exemplo, mantivemos o conceito de desdobrar os objetivos em metas), com acesso na vertical, com os Programas, Subprogramas e Projetos, estes com acesso no sentido horizontal. Onde houver cruzamento identificado com um símbolo (aqui uma bola no cruzamento), é sinal que existe uma atividade a ser realizada, que será aquela descrita na coluna "Ação a Empreender", de modo a cumprir os Objetivos e Metas, dentro dos Programas, Subprogramas e Projetos.

No Quadro 4.16 é proposta uma estrutura gerencial mais completa (ainda como exemplo, a ser particularizado para cada organização específica) para definirmos os Programas, Subprogramas e Projetos:

Quadro 4.15 – Matriz de Correlação Objetivos e Metas versus Programas, Subprogramas e Projetos

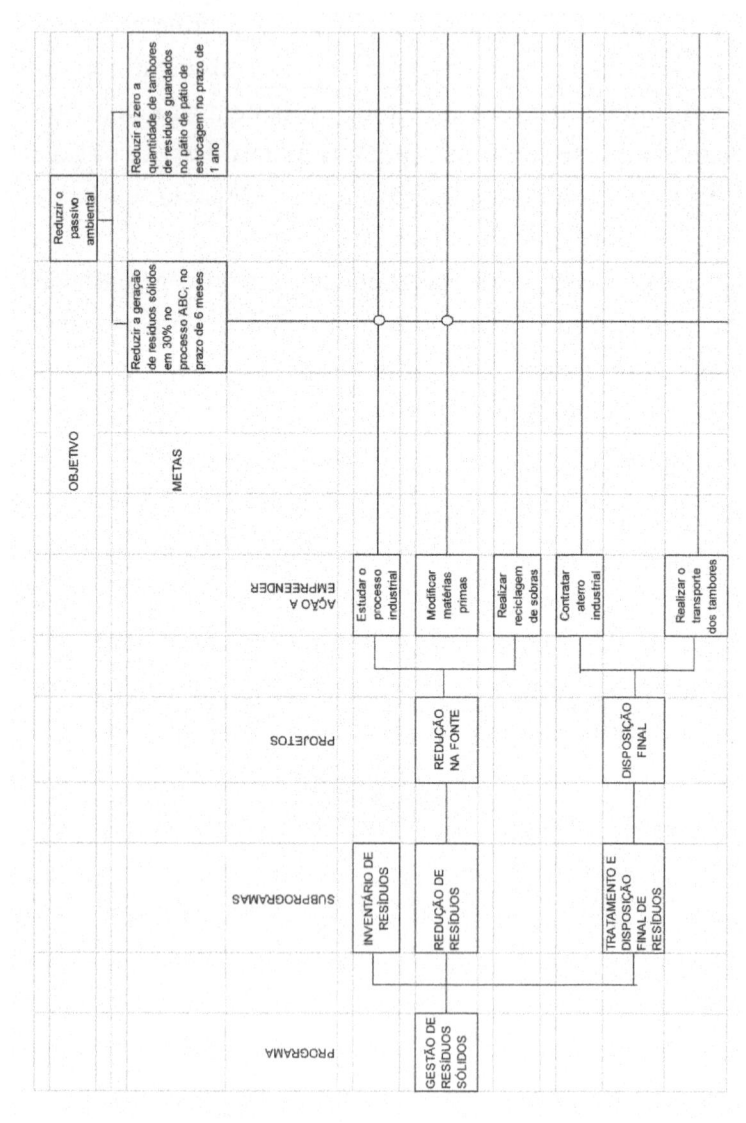

PROGRAMA	SUBPROGRAMAS	PROJETOS	AÇÃO A EMPREENDER		OBJETIVO	
						Reduzir o passivo ambiental
				METAS	Reduzir a geração de resíduos sólidos em 30% no processo ABC, no prazo de 6 meses	Reduzir a zero a quantidade de tambores de resíduos guardados no pátio de estocagem no prazo de 1 ano
GESTÃO DE RESÍDUOS SÓLIDOS	INVENTÁRIO DE RESÍDUOS		Estudar o processo industrial		○	
	REDUÇÃO DE RESÍDUOS	REDUÇÃO NA FONTE	Modificar matérias primas		○	
			Realizar reciclagem de sobras			
	TRATAMENTO E DISPOSIÇÃO FINAL DE RESÍDUOS	DISPOSIÇÃO FINAL	Contratar aterro industrial			
			Realizar o transporte dos tambores			

Fonte: Elaborado pelo autor.

Quadro 4.16 – Plano de Gestão Ambiental

PLANO DE GESTÃO AMBIENTAL		
PROGRAMAS	**SUBPROGRAMAS**	**PROJETOS / ATIVIDADES**
GESTÃO DA QUALIDADE DO AR	INVENTÁRIO DAS EMISSÕES	IDENTIFICAÇÃO DAS FONTES E QUANTIFICAÇÃO
	CONTROLE DAS EMISSÕES	MONITORAMENTO
		REDUÇÃO DAS EMISSÕES NA FONTE
		IMPLANTAÇÃO DE EQUIPAMENTOS DE CONTROLE
	CONTROLE DA QUALIDADE DO AR	MONITORAMENTO DO AR
	TREINAMENTO E IMPLEMENTAÇÃO DE PROCEDIMENTOS E INSTRUÇÕES DE TRABALHO ESPECÍFICAS	TREINAMENTO NA POLÍTICA AMBIENTAL
		TREINAMENTO EM IDENTIFICAÇÃO DE IMPACTOS
		PROCEDIMENTO PARA CONTROLE DE EMISSÕES E INSTRUÇÕES DE TRABALHO
GESTÃO DA QUALIDADE DAS ÁGUAS	INVENTÁRIO DOS EFLUENTES LÍQUIDOS	IDENTIFICAÇÃO DE FONTES E QUANTIFICAÇÃO DE EMISSÕES
	SEGREGAÇÃO DAS REDES HIDRÁULICAS	EFLUENTES INDUSTRIAIS
		ESGOTOS SANITÁRIOS
		ÁGUAS PLUVIAIS
	CONTROLE DOS EFLUENTES LÍQUIDOS	MONITORAMENTO DOS PROCESSOS INDUSTRIAIS
		REDUÇÃO DE CARGAS POLUIDORAS NA FONTE
		IMPLANTAÇÃO DE SISTEMAS DE TRATAMENTO
	CONTROLE DA QUALIDADE DAS ÁGUAS DO CORPO RECEPTOR	COLETA DE AMOSTRAS
		ANÁLISE EM LABORATÓRIOS
		PREPARAÇÃO DE RELATÓRIOS
	REDUÇÃO DO CONSUMO DE ÁGUA	REALIZAÇÃO DE BALANÇO HÍDRICO
		IMPLANTAÇÃO DE REUSO DA ÁGUA
	(continua)	(continua)

PLANO DE GESTÃO AMBIENTAL (continuação)		
PROGRAMAS	**SUBPROGRAMAS**	**PROJETOS / ATIVIDADES**
GESTÃO DA QUALIDADE DAS ÁGUAS (cont.)	TREINAMENTO E IMPLEMENTAÇÃO DE PROCEDIMENTOS E INSTRUÇÕES DE TRABALHO ESPECÍFICAS	TREINAMENTO NA POLÍTICA AMBIENTAL
		TREINAMENTO EM IDENTIFICAÇÃO DE IMPACTOS
		PROCEDIMENTO PARA CONTROLE DE EMISSÕES E INSTRUÇÕES DE TRABALHO
		INSTRUÇÃO DE TRABALHO PARA REUSO
		INSTR. DE TRABALHO PARA OPERAÇÃO DA ESTAÇÃO DE TRATAMENTO
		INSTR. DE TRABALHO PARA ANÁLISES EM LABORATÓRIO
GESTÃO DE RESÍDUOS SÓLIDOS E PRODUTOS PERIGOSOS	INVENTÁRIO DE RESÍDUOS	IDENTIFICAÇÃO DE FONTES GERADORAS, LOCAIS DE ESTOCAGEM LOCAIS DE DISPOSIÇÃO DE RESÍDUOS SÓLIDOS. CARACTERIZAÇÃO E QUANTIFICAÇÃO DOS RESÍDUOS.
	AVALIAÇÃO DE RISCOS ASSOCIADOS AOS RESÍDUOS	REALIZAÇÃO DE UMA ANÁLISE DE RISCOS QUANTITATIVA
	CONTROLE DE VAZAMENTOS	MONITORAÇÃO DOS LOCAIS
	MINIMIZAÇÃO DE RESÍDUOS SÓLIDOS	PROGRAMA DE REDUÇÃO NA FONTE
		PROGRAMAS DE REUSO
		PROGRAMAS DE RECUPERAÇÃO
		PROGRAMAS DE RECICLAGEM
	DISPOSIÇÃO FINAL	DISPOSIÇÃO EM ATERROS INDUSTRIAIS
		INCINERAÇÃO

Fonte: Elaborado pelo autor.

Quadro 4.17 – Plano de Gestão

LOGOTIPO EMPRESA	PLANO DE GESTÃO AMBIENTAL	FOLHA 04 / PRIORIDADE 32
CÓDIGO	**TÍTULO**	
PROGRAMA 5	GESTÃO DE RESÍDUOS SÓLIDOS	
SUBPROGRAMA 05.03	MINIMIZAÇÃO DE RESÍDUOS	
PROJETO 05.03.04	PROJETO DE RECICLAGEM	
CÓDIGO	**TÍTULO**	
OBJETIVO 1	MINIMIZAR A GERAÇÃO / DISPOSIÇÃO ADEQUADA DE RESÍDUOS	
META 5	IMPLEMENTAR METODOLOGIA PARA COLETA SELETIVA PARA OS RESIDUOS RECICLÁVEIS TIPO: PAPEL, PLÁSTICO, VIDRO, METAL, MADEIRA, PODAS DE ÁRVORE E COMPONENTES ELETRÔNICOS ATÉ DEZ. 2005	
CÓDIGO	**TÍTULO**	
ASPECTO	DESCARTE DE RESÍDUO RECICLÁVEL	
IMPACTO	ALTERAÇÃO DA QUALIDADE DO SOLO	
CÓDIGO	**LOCAL**	
WBS/CTM SP	TODAS AS UNIDADES	

DESCRIÇÃO DA AÇÃO A EMPREENDER

CÓDIGO	TÍTULO
AÇÃO A EMPREENDER	IMPLANTAÇÃO DO MECANISMO DE COLETA E PROMOVER A COLETA SELETIVA.

OBJETIVO DA AÇÃO A EMPREENDER
OPERACIONALIZAR A COLETA SELETIVA

MÉTODO
LEVANTAMENTO DOS LOCAIS NAS INSTALAÇÕES PARA DISTRIBUIÇÃO DOS CONTAINERS - 50 HH.
MONTAR UM MECANISMO DE COLETA - 30 HH.
DIVULGAÇÃO DO PROCESSO SELETIVO - 120 HH
TREINAMENTO DOS COLABORADORES - 60 HH.
VERIFICAÇÃO DO SISTEMA IMPLANTADO - 40 HH.
MONITORAÇÃO DO FLUXO DO RESÍDUO: FONTE PARA CENTRO DE COLETA PARA CENTRO DE TRIAGEM - 40 HH.
DIVULGAÇÃO MENSAL DOS INDICADORES DA COLETA SELETIVA - 20 HH.

OUTRAS INFORMAÇÕES

MÊS/ANO INÍCIO	MÊS/ANO TÉRMINO	VALOR TOTAL EXERCÍCIO	VALOR TOTAL OUTROS EXERCÍCIOS
Jan/05	DEZ. / 2005	R$ 8.200,00	

CRONOGRAMA DE DESEMBOLSO

ANO	JANEIRO	FEVEREIRO	MARÇO	ABRIL	MAIO	JUNHO
	JULHO	AGOSTO	SETEMBRO	OUTUBRO	NOVEMBRO	DEZEMBRO

RESPONSÁVEL

CHAPA	NOME	ASSINATURA	DATA
XP-04	JONAS		OUTUBRO DE 2004

Fonte: Elaborado pelo autor.

O Quadro 4.17 propôs um Formulário (aqui com um exemplo) da preparação do Plano de Gestão Ambiental. Preparando-se, de forma análoga, para todos os Objetivos e Metas, teremos um documento muito mais completo (e provavelmente mais útil) do que o Plano de

Ação, conforme anteriormente apresentado. Esse documento poderá ser de grande valia ao Gerente Ambiental e à Alta Administração para acompanhar a execução dos trabalhos e do próprio orçamento atribuído aos diferentes Programas. É interessante montar um sistema de codificação (numeração) para os Programas, Subprogramas e Projetos, pois com um programa de computador muito simples poderemos acompanhar esses eventos, totalizando os valores de diferentes formas (por Programa, por Subprograma, por Objetivo, por Meta etc.).

4.9 – IMPLEMENTAÇÃO E OPERACIONALIZAÇÃO

Ao ser encerrado o planejamento, estaremos agora entrando na Fase "DO" do ciclo PDCA. Nesta fase, as atividades principais estarão concentradas em cumprir o Plano de Ação. Além disso, precisarão ser realizadas outras atividades previstas na Norma, exigidas como uma necessidade de robustecer o sistema e levar em conta necessidades complementares, requeridas para se consolidar um bom sistema de gestão. Entre estas, podemos citar a necessidade de processos que assegurem a existência de recursos humanos com a necessária competência e motivação elevada para colaborar na solução dos problemas ambientais, mecanismos de comunicação interna e externa, definição e implantação de um processo de criação e manuseio de documentos de apoio, processos para o controle operacional e procedimentos para identificar riscos e situações de emergência possíveis de ocorrer, preparando-se a organização para ter uma resposta rápida, em caso de incidentes e acidentes com repercussões ambientais. Todas essas ações necessárias podem fazer parte do plano de ação; porém, se elas não tiverem sido incluídas nesse plano, ou incluídas com pouco detalhamento, será necessário definir processos específicos para administrar as ações referentes a esses aspectos.

A implementação das ações e medidas planejadas na fase anterior requer:

- designação, pela alta administração, de um representante específico para gerenciar o SGA e formar a equipe (Gerente Ambiental);
- designação de um "representante da direção", que representará a Alta Direção da organização em todos os eventos importantes no processo de implantação e monitoramento do SGA, servirá de elo de ligação entre a Alta Direção (compartilhando informações, apresentando necessidades) e participará das auditorias, levando à Alta Direção todas as informações de interesse;
- definição clara das funções dos funcionários e colaboradores envolvidos, bem como das responsabilidades, por meio do Plano de Ação;
- previsão de recursos que estarão disponíveis para o programa, em função das necessidades identificadas no plano de ação, segundo uma determinada prioridade;
- documentação e comunicação do andamento do plano;
- comprometimento (por meio de palestras de motivação) de todos os níveis funcionais envolvidos;
- integração dos elementos do sistema de gestão ambiental com os outros elementos do sistema de gestão da empresa.

As pequenas e médias empresas devem procurar simplificar o sistema, documentando aquilo que for necessário para formalizar responsabilidades, mas sem exageros que representam custos e poderiam criar dificuldades financeiras. Os relacionamentos informais devem ser bem aproveitados, garantindo-se, entretanto, a obtenção de melhorias contínuas, comprovadas pela avaliação das medidas de desempenho. Algumas sugestões são:

– as pequenas e médias empresas devem procurar fazer associações entre si para troca de tecnologias ambientais, uso conjunto de equipamentos, instrumentos de medidas, sobretudo entre empresas vizinhas que tenham problemas ambientais comuns, como uma forma de reduzir custos;

- devem procurar obter apoio de associações de classe, cooperação com grandes organizações de clientes, SEBRAE, SENAC e outros órgãos, para obtenção ou troca de tecnologias, evitando dispêndios evitáveis;
- devem procurar obter apoio de Universidades e Centros de Pesquisas que possuam programas apoiados por órgãos oficiais;
- devem, quando julgado conveniente, contratar consultoria para apoio específico, de preferência juntando empresas e rateando os custos.

Observa-se que as gerências têm grande responsabilidade sobre o processo (concepção do processo) e pouca prática na sua efetiva operação. Por outro lado, o pessoal operacional tem, comumente, baixo conhecimento sobre a concepção dos processos (bases teóricas, critérios de projeto, cálculos etc.) e grande conhecimento sobre a sua operação, ou seja, é necessária a participação de todos para que um plano seja implementado com sucesso.

Os gerentes têm que ser facilitadores e solucionadores de problemas. Passou o tempo de dizer que o bom gerente não tinha problemas. Hoje, o bom gerente tem muitos problemas (caso contrário, ele não seria necessário). O gerente tem que eliminar todos os fatores que prejudiquem o bom andamento do processo de produção. Como um lembrete, ressalta-se a importância de identificar corretamente o problema antes de se tentar resolvê-lo, pois é muito comum que o gerente, na tentativa de solucionar logo as coisas "resolva um problema que não existe" e não o problema real. É interessante, desta forma, que antes de partir para a solução, o problema seja identificado e definido formalmente, lembrando que:

PROBLEMA = TAREFA(s) + as palavras "a fim de" + PROPÓSITO + CONTEXTO TEMPORAL.

Exemplos:

Problema: Conceber e instalar um sistema de despoeiramento secundário na Aciaria nº 2 da Usina, <u>a fim de</u> garantir uma concentração de partículas menor que 50 mg/m³ no gás limpo, com prontificação e início de operação até 30/05/2022.

Problema: Treinar no mínimo 80% dos funcionários da fábrica em assuntos de economia de energia, a fim de cumprir um dos objetivos fixados na Política Ambiental da empresa, até 31/12/2022.

4.10 – ALOCAÇÃO DE RECURSOS

(item 7.1 da Norma NBR ISO 14001:2015)

Com vistas ao sucesso e eficácia do Sistema de Gestão Ambiental, a organização deverá prover todos os recursos necessários, em tempo adequado, para garantir o seu funcionamento. Entre esses recursos, incluem-se os recursos humanos, os recursos financeiros, recursos naturais, recursos tecnológicos, infraestrutura física (edificações, equipamentos dos processos e de controle ambiental, tanques, redes etc.).

Para a implementação do plano, a empresa dispõe, ou precisará mobilizar:

- recursos humanos, também denominados como *"humanware"*, com pessoas específicas conhecedoras do assunto "meio ambiente", qualidade, gerenciamento ambiental ou de higiene e segurança do trabalho, diretamente ligadas ao assunto meio ambiente, e também os funcionários de gerências e das áreas operacionais que participam das operações da organização, que possam causar efeitos ambientais. O patrimônio que a empresa dispõe do *"humanware"* é o conhecimento que as pessoas possuem do assunto, quase sempre difícil de ser obtido (envolve tempo de aprendizagem ou de experiência e, sobretudo, "vontade de aprender"). Quando os recursos internos forem considerados insuficientes, a organização poderá complementá-los por meio de provedores externos (por exemplo, consultorias);
- recursos físicos, também denominados *"hardware"*, ou seja, os sistemas, máquinas e instalações da empresa, existentes ou a serem implementados para reduzir os impactos sobre o meio ambiente, conforme tenha sido planejado. O cresci-

mento dos recursos físicos depende principalmente do aporte de capital (recursos financeiros);
- procedimentos, também denominados "*software*", que compõem o *know-how* da organização, expresso em normas internas, instruções de trabalho, rotinas operacionais e outras ações e hábitos de trabalho não documentados.

Entre os recursos a serem providos pela Alta Direção, os recursos financeiros destacam-se pela sua importância, normalmente são eles que acabam se transformando em outros recursos (por exemplo, aquisição de equipamentos, de tecnologia, contratação ou manutenção de recursos humanos, contratação de consultorias especializadas).

A alta direção da empresa deverá definir um orçamento a ser respeitado na implantação do programa de gestão ambiental, sem o qual não será possível cumprir aquilo que foi programado no plano de ação. A fixação desse orçamento será resultado das prioridades estabelecidas, ou seja, quais instalações deverão ser feitas naquele ano para atingir melhorias, quanto deverá ser gasto em treinamentos de pessoal, quais os investimentos para reduzir os riscos, alterações onde os desperdícios são mais significativos, conforme os objetivos e metas a serem atingidos e um plano de ação para a implantação dos empreendimentos.

Os recursos devem ser atribuídos em quantidades necessárias e planejadas, pois, quando isso não ocorre, há muita perda de trabalho, de estudos e projetos, tempo utilizado em reuniões e na realização de planejamentos, que representariam despesas sem retorno para a organização.

Quando não for possível conseguir realizar seu plano de ação visando cumprir os objetivos ambientais, como resultado de dificuldades orçamentárias, deverá ser realizada uma análise crítica desse fato pela alta administração, onde sejam explicitadas essas limitações, registradas as justificativas e propostas ações mitigadoras.

É importante que sejam elaborados procedimentos para indicar a forma de acompanhamento de dispêndios e de análise dos benefícios obtidos, comparando-se com os custos.

Com relação aos custos, verifica-se que as decisões de projeto influem consideravelmente nos custos finais do projeto, razão pela qual existe um interesse grande da alta administração com relação às decisões tomadas nesta fase.

Um projeto divide-se, de forma geral em "Projeto Básico" (ou Conceitual) e "Projeto de Detalhamento", seguindo-se as demais etapas relativas à construção e colocação em serviço da instalação.

Se quisermos aumentar o nível de observação, podemos dividir o projeto básico em "Projeto de concepção", onde é estuda-se a exequibilidade da instalação (viabilidade), "Projeto preliminar" (onde são aprofundadas as definições de concepção) e "Projeto de contrato" (onde são preparadas as especificações de aquisição dos equipamentos principais, sendo também prontificadas a especificação técnica final e minuta de contrato com o construtor). Ou seja, em cada fase são aprofundadas as definições da configuração selecionada, sendo "congeladas" algumas decisões e critérios de projeto. Esse "congelamento", feito por alguém com poder de decisão, impede que continuamente sejam feitas alterações de requisitos, que provocam muitos atrasos e aumento de custos.

O gráfico da Figura 4.19, apresentado a seguir, mostra que o comprometimento de recursos da empresa é decidido em sua maior parte nas fases iniciais de projeto (as decisões irão implicar em gastos futuros bem definidos e previsíveis), dados representados pela curva de "Recursos Comprometidos" (comprometidos pelas decisões tomadas e que um dia irão gerar despesas correspondentes). O que se observa, em muitos casos, é que existe um descaso em se acompanhar essa curva, pois, efetivamente, naquele instante de planejamento ou durante a execução dos projetos não existem as despesas mais elevadas (que só ocorrerão na execução das obras), e falta de empenho em acompanhar o projeto (que representa pouco em termos de gastos reais, frente às obras. Para observar esse fato, veja a curva de "Recursos Gastos" ou curva "S"). O recomendável é que as gerências envolvidas e a alta direção acompanhem bem de perto as decisões de projeto, congelando-as ao final de cada fase. Observe que a curva de dispêndios financeiros, que representa os gastos efetivos, sobe muito lentamente na fase inicial (fase do projeto), apresenta uma inflexão (primeira curva do S) quando começam a ser comprados os equipamentos mais caros, cresce acentuadamente durante as obras e reduz o ritmo de crescimento de gastos (segunda inflexão do S) quando as obras são prontificadas e iniciam-se os testes de aceitação. Esse é um comportamento típico de muitas obras de engenharia.

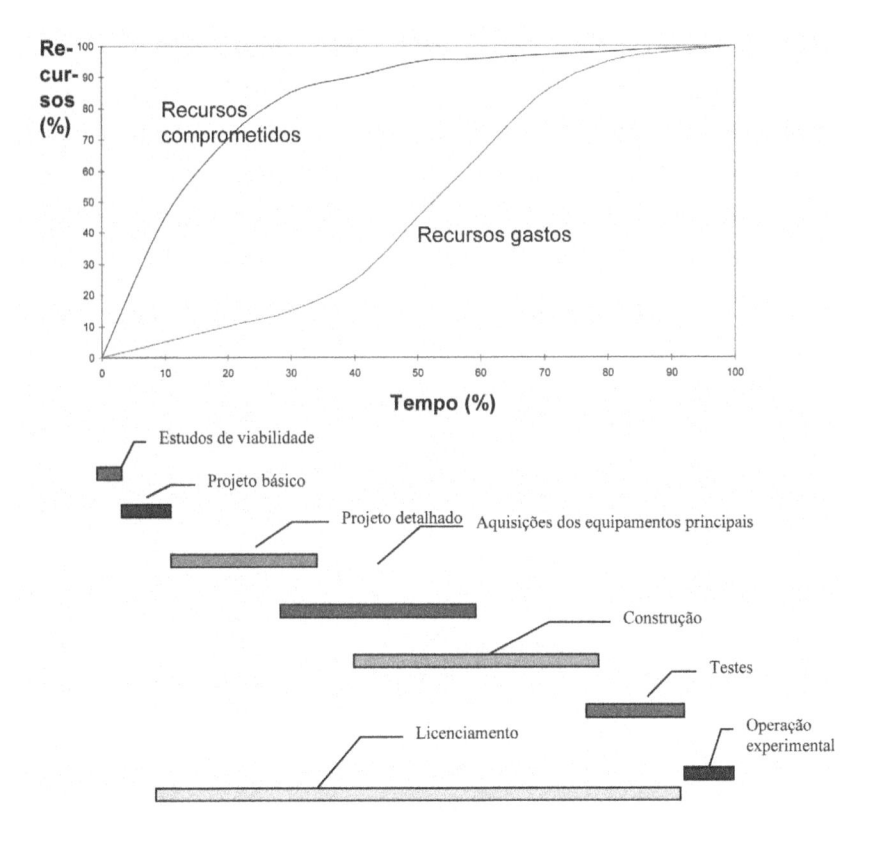

Figura 4.19 – Comprometimento e dispêndio de recursos financeiros
Fonte: Elaborada pelo autor.

4.11 – COMPETÊNCIA

(item 7.2 da Norma NBR ISO 14001:2015)

A Norma recomenda que "a organização deve determinar a competência necessária de pessoas que realizam trabalhos sob seu controle, que afetem o seu desempenho ambiental e a sua capacidade de cumprir requisitos legais e outros" (pessoas que contribuam para o alcance dos objetivos ambientais). Essa competência deverá ser garantida por um processo seletivo bem realizado, garantia da formação e treinamentos dos colaboradores, para que as pessoas que realizem tarefas que tenham o potencial de causar impactos ambientais significativos, identificados pela organização, sejam competentes, com base em formação apropriada (educação), treinamento ou experiência.

A organização deverá determinar as necessidades de treinamento associadas aos seus aspectos ambientais, garantindo a qualificação das pessoas cujas atividades tenham potencial de causar um impacto ambiental significativo. Ou seja, identificando-se o trabalho de algum colaborador, se houver nesse trabalho a possibilidade de haja alguma não-conformidade de origem ambiental, esta pessoa precisará de treinamento para que isso não ocorra.

Para que seja alcançado um nível satisfatório de conhecimento do problema e importância do cumprimento das políticas ambientais e exigências de um sistema de gestão ambiental, deverá ser proporcionado um treinamento formal, regular e que receba apoio irrestrito das gerências e supervisores, tratando temas como:

- os aspectos e os impactos ambientais resultantes das atividades da organização, reais ou potenciais;
- as funções, responsabilidades e desafios de cada colaborador no processo;
- as penalidades e riscos, com as consequências do não cumprimento dos procedimentos especificados;

- os benefícios resultantes para a empresa e para seus componentes, quando se obtiver um bom desempenho ambiental;
- o papel da marca e da companhia como agente de melhoria de sua sociedade e do contexto no qual está inserida.

Quando falamos em formação de pessoas, um erro comum é considerar tal processo como algo que pode ser imposto, de cima para baixo. O treinamento atinge seu êxito quando alia a função de transformação interna do indivíduo e de seu modelo de conhecimento a uma melhoria de desempenho do colaborador ou proteção contra vulnerabilidades e riscos legais e de imagem. No aspecto ambiental, o treinamento pode gerar diferencial competitivo por meio de valor agregado à marca frente à sociedade e comunidade atingida pela presença da organização, além de proteger o investimento contra riscos potenciais que podem incidir em longo prazo.

A norma ISO 14004 enfatiza o papel-chave a ser desempenhado pela alta administração na conscientização e motivação dos empregados, mostrando o seu comprometimento com a política ambiental e a importância de um bom desempenho ambiental. O treinamento deve refletir e proporcionar este comprometimento, sua realização sendo posteriormente comprovada para todos os profissionais cujas funções e tarefas tenham a possibilidade de causar impactos ambientais significativos, independentemente de seu nível hierárquico.

A situação ideal é que cada funcionário receba um treinamento amplo e acessível à sua formação de base sobre as melhores práticas ambientais. No entanto, caso haja restrição de orçamento de treinamento, as pessoas com envolvimento profissional exclusivo na questão ambiental deverão ter uma exposição mais especializada, uma vez que será seu papel dar assistência especializada aos outros setores da empresa, agindo como principais motivadores na busca de uma melhoria contínua no desempenho ambiental. Os "facilitadores", por sua vez, podem receber um treinamento mais reduzido e direcionado às suas áreas de atuação, sendo considerados como transmissores de conhecimento para as suas áreas específicas de trabalho. Neste nível, a redução de custos pode exigir exposições mais pontuais e dirigidas a momentos de atuação ou implantação de projetos, pois o lapso de tempo entre treinamento e aplicação pode implicar em perda de conceitos e retorno menor sobre o investimento.

Em organizações onde exista um risco mais elevado de ocorrência de acidentes ou incidentes, em função da periculosidade dos materiais existentes ou processos com risco elevado, será necessário assegurar que as pessoas envolvidas tenham a competência requerida para trabalhar reduzindo os riscos e para responder rapidamente às possíveis situações de emergência.

Não é suficiente, para se garantir o êxito das ações, somente identificar os treinamentos, preparar o material, criar procedimentos para a realização correta das tarefas e realizar os treinamentos. Será necessário verificar, com uma certa periodicidade, a forma como os colaboradores estão aplicando esses conhecimentos, de modo a obter a maior eficácia e redução efetiva dos riscos. Para isso, será necessário avaliar a eficácia das ações tomadas, por meio de um monitoramento constante e da realização de auditorias. Será necessário, da mesma forma, realizar uma avaliação do atendimento de requisitos legais e outros.

Deverão ser identificadas as necessidades de treinamento quanto à questão ambiental, referentes às diversas áreas e níveis funcionais. Deverão receber algum tipo de treinamento todas as pessoas que tenham um nível funcional de decisão, quanto à priorização de atividades de melhoria de processos ligados a aspectos ambientais e de recursos financeiros, ou diretamente ligados ao setor ambiental, e principalmente, aqueles funcionários cujas atividades possam promover impactos sobre o meio ambiente, sobretudo se essas atividades forem realizadas de uma forma incorreta.

O treinamento é particularmente importante para os novos empregados, que devem ser avaliados com relação ao conhecimento na realização de seus trabalhos de forma ambientalmente responsável, principalmente quando a organização já realizou a implantação do SGA e treinou seus próprios funcionários na adoção de práticas corretas. A entrada de novos funcionários pode representar uma oportunidade de formação de pessoas não contaminada por ideias e conceitos sedimentados ao longo do tempo. Também, é fundamental que os prestadores de serviços demonstrem que seus funcionários possuem os conhecimentos e as habilidades necessárias para realizar o seu trabalho de forma ambientalmente responsável, uma vez que a empresa atua como corresponsável caso haja qualquer dano ambiental.

Os planos de formação deverão considerar treinamentos a serem feitos dentro ou fora da organização, seu controle, registros de treinamento e verificação da sua eficácia. A organização, por meio da alta gerência, deverá reconhecer as realizações ambientais obtidas pelos empregados.

O Quadro 4.18 apresenta algumas sugestões de treinamento.

Quadro 4.18 – Treinamentos recomendados (Sugestões e exemplos):

Nível Funcional	Treinamento	Objetivos do Treinamento
Direção da Empresa	- Importância estratégica da gestão ambiental - Análise das vantagens para a empresa - Custos envolvidos (Nota: ideal a entrega de alguns documentos informativos e realização de palestras de curta duração, e não um curso formal)	- Determinação da Política Ambiental - Obter o comprometimento da Alta Direção (quebrar o ceticismo, originário de experiências anteriores desfavoráveis) - Aumentar o conhecimento do problema com vistas à atribuição de prioridades e de recursos

Nível Funcional	Treinamento	Objetivos do Treinamento
Funcionários da área de gestão ambiental	- Sistemas de Gestão Ambiental - Ciência Ambiental e sistemas da planta (associados a aspectos ambientais) - Conhecimentos de requisitos legais e normas ambientais - Auditoria Ambiental - Análises de riscos - Gerenciamento de resíduos e controle de emissões	- Implantação e operacionalização do SGA - Solução de problemas ambientais da empresa - Preparação de procedimentos e instruções de trabalho - Formação de auditores ambientais internos - Melhoramento contínuo de métodos

Nível Funcional	Treinamento	Objetivos do Treinamento
Gerentes, Executivos e Encarregados de Processos, Engenharia, Planejamento, Compras etc.	- Conhecimentos básicos sobre a questão ambiental - Sistema de gestão ambiental - Identificação dos aspectos e impactos ambientais - Qualidade total e gestão ambiental - Inventários de poluentes e resíduos - Análise dos sistemas da planta industrial e seus impactos sobre o meio ambiente - Legislação ambiental e seus impactos para a empresa - Ações em emergências com riscos ambientais	- Compreensão das suas responsabilidades - Implantação e operacionalização do SGA - Conhecimento da Política. - Definição (em Grupos de Trabalho designados) os objetivos e metas - Solução de problemas ambientais da empresa - Preparação de procedimentos e instruções de trabalho - Melhoramento contínuo de métodos - Formação de auditores ambientais internos - Orientação ao pessoal sob sua responsabilidade

Nível Funcional	Treinamento	Objetivos do Treinamento
Pessoal operacional (sobretudo os que têm relação com o cumprimento de conformidades)	- Conscientização no assunto (conhecimentos básicos sobre a questão ambiental) - Treinamento específico em processos (relacionados a aspectos ambientais) - Inventários de poluentes e resíduos - Técnicas de medição de variáveis ambientais - Soluções para se obter economias de energia e de matéria-prima - Treinamento específico quanto ao cumprimento de normas e leis - Aferição e calibração de instrumentos - Treinamentos específicos em sistemas de emergência - Manuseio de produtos perigosos.	- Ampliação da conscientização e do senso de responsabilidade - Conhecimento e compreensão da Política Ambiental - Cooperação na identificação dos aspectos e impactos ambientais relacionados aos processos industriais - Conhecimentos com vistas a cumprir os objetivos e metas

Fonte: Elaborado pelo autor.

Como ocorre em relação a todos os requisitos da Norma, será necessário reter informação documentada como evidência de obtenção e manutenção das competências da organização, por exemplo, por meio de implantação de procedimentos e registros.

Deverá ser realizado um controle simples, porém eficiente, para comprovar junto aos auditores, a efetiva realização dos treinamentos. Desta forma, além de outros registros, sugere-se que o Setor de Treinamento abra uma ficha para cada funcionário, inserindo-se informações como as indicadas abaixo, por exemplo.

Quadro 4.19 – Ficha de registro de treinamentos

FICHA DE CONTROLE DE TREINAMENTO			Referência: ISO 14001 Item 4.4.2 e A.4.2		
Funcionário:		Crachá:	Setor:		
Nome do curso	Data	Carga horária	Aprovação Sim/Não	Nota de aprovação	Nome do instrutor	Rubrica do instrutor

Fonte: Elaborado pelo autor.

Os treinamentos também podem ser estendidos para os fornecedores, ressalvada a questão do direito da empresa de impor condições obrigatórias a estes fornecedores. Será sempre mais interessante e efetivo um sistema em que a adesão dos fornecedores seja feita voluntariamente, e por seu interesse.

Alguns conselhos apresentados por Juran (1988), com relação ao envolvimento dos fornecedores no processo de qualidade total, e que também podem ser adaptados e aplicados à questão ambiental são:

a) informar ao fornecedor quais as ações estão sendo tomadas para atingir melhorias;

b) enviar ao fornecedor uma cópia do material de conscientização que está sendo usado na sua empresa;

c) elaborar um método que possibilite medir, de forma objetiva, o desempenho do fornecedor;

d) organizar seminários com fornecedores para discutir problemas surgidos e possíveis soluções;

e) criar um prêmio de incentivo do tipo "melhor destaque ambiental do mês";

f) tornar a premiação cerimoniosa e divulgá-la na imprensa;

g) preparar e enviar aos fornecedores um boletim periódico sobre as melhorias atingidas na própria empresa e nos fornecedores.

A preparação do treinamento deverá levar em conta os hábitos e costumes da empresa, contando-se com as seguintes possibilidades:
- treinamento em sala de aula, ou em escolas (ganhar conhecimentos técnicos, para depois aplicar em problemas práticos);
- treinamento "*on the job*" proporcionado pelos supervisores (ponto forte no Japão), trata-se de um dos melhores métodos;
- autotreinamento por manuais e documentos escritos (principalmente para nível superior e da alta gerência): atualmente com a popularização dos recursos informatizados, uma alternativa de baixo custo e alta eficácia pode ser a implantação de módulos de formação via *intranet* ou *internet*;
- cursos de treinamento na própria empresa;
- cursos com a colaboração de universidades, escolas técnicas, consultorias etc.

Para os funcionários de nível mais elevado, uma boa forma de aprender e conhecer bem a situação ambiental da empresa consiste em acompanhar os trabalhos de uma auditoria ambiental, analisando cada resposta da lista de questões respondida por cada setor auditado.

As experiências de treinamentos de executivos da alta gerência indicam algumas dificuldades que devem ser conhecidas para serem superadas, resultando em treinamentos eficientes. Em primeiro lugar, será necessário vencer o descrédito com o treinamento, pois é comum a crença de que já se conhece bem o problema e o treinamento é uma perda de tempo e de dinheiro, e que somente deva ser feito "para os outros" (pessoas de outras áreas, não da sua; operários, engenheiros, média gerência). Somente uma atmosfera de crise colabora para mudar esse modo de pensar. Os executivos de nível elevado na empresa são, na realidade, gerentes de negócios, voltados a resultados ("*results-oriented*"). Portanto, para eles o treinamento deve mostrar claramente os vínculos com os objetivos dos negócios, devendo ser direcionado principalmente para *resultados* e não para *técnicas*. O modo mais eficiente de treinamento consiste na realização de seminários com executivos de nível igualmente elevado, preferencialmente em hotéis ou auditórios confortáveis, retirando-os da empresa, de modo a permitir maior dedicação e tranquilidade (sem telefonemas, reuniões ou chamadas, que seriam bastante prováveis de ocorrer no ambiente interno da empresa). Também, é comum existir uma reação negativa quando alguém de dentro da empresa ou subordinados apresentam o treinamento. Eles normalmente preferem alguém de fora, que podem ser gerentes de outras companhias ou consultores. Lembra-se que, na implantação do SGA em uma empresa, o ideal é que o treinamento seja iniciado pela alta gerência, para obtenção de apoio.

Cabe ressaltar que em qualquer iniciativa de treinamento, se não houver comprometimento intenso da alta direção certamente não haverá qualquer resultado nas camadas hierárquicas inferiores. O mercado observa o fracasso monumental de programas de formação que subestimam a capacidade crítica dos colaboradores de níveis mais iniciais, que têm plena capacidade de perceber que seu tempo é tão ou mais importante que o da gerência para ser empregado em iniciativas sem respaldo, sem aderência da cultura da companhia. Em outras palavras, os operadores de máquinas têm plena consciência de que o que é melhor para o gerente geral também é melhor para eles!

No nível operacional, considera-se que a formação "*on the job*" é função do supervisor, na qual o operário deve estudar os procedimentos e outros documentos antes de iniciar o trabalho, e o supervisor deve orientá-lo (aprendizado por indução). Uma série de iniciativas conhecidas pode ampliar o êxito destas medidas, como rotação entre os postos de trabalho, para que as áreas de atuação tenham profissionais mais integrados e os problemas sejam vistos de maneira sistêmica.

Para que haja eficiência no processo de treinamento, lembra-se que os alunos não devem ir para cursos onde eles já estão superqualificados ou subqualificados. O treinamento é um trabalho profissional que deve ser bem preparado, como qualquer outro na empresa. Assim sendo, devem ser providenciados todos os recursos materiais e humanos necessários, tanto relativos à apresentação da matéria (projetor, transparências, filmes, ambiente silencioso e com temperatura adequada etc.) bem como a entrega de um bom material didático para que o treinando possa, após as aulas, consolidar os conhecimentos apresentados em sala.

A autoinstrução, por manuais ou livros pode ser também realizada, ou complementada pelos seguintes recursos:

- filmes instrucionais, usualmente suplementados por um livro. O mais interessante é assistir em grupos, para que seja fomentada uma discussão sobre o assunto;
- sistemas de formação digital, com recursos de autoinstrução (*e-learning*, módulos via *intra* e *internet* etc.). Estes recursos têm aumentado seu destaque, em vista do baixo custo e alta eficácia em todos os níveis;
- instrução programada: o aluno recebe um manual e vai prosseguindo os estudos de forma isolada, fazendo testes durante todo o tempo. Se as respostas não forem corretas, haverá indicações de retorno, para repetir o aprendizado. Dessa forma, o próprio estudante julga a absorção de conhecimentos que ele está conseguindo obter, durante todo o treinamento.

Outras formas de complementação à instrução formal são:
- estudo detalhado e orientado do Manual do Sistema de Gestão Ambiental, pois este documento apresenta um resumo didático com uma visão geral do assunto na empresa, além de citar e direcionar o leitor para outras instruções e procedimentos;

- visita a outras organizações, principalmente a fornecedores;
- participar de eventos como congressos, simpósios, seminários, cursos etc.;
- obter publicações especializadas, tais como, livros, revistas técnicas, artigos de jornais que registram casos e experiências.

As seguintes perguntas precisam ser respondidas ao ser preparado um programa de treinamento (o método 5W2H, com algumas adaptações):
- Quem deverá ser treinado (Who)?
- Porque deverá ser treinado, treinamento em que (Why)?
- Quanto tempo vai durar o treinamento? Quando se inicia, quando termina (When)?
- Onde será feito o treinamento, na própria empresa ou fora? Onde será obtido o material de treinamento (Where)?
- Quais são as prioridades, os objetivos e metas? Definir aquilo que vai ser feito (What).
- Como será feito o treinamento (How)?
- Quanto vai custar para a empresa o treinamento (How much)?

Em muitas organizações de grande porte existe a tendência de que as ações de coordenação dos programas de treinamento sejam concentradas na matriz, bem como o treinamento dos gerentes de níveis mais elevados. Também a matriz costuma concentrar a preparação do material de treinamento e dos professores.

A maioria dos operários acredita que já está fazendo o seu trabalho corretamente. Ao se preparar o treinamento é necessário estar respondendo à seguinte pergunta "O que é que você quer que eu faça de forma diferente do que eu estou fazendo, e o que isso vai resultar em melhoria"?

Juran (1988) também relata, como exemplo, um programa de treinamento realizado na *Tennessee Eastman Company*:

a) definir a finalidade do treinamento. Por *brainstorming* – uma rodada na qual participantes têm total liberdade para apresentarem qualquer ideia que lhes ocorrer – selecionar, por exemplo, dez possibilidades e, a partir daí, procurar identificar a mais importante, como conseguir que cada nível da companhia tenha um conhecimento completo de suas responsabilidades;

b) identificar as alternativas para atingir os objetivos de treinamento. Por exemplo, possuir procedimentos administrativos definidos por escrito, para estabelecer as responsabilidades;

c) analisar as alternativas de treinamento. Levar em conta que:

- o treinamento deve ser adaptado à audiência (identificar as necessidades individuais, usar linguagem apropriada e estudar o modo de expor o assunto);
- deve ser realizado em pequenos grupos;
- a duração máxima de cada sessão não deve ultrapassar duas horas;
- para a grande maioria dos colaboradores, o treinamento deve ser realizado próximo ao local de trabalho dos participantes; para a alta gerência, em local afastado (hotéis de convenções, para facilitar a concentração nos objetivos);
- o treinamento deve ser proporcionado um pouco antes do efetivo uso das técnicas apresentadas;
- os custos devem ser monitorados.

c) implementar o treinamento;

d) analisar os resultados.

Para realizar com sucesso um programa de treinamento, é interessante analisar as principais causas de insucesso, visando evitá-las. Também, segundo Juran (1988), as principais causas são:

1) **Resistência cultural dos gerentes.** Juran avalia que uma grande parte dos gerentes acredita que tanto eles próprios quanto as pessoas de seu grupo já conhecem bem o problema, têm todas as informações necessárias, portanto, não haveria a necessidade de treinamento adicional, considerado uma perda de tempo. Para corrigir essa falha, a solução mais indicada é obter o apoio da alta administração, começando o treinamento a partir dos níveis mais altos. Neste caso, os gerentes irão, provavelmente, mostrar um maior envolvimento.

2) **Dúvidas sobre a utilidade do treinamento.** A solução é procurar exemplos de não-conformidades e problemas dentro da própria empresa, explicitando-os.

3) **Falta de participação dos gerentes.** Associado ao item 1, os gerentes acham que as horas utilizadas pelos operários em treinamento são horas perdidas de produção. A solução é envolver alguns gerentes nas equipes de treinamento, ou demonstrar com informações coerentes e bem embasadas o custo de um incidente ambiental, e o ganho possível em atuação mais efetiva de cada colaborador. Se um treinamento não pode explicar seu retorno sobre o investimento, não vale a pena ser feito.

4) **Mistura de níveis hierárquicos em um mesmo grupo.** Essa mistura pode inibir as discussões e a formulação de dúvidas. A solução é formar grupos homogêneos, pois diferenças de formação de base e repertório cultural podem limitar a compreensão de alguns participantes ou oferecer treinamento de nível elementar a outros. A integração entre os níveis é essencial e positiva, mas o objetivo do treinamento deve ser gerar diferencial competitivo através de ganho de conhecimento, e não uma atividade puramente lúdica ou motivacional. Porém, em situação oposta, também já ouvimos muitas opi-

niões de pessoas de empresas, citando que a mistura de níveis hierárquicos resultou em benefícios expressivos.

5) **Falta de aplicação prática durante o curso.** Cursos teóricos e somente conceituais somente podem ser aplicados nos níveis mais altos, onde não haja muito tempo disponível para aplicações práticas. Em todos os outros níveis devem ser previstas aplicações práticas, preferencialmente com exemplos e projetos da própria empresa, concebidos para o curso. O TQC e Círculos da Qualidade são fortemente apoiados por exemplos práticos, a partir de uma identificação dos maiores problemas da área em estudo.

6) **Inadequação dos instrutores.** Os instrutores precisam demonstrar credibilidade profissional, além de serem bons professores, que utilizem técnicas de ensino apropriadas.

7) **Linguagem muito complexa.** A linguagem e conceitos empregados devem ser adequados à audiência. Por exemplo, termos de estatística são bastante simples para aqueles que os conhecem e inacessíveis para os outros. A solução para isso é prever uma preparação cuidadosa, com realimentação por parte dos alunos. Recomenda-se evitar o uso de gírias.

8) **Deficiências logísticas e operacionais.** Ruído excessivo no local de treinamento, calor, falta de recursos de apoio como um projetor, *data-shows*, filmes, e outros recursos, falta de um cafezinho nos intervalos, entre outras.

Um passo fundamental para o estabelecimento de um plano eficaz de formação é ter uma pessoa ou pessoas especializadas em Treinamento e Desenvolvimento que sejam conhecedoras do tema e desenvolvam material e logística para atuar sistematicamente na formação da força de trabalho. Alguns desafios que devem ser constantemente abordados são:

- Elaboração de manuais e apostilas de treinamento: um erro comum nas empresas é o de desperdiçar um dos recursos mais preciosos que o processo produtivo gera, o **capital intelectual**. O conhecimento sobre as variáveis e eventos ligados à produção, em geral, se acumula em pessoas não especializadas em treinamento, que têm dificuldade em organizar este saber de uma maneira que seja transmitido fora do ambiente fabril, o que permite multiplicar este conhecimento sem a exposição às condições originais. Uma maneira possível de cristalizar este conhecimento é disponibilizar uma pessoa especializada em treinamento ao contato prolongado com estes operadores mais experientes, com a missão de sistematizar o conhecimento e gerar material didático.
- Os treinamentos funcionam como qualquer outro processo na companhia – não se admite alguém sem especialidade em engenharia elétrica para cuidar dos circuitos de um equipamento. Da mesma forma, o responsável por formação deve ser alguém formado para esta finalidade, com conhecimento técnico adequado para ajustar o nível de informações transmitidas ao grupo, avaliar a disposição dos participantes e tornar a exposição interessante e estimulante. Há teoria específica para se elaborar treinamentos; este tema deve ser tratado com a mesma seriedade de qualquer outro processo.
- Os planos de treinamento só serão bem sucedidos se cada membro da gestão estiver devidamente engajado com o plano de formação. Caso seja adequadamente ministrado, dificilmente encontramos outra atividade que tenha tanto valor em termos de aproveitamento do tempo, como o treinamento. Um passivo gerado por acidente ambiental representa uma perda financeira à companhia em termos de multas e danos à marca, equivalente aos gastos com anos de treinamento, e certas vezes podem ser irreversíveis à saúde do negócio. Desta forma, o tempo investido em treinamento representa um investimento intangível de altíssimo retorno para a empresa,

este elemento devendo ser rigorosamente calculado para justificar o capital investido.
- Programas de formação têm data de validade. Após o prazo de um a dois anos, todo o conteúdo aprendido se transformou, tornou-se obsoleto ou foi contaminado por vícios de pensamento gerados pela necessidade de se trabalhar com mais velocidade ou urgência. É fundamental se manter uma gestão dinâmica dos treinamentos de cada colaborador, e acompanhar o tempo no qual os treinamentos mantêm sua atualidade.
- Empresas devem necessariamente ser orientadas para a redução de custos, ou a saúde financeira do negócio será ameaçada. Com o treinamento não deve ser diferente, com um agravante de que, em geral, as pessoas responsáveis por isso não têm a formação adequada. O treinamento só tem razão de consumir tempo e recurso da empresa caso tenha uma meta definida (por exemplo, redução de emissões de poluentes em um ponto percentual, ou transmissão de cinco tópicos fundamentais da política ambiental da companhia). Se não houver uma meta claramente determinada, será muito difícil medir a eficácia do treinamento e, por conseguinte, estabelecer seu *payback* (tempo de retorno do capital investido). Ao contrário, caso haja uma meta bem definida e o treinamento for bem sucedido, o retorno obtido será notável.

A carga de atividades operacionais envolvidas em qualquer atividade de formação de pessoas é enorme, e o êxito da iniciativa depende tanto da qualidade técnica do material quanto da excelência na logística do treinamento. É altamente recomendável que os responsáveis pela iniciativa estabeleçam listas de verificação ("*checklists*") para assegurar que o número de detalhes não faça com que qualquer deles seja esquecido. O quadro 4.20 apresenta um exemplo resumido de elementos que podem compor uma lista de atividades, simulando a organização de um treinamento operacional. Observe que cada ação é representada por um item distinto, de modo que a lista sirva como referência e reduza o tempo necessário para tomada de decisões.

Quadro 4.20 – *Checklist* para treinamento em grupo

CHECKLIST DE TREINAMENTO
Preparar a lista de participantes do treinamento
Notificar os superiores hierárquicos dos participantes e solicitar autorização
Enviar convites individuais a cada participante
Elaborar as listas de presença para cada sessão de treinamento
Reservar a sala para treinamento
Providenciar os recursos logísticos adequados (*datashow*, *flip chart* etc.)
Testar os equipamentos audiovisuais
Imprimir manuais e apostilas para cada participante. Disponibilizar o material em meio eletrônico
Providenciar canetas e demais materiais de apoio necessários
Preparar os certificados de participação individuais, obter assinaturas de responsáveis pela atribuição
Desenvolver e imprimir as avaliações de conhecimento individuais
Desenvolver e imprimir as avaliações de reação (apreciação do público ao apresentador, logística etc.)
Caso o treinamento ultrapasse duas horas, providenciar *coffee-break*
Caso o treinamento seja distante do local de trabalho, providenciar transporte e estacionamento
Tabular os resultados das avaliações e disponibilizar aos participantes
Tabular e disponibilizar à gerência o resultado das avaliações de reação

Fonte: Elaborado pelo autor.

No Japão, os treinamentos em qualidade começaram com grupos pequenos, sendo gradualmente expandidos para toda a organização, com os "Círculos de Qualidade" e TQC, ou seja, ocorre uma evolução gradual do treinamento para toda a empresa. É uma das formas possíveis de trabalho na implantação da ISO 14001.

4.12 – CONSCIENTIZAÇÃO

(item 7.3 da Norma NBR ISO 14001:2015)

Em qualquer organização é fundamental haver a conscientização adequada quanto à importância da questão ambiental para o sucesso dos seus negócios e, às vezes, de sua sustentabilidade. Conscientização talvez não fosse o termo mais adequado, dado que o fundamental é uma sensibilização sobre o tema, mas podemos sublinhar a necessidade de se obter a *tomada de consciência* dos colaboradores em torno da questão ambiental, gerar conhecimento sobre o tema, para assegurar seu envolvimento e alinhamento com as metas estabelecidas pela Alta Direção da companhia.

No entanto, aliado ao saber, deve ser proporcionado ao público interno o 'saber fazer', com o qual cada indivíduo esteja adequadamente equipado para se tornar um agente de mudança nas rotinas e procedimentos ambientais.

Para buscar o êxito das iniciativas de treinamento, a sensibilização sobre questões ambientais está amplamente ligada à motivação, ou seja, à **vontade** que as pessoas possam ter intimamente em realizar seus trabalhos da melhor maneira possível. A sensibilização complementa o investimento em treinamento aliando o "querer fazer" ao "saber fazer". Pouco adiantaria um funcionário possuir todo o conhecimento necessário para fazer seu trabalho gerando poucos resíduos se ele não estiver motivado, buscando atingir seus resultados através da forma mais correta, ou um funcionário que tem consciência dos problemas ambientais, porém não saiba como trabalhar da melhor forma, não saiba como ajustar sua máquina visando gerar uma menor emissão de poluentes, evitar vazamentos etc.

A Norma apresenta recomendações para assegurar que as pessoas que realizam trabalhos sob o controle da organização estejam conscientes:

- da política ambiental;
- dos aspectos ambientais significativos e dos impactos ambientais reais ou potenciais associados com seu trabalho;

- da sua contribuição para a eficácia do sistema de gestão ambiental, incluindo os benefícios de desempenho ambiental melhorado;
- das implicações de não estar conforme com os requisitos do SGA, incluindo o não atendimento aos requisitos legais e outros requisitos da organização.

A questão da motivação das pessoas no trabalho tem sido estudada há bastante tempo por psicólogos e outros especialistas. Um deles foi Frederick Herzberg que, realizando seu trabalho de doutoramento na Universidade de Pittsburgh, Pennsylvania, entrevistou centenas de operários, que trabalhavam principalmente na área de siderurgia, e publicou em 1959 o livro "*The Motivation to Work*". Nesse trabalho, Herzberg procurou definir quais os fatores relacionados ao trabalho que causam satisfação ou insatisfação. A teoria de Herzberg é conhecida como "Teoria de motivação-higiene", ou "Teoria dos dois fatores". A satisfação é obtida com os fatores "motivadores", enquanto a insatisfação está ligada aos chamados fatores "higiênicos". O termo "higiene" foi atribuído no sentido de que eles são considerados fatores de manutenção, que são necessários para evitar a insatisfação, mas que, eles próprios, não geram satisfação. Esses fatores higiênicos são:

- Políticas da empresa;
- Normas administrativas;
- Tipo de supervisão;
- Salario, benefícios;
- Relações com as chefias;
- Relações interpessoais;
- Segurança;
- Condições de trabalho.

Os fatores "higiênicos" são oferecidos pela empresa. Quando ausentes, provocam insatisfação e representam de 20% a 30% da motivação necessária para conseguir uma boa capacidade de trabalho.

Os fatores motivacionais, por outro lado, são aqueles realmente importantes para se perseguir, no sentido de levar à satisfação das

pessoas e, consequentemente, obter melhores resultados para a organização. São eles:
- Realização, crescimento pessoal;
- Reconhecimento e valorização pessoal;
- O trabalho em si;
- Desenvolvimento, maior atribuição de responsabilidades;
- Promoção, criação constante de novos desafios.

Existe uma recomendação de que os funcionários com maior qualificação devem receber trabalhos com maior nível de responsabilidade, havendo o desafio para a organização no sentido de utilizar a capacidade total do funcionário.

Esses fatores são escolhidos e perseguidos pelo indivíduo, com apoio das chefias e da organização. Quando presentes oferecem grande satisfação. Representam de 70% a 80% dos resultados para a obtenção de uma boa capacidade de trabalho.

Assim, a motivação das pessoas no sentido de realizar o melhor trabalho possível para controlar os aspectos ambientais significativos deverá levar em conta a realização de um esforço pessoal do funcionário na realização de um trabalho eficaz, no cumprimento dos objetivos ambientais e na obtenção de um atendimento das necessidades pessoais (nível de satisfação elevado).

Outro trabalho considerado muito interessante, ligado a se conseguir garantir a motivação das pessoas para a realização de um bom trabalho foi desenvolvido por Abraham Maslow, psicólogo formado na Universidade de Wisconsin. Em seu trabalho com título "*Motivation and personality*" (New York: Harper & Brothers, 1954), Maslow definiu a chamada "hierarquia de necessidades", representada por uma pirâmide. Na medida em que as necessidades da base da pirâmide sejam atendidas, surge a importância de atender a outras necessidades, localizadas mais no topo da pirâmide.

A Figura 4.20 representa a pirâmide de "hierarquia de necessidades de Maslow.

Figura 4.20 – Pirâmide das necessidades de Maslow
Fonte: Elaborada pelo autor.

As necessidades básicas, ou fisiológicas — compreendem os impulsos humanos para a sobrevivência da pessoa, como alimentação, moradia, necessidades de uma vida sexual equilibrada, e outros fatores de sobrevivência. O salário e as condições de trabalho também se constituem em uma necessidade básica, por permitir a obtenção de alimentos e moradia;

As necessidades de segurança estão relacionadas à inexistência de ameaças percebidas no ambiente. Para isso, há a necessidade de um ambiente de trabalho seguro, onde as pessoas se sintam protegidas, evitando riscos desnecessários ou exagerados. Inclui-se também como segurança a estabilidade no emprego, os benefícios proporcionados pela organização e a possibilidade de aposentadoria em condições adequadas (idade, salário suficiente para viver com dignidade, plano de assistência à sua saúde e de sua família).

Como necessidades sociais, é importante o sentimento de pertencer ao grupo, as amizades, a vida em família, o compartilhamento de afeto com pessoas em um círculo de amizade e intimidade e a transparência, por parte dos dirigentes da organização.

Como necessidade de autoestima, relacionada à imagem que a pessoa tem de si mesma, ressalta-se o prestígio pessoal no ambiente de trabalho (desejo de obter a estima dos outros) e na família, o *status* reconhecido, a boa reputação, o sentimento de realização, a competência reconhecida e valorizada, o reconhecimento e a imagem e a confiança e respeito dos colegas.

Como necessidade de autorrealização, ressalta-se a busca constante por novos desafios, a possibilidade de estar constantemente ligado a atividades inovadoras e criativas, a liberdade para tomar decisões e solucionar problemas, as oportunidades proporcionadas para o desenvolvimento pessoal e profissional, as oportunidades de aperfeiçoamento e a autonomia.

Acreditamos que seja muito interessante para o Gerente Ambiental, para os responsáveis pelo treinamento e as chefias, em geral, a realização de uma reflexão sobre os fatores indicados por Maslow e como estes se aplicam à organização, como as pessoas estão localizadas na pirâmide, como elas podem evoluir. Dessa forma, será mais eficaz a implantação do SGA, com os colaboradores trabalhando com maior motivação e eficácia.

Certamente há mais elementos a serem observados ao se estabelecer um plano de formação sobre os temas ambientais, mas se for mantido o foco na seriedade do tema e atribuída a responsabilidade a pessoal qualificado para isso, o resultado será fundamental ao negócio. Apesar da seriedade que o tema exige – afinal, estamos lidando com os recursos mais valiosos da empresa, as pessoas e o tempo – uma abordagem criativa sempre ajuda a estimular e energizar o tema. O Quadro 4.21 mostra uma "carta" curiosa, feita supostamente em uma máquina de escrever, onde uma das teclas estaria defeituosa, trocando a letra "e" por "x". Se achar interessante, utilize-a em um trabalho de motivação, para mostrar aos funcionários que cada um deles tem uma participação importante e uma colaboração essencial aos trabalhos do grupo, na implantação de um Sistema de Gestão Ambiental.

Quadro 4.21 – Motivação para o trabalho em equipe

Apxsar dx minha máquina dx xscrxvxr sxr dx um modxlo antigo, xla funciona bxm, com xxcxção dx uma txcla. Há quarxnta x duas txclas qux funcionam bxm, mxnos uma, x isso faz uma grandx difxrxnça. Estamos comxçando um trabalho dx implantar um Sistxma dx Gxstão Ambixntal xm nossa xmprxsa, com gxntx dx várias árxas trabalhando, qux xlxs chamam dx "facilitadorxs", cada um com uma partx xspxcífica x todos xvoluindo xm conjunto, xu sou um daquxlxs qux faz partx dxssx grupo. Txm gxntx da produção, da xngxnharia, da manutxnção, x outros. Txmos o cuidado para qux a nossa xquipx não sxja como xssa máquina dx xscrxvxr x todos os sxus mxmbros trabalhxm como dxvam.
Ninguxm txm o dirxito de pxnsar qux "afinal sou apxnas uma pxssoa x sxm dúvida sx xu falhar isso não fará difxrxnça para o nosso grupo".
Comprxxndxmos qux, para um grupo podxr progrxdir xficixntxmxntx, xlx prxcisa da participação ativa dx todos os sxus mxmbros.
Sxmprx qux vocx pxnsar qux não prxcisam dx vocx x dx sua dxdicação, lxmbrx-sx da minha vxlha máquina de xscrxvxr x diga a si próprio: "xu sou uma das txclas importantxs nas nossas atividadxs x com cxrtxza minha contribuição x muito nxcxssária".

Fonte: Elaborado pelo autor.

4.13 – COMUNICAÇÃO

(item 7.4 da Norma NBR ISO 14001:2015)

Segundo requisito da Norma, "a organização deve estabelecer, implementar e manter processo(s) necessário(s) para comunicações internas e externas pertinentes para o SGA, incluindo:
- sobre **o que** comunicar;
- **quando** comunicar;
- **com quem** se comunicar;
- **como** comunicar";
- **porque** comunicar.

Comunicar é, atualmente, uma necessidade em todas as atividades humanas. No caso da gestão ambiental, em que é necessário conseguir a participação de praticamente todos os componentes da organização, no ambiente interno será necessário divulgar a política, os objetivos, os resultados alcançados, visando conseguir uma maior conscientização no problema, motivação e ajuda de todos. Também em relação ao público externo, será importante receber e entender as suas demandas e mantê-lo a par das ações da organização no sentido da melhoria contínua do desempenho ambiental.

As comunicações, especialmente as proativas (ou seja, aquelas feitas sem demanda, sem nenhum pedido pelas partes interessadas), colaboram para aumentar a confiança na empresa, permitindo que sejam explicitados e reconhecidos os seus esforços na melhoria de seus sistemas e procedimentos.

O que comunicar:

O sistema de gestão ambiental pretende que as organizações estabeleçam e mantenham procedimentos para:

- a comunicação interna entre os vários níveis e funções da organização, por exemplo, em relação ao planejamento, os objetivos definidos, o monitoramento do SGA, resultados de auditorias e resultados alcançados;
- o recebimento, documentação e resposta a comunicações pertinentes das partes interessadas externas (identificar suas principais preocupações, demonstrar o funcionamento do SGA, o desempenho ambiental atingido).

Como sugestão, os relatórios que forem preparados para divulgação pública com o objetivo de demonstrar que a empresa busca uma melhoria de desempenho ambiental, devem, em princípio, conter:

- dados gerais sobre a empresa (organogramas, objetivos, resultados);
- a política ambiental;
- os principais objetivos e metas ambientais em linguagem compreensível (não muito técnica);
- os principais programas de gestão ambiental;
- os objetivos ambientais e intenções de melhoramento contínuo;
- uma descrição simplificada dos processos industriais, aspectos e impactos ambientais (sem violar sigilos industriais);

- uma declaração e demonstração do cumprimento de requisitos legais, normas corporativas e normas ambientais próprias (por exemplo, um quadro registrando os limites legais máximos de emissões e os valores reais medidos em um certo período de tempo especificado);
- informações sobre conservação de recursos (água, energia, matérias-primas etc.).

Quando comunicar:

Em relação às comunicações internas, sugere-se realizá-las constantemente, para que os conceitos sejam absorvidos gradualmente. Também deverão existir ocasiões especiais, no lançamento de programas específicos, ou quando algum resultado importante foi alcançado, auditorias encerradas com sucesso, nos quais existirá um esforço maior com ações pontuais de comunicação.

Em relação ao público externo as comunicações ocorrerão pontualmente, com relação a demandas de partes interessadas, continuadamente (pela internet, por exemplo), ou segundo uma periodicidade estabelecida pelos responsáveis pelo sistema de gestão ambiental.

Com quem se comunicar:

O grande objetivo das comunicações é prestar informações aos colaboradores internos e ao público externo (partes interessadas) sobre a política ambiental da organização, os impactos ambientais específicos e impactos relacionados aos produtos da empresa, em seu uso e descarte final. As comunicações visam motivar os empregados, divulgar as ações da administração, definir o fluxo interno de informações e documentos, e melhorar o relacionamento com a comunidade.

Como comunicar:

As formas de comunicação mais comuns são:
- da empresa com o público externo: boletins, relatórios anuais, portal na Internet, participação em redes sociais, anúncios pagos em jornais, folhetos de associação de classe, divulgação de um telefone para consultas e reclamações, reuniões e outros eventos abertos ao público, folhetos de divulgação;

- da empresa com o público interno: boletins, quadros-murais, reuniões, mensagens pelo correio eletrônico, jornais internos, *intranet*, redes sociais, folhetos;
- da empresa com os acionistas: notas inseridas nos balanços, cartas, folhetos enviados descrevendo as principais ações do SGA, divulgação de resultados alcançados e gastos efetuados;
- do público com a empresa: reuniões, cartas, e-mails e telefonemas.

Segundo a Norma, as comunicações devem levar em conta os requisitos legais e outros requisitos (comunicação com autoridades de licenciamento, comunicação com as partes interessadas) e devem assegurar que a informação ambiental comunicada seja coerente com informação gerada dentro do SGA e que seja confiável.

Este último ponto é de fundamental importância. As informações prestadas pela organização devem ser comprováveis, ou seja, se for solicitado algum esclarecimento adicional, ela precisa estar preparada para mostrar seus registros com dados, permitir visitas guiadas às instalações, entre outras ações, para comprovar a veracidade daquilo que foi informado, sem que ocorra violação de sigilo tecnológico ou industrial. Por exemplo, se houve uma consulta externa, de parte interessada, sobre algum resultado de análise de efluente emitido na atmosfera, a resposta fornecida deve estar rigorosamente coerente com os resultados do laboratório onde a amostra foi testada (apenas a linguagem é que pode ser adaptada, para permitir uma maior compreensão por um leigo no assunto). A informação comunicada, qualquer que seja (aspectos gerenciais, objetivos, ações tomadas pela organização) precisará ser **confiável**, para manter a credibilidade da organização, e de seus componentes. A perda de confiança, resultado de informações inverídicas divulgadas e, posteriormente evidenciadas, normalmente tem graves consequências, sendo difícil e custoso um trabalho de recuperação de credibilidade e imagem.

É interessante que seja montada uma estrutura organizacional apropriada para as comunicações, de modo a ser feito um trabalho eficaz, com excelentes resultados.

4.13.1 – Comunicação interna

(item 7.4.2 da Norma NBR ISO 14001:2015)

Segundo a Norma, "a organização deve:
- comunicar internamente as informações pertinentes para o SGA entre os diversos níveis e funções da organização, incluindo mudanças no SGA, como apropriado;
- Assegurar que seus processos de comunicação possibilitem que qualquer pessoa que realize trabalho sob o controle da organização contribua para a melhoria contínua".

Todas as decisões e ações importantes do sistema de gestão ambiental devem ser comunicadas, para que os propósitos pretendidos sejam mais facilmente atingidos. Essa comunicação precisa ocorrer em todos os níveis e funções da organização, principalmente visando aqueles que tenham um potencial de causar uma não-conformidade como resultado de seus trabalhos, observada como um potencial risco associado ao tipo de trabalho, no monitoramento do sistema e nas auditorias. Essa não-conformidade no cumprimento de algum requisito da norma, de alguma ação prevista no planejamento e ações do PDCA, pode ocorrer por desconhecimento e não uma omissão intencional. Por essa razão, é importante que as comunicações atinjam todos os interessados na organização.

Os processos de comunicação devem contribuir para a melhoria contínua. Eles também precisam incluir os terceirizados ou outros prestadores de serviços que realizam trabalhos sob o controle da organização, pois de nada adiantaria que os funcionários da empresa atuem de uma maneira adequada, conforme esperado, e outros que trabalham ao lado, por falta de comunicação, não colaborem ou trabalhem de maneira indesejável, contribuindo para a geração de impactos ambientais.

Devem ser montados mecanismos para receber sugestões dos colaboradores quanto aos impactos e quanto às possíveis modificações que poderiam ser incorporadas aos produtos para melhorá-los quanto aos impactos causados. As "caixas de sugestões" associadas a premiações podem ser uma forma interesse de realização desse trabalho.

4.13.2 – Comunicação externa

(item 7.4.3 da Norma NBR ISO 14001:2015)

"A organização deve comunicar externamente as informações pertinentes para o SGA, como estabelecido pelos processos de comunicação da organização e como requerido pelos seus requisitos legais e outros requisitos".

As informações recebidas pela organização devem ser consideradas (positivas e negativas), ou seja, devem ter um tratamento adequado, precisam ser analisadas e levadas em conta, sendo adotadas as ações para atender as demandas, se julgado pertinente e adequado. As comunicações externas negativas (reclamações) devem ser respondidas com brevidade e com respostas claras. Uma análise posterior das reclamações pode prover informações valiosas para detectar oportunidades de melhoria para o sistema de gestão ambiental, com medidas imediatas (se houver urgência) ou medidas planejadas para a próxima volta do ciclo PDCA (se não forem medidas consideradas urgentes).

As comunicações externas têm o propósito de informar aos consumidores e à sociedade os dados gerais da organização quanto ao seu desempenho ambiental, sua política, metas, investimentos e resultados alcançados. Quanto aos seus produtos, por meio da rotulagem ambiental podem ser informadas as propriedades dos produtos quanto ao seu desempenho e impactos ambientais associados, recomendações quanto ao melhor uso e descarte final. O resultado de um bom trabalho pode não ser imediato, mas se revelará positivo ao longo do tempo, com um bom processo de comunicações, em que se ressalte uma postura ambiental adequada. A persuasão é uma característica muito importante em comunicações, assegurando o envolvimento das pessoas, pela manutenção de um canal de entendimento.

Um cuidado especial deverá ser tomado em relação às comunicações com as autoridades públicas para planejar as ações requeridas em situações de emergência e outras questões relevantes.

A empresa deve manter um arquivo com cópia de todas as comunicações realizadas (registro dos documentos recebidos e emitidos), mantido durante o tempo previsto nos procedimentos específicos.

Recomendações:

Segundo a Norma, convém que a comunicação:

- seja transparente (organização aberta na forma pela qual deriva o que foi relatado);
- seja apropriada para que atenda às necessidades das partes interessadas pertinentes, permitindo que estas participem;
- seja verdadeira e não induza em erro aqueles que dependem das informações relatadas;
- seja real, precisa e confiável;
- não exclua as informações pertinentes;
- seja compreensível às partes interessadas.

As informações devem ser feitas com o uso de uma linguagem simples, acessível e de fácil compreensão pelos interessados.

Será necessário estabelecer uma estratégia para as comunicações relacionadas à gestão ambiental e ao desenvolvimento de produtos com enfoque em melhorias de desempenho ambiental (visão de uma perspectiva de ciclo de vida).

É necessário estabelecer um sistema de tratamento das perguntas das partes interessadas, ou seja, gerar normas que definam as responsabilidades e orientações sobre como responder, arquivar e controlar o assunto. Os procedimentos devem definir formalmente o nível de comunicação proativa, que deve ser implementado, ou seja, estabelecer o que deve ser comunicado e a quem.

4.13.3 – Comunicação de risco

Um tópico essencial no tocante às comunicações refere-se à divulgação das situações de risco, que são informações de elevado interesse, principalmente para as comunidades vizinhas e os órgãos ambientais. Constata-se que é necessário muito cuidado com a terminologia empregada (recomenda-se que não seja muito técnica) e com a forma de expor.

Passaremos a apresentar, de forma resumida, alguns aspectos relacionados com a **percepção** (como as pessoas, em geral, percebem e se posicionam frente aos riscos) e com a **comunicação** dos riscos.

A avaliação de riscos tem por objetivo auxiliar a tomada de decisão com relação à implantação de empreendimentos. Uma das atividades importantes é a de "comunicação dos riscos", o que é bastante difícil, pois o público usualmente não dispõe de formação ou informações suficientes para avaliar corretamente o risco real existente.

O risco **real** é, quase sempre, diferente do risco imaginado ou **percebido** pelo público, ou partes interessadas, excetuando-se os especialistas dos órgãos ambientais (se estes forem considerados como "público", embora sejam tomadores de decisão e se preocupem em como a sociedade vê e reage aos riscos). Se considerarmos como público a comunidade próxima ao empreendimento, os formadores de opinião, a imprensa, as ONGs e outros, verificamos que, em função de experiências anteriores, comportamentos, informações disponíveis e outros fatores subjetivos, a percepção que eles têm do risco pode ser falsa ou distorcida, subestimada ou superestimada, resultando em desvios em relação ao risco real existente. Verificamos, por exemplo, que no Brasil, são subestimados alguns riscos tais como viajar em certas estradas à noite, como a rodovia Régis Bittencourt, doenças coronarianas, diabetes ou câncer (pelo descaso que se observa com a alimentação ou o fumo), efeito de agrotóxicos nos alimentos, com o ataque de tubarões (caso particular de surfistas de Pernambuco), pesca em alto mar, deslizamento de encostas em favelas, dirigir após beber, maior chance de câncer de pele resultante da exposição ao sol, uma série de desastres causados pela natureza, entre outros, enquanto superestimamos riscos como aqueles relacionados a viagens aéreas, picadas de cobras, poluição por incineradores, vazamentos em indústrias químicas, acidentes nucleares e outros.

Um dos problemas da empresa é, portanto, procurar fazer com que os riscos de seu empreendimento sejam percebidos pelo público de uma maneira realista e com argumentos técnicos, usando-se, sobretudo, comparações, para que as resistências irracionais sejam contornadas. A comunicação de riscos, segundo o *U.S. National Research Council* "é um processo interativo de troca de informações e opiniões entre indivíduos, grupos e instituições". Essa definição deixa claro o caráter de mão dupla de troca de informações, para a solução de tensões, o que coloca em dúvida a eficácia de comunicados publicados pela imprensa como matéria paga, preferindo-se outras formas de comunicação como palestras, debates, artigos que permitem análise e resposta, estas constituindo-se em formas de melhorar as análises e adotar medidas preventivas, que evitem eventos indesejáveis ou permitam reduzir suas consequências, caso sejam inevitáveis. A abordagem técnica, como vimos anteriormente, consiste em relacionar a probabilidade de ocorrência do evento com a consequência resultante.

Uma análise interessante consiste em comparar o risco objetivo com o risco subjetivo (avaliado). O risco objetivo é aquele baseado em cálculos matemáticos e estatísticos. O risco subjetivo é aquele baseado em julgamentos intuitivos das pessoas. Neste caso, a percepção do risco pode chegar a resultar em situações desconfortáveis ou de *stress*. Por exemplo, quando ocorreu em 1987 o acidente radioativo em Goiânia (abertura indevida de uma cápsula de césio), assim que foi noticiado o acidente, das 60.000 pessoas da cidade, cerca de 5.000 pessoas procuraram os serviços de saúde, alegando, ou realmente apresentando sintomas de *stress* e alergias, quando nenhuma delas apresentava alguma contaminação.

A demanda atual por novos produtos, cada vez mais sofisticados e complexos, tem acarretado a necessidade de novos processos produtivos, que eventualmente apresentam maiores riscos ao meio ambiente. O gerenciamento dos riscos, feito por especialistas, tanto para analisar a aceitabilidade desse empreendimento (órgãos ambientais) como pelos próprios realizadores e operadores, torna-se necessário para que não ocorra a exposição indevida de populações a eventos fora de controle. As reações e intolerâncias das populações ao risco têm conduzido a debates e questionamentos inflamados durante as audiências públicas e na imprensa, afetando a imagem das empresas envolvidas, frequentemente influindo, não somente de forma técnica, mas também política, na própria aprovação de implantação de empreendimentos industriais.

4.14 - INFORMAÇÃO DOCUMENTADA

(item 7.5 da Norma NBR ISO 14001:2015)

De acordo com a Norma, "o sistema de gestão ambiental da organização deve incluir:

a) informação documentada, requerida pela Norma;

b) informação documentada, determinada pela organização, como sendo necessária para a eficácia do SGA".

O objetivo da documentação é descrever os principais elementos do SGA, ou seja, registrar a política ambiental, objetivos, planejamento das ações, programas, funções-chave, definição de responsabilidades e indicar formas de trabalho apropriadas. Os principais documentos relacionados a este assunto são o Manual de Gestão Ambiental, os Procedimentos, as Instruções de Trabalho e os Registros, conforme requeridos pela ISO 14001 ou determinados pela organização, como sendo necessários para o sucesso do sistema de gestão ambiental. A preparação e uso de "informações documentadas", anteriormente denominadas como "sistema de documentação", constituem-se em uma das atividades e ferramentas mais importantes para o sucesso do SGA.

Sugerimos que seja implantado um sistema de documentação, como forma de criar, armazenar, acessar, permitir uma correta utilização, permitir atualização e destinação final (descarte) das informações documentadas. Esse sistema, concebido de forma modular, facilitará muito o gerenciamento da informação da informação. A chamada "pirâmide de documentos", apresentada na Figura 4.21 resume o conceito desse gerenciamento, que será discutido, a seguir.

Figura 4.21 – Pirâmide de documentos
Fonte: Elaborada pelo autor.

- **1º nível**. No primeiro nível ficará contido o Manual do Sistema de Gestão Ambiental. Suas primeiras páginas apresentarão, por exemplo, uma breve descrição da organização, suas atividades, produtos e serviços. Também mostrarão um organograma que identifique as áreas principais da organização e a localização funcional da área ambiental, eventualmente o modo de trabalho do Comitê de Meio Ambiente (se houver). Em seguida, poderá ser apresentada a Política Ambiental e, em poucas páginas, a estrutura principal de cada um dos requisitos da Norma ISO 14001, mostrando como a organização pretende abordar os requisitos de cada um dos itens da Norma. Por exemplo, em uma página, resumir o contexto da organização (item 4 da Norma); em outra, o item 5. Liderança e o 5.1 (Liderança e Comprometimento). Em uma página, as ideias principais sobre a identificação dos aspectos ambientais, em outra, por exemplo, o item 7.4 Comunicação (desdobrando pelos subitens). Serão sempre descrições resumidas, uma primeira aproximação ao problema. E, muito importante, ao descrever a abordagem que a organização faz de algum item, nessa descrição será feita uma ou mais chamadas a um "procedimento sistêmico", que fica no nível abaixo. Por exemplo, colocando as ideias gerais no item 6.2.1 Objetivos ambientais (por exemplo, mostrando os critérios para a determinação dos objetivos, a partir dos impactos ambientais identificados), em algum ponto será chamado um Procedimento Sistêmico (por exemplo: "verificar o procedimento PRSIS-008 – Objetivos Ambientais"). Essa "chamada" ao nível mais baixo ocorre como um "hiperlink" em textos da internet, ao se clicar na parte iluminada ou sublinhada o texto se dirige imediatamente à parte chamada.

- 2º nível. O segundo nível contém os Procedimentos Sistêmicos. Trata-se de documentos que irão detalhar cada um dos requisitos do sistema de gestão ambiental, conforme estabelecido na norma. E, da mesma forma, cada documento fará chamadas a um ou mais documentos do nível mais baixo (procedimentos operacionais) para que aumente o nível de detalhamento e a profundidade no assunto.
- 3º nível. O terceiro nível contém os Procedimentos Operacionais, também chamados de Procedimentos Operacionais Padronizados (POPs) e, aumentando a profundidade e o detalhamento de cada procedimento operacional, serão chamadas as "instruções de trabalho". Os procedimentos operacionais apresentam as descrições detalhadas das operações necessárias para realizar uma determinada tarefa e buscam assegurar que esse processo, independentemente da área, possa ser realizado sempre de uma mesma forma, do melhor modo possível, permitindo a verificação de cada uma de suas etapas. Ele deve ser escrito de forma detalhada para a obtenção de uniformidade de uma rotina operacional, seja ela na produção ou na prestação de serviços. Mostra a forma como os trabalhos em cada processo devem ser realizados e monitorados, enquanto as instruções de trabalho chegam aos detalhes importantes

de como o trabalho deve ser realizado, no nível do operador, onde realmente os assuntos são tratados em profundidade conforme necessário para que os trabalhos sejam realizados da forma mais recomendável. É o chamado nível de "chão de fábrica".
- 4º nível. O quarto nível engloba todos os registros previstos no sistema de gestão ambiental, que são as informações documentadas que precisam ser mantidas ao longo do tempo, para permitir verificações, análises e comparações entre resultados passados e atuais. Os registros constituem-se em uma das mais importantes fontes para a obtenção de evidências de auditorias. Como exemplos de registros temos a composição química e vazões de efluentes, treinamentos efetuados, atas de reunião e outros.

Os procedimentos e instruções de trabalho visam evitar a improvisação, que é uma fonte enorme de problemas e causa de grandes desperdícios, pois quase sempre as atividades não serão cumpridas da forma mais correta e eficaz, quando improvisadas. Ao se criar um procedimento, ele será feito com antecedência em relação às ações a realizar, de forma pensada e pesquisada, padronizando-se as boas práticas em toda a organização.

É interessante que a documentação do SGA siga os padrões de documentos da empresa, principalmente para facilitar a integração do sistema à administração e à política global da organização.

Os documentos, incluindo os registros, devem assegurar o planejamento, a operação e os controles eficazes dos processos que estejam associados com os aspectos ambientais significativos.

A documentação escrita constitui a maior fonte de informações para as auditorias.

Além de procedimentos específicos para os processos, há também necessidade de existirem procedimentos para controle dos próprios documentos previstos.

A extensão da informação documentada pode diferir de uma organização para outra, devido:

a) ao porte da organização, tipo de atividades, processos, produtos e serviços. Se a organização for de pequeno porte, ou tenha como característica de seus processos, materiais usados e serviços a particularidade de gerarem impactos ambientais menos significativos, a quantidade e profundidade dos documentos provavelmente será mais reduzida, ao contrário do que ocorreria em organizações de maior porte, e que apresentem muitos impactos significativos;

b) à necessidade de demonstrar o atendimento de requisitos. Se houver essa necessidade, em função do tipo de atividade, requisitos de órgão de controle ambiental e demanda maior de partes interessadas, a quantidade de documentos e sua profundidade serão mais significativos;

c) à complexidade de processos e suas interações. Se os processos de uma organização forem complexos, ou houver muitas interações entre as diversas áreas e funções, o processo de gerenciamento de informações documentadas será mais relevante;

d) à competência de pessoas que realizam trabalhos sob o controle da organização.

4.14.1 – Criação e atualização da informação documentada

(Item 7.5.2 da Norma ISO 14001:2015)

A Norma faz algumas recomendações no tocante à informação documentada. As seguintes sugestões podem colaborar para o sucesso de criação e manutenção de um sistema eficaz:
- **Identificação e descrição (título, data, autor, codificação).** O objetivo principal de qualquer sistema de documentação é, de uma forma bastante organizada, permitir a obtenção da informação certa, precisa, e na hora certa.

Deverá ser previsto um controle adequado dos documentos do sistema de gestão ambiental. Cada documento deve ser único, completamente legível, identificável (título preciso), escrito em linguagem clara e simples, evitando-se o uso de gírias e jargões. Além disso, devem ser observados os seguintes aspectos:
- os documentos devem ser datados. As revisões, a serem feitas, também deverão conter a informação de data;
- o autor, revisor e aprovador deverá ser claramente identificado (nome, função etc.). Se o espaço para a assinatura for muito pequeno, deverá ser rubricado, neste caso existindo no arquivo central fichas de controle em que a rubrica identifique claramente o autor (exemplo: assinatura em cartório);
- todos os documentos deverão receber uma codificação, que seja parte de sua identidade, juntamente com o título. A codificação facilitará a identificação de seu tipo (Procedimento operacional, instrução de trabalho, registro etc.), grupo. A codificação deve ser feita de forma a permitir uma fácil recuperação. Usar, de preferência, um sistema denominado "Estrutura Analítica do Empreendimento" (EAN, em inglês sistema WBS – *Work Breakdown Structure*), em que o empreendimento é "quebrado" em sistemas, subsistemas, elementos, com um sistema numérico ou alfanumérico que identifique os sistemas e seus elementos constituintes, equipamentos, acessórios etc.

- **Formato (linguagem, versão do software, gráficos) e meio (papel, eletrônico).**

Deve existir uma padronização dos documentos, definindo-se a linguagem empregada, o software usado e sua versão e o meio a ser empregado, se em papel ou meio eletrônico.

É mais comum existirem tais documentos em papel, porém é cada vez mais crescente o uso de arquivos eletrônicos em computadores PC, pelas inúmeras vantagens e economia. Entretanto, é necessário aumentar o nível de controle sobre a atualização destes arquivos, sob risco de uso de documentos que já perderam validade e foram substituídos, bem como existir um bom controle de *backups*. Há uma tendência atual de que a documentação técnica das empresas passe a ser feita em arquivos eletrônicos, *online*, para acesso por todos os interessados, em sistemas denominados EDMS (*Electronic Data Management Systems*). Uma sugestão para garantir que os documentos sejam utilizados somente em sua versão válida (e não as obsoletas) é existir um sistema informatizado, em que os documentos somente possam ser abertos sem poderem ser salvos no computador do usuário. A consulta seria, em princípio, feita no próprio terminal. Se, para fins práticos houver uma necessidade imprescindível de impressão (caso, por exemplo, em que um operador de máquinas esteja consultando os passos de um determinado procedimento e sua máquina fique distante do terminal, nesse caso ele consegue fazer a impressão, saindo no documento impresso uma informação de que ele "não pode ser usado como referência", e depois do uso o operador deve destruí-lo. Nesse caso, logo no dia seguinte o documento poderia, em tese, estar superado, diferente do original lido no terminal, e assim, o sistema estaria protegido.

- **Análise crítica e aprovação quanto à adequação e suficiência.**

Todos os documentos, após preparados, devem ser submetidos a uma revisão, normalmente feita por uma pessoa em nível hierárquico mais elevado ou mais experiente do que o do autor. Ambos, e mais o aprovador, deverão observar se o documento está adequado à sua finalidade e suficiente, no tocante às informações, visando atingir os objetivos propostos.

4.14.2 – Controle de informação documentada

(item 7.5.3 da Norma ISO 14001:2015)

Recomendações da Norma, quanto à informação documentada. É importante que ela:

- **Esteja disponível e adequada para uso, onde e quando for necessário.**
A documentação deverá estar disponível, em sua versão atualizada, nos locais adequados, onde seja necessária, ou seja, onde sejam realizadas as operações que geram impactos e que exigem controle. Deverá ser possível uma localização rápida, principalmente no decorrer de uma auditoria. É interessante que a edição original (matriz) dos documentos fique em um arquivo técnico central da empresa.
- **Protegida suficientemente (contra perda de confidencialidade, uso impróprio, perda de integridade).**
A informação documentada deverá ser adequadamente protegida. Deverão ser previstas as autorizações para acesso e controles administrativos, pois em vários documentos constam informações confidenciais da organização, informações sobre processos tecnológicos (eventualmente com segredos industriais) e registros de dados que precisam ser preservados. Um procedimento específico deverá indicar quais funcionários podem ter acesso a cada tipo de documento.

Para o controle da informação documentada, segundo a Norma, a organização deve abordar as seguintes atividades, como aplicável:
- **Distribuição, acesso, recuperação e uso.**
Deverão ser previstos procedimentos para indicar, para cada documento, de que forma e a quem ele deverá ser distribuído, ou liberado o acesso, no caso de documentos informatizados (senha de acesso). A informação documentada deve ser distribuída a todos aqueles que tenham a "necessidade de conhecer" o assunto contido nos documentos, evitando situações em que o desconhecimento possa levar a uma não-conformidade ambiental. Também deverão existir controles para recolher os documentos superados, que foram atualizados.

- **Armazenamento e preservação, incluindo preservação da legibilidade.**

Sugere-se que o texto original de cada documento seja armazenado em um arquivo central da organização, normalmente administrado pela área de qualidade, com cópias sendo distribuídas para todas as áreas da organização que têm a necessidade de uso daquele documento. Os documentos precisam ser protegidos em relação ao seu desgaste, garantindo-se a sua legibilidade. Há a necessidade de proteção contra umidade, fungos, traças, evitando-se o uso indevido (rasgos, rabiscos etc.).

Deve existir arquivos com cópias de segurança para uso em caso de incêndio e outros eventos em que haja a perda de documentos importantes do SGA, e *backups* de arquivos eletrônicos, em local afastado (para reduzir os riscos).

Deve ser feita a preservação de alguns documentos (identificando-os claramente), para fins legais, conforme requerido pela legislação.

- **Controle de alterações (controle de versão).**

Os documentos deverão ser aprovados por pessoa responsável, antes do seu uso, registrando as datas de aprovações. Sempre que se perceber a necessidade de modificar os documentos, em função de erros percebidos, experiência obtida com o uso identificando-se oportunidades de melhoria, deverá ser feita uma revisão e atualização dos documentos, quando necessário, submetendo-os a um novo processo de aprovação. O controle de alterações pode ser feito na própria codificação, usando-se as letras A, B, C etc. para indicar a versão (ou números, 1, 2, 3,...). Por exemplo, suponha um procedimento operacional codificado como "PRO-512". Se não houver nenhuma outra indicação, esse código indica que se trata da primeira versão. Caso exista uma primeira revisão, o título continuará o mesmo e a codificação existente na capa será PRO-512-A (ou, se preferível, PRO-512-1), e depois PRO-512-B, PRO-512-C etc. Além disso, é comum existir uma segunda página, após a capa, que indique um controle de revisões, em que seja feito um pequeno descritivo sobre cada revisão, indicando resumidamente os pontos onde houve mudanças (eventualmente, uma justificativa da mudança) e a página do documento que foi alterada.

O controle de alterações ficará facilitado caso a documentação seja organizada em níveis, conforme proposto na "pirâmide de documentos", sugerida no item 4.22. Neste caso, quando mudar um documento de qualquer dos níveis, apenas esse documento é alterado e muda-se o seu código para versão A, B, C etc. Convém apenas verificar se os documentos, citados por ele em níveis mais baixos continuam sem a necessidade de alterações.

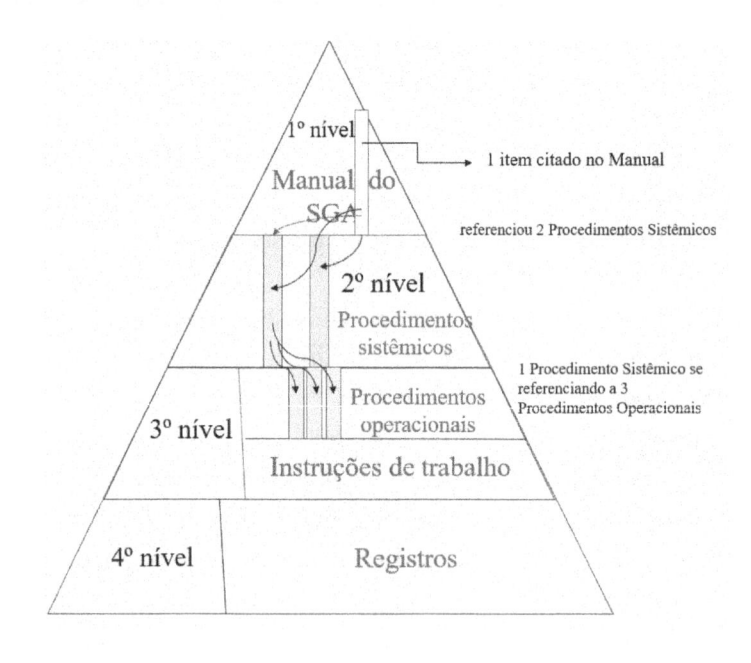

Figura 4.22 – Lógica de hierarquia de documentos
Fonte: Elaborada pelo autor.

Após um documento sofrer uma revisão, ele deverá ser submetido a um novo processo de aprovação.

- **Retenção e disposição.**

A informação documentada (documentos) deve ser mantida pelo tempo necessário, antes do seu descarte, conforme definido por algum requisito legal. Por exemplo, o Programa de Prevenção de Riscos Ambientais deve ser mantido por 20 anos, de acordo com a Norma Regulamentadora 9 (NR 9), da Secretaria de Segurança e Saúde do Trabalho, do Ministério do Trabalho.

Quanto aos documentos internos do SGA, deverá existir algum procedimento operacional, ou instrução de trabalho, que defina o tempo de retenção dos documentos e registros do sistema.

Deverá existir um cuidado grande para garantir a remoção dos documentos obsoletos (e sua destruição ou arquivamento), de modo que seja evitada a sua utilização não intencional. Deve-se utilizar uma identificação adequada destes documentos (por exemplo, um carimbo com letras grandes registrando-se em todas as páginas "DOCUMENTO OBSOLETO"), se eles precisarem ser retidos para alguma finalidade.

- **Informação documentada de origem externa (identificada e controlada).**

Qualquer documento recebido pela organização, referente ao seu SGA deverá ser claramente identificado e controlado, segundo procedimento estabelecido pelo sistema, no tocante ao seu recebimento, acesso (permissão de somente consultar a informação) ou divulgação interna, permissão para consultar e alterar a informação (se for o caso), resposta (se necessário) e arquivamento final.

- **Outros comentários sobre a informação documentada.**

Os documentos não precisam ser isolados, com todo o conteúdo detalhado do assunto, sendo desejável que exista uma interação com outros sistemas gerenciais (não precisa ser um único manual). Assim, é desejável que o Manual não seja um documento muito extenso. O ideal é criar um documento sumário, que direcione o usuário para outros documentos (procedimentos, manuais, rotinas etc.) de cada assunto específico (referências), com chamadas do tipo "*Go to*" ou *hyperlink,* conforme foi proposto anteriormente. Dessa forma, o Manual fica mais fácil de ser consultado, além de facilitar as revisões.

Os documentos correlatos ao Manual do Sistema de Gestão Ambiental e aos Procedimentos devem incluir:
– organogramas;
– informações principais sobre o processo;
– padrões internos;
– padrões para registros;
– planos de emergência.

Devem ser implantados procedimentos para:
– indicar ações aos operadores de modo a evitar desvios que possam causar problemas ambientais;
– ações para os terceirizados e empreiteiros em obras;
– monitoramento do processo;
– procedimentos para a contratação de pessoas e serviços;
– definições das funções e responsabilidades.

- **Registros.**

Os registros ambientais são constituídos por todos os documentos e dados coletados durante todo o processo de implantação e operação do SGA, incluindo os documentos de planejamento, treinamento, valores medidos das variáveis físicas e químicas da planta industrial, calibrações e aferições de instrumentos, comunicações, relatórios de auditores. Eles são, na verdade, a prova de que a empresa está com o seu SGA atuante durante todo o tempo.

A empresa deverá possuir procedimentos formais para a elaboração, localização, manutenção e disposição (destruição) dos registros ambientais.

É recomendado que os registros ambientais incluam:
- requisitos legais ambientais aplicáveis;
– aspectos e impactos ambientais identificados (ressaltando os significativos);
– treinamentos;

- atividades de inspeção, manutenção e calibração;
- dados de monitoramento de processos;
- conformidade legal;
- informações pertinentes de prestadores de serviços e fornecedores;
- relatórios de auditorias ambientais;
- reclamações por motivos ambientais e ações de acompanhamento;
- incidentes ambientais;
- testes de preparação para emergências;
- resultados de análise pela alta administração;
- decisões sobre comunicações externas;
- atas de reuniões ambientais;
- informações sobre o desempenho ambiental; e
- comunicação com partes interessadas (queixas, elogios etc.).

Além dessas informações, pode ser interessante prever os seguintes tipos de registros:
- queixas, ações legais, multas;
- pesos ou volumes de resíduos produzidos;
- destino dos resíduos;
- licenças;
- detalhes de não-conformidades;
- identificação de produtos, com dados de composição e propriedades físicas, químicas;
- consumos de recursos (água, energia etc.);
- calibração e aferição de instrumentos de medidas;
- informações sobre o desempenho ambiental dos fornecedores;
- informações sobre o desempenho ambiental dos subcontratados;
- contabilidade ambiental;
- desempenho ambiental de concorrência, em relação a novos produtos e investimentos ambientais.

Os registros deverão ser legíveis, correlacionáveis às atividades a que se referem e arquivados (em papel ou banco de dados sob forma eletrônica), de modo a permitir uma fácil recuperação. Em seu processo de arquivamento, os registros deverão ser protegidos de umidade, incêndio, deterioração ou perdas (em arquivos eletrônicos, deverão ser previstos "*backups*", arquivados em local físico separado do original). Todo registro deverá ser mantido por um tempo determinado, findo o qual ele perde sua importância. Nessa ocasião, os registros devem ser destruídos. Os procedimentos devem prever o período de preservação dos registros.

A empresa deve prever, em seus procedimentos, de que forma as informações constantes dos registros estarão disponíveis para os seus empregados, quando eles tiverem necessidade dessas informações na implantação e operação do SGA.

A Figura 4.23, a seguir, mostra um trecho de registro de movimentação e destinação de resíduos de uma empresa.

Registro de Movimentação / Destinação de Resíduos									
Responsável:										
Tipo de resíduo	Unid.	Classificação		Origem	Saída de resíduos			
		I	II e III		Quant.	Destino	CADRI	Nota Fiscal
Aço (cavacos, retalhos, latas, ...)								
Baterias e pilhas								
Borrachas								
Borras de óleos								
Cartuchos de impressora e toners								
Embalagens de agrotóxicos								
......								
......								

Figura 4.23 – Exemplo de registro de movimentação e destinação de resíduos

A Figura 4.24, a seguir, mostra um exemplo de uma empresa (de fora do Brasil), que faz alguns dos seus registros ambientais de uma forma gráfica, ao longo do tempo. Essa forma de apresentação é interessante para visualização fácil, e percepção da evolução dos valores ao longo do tempo.

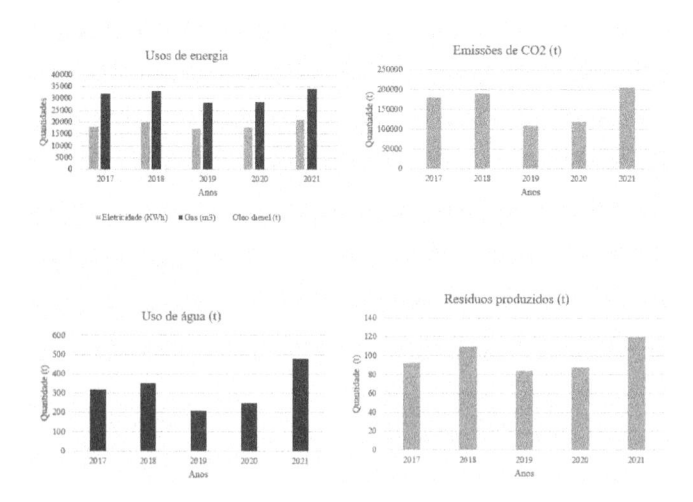

Figura 4.24 – Registro de dados ambientais (exemplo gráfico)
Fonte: Elaborada pelo autor.

Recomendamos que a maioria dos procedimentos relacionados às atividades principais do Sistema de Gestão Ambiental e aquelas causadoras dos impactos ambientais mais significativos sejam feitos por escrito (existência formal). Além de consolidar melhor os conceitos e registrar as obrigações dos funcionários, tais documentos constituem-se em uma excelente ferramenta de padronização das atividades e de processos de treinamento. Entretanto, para fins de certificação, quando a norma não se referir explicitamente a "procedimentos documentados", poderão ser aceitos procedimentos não documentados, vindos de usos e costumes, desde que fiquem evidenciadas práticas corretas das ações, implantadas e mantidas, com uma cultura bastante disseminada na empresa.

É desejável que exista um sistema simples, de fácil uso, e não complexo e trabalhoso. É possível haver uma divisão de responsabilidade; por exemplo, o gerente de segurança patrimonial pode ser responsável pelos registros de validade de extintores de incêndio e o engenheiro responsável pela fábrica, responsável pelo registro de emissões de poluentes (autorizações). A existência do sistema de documentação auxilia, dessa forma, a formalização da responsabilidade das pessoas.

É importante lembrar, quanto à existência de procedimentos que não se pode deixar de "cumpri-los". E, antes de tudo, não se pode deixar de "tê-los".

4.15 – OPERAÇÃO

(item 8 da Norma NBR ISO 14001:2015)

Este item da Norma irá abordar os aspectos de planejamento e controle operacional e a questão de preparação e resposta a emergências.

4.15.1 – Planejamento e controle operacionais

(item 8.1 da Norma NBR ISO 14001:2015)

Segundo a Norma, "a organização deve estabelecer, implementar, controlar e manter processos necessários para atender os requisitos do SGA, ao:
- Estabelecer critérios operacionais para o processo;
- Implementar controle de processos, de acordo com os requisitos operacionais (controles de engenharia e procedimentos);
- Estabelecer critérios operacionais para o processo.

Todos os processos da organização com potencial de causar impactos ambientais significativos devem ser bem estudados e avaliados para que sejam estabelecidos critérios operacionais, ou seja, regras e determinações em procedimentos que definam a melhor forma de operar aquele sistema e, consequentemente, reduzir o risco e controlar os aspectos ambientais.

A organização deverá, segundo a norma, identificar as operações e atividades associadas aos aspectos ambientais significativos para que seja dada uma maior atenção a essas atividades, sendo essas operações contidas no escopo do controle operacional.

Da mesma forma que ocorre em relação aos procedimentos operacionais, é interessante que os colaboradores envolvidos participem da elaboração dos procedimentos de controle.

Os procedimentos de avaliação de efeitos ambientais podem ser gerais (avaliam, de uma forma ampla, questões de legislação, pressões do mercado) ou específicos. Os procedimentos específicos dependem de cada caso:
- produtos: devem ser avaliados quanto ao ciclo de vida, ou seja, da matéria-prima ao descarte final;
- processos: devem ser avaliados quanto às emissões de efluentes, de rejeitos, consumo de recursos e energia, riscos, confiabilidade, FMEA (Análise de Modos de Falha e seus Efeitos);
- projetos: devem ser feitas avaliações com base no impacto ambiental (EIA-RIMA), ou seja, atividades de previsão da degradação que poderia ser causada pelo empreendimento, para que a sociedade decida pela sua conveniência;
- instalações em serviço: auditorias de conformidade com leis, procedimentos internos ou requisitos de órgãos ambientais, visando justificar a continuidade de operação e sua aceitação pela sociedade;
- aquisições: auditorias nos fornecedores, qualidade ambiental das matérias-primas, identificação de passivos ambientais para definir valores de negociação em fusões e incorporações de empresas.

Todas as mudanças planejadas deverão ser controladas, para assegurar que elas estão sendo realizadas da forma prevista. As mudanças não intencionais deverão ser analisadas criticamente, para verificar as consequências e as ações requeridas para, eventualmente, se retornar à situação anterior ou outra mais apropriada.

As avaliações dos produtos são feitas usualmente através da análise do ciclo de vida do produto, ou seja, observando-o "do berço ao túmulo", desde a matéria-prima com que ele foi fabricado até o seu descarte final, passando por todas as etapas de produção, transportes e uso. Para orientar os consumidores, existe a denominada "rotulagem ambiental", que indica nas embalagens e especificações o desempenho ambiental do produto. Os denominados "selos verdes" indicam, por exemplo, se a embalagem é reciclável, se o produto não contém agentes nocivos (por ex. CFC), se ele não é testado em animais, procurando orientar o consumidor, porém às vezes confundindo-o. A questão de rotulagem ambiental está sendo tratada pelo SC 03 do TC 207 da ISO e será abordada no Capítulo 5.

- **Implementar controle de processos, de acordo com os requisitos operacionais.**

Os controles devem ser concebidos para assegurar que o nível de desempenho ambiental esteja de acordo com a política e os objetivos ambientais, ou seja, devem permitir uma verificação constante do cumprimento dos requisitos e objetivos estabelecidos.

Os controles devem ser exercidos com o auxílio de procedimentos documentados de acompanhamento dos processos e controles de engenharia, com atuação direta na linha de produção e na manutenção, áreas onde provavelmente são observados os impactos ambientais mais significativos.

Os controles podem ser implementados seguindo uma hierarquia, por exemplo, eliminando alguma atividade de risco quando este se apresentar mais iminente, por substituição (passando a operação normal automatizada para uma operação manual, com maior atuação do operador, ou com medidas administrativas (ações gerenciais). Essas formas de controle podem ser usadas individualmente, ou em conjunto.

Os controles devem ser exercidos para cobrir situações nas quais a sua ausência possa acarretar desvios em relação à política ambiental e aos objetivos ambientais. Devem ser implantados para se verificar:

- as atividades relacionadas à prevenção da poluição e conservação de recursos, ligadas a atividades futuras (projetos, modificações de instalações, novas instalações, novos produtos);
- o controle diário da produção e melhoria contínua (gestão da rotina) e de trabalhos de manutenção;
- a gestão estratégica (atividades previstas para um futuro mais remoto, antecipando-se os requisitos ambientais);
- o controle dos processos terceirizados.

A organização deve decidir a extensão do controle necessário para controlar ou influenciar processos terceirizados ou provedores de produtos e serviços, analisando a competência do provedor externo em atender os requisitos do sistema de gestão ambiental, a competência da organização em definir os controles apropriados, a importância e os efeitos dos produtos e serviços e as oportunidades de melhoria que são disponíveis.

Segundo a Norma, coerentemente com uma **perspectiva de ciclo de vida**, a organização deve:

a) estabelecer controles para assegurar que os requisitos ambientais sejam tratados no processo de projeto e desenvolvimento do produto ou do serviço, considerado cada estágio do seu ciclo de vida;

b) determinar requisitos ambientais para aquisição de produtos e serviços, como apropriado;

c) comunicar requisitos ambientais pertinentes para provedores externos, incluindo contratados;

Como ocorre frequentemente no transporte de produtos químicos perigosos, alguns impactos ambientais significativos podem ocorrer durante o transporte destes produtos, com acidentes nas rodovias, gerando vazamentos. Também podem ocorrer impactos durante a entrega, o uso do produto, o tratamento pós-uso e na disposição final.

A organização deve prover informações, adequadas e suficientes para, potencialmente, prevenir ou mitigar impactos ambientais adversos durante estes estágios do ciclo de vida.

Os controles devem ser exercidos para verificar as operações da empresa, se elas cumprem os critérios previstos, como uma rotina diária na organização para garantir a conformidade com requisitos (leis, normas, procedimentos). A melhor forma de exercer o controle operacional consiste em estabelecer procedimentos documentados e critérios operacionais, treinar as pessoas envolvidas e realizar periodicamente auditorias de verificação.

Na falta de controles, podem ocorrer desvios em relação ao atingimento dos objetivos ambientais, ou da própria política ambiental. Os procedimentos e requisitos que devem ser cumpridos pelos fornecedores e prestadores de serviços devem ser comunicados a estes participantes (importantes) do processo de melhoria de desempenho ambiental.

Existe uma situação denominada pela expressão "condições controladas", na qual é definido um estado determinado, onde os processos de produção ocorrem de modo previsível, sob controle do pessoal de operação (controle automatizado ou manual). Os controles aplicam-se, na maioria das vezes, a estas condições. Com as alterações necessárias, isto também se aplica aos procedimentos da área administrativa. No ciclo PDCA para "Manutenção" das tarefas rotineiras, o "P" pode ser substituído por "S", de *Standardization* (padronização); depois de estabelecida e adquirida confiança no processo, são feitos os procedimentos de operação, que não podem ser modificados sem que as gerências estudem um novo ciclo PDCA para "Melhorias", quando um novo processo deverá ser cuidadosamente estudado, visando atingir um novo patamar de qualidade.

Para efetivar o controle, sugere-se elaborar listas de verificação (*"checklists"*), para orientar o monitoramento constante das características importantes dos processos, observando se as atuações são feitas sobre as causas e não sobre os efeitos. Os poluentes, em muitos casos, são emitidos de forma anormal como resultado de operações indevidas de máquinas, perdas de produtos, estocagem inadequada, entre outros fatores. Assim, os controles devem ser voltados às atividades de prevenção (prevenir a poluição) e conservação de recursos. As técnicas para controle de poluição (ou minimização de seus efeitos) devem ser bem conhecidas pelos gerentes e operadores dos processos industriais.

A avaliação deve ser feita de preferência com base nos indicadores ambientais.

Será necessário manter informação documentada sobre os processos de controle e seus resultados, na extensão necessária, para se ter confiança de que os processos sejam realizados conforme planejados.

O controle operacional depende da natureza das operações, do risco e oportunidades, dos aspectos ambientais significativos, dos requisitos legais e outros.

A organização deverá ter flexibilidade para estabelecer o tipo de método de controle operacional, necessário para certificar que os processos são eficazes e alcancem os resultados desejados. Esses métodos podem incluir:

- O projeto sendo realizado de modo a evitar erros e garantir resultados coerentes;
- Controles de engenharia, utilizando tecnologias para controlar os processos, de modo a evitar resultados adversos;
- Uso de pessoal competente, preparado, motivado, de modo a alcançar os resultados pretendidos;
- Executar processos de forma especificada, seguindo normas, padrões e a melhor prática recomendada;
- Monitorar ou medir processos para verificar os resultados;
- Determinar o uso e a quantidade de informação documentada necessária.

Devem ser elaborados controles operacionais para verificar o cumprimento dos requisitos legais ou outras normas da organização, bem como dos procedimentos relativos às atividades de contratação (fornecedores), recebimento e estocagem de matérias-primas, produção, resíduos gerados (disposição), estocagem de produtos acabados, transporte, atendimento pós-venda, marketing.

Deve ser concebido e implementado um controle visando a gestão estratégica, como forma de prevenção no futuro mais remoto, para que a empresa se antecipe às exigências da legislação e outras ameaças quanto aos requisitos de desempenho ambiental.

Outra sugestão é que sejam preparados procedimentos contábeis para apropriação e controle dos custos e despesas ambientais, ou seja, devem ser identificados quais foram os investimentos realizados em melhorias das instalações industriais, para proporcionar melhorias ambientais e na melhoria dos produtos e embalagens, bem como a avaliação do retorno desses investimentos.

Uma forma que a empresa utiliza para promover o seu produto é divulgar aos seus consumidores que aquele produto não é agressivo ao meio ambiente (seja na fase de produção, seja durante o uso ou quanto ao descarte final), o chamado "marketing ecológico", que, conforme comentamos anteriormente, tem cada vez mais força de convencimento, pelo interesse de melhoria de qualidade de vida. A adoção de um "selo verde" a ser colocado em seu produto pode ser uma forma interessante de comunicação com o consumidor, podendo ser um bom "programa de gestão específico" como objetivo da empresa. Deverão existir controles adequados desse processo, caso seja do interesse da organização.

A avaliação de projetos, em muitos casos, é feita por meio do EIA-RIMA, Estudos de Impacto Ambiental e Relatórios de Impactos sobre o Meio Ambiente, documentos que fazem uma análise em profundidade do projeto e suas repercussões ambientais.

Com relação aos programas de gestão específicos, relacionados aos processos da empresa, é recomendável que sejam desenvolvidos esforços para aplicar os conceitos de desenvolvimento sustentável, bem como do uso de tecnologias limpas, conceito desenvolvido pelo Programa das Nações Unidas para o Meio Ambiente (PNUMA), que significa aplicar, de forma contínua, uma estratégia ambiental, aos processos e produtos de uma indústria, a fim de reduzir riscos ao meio ambiente e ao ser humano.

No Capítulo 5 apresentaremos alguns programas de gestão específicos, detalhando um pouco mais a questão dos selos verdes. Atualmente, com a visão de "perspectiva de ciclo de vida", poderão ser gerados controles que aproximem o sistema de gestão ambiental da análise de ciclo de vida e obtenção de um "selo verde".

4.15.2 – Preparação e Resposta a Emergências

(Item 8.2 da Norma ABNT NBR ISO 14001:2015)

Segundo a Norma, "a organização deve estabelecer, implementar e manter processos necessários para preparar-se e responder a potenciais situações de emergência".

"A organização deve:

a) preparar-se para responder pelo planejamento de ações para prevenir ou mitigar impactos ambientais adversos de situações de emergências;

b) responder a situações de emergências reais;

c) tomar ações para prevenir ou mitigar as consequências decorrentes de situações de emergência, apropriadas à magnitude da emergência e ao potencial impacto ambiental;

d) testar periodicamente as ações de resposta planejadas, onde viável;

e) periodicamente, analisar criticamente e revisar os processos e as ações de resposta planejadas, em particular, após a ocorrência de situações de emergência ou testes;

f) prover informações pertinentes e treinamento relacionado à preparação e resposta a emergências, como apropriado, para as partes interessadas pertinentes, incluindo pessoas que realizam trabalho sob o seu controle".

A organização deve manter informação documentada na extensão necessária, para ter confiança de que os processos sejam realizados conforme planejado.

A organização deve estabelecer e manter procedimentos para indicar as ações a serem tomadas em potenciais acidentes e situações de emergência, bem como para prevenir e mitigar os impactos ambientais associados. Esses procedimentos devem ser revistos e atualizados, sobretudo após uma eventual e indesejável ocorrência de acidentes, incorporando-se a experiência prática duramente obtida.

Em resumo, esses procedimentos devem detalhar as responsabilidades das pessoas, prever o material requerido para dar cobertura rápida às ações emergenciais, de forma a reduzir as consequências do acidente. Outra grande vantagem associada é que, ao serem preparados esses procedimentos, estaremos aumentando o nosso nível de conhecimento do problema e identificando situações de risco que podem ser reduzidas com modificações nos processos, instalações de dispositivos de segurança e um melhor treinamento dos operadores. Sempre que possível, devem ser aplicados os procedimentos em simulações e exercícios práticos (por exemplo, em *mock-ups* de exercícios contra incêndios).

Os procedimentos formais de ação em emergências originaram-se, provavelmente, durante a Segunda Guerra Mundial, após as enormes perdas causadas pelos aviões japoneses nos grandes navios de guerra americanos (porta-aviões, cruzadores), pelos pilotos japoneses chamados "kamikazes". No intuito de evitar a progressão americana durante a guerra no Pacífico, eles fizeram uma tentativa desesperada de impedir que a guerra chegasse ao território do Japão, que consideravam sagrado e se atiravam quase na vertical com seus aviões carregados de bombas sobre importantes navios da esquadra americana. A defesa era praticamente impossível com a artilharia antiaérea. Os incêndios e alagamentos resultantes das avarias eram muito difíceis de serem controlados e as chances de perder o navio eram grandes. Para reduzir o efeito das avarias e fazer frente a essa nova situação, foram criados, nos navios, os "Grupos de Controle de Avarias" (CAV), onde todos os tripulantes eram designados e treinados para as funções especiais em postos de Incêndio, Alagamento, Colisão etc., com todos os materiais necessários, já guardados prontos nos "Armários de CAV" (mangueiras, explosímetros, bujões, machados etc.). Com essa prática, as consequências dos acidentes se tornaram muito reduzidas e sob controle, permitindo o salvamento de muitos navios e tripulantes. Essa experiência, após a guerra, foi de certa forma passada ao ambiente industrial. Esse mesmo tipo de ação, realizando-se uma preparação para as situações de risco, deve ser aplicado às empresas, visando aumentar a rapidez e eficiência das equipes no atendimento apropriado e controle de situações de emergência.

Em seus comentários, item A.8.2, a Norma ISO 14001:2015 indica a responsabilidade de cada organização estar preparada e responder a situações de emergência de maneira apropriada às suas necessidades específicas. Ela deverá considerar vários aspectos ao planejar seus processos de preparação e resposta a emergências:

- **Os métodos mais apropriados para responder a uma situação de emergência.**

Notamos que, recentemente, em alguns acidentes em empresas com grandes repercussões ambientais, tem sido muito criticada a falta de Planos de Contingência, ou Planos de Resposta a Emergências, que preparam a organização para essas situações, indicando as ações a tomar na eventualidade do acidente. Mesmo pequenos vazamentos cujas consequências sejam avaliadas como causadoras de impactos significativos devem ser objeto de cuidados maiores, sendo previstas ações de preparação e resposta a essas emergências. Os planos deverão apresentar os procedimentos para resposta a situações de emergência, prevendo ações como o acionamento do plano, avaliação da situação, controle, rescaldo, descontaminação da área e assistência a eventuais vítimas. Devem ser identificadas as possíveis emissões acidentais para a atmosfera, as emissões para águas e as descargas para o solo, bem como as consequências dessas emissões sobre o meio ambiente e os ecossistemas. Com essa análise, ficarão evidenciadas as emergências potenciais.

Para controlar as situações de emergência, os procedimentos devem enfocar:
- identificação e caracterização de todos os possíveis cenários de acidentes, estudando-se as áreas de risco e processos críticos e sua classificação; dar ênfase na identificação dos riscos à saúde e segurança dos trabalhadores e do público externo;
- identificação dos equipamentos e materiais adequados para a resposta às emergências (para a monitoração, ações visando interromper o acidente, descontaminação e assistência a eventuais vítimas), garantia da aquisição desses equipamentos e materiais, treinamentos no uso, ações visando sua correta manutenção e garantia de disponibilidade;
- preparação de informações sobre os materiais perigosos existentes, o impacto desses materiais sobre pessoas e sobre o meio ambiente, medidas corretivas imediatas (primeiros socorros para pessoal e ações para mitigar os impactos).

- **Os processos de comunicações interna e externa.**

Deverá ser elaborado um plano de comunicações sobre os possíveis acidentes e outras emergências, sendo divulgado internamente, de forma que os colaboradores conheçam melhor os riscos aos quais são submetidos e a forma de reduzir esses riscos. Também, na ocorrência de um acidente, os colaboradores devem ser informados das consequências para a organização e como eles são afetados pelas consequências. Em nível externo, deverá ser feito um planejamento sobre como devem ser feitas as comunicações com o público externo, vizinhos e outras partes interessadas, na ocorrência de um acidente ou emergência.

- **As ações requeridas para prevenir ou mitigar os impactos ambientais.**

Um dos passos essenciais da análise consiste na definição dos diferentes cenários que são possíveis de ocorrência, em função dos processos industriais ou dos materiais existentes na organização, tais como um cenário de incêndio (por exemplo, se existem materiais sólidos combustíveis seria possível um incêndio do tipo A, se forem líquidos combustíveis seria um incêndio do tipo B, e se for um incêndio em instalações elétricas seria do tipo C, cada um deles exigindo extintores específicos para o combate às chamas). Outros cenários possíveis de serem considerados seriam o derramamento de líquidos contaminantes (se houver, com riscos de atingir redes de drenagem e, posteriormente rios, córregos, o mar), ou explosão de tanques (contendo líquidos ou gases), explosão de pós (farinha, açúcar, amido) Assim, dependendo do produto e das instalações existentes, o analista construirá os "cenários acidentais", e para cada cenário ele deverá avaliar os impactos ambientais decorrentes do acidente.

Em função dessa análise, ele deverá prever os equipamentos de controle das emergências, o treinamento das pessoas e, bastante relevante, a introdução de mecanismos que aumentem a segurança (válvulas de alívio, redundâncias, tanques de transbordo ou bacias de contenção), eventualmente modificando as instalações existentes.

Além dos procedimentos que indicam as ações a serem tomadas nas condições anormais de operação, devem, particularmente, serem previstas as ações de cada equipe (ou pessoa da equipe) nos acidentes e nas situações de emergência.

- **As ações de mitigação e resposta a serem executadas para diferentes tipos de situações de emergência.**

A organização deverá, sempre, tomar todas as ações para evitar a ocorrência de situações de emergência, ou acidentais. Entretanto, ainda é possível que ocorram esses eventos indesejáveis. As ações de mitigação são aquelas que reduzem as consequências dos acidentes ou situações emergenciais. Assim, deverá ser preparada uma lista de ações a serem rapidamente tomadas pela equipe, para cada tipo de acidente. Outras providências possíveis são:

- preparação de Fichas de Emergência para os materiais perigosos envolvidos nos processos (Nota: sugiro conhecer o "Manual para Atendimento a Emergências com Produtos

Perigosos", editado pela ABIQUIM – Associação Brasileira da Indústria Química);
- identificação dos recursos de alarmes e sinalização do acidente;
- preparação de procedimentos indicando ações a tomar na ocorrência das emissões acidentais para a atmosfera, para as águas (rios, lagos, córregos, rede de esgoto) ou vazamentos para o solo;
- realização de análises de risco, HAZOP, modelos de vulnerabilidade da planta.

- **A necessidade de avaliação pós-emergência para determinar e implementar** ações corretivas.
Deverão ser estudadas as ações a serem tomadas após a ocorrência e o controle da emergência, identificados os recursos necessários e preparados os procedimentos para o monitoramento ambiental após o acidente, com treinamento dos possíveis envolvidos.
- **Testes periódicos de ações planejadas para resposta a emergências.**
Sempre que possível, devem ser realizados testes com os sistemas previstos para atuar em situações de emergência (por exemplo, ativar periodicamente o sistema de combate a incêndios). Em situações em que não seja possível realizar os testes, será necessário buscar outros mecanismos para assegurar a disponibilidade e efetividade dos sistemas de segurança, por meio de outras simulações e um planejamento bem elaborado, contemplando todas as possibilidades e situações.
- **Treinamento de equipes de resposta a emergências.**
A garantia de competência das pessoas da organização envolvidas no controle de situações de emergência é um dos principais fatores de sucesso nesse aspecto. Todos os possíveis envolvidos (operadores dos processos, pessoas próximas, brigadas de emergência) precisam conhecer bem os processos, produtos envolvidos, riscos

e ações a tomar, sendo treinados para fazer face a essas situações. As possíveis ações abrangem:
- definição das responsabilidades de cada operador envolvido ou coordenador da ação; descrição da estrutura organizacional e funcional do controle de emergências (eventualmente para cada cenário acidental);
- descrição dos programas de treinamento das equipes de atendimento a emergências, tais como cursos, aulas teóricas sobre os perigos, tipo e justificativa de cada uma das ações, como isolamento, e evacuação de áreas sob risco, ações de resgate de vítimas, de combate aos eventos anormais (fogo, vazamentos etc.), treinamento prático em simulador;
- procedimentos para comprovar as ações do operador na situação de funcionamento anormal das máquinas e sistemas;
- procedimentos para retomada das atividades, após a solução dos problemas;
- procedimento para preservação de segredos industriais, nas situações de emergência;
- planos de treinamento para verificar a efetividade das ações e o grau de prontidão das equipes.

- **Uma lista dos principais membros da equipe e agências de socorro, incluindo detalhes de contato (por exemplo, bombeiros, serviço de limpeza de derramamentos).**

É necessário que sejam previstos mecanismos para localização e convocação rápida de pessoas-chave, ou seja, pessoas que sejam especializadas nos processos envolvidos com a situação de emergência (operadores, chefias das áreas técnicas envolvidas), que possam vir a colaborar com o controle da situação e a retomada segura das condições de operação, ou seja, lista com telefones celulares, BIPs, endereços e telefones residenciais dessas pessoas. Essas listas devem ter uma cópia na portaria, com acesso pelo pessoal de vigilância e controle de acessos.

Também será necessária a preparação de um procedimento para convocação rápida do Corpo de Bombeiros e de empresas especializadas, se for o caso. (Nota: a ABIQUIM possui um programa chamado Pró-Química, para auxiliar nessas situações, telefone 0800-11 8270).

- **As rotas de evacuação e locais de concentração.**

Se a organização possuir processos com características de risco elevado (equipamentos operando com temperatura elevada, pressão elevada, produtos perigosos (inflamáveis, explosivos, corrosivos, tóxicos, radioativos etc.), deverão ser instalados painéis nos locais envolvidos indicando as rotas de evacuação, estas devidamente sinalizadas por faixas pintadas e avisos nos pisos e paredes, de forma que a evacuação seja feita de forma rápida e segura em casos de emergências. As pessoas deverão ser agrupadas em locais seguros, afastadas da área de risco, chamados de locais de concentração. Deverá ser feita uma verificação de presença por parte dos chefes, para assegurar que nenhum funcionário ficou preso ou ferido no local do acidente. Se houver alguém faltando, deverá ser dado alarme para a brigada de emergência ou bombeiros, de forma a ser atribuída uma prioridade na localização e resgate dessas pessoas.

- **A possibilidade de assistência mútua de organizações vizinhas.**

Caso existam empresas com processos semelhantes na região onde se localiza a organização (polos industriais, indústrias semelhantes), deverá ser feita uma integração entre elas, com acordos para assistência mútua, partilhando-se ou emprestando-se equipamentos de socorro, pessoal especializado e outros recursos, bem como a troca de experiências. Esse auxílio, sendo realizado de forma expedita, rápida, antes da chegada do Corpo de Bombeiros, pode ser um fator importante para mitigar as consequências e colaborar para controlar a situação. O benefício desses acordos será de todas as indústrias da área e das comunidades vizinhas.

Muitas situações de emergência com repercussões ambientais ocorrem durante operações de transporte de produtos, sobretudo combustíveis e outros produtos químicos. Cuidados especiais devem ser tomados (sendo definidos procedimentos específicos) em situações de transferência de cargas e interconexão entre diferentes meios de transporte (transporte intermodal). Dependendo dos riscos envolvidos com o produto, devem ser estudados os itinerários, as condições de manutenção das rodovias, os pontos de apoio, as épocas do ano mais adequadas, evitando riscos de quedas de barreiras, os riscos de alagamentos em épocas de grandes chuvas, a sazonalidade de tráfego (feriados e safras agrícolas), o apoio possível de órgãos de defesa civil e corpo de bombeiros. Sendo possível e economicamente viável, devem ser escolhidas as rotas de menor risco, evitando-se áreas densamente povoadas, áreas de proteção de mananciais e de reservatórios de água para a população. Devem ser identificados os pontos vulneráveis do percurso, tais como cruzamento com outras rodovias ou ferrovias. Se necessário ou recomendável, deve ser previsto comboio com escolta. Os veículos deverão estar sinalizados, com simbologia de acordo com o produto transportado, de acordo com os Decretos Federais n°s 88.821 de 06/10/1983 (aprova o Regulamento para a Execução do Serviço de Transporte Rodoviário de Cargas ou Produtos Perigosos) e nº 96.044, de 18 de maio de 1988 (aprova o Regulamento para o Transporte Rodoviário de Produtos Perigosos e dá outras providências).

A organização deve periodicamente analisar e, quando necessário, revisar seus procedimentos de preparação e resposta a situações de emergência. Após uma ocorrência indesejável (acidentes ou situações emergenciais) deverão ser revistos os procedimentos e o Plano de Resposta às Emergências em face dos resultados reais. Na eventualidade de um acidente, são recomendadas várias ações, que serão aqui apenas citadas. Entre elas, lembramos que é muito importante informar às autoridades e pedir auxílio ao Corpo de Bombeiros, que possui profissionais especializados e equipamentos para controle dessas situações. Lembramos, também, que em um acidente com produtos químicos (emergência química) são recomendáveis ações físicas (barreiras, bujonamentos, contenção) e não ações químicas (neutralização, queima etc.), pois o comportamento dos produtos pode ser diferente daquele apresentado em laboratório, com liberação de outros contaminantes. Os principais passos, em uma situação de acidente (que devem ser explorados nos procedimentos da empresa) são:

a) notificação do acidente;

b) identificação e caracterização dos produtos;

c) avaliação dos riscos dos produtos;

d) isolamento do local;

e) solicitação de apoio;

f) monitoração ambiental do local do acidente;

g) melhor definição da área a isolar;

h) identificação e disponibilização dos Equipamentos de Proteção Individual (EPIs) ao pessoal de socorro;

i) salvamento de vidas humanas;

j) ações para evitar a propagação do acidente;

k) ações de salvamento do material da empresa;

l) ações de descontaminação;

m) ações de rescaldo;

n) ações de recuperação ambiental; e

o) relatório detalhado dos eventos.

As análises de risco e de confiabilidade de sistemas são formas interessantes de previsão e estudo de consequências em situações emergenciais, provendo subsídios para os procedimentos. Sugiro, para maior aprofundamento do assunto, consultar e usar o programa RMP (*Risk Management Planning*), obtido em https://response.restoration.noaa.gov/oil-and-chemical-spills/chemical-spills/response-tools/cameo-software-suite.html ou, através do site da EPA (*Environmental Protection Agency*), obter e utilizar um excelente programa para simulação de acidentes com lançamento de produtos químicos para a atmosfera, chamado de ALOHA (acesso em https://response.restoration.noaa.gov/aloha). (Nota: acessados em 12.12.2022).

4.16 – A CULTURA DE SEGURANÇA

Embora não seja um requisito da Norma NBR ISO 14001:2015 para a implantação de um Sistema de Gestão Ambiental, decidimos abordar este tópico neste livro, em vista de sua estreita correlação com os requisitos de preparação da empresa para resposta em situações de emergência e ações preventivas às emissões de poluentes. O assunto ganha importância quando estivermos tratando de empresas com potencial mais elevado de riscos, como é o caso de muitas indústrias químicas.

O termo "cultura de segurança", cada vez mais empregado pelas indústrias, foi inicialmente adotado pela Agência Internacional de Energia Atômica, reconhecendo o fato de que a segurança nuclear depende muito das ações e da conscientização das pessoas dentro da organização quanto à necessidade de prevenir os riscos. Edgar Schein, citado por PACKER (2002), que estudou em profundidade esse problema, propôs três níveis da cultura de segurança na organização:

1º nível - Chamou de implementação de "artefatos" - que é a estrutura organizacional visível de processos - aquilo que você consegue ver, ouvir, sentir.

2º nível - Chamou de "valores esposados" ou "valores admitidos, assumidos" - que são as estratégias, metas, filosofias. Trata-se daquilo que a organização diz a respeito dela própria.

3º nível – São as "hipóteses básicas ou essenciais", as funções e posturas, que normalmente são inconscientes e verdades assumidas, crenças, percepções, modos de pensar.

Os "artefatos", aquilo que é visível, são os produtos da organização, são as defesas, na cultura de segurança, as ações que realmente são tomadas para permitir a realização de uma determinada operação de forma segura, incluindo, por exemplo, procedimentos atualizados, procedimentos conservativos, comunicação aberta, auto verificações, linhas claras de autoridade, auditorias, melhoria de processos, ou seja, as defesas que existem para salvaguardar e prevenir os riscos.

Os valores esposados, aqui com o termo empregado no sentido de "casados", referem-se aos compromissos assumidos pela direção da organização, aquilo que a organização diz que ela quer ser e como deve agir. A sua divulgação ocorre com a fixação de uma "Política de Segurança", para promover comportamentos, atitudes, expectativas, definições da missão, sendo essencial a sua divulgação e compreensão correta em todos os níveis, feita pela *intranet, posters, banners*, crachás e documentos divulgados para os colaboradores e público externo.

É importante que os padrões e critérios relacionados à cultura de segurança, estabelecidos por organismos como a Agência Internacional de Energia Atômica, se transformem em valores esposados pela organização. E, trabalhados para customizá-los à estrutura e hábitos, eles podem ser transformados em procedimentos e instruções de trabalho, ou seja, em "artefatos".

O terceiro nível, que consideramos como sendo o mais importante a ser atingido, com o auxílio dos valores esposados e dos "artefatos", refere-se às crenças inconscientes que se tornam visíveis pelas ações dos colaboradores, observando-se os padrões de comportamento, que sejam visíveis.

Na área industrial, é essencial se buscar a operação segura. Ou seja, estudar os processos envolvidos com ênfase na sua vulnerabilidade e potencial de perigos. A questão de segurança deve ser uma das prioridades da empresa, sendo observadas as vulnerabilidades. A melhor forma para reduzir a vulnerabilidade consiste no emprego do princípio da defesa em profundidade, para compensar falhas humanas e falhas materiais. São estabelecidos vários níveis de proteção, na forma de barreiras sucessivas, de modo a impedir a liberação de materiais perigosos para o ambiente. As defesas podem ser enquadradas em um dos três tipos que poderíamos chamar aqui de 3 Ps – Planta, Processo e Pessoas:

a) na planta – considera-se que a instalação (planta ou equipamento) é uma barreira efetiva de segurança se ela estiver nas condições de projeto, com uma manutenção adequada e na configuração de projeto para a qual foi projetada aquela instalação;

b) no processo – devem ser buscadas todas as formas de impedir a propagação de eventuais acidentes, preparando-se procedimentos para as situações de risco;

c) nas pessoas – as barreiras são efetivas se as pessoas tiverem sido treinadas e qualificadas, sendo importante realizar avaliações de desempenho e realimentação dos resultados.

Como um exemplo, consideremos a questão de segurança na aviação comercial. O avião (equipamento) precisará ser seguro, construído com matérias resistentes, deverão ter sido previstas redundâncias em sistemas críticos (por exemplo, computadores, sistemas hidráulicos dos freios), com um projeto homologado por órgãos de avaliação (FAA nos Estados Unidos), sua manutenção deverá ser adequada e confiável. Quanto ao processo, o sistema de controle de voo deverá ter um desempenho adequado (radares, pistas dos aeroportos). Quanto às pessoas, os pilotos devem ter uma qualificação adequada, comprovar treinamentos em simuladores, aprovados em exames de saúde, boas condições psicológicas, descanso adequado antes do voo.

Citando outro exemplo, da área nuclear, podemos considerar seis barreiras físicas ou materiais em relação a um combustível nuclear dentro de um reator, que impedem que material radioativo alcance o meio ambiente externo, mesmo na ocorrência do pior acidente nuclear postulado: a primeira barreira é a própria matriz cerâmica do combustível (pastilhas de urânio, que não podem esfarelar quando submetidas à radiação e a esforços mecânicos), a segunda é a tubulação das varetas que contém as pastilhas, a terceira o vaso do reator, a quarta a blindagem do reator, a quinta a piscina do prédio e, finalmente, a sexta sendo a contenção do prédio, que impede a contaminação do meio ambiente mesmo ocorrendo o pior acidente postulado para a instalação.

Todas as barreiras precisam ser bem cuidadas, não se aceitando a operação com equipamentos degradados.

A cultura de segurança exige um ambiente onde haja inter-relação entre:

– os compromissos da organização;
– os compromissos dos gerentes;
– os compromissos dos empregados.

De acordo com Schein, citado por PACKER (2002), são sugeridos 6 tipos de hipóteses definindo a natureza da organização:

a) ação – hipóteses em relação ao tipo de ações que precisam ser tomadas;

b) informação – hipóteses sobre as bases aceitas para julgamentos;

c) motivação – hipóteses em relação à motivação dos colaboradores, como as pessoas são motivadas e como elas alteram o seu comportamento;

d) hierarquia – hipóteses em relação à aplicação do poder na organização;

e) liderança – hipóteses a respeito do papel dos líderes;

f) tempo – hipóteses em relação aos comportamentos no passado, na época atual e previsão de futuro.

Em qualquer organização onde se utilizam processos ou materiais com nível de risco mais elevado que o normal, é muito importante a ênfase em se desenvolver uma cultura de segurança. E, nesse trabalho de organização e gerenciamento da promoção da cultura de segurança, o papel da liderança é vital para a formação dessa cultura em todo ambiente de trabalho e as pessoas envolvidas. É importante a existência de uma Política de Segurança, emitida pela Alta Administração, com a visão e intenções quanto a este assunto. As atividades do líder devem ser os primeiros exemplos de postura correta frente aos riscos.

O gerente ambiental deve ser bem compreendido em suas ideias, deve definir a direção e as metas, implementar e manter um treinamento e espírito empreendedor dentro da organização.

A implantação da cultura de segurança pode ser realizada por atividades previstas em um PDCA particular, semelhante ao empregado para a implantação do SGA:

Fase P – Planejamento: definir os compromissos de segurança, padrões, normas a serem observadas, os objetivos e metas, a finalidade e a atribuição de responsabilidades;

Fase D – Realização: implementar as ações relacionadas à promoção da cultura de segurança para atender às metas, realizar treinamentos e controlar os processos, estabelecer mecanismos de prevenção de riscos (riscos normais e riscos resultantes de situações de emergência);

Fase C – Verificação: realizar auditorias e inspeções visando avaliar as ações tomadas; analisar os desvios e procurar as causas, tomando ações corretivas e ações preventivas;

Fase A – Ação: realizar uma avaliação de todo o processo, para assegurar a existência de uma cultura de segurança na organização.

A primeira atividade consiste em investigar o estágio existente quanto à cultura de segurança dentro da organização, procurando os pontos fracos e problemas potenciais, estabelecer uma política e uma estratégia para a promoção da cultura de segurança, definir pontos chaves e metas de promoção da cultura de segurança. Após esse levantamento inicial, implementar as ações identificadas e monitorar a sua efetividade. Em seguida, realizar auditorias para identificar os pontos fracos porventura existentes e novos problemas que ocorreram durante as atividades de preparação.

É importante não se esquecer das empresas contratadas e serviços terceirizados, como elas se posicionam quanto à cultura de segurança e sistemas de qualidade.

Resumindo e, em alguns casos expandindo os comentários acima, os seguintes passos devem ser seguidos:

1º- redigir, com bastante clareza, uma política de segurança que seja bem compreendida e reconhecida por todos os membros da organização e pelo público, mostrando a importância atribuída quanto à cultura de segurança;

2º- investigar e avaliar como está a situação da cultura de segurança na organização (postura das pessoas);

3º- definir áreas em que a cultura de segurança é essencial, porém não está sendo cumprida adequadamente, que precisam ser melhoradas e reforçadas. Definir claramente as responsabilidades, tarefas e requisitos de cada pessoa que tenha participação na operação de processos com risco elevado ou trabalhe com produtos perigosos. Definir um grupo de trabalho para promover os conceitos de cultura de segurança, com a participação de facilitadores de cada área organizacional;

4º- definir um conteúdo, escopo e cronograma de promoção da cultura de segurança para reforçar áreas carentes;

5º- assegurar a disponibilidade de recursos financeiros e humanos para gerenciamento de segurança e construção da cultura de segurança;

6º- realizar avaliações e auditorias sobre a compreensão e o cumprimento da política de segurança, informando periodicamente a todas as pessoas da organização os resultados dessas avaliações e auditorias. Avaliar os resultados das auditorias e da monitoração, implementando ações corretivas ou preventivas e novas metas de melhoria;

7º- participar de intercâmbios com outras organizações similares, identificando problemas de segurança ocorridos e as soluções adotadas, para implantar medidas preventivas;

8º- estabelecer de uma forma bem consistente (e continuamente) na organização um postulado de que segurança e qualidade estão em primeiro lugar.

Uma postura correta exige que a administração atribua elevada prioridade à segurança e estrito cumprimento das leis nacionais, regulamentos, critérios e compromissos da empresa, existindo um esforço para atingir bom nível de desempenho das operações e assegurar melhoramento contínuo. Deve ser estabelecido um sistema gerencial voltado à segurança de operações, para promover a cultura de segurança, definindo-se claramente as responsabilidades desde os níveis de direção e gerencial até o nível da força de trabalho, dos operadores de processos e técnicos. Deve ser assegurada a existência de defesas de profundidade em relação a riscos e processo de tomada de decisões conservativas e transparências nos assuntos relacionadas à segurança. É importante que seja implementado um sistema de realimentação de experiências, de forma que a organização esteja em contínuo aprendizado, estabelecendo mecanismos preventivos. Promover e cultivar a cultura de segurança é um dos passos mais importantes no processo gerencial, quando a organização produz ou manipula produtos perigosos. É necessário reforçar o senso de responsabilidade de todos com relação à segurança lembrando que cada um é uma barreira, cada pessoa com seu trabalho é uma barreira de segurança, impedindo acidentes ou incidentes.

Para que se consiga implementar e manter ativa a cultura de segurança, é necessário garantir um elevado nível de consciência sobre os riscos e fatores de segurança que reduzam os riscos para níveis aceitáveis, por meio do aprendizado contínuo e de um questionamento constante. Além disso, a preparação da organização para resposta rápida a situações de emergência também contribui para a melhoria. Os participantes da organização devem, com o auxílio e apoio das chefias, aumentar continuamente seu nível de conhecimento e desenvolvimento individual, senso de autocrítica e trabalho em equipe, com metas comuns e senso de valores comuns.

Segundo a ELETRONUCLEAR (2000), visando elevada segurança nas usinas nucleares de Angra-I e Angra-II, é necessário que os indivíduos tenham uma atitude questionadora, rigorosa e prudente. Antes de iniciar qualquer atividade relacionada à segurança, eles devem levantar questões como:
- Entendo a tarefa?
- Quais são as minhas responsabilidades?
- Como elas se relacionam com a segurança?
- Tenho os conhecimentos necessários para proceder corretamente?
- Quais são as responsabilidades das outras pessoas?
- Há alguma circunstância não usual?
- Preciso de algum auxílio?
- O que pode acontecer de errado?
- Que consequência pode ter uma falha ou erro?
- O que pode ser feito para prevenir as falhas?
- O que faço se ocorrer uma falha?

Ainda segundo a ELETRONUCLEAR (2000), outros pontos importantes relacionados ao comportamento das pessoas envolvem:
- entendimento do procedimento;
- obediência ao procedimento;
- atenção para o inesperado;
- parada para reflexão quando ocorrerem problemas;
- procura da ajuda necessária;
- atenção à ordem, ao prazo e à limpeza;
- cuidado em todas as ações;
- abandono de simplificações e atalhos.

Para assegurar a efetividade da cultura de segurança, é importante que sejam realizadas verificações quanto à segurança. Se possível, é interessante que sejam convidados como avaliadores os profissionais de outras organizações similares, para que eles tragam as suas experiências do assunto e sejam identificadas oportunidades de melhoria. Também devem ser identificados indicadores de desempenho da cultura de segurança.

OBADIA (2002) estudou em profundidade a questão da cultura de segurança, objeto de sua tese de doutoramento, tendo realizado uma avaliação de uma instalação nuclear, no Rio de Janeiro. Ele preparou uma interessante correlação dos fatores que colaboram para a obtenção de uma cultura de segurança com os critérios de excelência avaliados para a concessão do "Prêmio Nacional de Qualidade". Estes critérios (Modelo de Excelência), foram criados em 1991, com base no *Malcolm Baldridge American Quality Award*, com o objetivo de identificar organizações de "classe mundial", avaliando oito critérios de excelência: Liderança; Estratégias e Planos; Clientes; Sociedade; Informação e Conhecimento; Recursos Humanos; Processos e Resultados. Em seu trabalho de avaliação, OBADIA *et al.* (2002) pontuaram os seguintes fatores, ligados aos critérios de excelência do Prêmio Nacional de Qualidade:

- Compromisso da Alta Direção com a segurança;
- Liderança evidente;
- Alta prioridade à segurança;
- Direcionamento sistemático à segurança;
- Importância da segurança nos planos estratégicos da organização;
- Ausência de conflitos entre a produção e a segurança;
- Relacionamento com órgãos licenciadores e regulatórios;
- Perspectiva proativa e de longo prazo;
- Gerenciamento de mudanças;
- Qualidade dos documentos e procedimentos;
- Cumprimento de regulamentos e procedimentos;
- Pessoal qualificado e bem dimensionado;
- Tarefas e responsabilidades bem definidas;
- Transparência e comunicação;

- Motivação e satisfação no trabalho;
- Boas condições de trabalho relacionadas ao tempo de execução, carga de trabalho e *stress*;
- Adequada alocação de recursos;
- Colaboração e trabalho em equipe;
- Tratamento de erros no trabalho;
- Gerenciamento de conflitos;
- Evolução organizacional por meio do aprendizado; e
- Compromisso com o desempenho e mérito.

Um trabalho interessante será uma verificação desses fatores na organização em que estivermos com interesse em aplicar o Sistema de Gestão Ambiental.

4.17 – AVALIAÇÃO DE DESEMPENHO

(item 9 da Norma ABNT NBR ISO 14001:2015)

A fase de verificação ("*Check*") do PDCA é importante para comparar se os objetivos foram efetivamente atingidos na fase de execução do plano, ou seja, realizar a confrontação daquilo que foi planejado com aquilo que foi realmente executado. A etapa mais importante desta fase refere-se à realização de auditorias internas, onde será verificado, com detalhes, o atendimento de todos os requisitos estabelecidos na norma e outros documentos tais como procedimentos, instruções de trabalho e a própria legislação ambiental.

Esta fase serve, então, para determinar a eficácia do sistema gerencial e para avaliar os sistemas (equipamentos) da empresa, ou seja:
- identificar tudo o que deu certo, conforme planejado;
- identificar os pontos de insucesso, propondo ações corretivas.

Para cada área ou atividade importante, sugere-se:
- identificar e documentar a informação de verificação a ser obtida e especificar a precisão requerida dos resultados (identificadores de desempenho ambiental);
- especificar e documentar os procedimentos de verificação, os locais e épocas das medidas;

- preparar listas de verificação (*checklists*) que darão apoio às auditorias de verificação da efetividade do SGA;
- preparar, documentar e manter procedimentos de garantia de qualidade, incluindo calibração e gráficos de controle de qualidade, mantendo registros desse material;
- preparar e manter procedimentos para aquisição de dados e interpretação;
- preparar e documentar critérios de aceitação, bem como as ações a serem tomadas quando os resultados forem insatisfatórios (ações corretivas);
- acessar e documentar a validade dos dados quando se suspeitar que os sistemas de verificação não estejam funcionando bem;
- verificar se os indicadores de desempenho ambiental são confiáveis e que os resultados sejam reproduzíveis sob as mesmas condições;
- salvaguardar medidas e instalações de teste de ajustes não autorizados ou avarias;
- identificar e implementar oportunidades de melhoria no SGA, por meio de ações preventivas aos riscos.

4.17.1 – Monitoramento, medição, análise e avaliação
(Item 9.1 da Norma ABNT NBR ISO 14001:2015)

Segundo a Norma, "a organização deve monitorar, medir, analisar e avaliar seu desempenho ambiental".

É interessante que a organização estabeleça, implemente e mantenha procedimentos para monitorar e medir regularmente as características principais de suas operações que possam causar impactos ambientais significativos sobre o meio ambiente. As informações de desempenho devem ser registradas em documentos do SGA, bem como os controles operacionais e as evidências de conformidade com os objetivos estabelecidos.

Segundo a Norma, a organização deve determinar:
- **O que precisa ser monitorado e medido.**

O monitoramento consiste no acompanhamento contínuo do processo, tanto gerencial, quanto técnico, de modo a que a organização disponha, a todo instante, de um conhecimento completo sobre o desempenho de seu sistema de gestão ambiental. Monitorar significa medir ou avaliar, ao longo do tempo.

Controlar, por outro lado, significa tomar as ações para que as atividades e operações sejam realizadas de acordo com um padrão estabelecido, realizando-se os ajustes necessários quando o sistema começa a se afastar desse padrão.

- **Os métodos de monitoramento, medição, análise e avaliação, para assegurar resultados válidos.**

O monitoramento dos sistemas industriais utilizados nas atividades de produção, das atividades administrativas e do próprio sistema de gestão ambiental é uma atividade importante para garantir o bom funcionamento da instalação, reduzir os riscos dos processos e prover informações sobre o desempenho do SGA e o atendimento de requisitos, inclusive legais.

Essas atividades colaboram na obtenção da eficácia, que, segundo a ISO 9000:2015 item 3.7.11, é a "medida em que as atividades planejadas foram realizadas e conseguidos os resultados planejados". Assim, há a necessidade de realizar o mapeamento dos processos, definição de indicadores de desempenho e de parâmetros de comparação, a coleta de informações, a análise dessas informações e sua utilização no controle do sistema ou na orientação das ações do sistema de gestão. Atualmente, a maioria das informações dos processos industriais são coletadas e parcialmente analisadas por processos informatizados, com atuação em parte também automatizada (sistemas de controle) e em parte por ação dos operadores. Dessa forma, os sistemas precisam ser confiáveis e os operadores bem treinados, sendo aptos para a tomada de decisões.

A análise e a avaliação dos dados de monitoramento e medição precisam ser confiáveis e reprodutíveis e objetivam permitir que a organização comunique tendências.

- **Os critérios pelos quais a organização irá avaliar seu desempenho ambiental e indicadores apropriados.**

Para que esta fase de monitoramentos e medições apresente resultados confiáveis, é necessária a existência de <u>indicadores de desempenho</u>, ou seja, formas de medir e comparar, conforme comentado em 4.8.7.1 (objetivos ambientais). Para cada tipo de variável devem ser definidas as formas de quantificar e avaliar (em se tratando de avaliações gerenciais) ou de medir (em se tratando de variáveis físicas, químicas ou biológicas do processo).

- **Quando o monitoramento e medição devem ser realizados.**

Nos processos industriais, o monitoramento é realizado de forma contínua, com amostragem dos dados e variáveis dos processos. Em relação ao sistema de gestão ambiental, os procedimentos de gerenciamento e de auditorias devem definir a época de coleta de dados e medições com uma certa regularidade para assegurar o bom desempenho do sistema.

- **Quando os resultados do monitoramento e medição devem ser analisados e avaliados.**

Da mesma forma, os procedimentos devem determinar a periodicidade das atividades de análise e avaliação dos dados e parâmetros obtidos nos processos gerenciais de monitoramento do sistema de gestão. Nos processos industriais, essa análise e avaliação é feita de forma contínua pelos operadores e supervisores.

- **Assegurar que o equipamento de monitoramento e medição esteja calibrado e mantido conforme apropriado.**

Qualquer medida somente pode ser considerada válida se ela tiver sido realizada com instrumentos de medidas calibrados, sem o que a medida tem pouco valor em termos de confiabilidade. Os registros de calibração devem ser preservados, para comprovação em auditorias, caso sejam solicitados. A calibração requer que os instrumentos sejam comparados a outros rastreáveis a padrões de níveis mais altos, existentes em laboratórios especializados (normalmente participantes da Rede Brasileira de Calibração, conforme a norma ABNT NBR ISO/IEC 17025) que, por sua vez, são comparados a padrões de nível ainda mais alto até se chegar ao padrão primário, do INMETRO. Os registros dessas calibrações devem ser arquivados, rastreáveis e reprodutíveis, atendendo a procedimentos específicos da empresa.

Outra atividade importante consiste em garantir a confiabilidade metrológica, em parte garantida pela calibração, mas também dependente da existência de critérios de aceitação para as incertezas inerentes ao próprio processo de medição. Os equipamentos de medidas devem ser adequados para a execução daquelas medidas específicas pretendidas em cada caso (cada utilidade), possuindo resolução e incertezas compatíveis com tais necessidades. Por exemplo, em certas medidas, é necessário que a resolução do equipamento seja da ordem de partes por milhão (ppm), enquanto em outras podemos ter a necessidade de chegar a partes por bilhão (ppb), como é o caso de medidas de concentração de dioxinas na atmosfera.

- **A organização deve avaliar seu desempenho ambiental e a eficácia do SGA.**

A organização deve avaliar continuamente o seu desempenho ambiental, com ênfase após os processos de auditoria e final do ciclo PDCA (Fase A). A eficácia desse sistema será uma avaliação dos benefícios reais de sua existência e o alcance dos resultados pretendidos.

- A Organização deve comunicar interna e externamente as informações pertinentes sobre o desempenho ambiental, como definido em seus processos de comunicação e como requerido por seus requisitos legais e outros.

Os resultados obtidos nos processos gerenciais de monitoramento e medição, após analisados e avaliados, devem ser reportados para aqueles com responsabilidade e autoridade para iniciar uma ação apropriada, normalmente gerentes de nível mais elevado.

A comunicação interna deve ser realizada para informar aos colaboradores sobre os resultados alcançados e eventuais deficiências, para que estas sejam corrigidas. A comunicação externa visa informar às partes interessadas (*stakeholders*) visando obter receptividade e apoio às atividades da organização.

- **Reter informação documentada apropriada como evidência de monitoramento, medição, análise e resultados da avaliação.**

Os registros dos resultados das avaliações periódicas realizadas pela organização devem ser preservados em seu sistema de documentação, conforme definido em procedimento específico.

4.17.2 Avaliação do atendimento aos requisitos legais e outros requisitos

(Item 9.1.2 da Norma ABNT NBR ISO 14001:2015)

A organização deverá implementar e manter procedimentos para avaliar periodicamente o atendimento aos requisitos legais aplicáveis e a outros requisitos subscritos (por exemplo, referentes ao atendimento ao Processo "Atuação Responsável"), mantendo registros dessas avaliações. O cumprimento desses requisitos é essencial, tendo em vista tratar-se de compromisso assumido na Política Ambiental da organização, das consequências e penalidades decorrentes do não-cumprimento e por razões éticas, tendo em vista que a legislação sempre visa defender a sociedade, reduzindo riscos.

4.18 – NÃO CONFORMIDADES, AÇÕES CORRETIVAS E PREVENTIVAS

Não-conformidade significa o não atendimento de um requisito, segundo a Norma ABNT NBR ISO 9000:2015, item 3.6.9. As não-conformidades são todos os aspectos e valores que não se encontram de acordo com as leis, requisitos das normas aplicadas (por exemplo, algum item da ISO 14001), de algum procedimento ou instrução de trabalho criados para o SGA e outros regulamentos e padrões estabelecidos pela empresa.

As normas de gestão ambiental exigem que sejam redigidos e implantados procedimentos para identificar as não-conformidades, verificar as responsabilidades e definir as medidas corretivas necessárias para mitigar os impactos ambientais.

Deverão ser também definidos os responsáveis pela documentação, comunicação e correção de não-conformidades, sendo avaliados os riscos potenciais e impactos ambientais decorrentes.

A identificação da necessidade de tomar ações corretivas é, normalmente, resultante de um trabalho de análise sobre o material coletado nas auditorias internas ou da observação dos processos industriais, quase sempre referentes às não-conformidades sistêmicas. As medidas tomadas devem ser adequadas à magnitude e à extensão dos problemas e à amplitude dos impactos ambientais encontrados.

As ações corretivas deverão ser baseadas em procedimentos cuidadosamente estudados, avaliados e documentados. O processo de tratamento de não conformidades, por meio de ações corretivas, deve incluir uma análise de eficácia dessas ações, ou seja, assegurar que elas foram adequadas e suficientes para remover o problema e impedir a sua reincidência.

Identificada uma não-conformidade, é necessário investigar as causas geradoras, de modo a atuar no sentido de evitá-las no futuro. Esse trabalho pode ser realizado, por exemplo, empregando-se um diagrama de Ishikawa. A causa fundamental (principal, para a ocorrência do efeito indesejável) poderá ser tratada como uma ação corretiva (e depois de resolvido o problema, como uma ação preventiva para os casos futuros semelhantes).

Os procedimentos devem avaliar a necessidade de realização de ações para prevenir não-conformidades potenciais e implementar ações apropriadas para evitar a sua ocorrência. Os resultados das ações corretivas e preventivas devem ser registrados, devendo ser realizada uma análise da eficácia das ações corretivas e preventivas realizadas. A documentação do SGA deve ser atualizada em função das modificações introduzidas como resultado das ações corretivas e preventivas.

Parece-nos mais simples a identificação da necessidade de tomada de ações corretivas, pois, de alguma forma, as não-conformidades afloraram, vieram à tona, em alguma auditoria, monitoramento ou inspeções. Por sua vez, a necessidade de tomada de ações preventivas frequentemente é mais difícil de ser identificada. Isto porque a não-conformidade ainda não ocorreu, não existe, e por isso mesmo fica mais difícil visualizá-la. Mas, sabemos que é muito vantajoso para a organização se conseguirmos identificar a possibilidade dessa ocorrência, principalmente se existir uma situação de risco. Lembramos o velho ditado que diz que "é preferível prevenir que remediar". Remediar seria tomar uma ação corretiva. Prevenir, normalmente é mais barato e mais eficaz.

4.18.1 – Planilhas para análise qualitativa de risco

Por ser mais difícil identificar as ações preventivas, sugerimos o uso de algumas planilhas preparadas quando se faz análise de risco. Essas planilhas nos ajudarão a pensar no problema, estudar com mais detalhes os processos industriais e identificar as possibilidades de risco e, sendo este considerado relevante, qual seria a ação para evitar aquela possível situação, que seria a ação preventiva a tomarmos.

Algumas dessas planilhas são bem simples de preparar, outras um pouco mais trabalhosas. E devemos escolher o tipo de planilha pelo tempo que tivermos disponível para o trabalho, ou pela importância e riscos daquele tipo de sistema, sendo conveniente o uso de uma planilha mais completa se o risco for elevado.

A primeira delas, e mais simples é a planilha denominada "E se?" (*What if*, em inglês). E se acontecer esta determinada ocorrência, qual a consequência?

De modo extremamente resumido, apresentaremos alguns exemplos dessas planilhas. No Quadro 4.22, a Planilha **"E Se?"**:

Quadro 4.22 – Planilha "E Se?

E Se?	Consequências	Recomendação
E se a válvula 5P2 abrir intempestivamente?	Aumento da pressão na rede 22R, com risco de rompimento	Instalar uma segunda válvula de segurança, em série com a 5P2
E se	....	....

Fonte: Elaborado pelo autor.

Outra planilha (análise ainda qualitativa) denomina-se "Análise Preliminar de Perigos – APP". Imaginou-se uma situação fictícia, em que temos um tanque contendo um gás de alta toxicidade, que poderia romper contaminando o meio ambiente e com riscos elevados para as pessoas em um determinado raio ao redor do tanque. Por outro lado, sabemos que se refrigerarmos esse gás, transformando-o para a fase líquida e colocarmos uma bacia de contenção, eliminaríamos esses problemas. Ao mesmo tempo, poderíamos considerar a instalação de um segundo tanque envolvendo o primeiro (duplo invólucro), criando-se um espaço vazio que conteria o vazamento impedindo-o de atingir o meio ambiente.

O Quadro 4.23 apresenta a representação da planilha com o exemplo de uso da Planilha de Análise Preliminar de Perigos.

Quadro 4.23 – Planilha de Análise Preliminar de Perigos

Perigo possível	Causa identificada	Efeito esperado	Categoria do perigo	Medidas corretivas ou preventivas
Vazamento de produto químico tóxico do Tanque nº 1 para a atmosfera	• Corrosão das paredes metálicas do tanque • Aumento súbito da pressão interna com rompimento • Perfuração do tanque por objeto perfurante	• lesões • morte • contaminação severa do meio ambiente	IV (pode causar a morte)	• Inspecionar mensalmente o tanque • Inspecionar com ultrassom a cada 6 meses • Instalar pressostato para desligamento automático da bomba em caso de sobre pressão • Refrigerar o gás para armazená-lo sob forma líquida evitando pluma de contaminação em caso de vazamento • Instalar um tanque externo de contenção • Isolar a área para evitar que o tanque seja atingido por objetos perfurantes
... continua..	•	•	•	•

Fonte: Elaborado pelo autor.

Outra planilha, feita para uma análise de riscos qualitativa é a HAZOP – *Hazard Operational* – Perigos de Operação.

O Quadro 4.24 apresenta um exemplo de uso dessa planilha, imaginando-se um reator químico que produz uma reação altamente exógena (liberação de calor), caso falte água de resfriamento:

Quadro 4.24 – Planilha HAZOP

Palavra guia	Parâmetro	Desvio	Causas	Consequências	Salvaguardas existentes	Ações sugeridas
Não	Vazão	Vazão nula	- falta de água no tanque - parada da bomba - vazamento na linha - obstrução na linha - fechamento espúrio da válvula de controle - válvula de controle falha fechada - vazamento na válvula	Perda de resfriamento do reator	Atuação automática da linha de sufocamento da reação	Monitoração (com informação e alarme) da vazão na linha de água de resfriamento

Pa-lavra guia	Parâ-metro	Des-vio	Causas	Conse-quências	Salvaguar-das exis-tentes	Ações sugeridas
Menos	Vazão	Vazão insufi-ciente	- operação degradada da bomba (vazão redu-zida) - pequeno vazamento na linha a jusante da bomba - válvula de controle parcialmen-te fechada - obstrução parcial da linha	Diminui-ção da capacida-de de res-friamento do reator	Atuação automática da linha de sufoca-mento da reação	Moni-toração (com in-formação e alarme) da vazão na linha de água de resfria-mento
.. con-tinua.						

Fonte: Elaborado pelo autor.

Uma forma interessante de estudar e implementar as ações preventivas consiste em se aplicar uma análise qualitativa de riscos denominada Análise de Modos de Falhas e Efeitos (AMFE ou FMEA, sigla de *Failure Mode and Effect Analysis*). No desenvolvimento de uma AMFE de um determinado sistema, as seguintes etapas principais podem ser estabelecidas:

(1) Identificação e descrição sucinta da(s) função(ões) de cada item do sistema: essa descrição é importante, pois é sobre a função (finalidade) do item, que irá se supor a ocorrência de falhas, avaliando-se, posteriormente, as consequências (efeitos) dessas falhas.

(2) Identificação dos possíveis modos de falha que cada item pode apresentar: um modo de falha é a descrição da forma com que o item pode potencialmente falhar, ao desempenhar sua(s) função(ões); A pergunta básica seria: como cada parte pode falhar?

(3) Identificação das causas da falha, ou seja, quais são os mecanismos de falha que podem resultar no modo de falha correspondente; Responder à questão "Que mecanismos podem produzir estes modos de falha?".

(4) Determinação dos efeitos e consequências da falha estipulada. A falha está a favor ou contra a segurança?

(5) Indicação dos métodos existentes para detecção ou controle da falha: nesta etapa podem ser indicados possíveis métodos de prevenção e/ou métodos de detecção do modo de falha do item. Um método de prevenção atua sobre as causas de um modo de falha e pode evitar a ocorrência do modo de falha; Pergunta: "Como a falha é detectada?".

(6) Proposição de ações corretivas para eliminar as causas das falhas ou dos recursos para evitar que a falha se propague; quais as medidas e recursos de projeto estão previstos para compensar a ocorrência da falha?

Estes resultados devem ser registrados em forma de tabela. Existem vários formatos sendo utilizados atualmente. Como exemplo, para se organizar uma AMFE, pode ser adotado o formato apresentado na Planilha apresentada a seguir.

A AMFE deve ser encarada como uma parte importante do projeto básico, acompanhando a vida daquele projeto, ou seja, incorporando as modificações que normalmente são introduzidas ao longo de sua execução. Ela pode ser realizada mesmo que as informações não estejam completas e detalhadas no nível requerido, realizando-se atualizações.

O Quadro 4.25 mostra um exemplo bem simples. Imagina-se, nesse caso, a análise de uma situação fictícia em que teríamos uma empresa que possui uma lagoa de contenção onde, no passado, foram depositados efluentes líquidos contendo material com alguma toxidade (atualmente, isso não é mais permitido pela legislação ambiental). Mas, imaginemos que a empresa quer avaliar os perigos relacionados ao rompimento da barragem (de terra) que retém esse material, impedindo que ele vaze para um rio que corre nas proximidades, sendo sua água usada em irrigação e abastecimento de cidades.

Quadro 4.25 – Exemplo de planilha de Análise de Modos de Falha e de seus Efeitos

Item		Modo de falha	Causas da falha	Sintomas e efeitos	Método de detecção	Medidas preventivas	Recursos para compensação da falha / Ações corretivas	Comentários
Identificação / descrição	Função							
Lagoa de contenção de rejeitos gerados no passado	Armazenagem provisória dos rejeitos (passivo ambiental)	Rompimento da barragem	- Chuva excessiva - Falta de manutenção da barragem	Contaminação severa do rio, com efeitos sobre a fauna, flora e populações	-Inspeção visual -Testes geológicos	Realizar inspeções semanais da barragem	Construir uma segunda barragem em série com a primeira	Necessário construir uma estação de tratamento para reduzir este passivo ambiental
... continua								

Fonte: Elaborado pelo autor.

4.18.2 – Análise quantitativa de riscos

Existe uma tendência atual muito forte para que as análises de risco quantitativas, consideradas como uma ferramenta útil na identificação de ações preventivas, passem a ser realizadas com uma maior frequência para as partes consideradas mais críticas dos sistemas industriais, com riscos de acidentes com consequências ambientais. Os órgãos ambientais têm estimulado esse tipo da análise, por meio das quais, através de cálculos, chega-se a uma determinada "probabilidade" de ocorrência daquele acidente ou daquela determinada falha, diminuindo um pouco a subjetividade que existe na análise apenas qualitativa. O processo se limita a identificar se essa probabilidade é aceitável e, caso não seja, realizar modificações no projeto que levem a uma redução da probabilidade até um nível aceitável.

Resumidamente, tem-se de forma esquemática, na Figura 4.25:

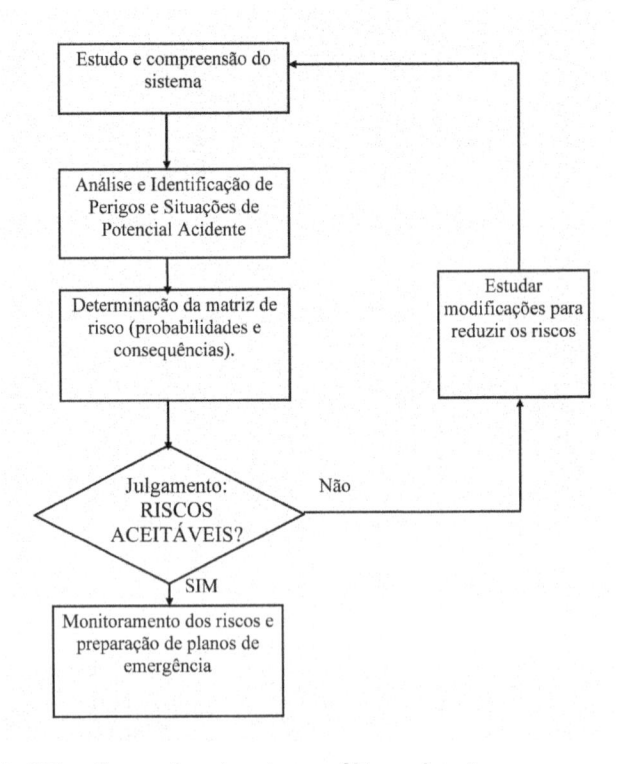

Figura 4.25 – Sequência da análise de riscos quantitativa
Fonte: Elaborada pelo autor.

Ou, de uma forma mais completa, poderíamos analisar segundo o fluxograma da Figura 4.26:

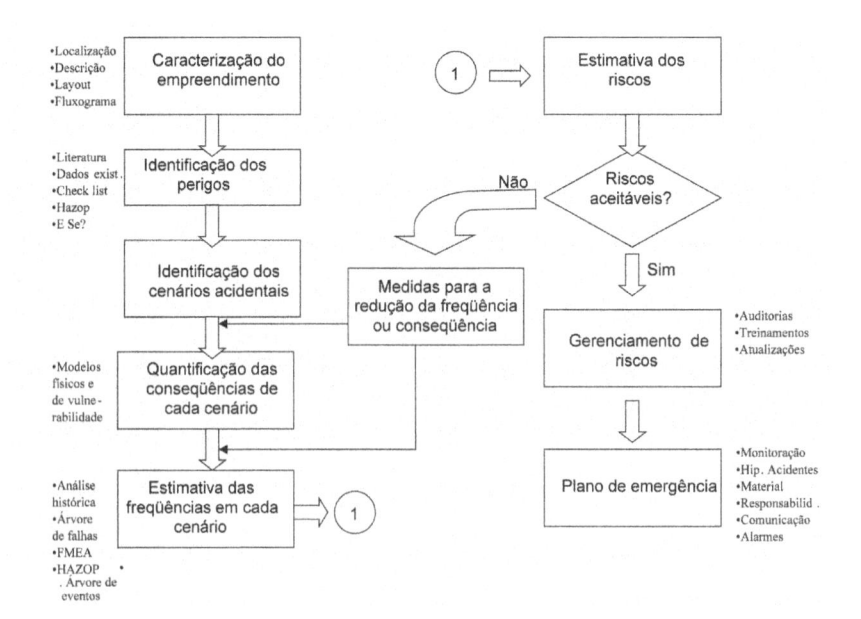

Figura 4.26 – Etapas de uma análise de riscos quantitativa

Fonte: Elaborada pelo autor.

4.18.3 – Árvore de falhas

Uma das formas possíveis de realização da análise de risco quantitativa consiste em utilizar uma técnica denominada "árvore de falhas". Acreditamos que, mesmo considerando que as informações aqui apresentadas sejam insuficientes para qualificar um profissional para a execução desse trabalho, é interessante que o Gerente Ambiental ou membros da equipe encarregada de implantar um SGA tenham conhecimento da técnica para encomendar o trabalho, acompanhar a sua realização e realizar a análise e aprovação final, razão pela qual incluímos uma breve descrição e um exemplo muito simples.

Na construção da árvore de falhas, parte-se de um evento indesejável que se queira analisar e procura-se identificar as combinações de eventos que levam a esse evento indesejável. Esses eventos podem ser devidos a falhas de itens de material, erros humanos ou quaisquer outros acontecimentos cuja ocorrência conduza ao evento indesejável, chamado de "evento topo". A representação típica de uma árvore de falhas é feita utilizando-se símbolos especiais, associados, quase sempre, a portas lógicas "E" ou "OU". A árvore deve ser desenvolvida até chegarmos a um evento que não possa mais ser desdobrado ou causado por outros (chamado de "evento básico"), ou quando se deseja interromper a análise naquele ramo em um "evento não desenvolvido", a ser posteriormente estudado. O triângulo indica uma continuação em outra página. Vejamos na Figura 4.27:

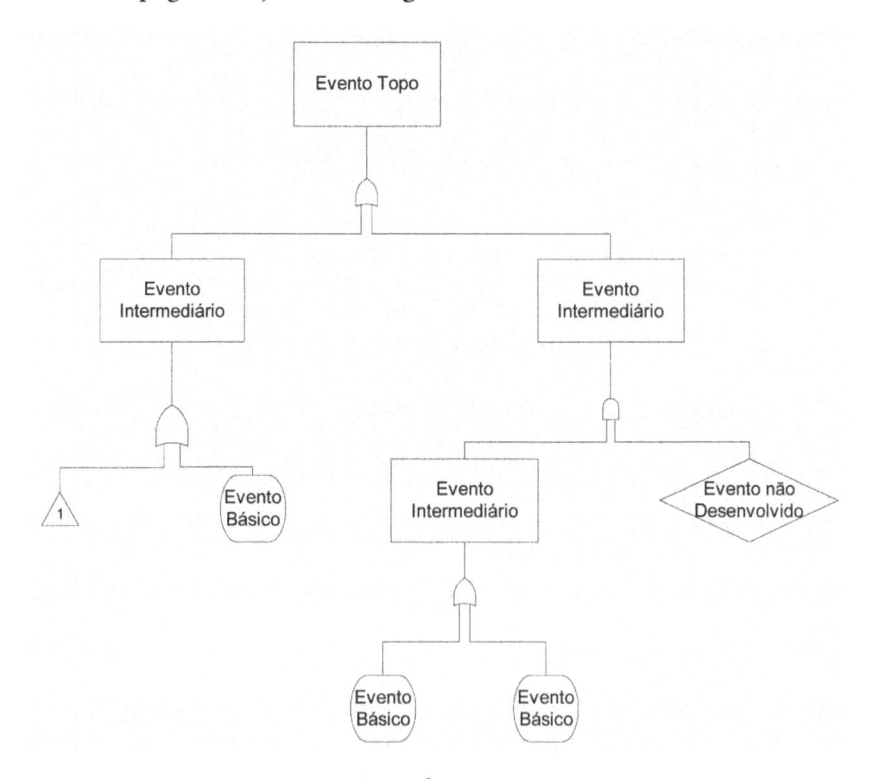

Figura 4.27 – Árvore de falhas
Fonte: Elaborada pelo autor.

A cada um desses eventos, relacionados aos eventos básicos, pode ser associada uma determinada probabilidade de ocorrência que, composta com as probabilidades dos outros eventos (considerando as portas lógicas) irá definir a probabilidade global de ocorrência do evento topo.

Lembramos que, na composição das probabilidades:

Porta "E": interseção de eventos, os dois eventos precisam ocorrer para que ocorra o evento final – existe uma multiplicação das probabilidades.

$$P(E) = P(A) \times P(B)$$

Porta "OU": união de eventos, basta ocorrer um dos eventos para que a porta dê passagem e ocorra o evento final - soma das probabilidades individuais.

$$P(E) \approx P(A) + P(B)$$

Os valores das probabilidades de ocorrência de cada evento básico identificado são obtidos da experiência anterior da própria empresa (se houver) ou, mais comumente, das denominadas "Bases de Dados", que são valores registrados a partir de centenas ou milhares de ocorrências por alguns organismos, e que podem ser utilizados com razoável confiança, como, por exemplo, a base de dados do *"American Institute of Chemical Engineers"*, denominada *"Guidelines for Process Equipment Reliability Data"*, ou a do *"The Institute of Electrical and Electronics Engineers"*, IEEE Std 500-1984 *"Guide to the Collection and Presentation of Electric, Sensing Component and Mechanical Equipment Reliability Data for Nuclear-Power Generating Stations*".

4.18.4 – Exemplo de construção e cálculos de uma árvore de falhas

Como um exemplo muito simples, apresentaremos um exemplo de uma árvore de falhas onde seria analisada a explosão de uma panela de pressão. Imaginamos que uma panela de pressão consegue cozinhar o alimento a cerca de 120°C e pressão de 1,5 bar, ou chegar até a 2 bar. Mas, em condições anormais essa pressão poderia subir e levar à explosão. Imaginaríamos que as causas para esse acidente seriam, ou a existência de uma estrutura metálica muito fraca do ponto de vista mecânico (que levaria a panela e explodir mesmo que a pressão interna não atingisse os valores imaginados no projeto, que adotamos como sendo da ordem de 4 bar), ou na ocorrência de uma sobrepressão na câmara. No primeiro caso, poderíamos imaginar que essa estrutura estaria fraca ou por um erro de projeto (o projetista errou no cálculo e colocou uma espessura de parede da câmara insuficiente), ou por uma falha metalúrgica (problemas na composição do aço etc.) ou por efeito de corrosão (panela muito velha, mal cuidada etc., gerando pontos fracos, por exemplo). No segundo caso (sobrepressão), esse fato somente poderia ocorrer se a pressão interna ultrapassasse um certo valor e, ao mesmo tempo, a válvula de segurança não funcionasse. Essa pressão interna poderia subir muito se houvesse um entupimento do tubo de saída por pedaços de feijão ou, por exemplo, se fosse fornecida uma quantidade de calor muito rapidamente à panela, gerando vapor em uma vazão muito superior àquela que o tubo de saída poderia suportar (neste exemplo fictício). A árvore de falhas correspondente é apresentada na Figura 4.28:

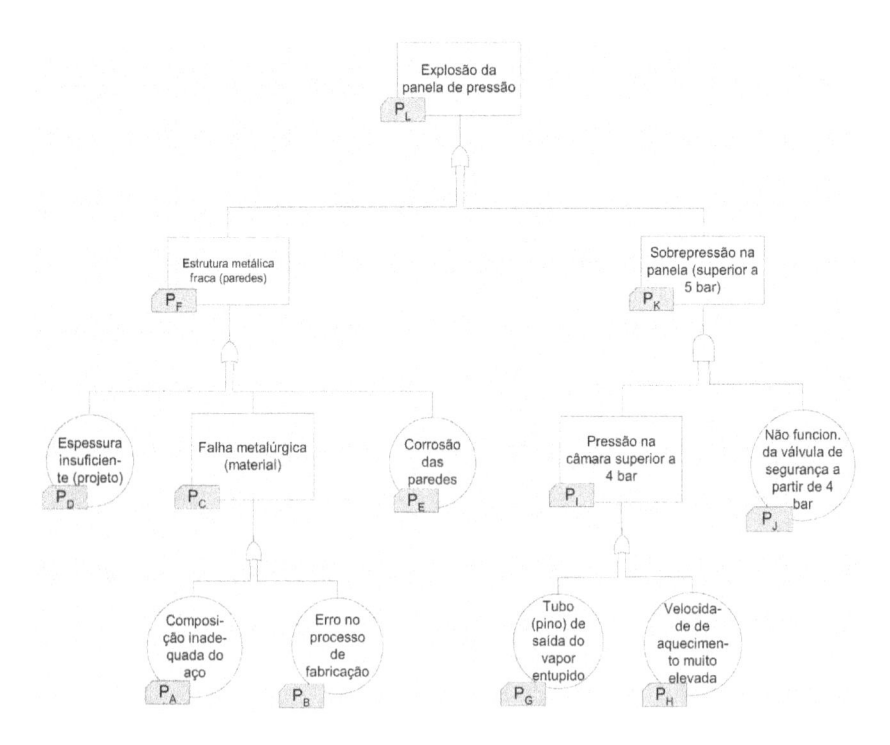

Implantação de um Sistema de Gestão Ambiental (SGA)

Figura 4.28 – Exemplo de árvore de falhas
Fonte: Elaborada pelo autor.

Para prosseguirmos a análise, seria necessário estabelecer as probabilidades de ocorrência de cada evento básico (ou pelos Bancos de Dados, que fornecem dados para componentes e equipamentos, adiante citados ou pelo histórico de acidentes, calculando as probabilidades de cada falha). Aqui neste exemplo,

P_A= Probabilidade de que tenha ocorrido problemas com a composição do aço: 10^{-4}

P_B= Probabilidade de que tenha ocorrido erro no processo de fabricação: $2x10^{-5}$ (por exemplo, no tratamento térmico do aço, havendo um resfriamento inadequado);

Portanto, por cálculo:

P_C= Probabilidade de que haja falha metalúrgica:
$P_C = P_A + P_B = 10^{-4} + 2x10^{-5} = 1,2 \times 10^{-4}$

P_D = Probabilidade de que tenha havido espessura insuficiente = $2,5 \times 10^{-3}$ (por exemplo, por erro do projetista que calculou qual teria que ser a espessura da parede da panela, capaz de resistir às pressões normais que ocorrem no seu interior quando a água se vaporiza);

P_E = Probabilidade de que haja corrosão nas paredes = 5×10^{-4} (por exemplo, por deficiência de manutenção, gerando-se pontos fracos);

Assim, por cálculo:

P_F = Probabilidade calculada de que a estrutura da panela esteja muito fraca

$P_F = P_C + P_D + P_E = 1,2 \times 10^{-4} + 2,5 \times 10^{-3} + 5 \times 10^{-4} = 3,12 \times 10^{-3}$

P_G = Probabilidade de que haja um entupimento no tubo de saída, impedindo o pino de girar e permitir a saída do vapor para que a pressão não aumente = 3×10^{-2}

P_H = Probabilidade de que haja uma velocidade de aquecimento muito elevada = 10^{-6} (situação, por exemplo, em que se coloca muito calor, na base da panela, em velocidade tal que forme vapor no interior em quantidade elevada e com vazão tal que não consiga escoar pelo tubo de alívio);

Por cálculo:

P_I = Probabilidade de que a pressão na câmara esteja superior a 4 bar (assumida que esta pressão é um pouco superior à de trabalho, e que se não houvesse problemas já estaria ocorrendo um alívio pelo pino):

$P_I = P_G + P_H = 3 \times 10^{-2} + 10^{-6} = 3 \times 10^{-6}$

P_J = Probabilidade de que a válvula de segurança (aquela de borracha, usualmente sob o cabo) não funcione quando a pressão atingir 5 bar = 10^{-3}

$P_K = P_I \times P_J = 3 \times 10^{-2} \times 10^{-3} = 3 \times 10^{-5}$ (Nota: aqui a porta lógica era "e", portanto, multiplicação das probabilidades, observe que a probabilidade final fica sendo muito menor que as outras duas que a geraram);

Por cálculo:

P_L = Probabilidade de que ocorra explosão da panela de pressão:
$P_L = P_F + P_K = 3,12 \times 10^{-3} + 3 \times 10^{-5} = 3,15 \times 10^{-3}$

Visto esse exemplo fictício de árvore de falhas e o cálculo de probabilidades, vejamos como poderemos utilizar os resultados.

Há muitas situações em que existe uma ordem de grandeza esperada para a probabilidade final, onde os riscos são considerados aceitáveis. Então, se o risco que tivermos calculado for superior a esse risco aceitável, teremos a necessidade de rever o nosso projeto e procurar possibilidades de reduzir esse risco, normalmente transformando portas lógicas "ou" em portas "e", por meio de colocação de redundâncias, barreiras, entre outras medidas. Com isso estaremos, naquele local (trecho da árvore), reduzindo as probabilidades e, eventualmente, diminuindo a probabilidade global do evento.

O mesmo tipo de raciocínio vale quanto à decisão de implantar um determinado empreendimento, por exemplo, uma indústria química que realize o processamento de produtos perigosos. Imagine que você trabalha em um órgão ambiental que está estudando a possibilidade de licenciar aquela indústria (veja o capítulo 6). Se você recebe a análise de risco e verifica que ela está com probabilidades da ordem de 10^{-4} (exemplo fictício) e outras indústrias semelhantes do polo industrial estão da ordem de 10^{-6} (cem vezes menores), é pouco provável que você se sinta confortável em aprovar aquela indústria, concorda? Se as outras são bem mais seguras, é sinal que existe tecnologia disponível para realizar aquele empreendimento de modo adequado, que eventualmente não estaria sendo empregada. Mas se a empresa demonstra, com resultados, probabilidades da ordem de 10^{-7}, com certeza você se sentirá seguro para aprová-la.

4.18.5 – Árvore de eventos

Outra forma possível de realização de análises de risco quantitativas consiste na preparação da chamada "árvore de eventos", onde se define um evento iniciador de acidente (ou evento indesejável na questão ambiental) e, em seguida, registram-se outros eventos subsequentes que podem ser, inclusive, medidas possíveis de controle. Avalia-se uma frequência de ocorrência do evento iniciador e, para cada um dos eventos subsequentes, avalia-se a sua probabilidade de ocorrência.

A "árvore de eventos" é, então, um diagrama lógico que apresenta a propagação do evento iniciador de acidente em termos de falha e/ou sucessos de funções ou sistemas, segundo uma determinada ordem lógica de prioridade (cronológica ou funcional), definindo as sequências ou cenários de acidentes. Ela fornece os possíveis caminhos completos, desde a ocorrência do evento iniciador de acidente até os correspondentes estados finais de danos na instalação, estados estes que podem ser agrupados em classes, dependendo da magnitude dos danos à instalação, às pessoas e ao meio ambiente. Realizando-se os cálculos, é possível avaliar se os riscos são baixos ou elevados, neste caso se requerendo uma reavaliação do projeto ou da instalação, quando deverão ser introduzidos mecanismos que aumentem a segurança.

Como exemplo, foi construída a árvore de eventos da Figura 4.29, que avalia uma instalação que possui um gás inflamável e explosivo armazenado em tanques, onde se supõe que ocorreria um acidente com liberação de um grande volume desse gás. Avaliou-se uma frequência de $2,1 \times 10^{-2}$ eventos desse tipo ocorrendo por ano (0,021, ou seja, um evento a cada 47,6 anos, em termos probabilísticos). O evento subsequente a considerar é a possibilidade de que ocorra detecção do vazamento com intervenção do operador (assume-se, a partir de bases de dados, ou árvores de falhas, que essa probabilidade é de 0,9). Ou seja, se a resposta à pergunta "Ocorreu a detecção e intervenção do operador?" for SIM (sucesso), a frequência inicial é multiplicada por 0,9. Se for NÃO (insucesso), a frequência é multiplicada por 0,1 (ou seja, 1 – 0,9). O restante da árvore é construído com a mesma lógica, verificando-se as possíveis sequências de eventos e suas probabilidades de sucesso ou insucesso (Sim ou Não). Deve-se colocar sempre o SIM no ramo superior. Chegaremos, dessa forma, a uma série de possibilidades (sequências) e suas consequentes classes de danos possíveis (estados finais da instalação). A frequência final esperada para cada classe de danos é dada por meio da somatória das frequências obtidas em todas as sequências que levam à mesma classe. Vejamos o exemplo:

Implantação de um Sistema de Gestão Ambiental (SGA)

Acidente com grande liberação de gás	Ocorre detecção e intervenção do operador	Ocorre ignição imediata e incêndio	Realizado desligamento de emergência	Ocorre ignição retardada e explosão	Ocorre detecção e combate ao incêndio	Sequência N°	Nomes do estado final (classes de danos)
Probabilidades:	0,9	0,4	0,98	0,54	0,97		

$f = 2,1 \times 10^{-2}$ eventos por ano

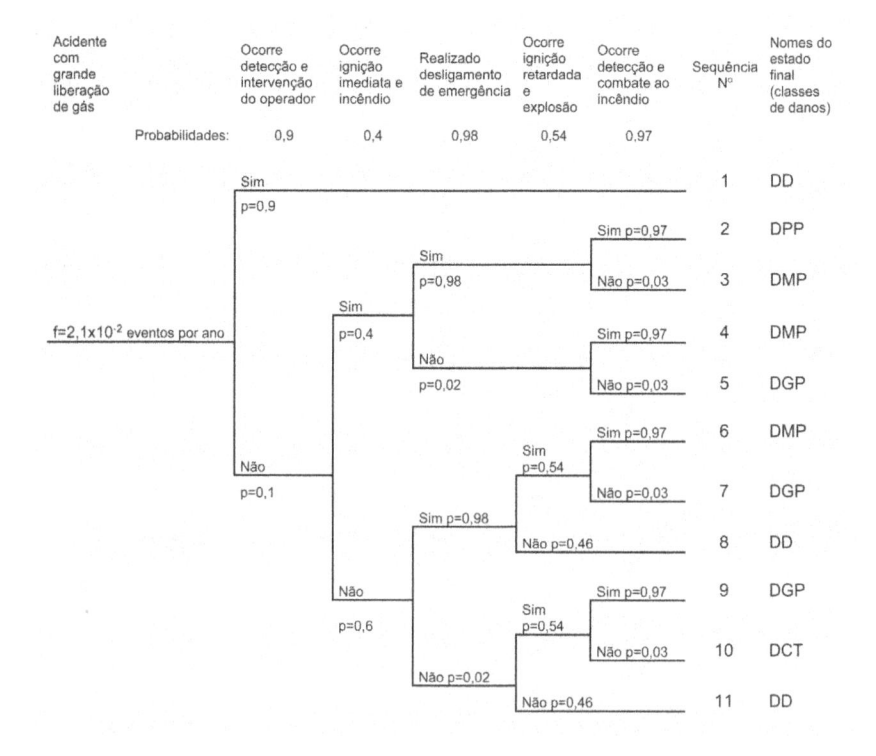

Seq	Classe
1	DD
2	DPP
3	DMP
4	DMP
5	DGP
6	DMP
7	DGP
8	DD
9	DGP
10	DCT
11	DD

Figura 4.29 – Árvore de Eventos de Grande Liberação de Gás

Fonte: Elaborada pelo autor.

Classes de danos:
DD – Danos Desprezíveis
DPP – Danos de Pequenas Proporções
DMP – Danos de Médias Proporções
DGP – Danos de Grandes Proporções
DCT – Danos Catastróficos

Realizando-se os cálculos:
Sequência N⁰ 1: DD
#1 = $2,1 \times 10^{-2} \times 0,9 = 0,0189$

Sequência N⁰ 2: DPP
#2 = 2,1 × 10^{-2} × 0,1 × 0,4 × 0,98 × 0,97 = 0,0007985

Sequência N⁰ 3: DMP
#3 = 2,1 × 10^{-2} × 0,1 × 0,4 × 0,98 × 0,03 = 0,00002469

Sequência N⁰ 4: DMP
#4 = 2,1 × 10^{-2} × 0,1 × 0,4 × 0,02 × 0,97 = 0,000016296

Sequência N⁰ 5: DGP
#5 = 2,1 × 10^{-2} × 0,1 × 0,4 × 0,02 × 0,03 = 0,000000504

Sequência N⁰ 6: DMP
#6 = 2,1 × 10^{-2} × 0,1 × 0,6 × 0,98 × 0,54 × 0,97 = 0,000646788

Sequência N⁰ 7: DGP
#7 = 2,1 × 10^{-2} × 0,1 × 0,6 × 0,98 × 0,54 × 0,03 = 0,000020003

Sequência N⁰ 8: DD
#8 = 2,1 × 10^{-2} × 0,1 × 0,6 × 0,98 × 0,46 = 0,000568008

Sequência N⁰ 9: DGP
#9 = 2,1 × 10^{-2} × 0,1 × 0,6 × 0,02 × 0,54 × 0,97 = 0,000013199

Sequência N⁰ 10: DCT
#10 = 2,1 × 10^{-2} × 0,1 × 0,6 × 0,02 × 0,54 × 0,03 = 0,00000408

Sequência N⁰ 11: DD
#11 = 2,1 × 10^{-2} × 0,1 × 0,6 × 0,02 × 0,46 = 0,000011592

Feitos os cálculos de cada uma das possíveis sequências de eventos, calcularemos as frequências esperadas das possíveis classes de danos:

Danos Desprezíveis: DD
f_{DD} = 0,0189 + 0,000568008 + 0,000011592 = 0,0194796 = 1,94 × 10^{-2} *por ano*

Danos de Pequenas Proporções (DPP):
f_{DPP} = 0,0007985 = 8,00 × 10^{-4} *por ano*

Danos de Médias Proporções (DMP):
f_{DMP} = 0,0002469 + 0,000016296 + 0,000646788 = 0,000687774 = 6,88 × 10^{-4} *por ano*

Danos de Grandes Proporções (DGP):
f_{DGP} = 0,000000504 + 0,000020003 + 0,000013199 = 0,000033706 = 3,37 × 10^{-5} *por ano*

Danos catastróficos (DCT):
f_{DCT} = 0,000000408 = 4,08 × 10^{-7} *por ano*

Esses cálculos servem, portanto, para dar uma ideia numérica dos riscos e identificar possibilidades e oportunidades de melhoria dos projetos. Nesse caso, a maior possibilidade é de que ocorram danos desprezíveis, seguida pela possibilidade de danos de pequenas proporções. Caberá ao analista julgar se as frequências obtidas para as classes de danos mais significativas são aceitáveis ou não, eventualmente implementando possíveis medidas mitigadoras, em função da relação custo/benefício dessas ações.

As análises de risco, qualitativas e quantitativas, serão de grande utilidade na identificação de ações preventivas, principalmente aquelas ligadas às possibilidades de acidentes, devendo o gerente ambiental utilizá-las visando o aprimoramento do sistema de gestão.

4.19 – AUDITORIAS DO SISTEMA DE GESTÃO AMBIENTAL

A Norma NBR ISO 19011:2002 – Diretrizes para auditorias de sistema de gestão da qualidade e/ou ambiental, define **Auditoria** como sendo um "processo sistemático, documentado e independente para obter **evidências de auditoria** e avaliá-las objetivamente para determinar a extensão na qual os **critérios de auditoria** são atendidos». E define **evidências de auditoria** como "registros, apresentação de fatos ou outras informações, pertinentes aos critérios de auditoria".

A mesma norma define **critérios de auditoria** como "conjunto de políticas, procedimentos ou requisitos".

É interessante verificar como a norma antiga de auditora ambiental (a ISO 14010) a definia:

"A auditoria ambiental é um processo sistemático e documentado de verificação, realizado para obter e avaliar, de forma objetiva, evidências de auditoria para determinar se as atividades, eventos, sistemas de gestão e condições ambientais especificados, ou as informações relacionadas a estes estão em conformidade com os critérios de auditoria, e para comunicar os resultados deste processo ao cliente."

Critérios de auditoria são os procedimentos, práticas e requisitos que são utilizados pela empresa ou auditor como padrões para avaliar as práticas operacionais da empresa auditada, sua documentação e outras atividades previstas na contratação da auditoria.

Podemos comparar a realização de uma auditoria com um *"check up"* médico, feito de forma preventiva. Não imaginamos a existência de problemas de saúde, mas por precaução fazemos exames de sangue, da próstata, dos seios, e outros, de forma preventiva. Detectando-se algum problema, normalmente em fase inicial, fazemos o tratamento adequado e, em seguida, novos exames para verificarmos a eficácia do tratamento. Em auditorias é a mesma coisa, trata-se de um processo preventivo para assegurar o bom desempenho dos sistemas de gestão.

Não se pode confundir auditoria com fiscalização. O auditor sempre compara critérios com as evidências observadas, de cumprimento ou não daqueles critérios e requisitos. O auditor sempre comunica os resultados ao cliente. A fiscalização preocupa-se com o cumprimento de leis e regulamentos. Comunica esses resultados ao órgão que vai aplicar a sansão (multas, interdições etc.).

Dessa forma, uma avaliação da efetividade do SGA é feita por meio da realização de auditorias, que podem ser internas ou externas. Assim sendo, as normas ambientais determinam que a organização estabeleça e mantenha um programa de auditorias periódicas, de acordo com um procedimento específico, para verificar se o SGA está sendo conduzido em conformidade com os requisitos das normas e se foi implementado e mantido corretamente. As auditorias nunca podem ter o caráter punitivo, pois isso desestimula a identificação de não--conformidades no futuro, principalmente nas auditorias internas, em vista do relacionamento das pessoas.

As auditorias internas, também chamadas de "auditorias de primeira parte" (Resolução CONMETRO nº 08/92), são realizadas por pessoal da própria organização. São selecionados colaboradores que tenham um bom conhecimento da empresa e de seus processos e que, iniciando pela análise detalhada da política ambiental, dos seus objetivos e dos passos do SGA, irão preparar um questionário a ser respondido nas várias áreas. É necessário que a auditoria seja realizada por um grupo (pequeno) de pessoas, pois é muito difícil que uma só pessoa possa reunir todos os conhecimentos requeridos para realizar de forma isolada esse trabalho (conhecimento do assunto ambiental, de técnicas de auditoria e conhecimento dos processos e sistemas envolvidos). Os auditores internos devem ser independentes do departamento ou função da área avaliada, para evitar as influências indesejáveis (vínculos de subordinação, amizades), que poderiam influenciar na isenção de julgamento.

As auditorias externas, também chamadas de "auditorias de terceira parte" são realizadas por pessoas ou empresas externas, o que permite às vezes a participação de pessoal mais especializado e, principalmente, isento quanto aos relacionamentos internos da empresa, que poderiam prejudicar a confiabilidade dos resultados.

As "auditorias de segunda parte" são aquelas feitas por um cliente na empresa fornecedora, como parte de um contrato, para inspeção de fabricação, análise do sistema de qualidade da empresa, recebimentos.

Existe um tipo especial de auditoria externa denominada "auditoria de certificação", que é aquela realizada por empresas credenciadas pelo INMETRO para atribuir certificados de cumprimento das normas de gestão ambientais, à semelhança do que ocorre com as normas da série ISO 9000, como, por exemplo, o *Det Norske Veritas* (DNV), o *Bureau Veritas Quality International* (BVQI), *o American Bureau of Shipping Quality Evaluation* (ABS-QE), a Fundação Vanzolini, entre outras. Além dessa aprovação do INMETRO, as entidades certificadoras precisam ser aprovadas, principalmente quanto aos seus critérios de auditoria e qualificação para o trabalho, por uma entidade internacional chamada de "Acreditadora".

Quanto ao objeto, as auditorias dividem-se em auditorias de produto, de processo e de sistemas.

As auditorias de conformidade legal (*compliance*) são realizadas para verificar a concordância dos procedimentos com os requisitos legais ou com códigos empresariais e compromissos voluntariamente assumidos pela empresa. As auditorias de sistema de gestão ambiental são realizadas para verificação da concordância dos resultados reais com os requisitos da norma de gestão ambiental adotada, da política ambiental, de padrões internos e metas da empresa, para verificar o comprometimento e responsabilidades dos administradores, para avaliar as práticas operacionais, o cumprimento dos objetivos e metas, tais como redução de riscos, limites de emissões, economias de custos, eficiência de operação etc., conforme definido em seu escopo (definição inicial sobre os objetivos da auditoria). As auditorias ambientais servem para determinar a eficiência de um sistema de gestão implantado e proporcionam ao auditado uma oportunidade para melhorar esse sistema.

As auditorias de responsabilidade (*due diligence*) são realizadas para avaliar o passivo, responsabilidades ambientais efetivas e potenciais. *Due diligence* (ou "diligência apropriada") é o processo de diagnóstico de um negócio, realizado antes de uma transação (fusões ou aquisições de empresas), para garantir que o valor da transação é justo, avaliando-se o passivo ambiental e as responsabilidades.

As auditorias são realizadas por meio do exame de documentos e registros, entrevistas pessoais, inspeções da fábrica, reuniões, medições e ensaios, em um processo denominado obtenção de "evidências de auditoria", devendo ser finalizada com relatórios escritos e exposição oral aos diretores e outros funcionários de níveis mais elevados da empresa.

A comparação dos objetivos, metas e requisitos legais com os valores reais alcançados permite concluir sobre o desempenho ambiental do setor que, consolidado aos outros setores, fornece um retrato da situação da empresa.

Um dos objetivos mais importantes, hoje em dia, das auditorias de sistemas de gestão é realizar uma avaliação da **eficácia** do sistema de gestão em atingir seus objetivos especificados. Então, é importante entendermos o significado de eficácia. Eficaz, pelo dicionário "Aurélio", é "produzir o efeito desejado; aquilo que dá bom resultado". Vejamos um exemplo (não sei se é bom), imaginando o saguão de uma estação de trem. Temos uma meta de deixá-la sempre limpa. Uma opção é colocarmos um exército de faxineiras para limpá-la dia e noite, à medida que as pessoas jogam papel, latas, tocos de cigarros etc. As faxineiras poderão ser eficientes nessa limpeza, mas não se trata de uma medida eficaz. Trabalharmos com **eficácia** seria atingirmos esse mesmo padrão de limpeza com menos esforço, ou seja, conscientizando os usuários para não sujarem, por meio de campanhas publicitárias, esclarecimentos, e mantendo-se poucas faxineiras.

A frequência com que a auditoria deva ser realizada depende da importância ambiental da área envolvida (fatores de risco de problemas ambientais) e dos resultados de auditorias anteriores. As áreas de alto risco e que tenham processos complexos devem ser avaliadas com maior frequência do que as áreas administrativas. Para a organização como um todo a média recomendada é de 3 anos (auditoria de recertificação), sendo usual a exigência de uma auditoria simplificada de verificação (cobrindo alguns tópicos da norma e partes da organização) a cada seis meses.

Algumas exigências são previstas na norma NBR ISO 19011 como, por exemplo, a de que os objetivos globais do programa de auditoria estejam claramente definidos e documentados, objetivos esses definidos pelo Cliente.

As etapas de certificação, com base na maioria das entidades certificadoras, constam de uma pré-auditoria (etapa opcional, normalmente para identificar pontos a melhorar, antes da auditoria de certificação), de uma visita inicial por representante da certificadora ou auditor, com uma análise da documentação e a auditoria inicial de certificação. Após esse processo, para que seja mantida a certificação, serão realizadas auditorias periódicas semestrais ou anuais, dependendo da atividade e do porte da organização, que demandam cerca de 40% da carga de trabalho e de tempo da auditoria inicial de certificação. A recertificação, feita ao término da validade dos certificados, é feita usualmente após 3 anos das certificações, demandando cerca de 60% da carga de trabalho destas.

Recomendamos o cumprimento do roteiro abaixo apresentado para a realização de uma auditoria (nesta sequência está sendo imaginada uma auditoria externa; se for interna deverão ser consideradas as necessárias adaptações). Acreditamos que seja importante que a equipe responsável pela implantação de um sistema de gestão ambiental conheça o processo de realização da auditoria, para que exista uma melhor compreensão do papel de cada um dos participantes e seja entendido o modo de trabalho dos auditores, facilitando-se o relacionamento entre os auditores e os auditados. Um clima de entendimento da importância da auditoria e do seu modo de realização colabora para o sucesso final. Devem ser previstas atividades preliminares (antes da chegada da equipe de auditores à empresa), auditoria propriamente dita (na empresa) e atividades finais (conclusões, preparação de relatórios e reunião final). Existem diferenças no modo de trabalho entre as empresas certificadoras ou consultorias independentes, porém, de um modo geral, pode-se dizer que os passos principais são:

1) Definição da realização da auditoria

Essa definição é feita pela direção da empresa, mostrando o interesse em realizar a auditoria. No caso mais amplo, o interesse pela auditoria é definido pelo denominado "Cliente", que pode ser a Diretoria, o Presidente, o Conselho de Administração, ou outros com poderes para definir a realização desse trabalho. Por exemplo, o Conselho de Administração pode ser o cliente que contrata a auditoria para uma das fábricas do grupo. Devem ser definidos pelo cliente os objetivos da auditoria.

A empresa escolherá, então, uma das certificadoras para realizar esse trabalho. Ela poderá escolher pelo preço (obtendo cotações, são muito semelhantes entre as empresas) ou pela confiança que ela tenha (por informações) naquela determinada certificadora.

Após os entendimentos comerciais, é feito um contrato contendo informações sobre o processo de certificação, que incluirão claramente informações sobre o tipo de auditoria, a duração, os valores financeiros envolvidos. Tratando-se da primeira vez que aquela empresa é certificada, é comum ser prevista uma **pré-auditoria** (ou auditoria preliminar), onde é feita uma avaliação do Sistema de Gestão Ambiental com foco na documentação, principalmente com os objetivos de conhecer e orientar a empresa verificando se ela já está com condições adequadas para receber a auditoria de certificação. Trata-se de uma auditoria resumida, que irá sugerir áreas e pontos específicos a melhorar. As deficiências encontradas durante a pré-auditoria deverão ser corrigidas antes da condução da Auditoria de Certificação, que poderá ser feita cerca de 3 a 4 meses após essa visita, dependendo da quantidade de pontos a melhorar.

Outra opção possível quando a empresa não deseja a pré-auditoria é a realização de uma visita inicial, menos formal que a auditoria de pré-certificação e com resultados mais modestos, que será realizada antes da auditoria de certificação. Ela é realizada como um contato inicial entre o auditor líder e a empresa, onde serão esclarecidas dúvidas existentes sobre o processo de certificação e uma primeira análise da documentação. As deficiências encontradas também deverão ser solucionadas antes da auditoria de certificação.

2) Seleção do auditor líder

A empresa contratada (certificadora) deverá escolher o auditor-líder, a quem caberá uma grande parcela de autoridade e responsabilidade em todas as ações decorrentes. O nome do auditor-líder é apresentado à empresa, que terá o direito de não aceitá-lo, desde que informando os motivos para isso. O auditor líder, em concordância com o cliente, deverá determinar a **abrangência**, o **escopo** da auditoria (extensão e limites, se total, ou cobrindo apenas algumas unidades ou áreas específicas da empresa) e os **critérios** de auditoria. Os objetivos e o escopo devem ser comunicados aos auditados antes da realização da auditoria, que somente poderá ser iniciada se o auditor-líder estiver convencido de que:

a) existem informações suficientes e apropriadas a respeito do objeto da auditoria;

b) existe cooperação adequada por parte do auditado; e

c) existem recursos adequados para apoiar o processo.

O auditor-líder será o responsável final por todas as fases da auditoria, devendo ter uma boa experiência e capacidade gerencial, liderança e autoridade para tomar decisões finais com relação à condução da auditoria. Entre as características pessoais requeridas de um auditor estão: organização pessoal, capacidade analítica, conhecimento técnico e capacidade de expressão verbal e escrita, perseverança na busca de resultados objetivos, independência, autocontrole e, principalmente, *conduta ética* irrepreensível. Ele representará a equipe de auditoria perante a gerência do auditado, e caberá a ele todo o trabalho de condução da auditoria e elaboração e apresentação do relatório final.

3) Informações preliminares sobre a empresa auditada e obtenção de apoio

O auditor líder, com o auxílio do gerente ambiental, deverá realizar uma análise preliminar da unidade a ser auditada (definida pelo item 1), coletando informações iniciais sobre a empresa, os processos existentes, os aspectos ambientais relacionados aos produtos e serviços, o sistema de gerenciamento ambiental implantado, a importância ambiental da área a ser auditada, o resultado de auditorias anteriores e outras informações relevantes, de modo a identificar as especialidades requeridas dos auditores e preparar um material informativo inicial para a futura equipe.

Também como preparação, ele deverá listar os critérios e padrões a serem empregados na auditoria.

O auditor líder deverá informar à fábrica ou unidade auditada os objetivos e metas da auditoria (procura de conformidades).

Com o contratante, o auditor líder deverá definir por escrito o escopo da auditoria, as responsabilidades das partes envolvidas e as necessidades e exigências para a realização do trabalho e a aplicabilidade da Norma escolhida (ISO 14001). Deverá ficar bem claro o apoio que a empresa deverá prestar à equipe de auditores, facilitando o acesso às instalações e documentos, fornecendo guias e outros recursos necessários e informando, aos funcionários, os objetivos da auditoria.

4) Seleção da equipe de auditoria

O auditor líder deverá selecionar os componentes da equipe de auditoria, participando essa escolha à empresa. Deve ser verificada a independência dos auditores em relação à área auditada, ausência de preconceitos de qualquer tipo, não podendo ocorrer conflitos de interesse nem ideias ou fatos do passado que prejudiquem uma completa isenção. É imprescindível que os auditores selecionados possuam os conhecimentos, habilidades e experiência requeridos para aquele tipo de auditoria a ser realizada, dentro da área coberta por cada um. Por exemplo, para auditar uma siderúrgica, o auditor-líder deverá contar na equipe com um engenheiro metalúrgico, para auditar um laboratório de análises clínicas contar com um biólogo, um engenheiro químico ou químico para uma indústria desse tipo etc. Além desse especialista, deverá contar com pessoal especializado em auditorias com elevado conhecimento da Norma ISO 14001 para se responsabilizar por áreas como treinamento, comunicações, documentação etc.

5) Planejamento da auditoria pela equipe

A equipe, nesta fase, deverá se preparar para a auditoria propriamente dita.

A primeira etapa consistirá em receber as orientações do auditor líder, ouvir sua explanação sobre o material por ele levantado no item 3, principalmente a respeito do sistema de gerenciamento ambiental da empresa e dos objetivos a serem atingidos, identificação das unidades organizacionais a serem auditadas, cronograma das reuniões e requisitos de confidencialidade. Deverá ser feita uma clara atribuição de responsabilidades entre os auditores, definindo-se as áreas a serem cobertas por cada um.

Deverá, a seguir, ser feito o planejamento detalhado da auditoria, com gráficos de Gantt (tempos esperados para as atividades de maior duração, datas de início e fim) e outras ferramentas gerenciais de planejamento (atividades, tempos, responsabilidades, redes de precedência etc.), e definidos os métodos de trabalho e os critérios da auditoria. Segundo a norma NBR ISO 19011, critério de auditoria é o "conjunto de políticas, procedimentos ou requisitos", tais como os definidos na NBR ISO 14001 e, se aplicável, quaisquer requisitos adicionais do SGA, em relação aos quais o auditor compara as **evidências da auditoria**, coletadas sobre o sistema de gestão ambiental da organização. Evidências de auditoria são os "registros, apresentação de fatos ou outras informações, pertinentes aos critérios de auditoria e verificáveis" (NBR ISO 19011, 2002). As evidências de auditoria podem ser qualitativas ou quantitativas.

Deverá ser preparado um "Questionário de Pré-Auditoria", com o propósito de obter informações da empresa a ser auditada, que permita aos auditores o conhecimento dos processos de produção e uma visão sobre o gerenciamento dos assuntos de meio ambiente na organização.

É preparado, então, um "Protocolo de Auditoria", que será um guia a ser usado pelos auditores, contendo uma orientação completa para a identificação das evidências de cumprimento (conformidades) ou não cumprimento dos critérios de auditorias. As certificadoras possuem, normalmente, protocolos genéricos que precisarão ser particularizados às exigências específicas da empresa a ser auditada, em relação a processos específicos de produção e legislação ambiental.

Deverão ser preparados pela equipe os formulários para relatar as observações de auditoria e documentar evidências (que darão suporte às conclusões dos auditores), além de listas de verificação (*ckecklists*) com os questionários de auditoria a serem respondidos nas primeiras reuniões na instalação auditada, bem como os procedimentos de auditoria, caso necessário. A preparação dos *checklists* é uma das fases mais importantes para o sucesso de uma auditoria e sua qualidade será muito influenciada pela capacidade dos auditores e da experiência (banco de dados da empresa). Não se deve improvisar, iniciando a auditoria sem os *checklists*, pois fatalmente os auditores se esquecerão de verificar tópicos importantes, que comprometerão as conclusões finais.

Os critérios devem ser objeto de acordo entre o auditor-líder e o cliente, sendo comunicados ao auditado, devendo apresentar um adequado grau de detalhamento. O plano de auditoria deverá ser suficientemente flexível para permitir eventuais mudanças na ênfase com que alguns assuntos serão tratados, dependendo das informações que serão coletadas durante o desenrolar da auditoria (as listas de verificação devem ser vistas como um "guia" e não como um "trilho").

Deverão ser preparadas as listas de dúvidas e pontos a serem esclarecidos nas primeiras reuniões. Todos os documentos de referência deverão ser identificados, tais como a norma "contra a qual" a auditoria se referência, o manual de qualidade ambiental etc. Também deverá ser definida a linguagem da auditoria (caso particular de sua realização fora do Brasil).

A equipe deverá preparar a agenda da auditoria, realizar os preparativos de viagens, se necessário (compra de passagens, reserva de hotéis etc.).

Caso a instalação a ser auditada fique na mesma cidade e seja factível, recomenda-se que o auditor líder marque um encontro com o gerente da fábrica ou unidade, combine previamente a agenda de reuniões das várias áreas e transmita a lista de questões iniciais.

Os auditores deverão ter conhecimento dos procedimentos de emergência e de segurança das instalações em que irão trabalhar, para evitar riscos pessoais.

6) Obtenção de informações da empresa
Recebendo as respostas iniciais das perguntas feitas como ponto de partida (questionário de pré-auditoria"), a equipe de auditores deverá estudar esse material e, se for o caso, reavaliar os questionários a serem aplicados na auditoria. Após a prontificação do material, deverão ser confirmadas com a empresa as datas da auditoria, reserva e disponibilidade de salas de reuniões, recebendo-se da empresa a lista de pessoas (com funções) que ficarão com a responsabilidade de recepcionar e assessorar os auditores. Essas pessoas deverão ser informadas sobre os documentos que deverão ter em mãos para o início dos trabalhos.

7) Reunião preparatória
Deverá ser realizada uma reunião preparatória alguns dias antes do início da auditoria, ou no primeiro dia da própria auditoria entre a equipe de auditores e a equipe da fábrica. Em alguns casos, é recomendável que exista até mesmo uma pré-auditoria (com cerca de dois dias de duração), como ferramenta de preparação.

O auditor líder, depois de apresentar a equipe de auditores, deverá explicar todos os passos que serão cumpridos nos trabalhos de auditoria, discutir (e rever, se for o caso) o escopo, a abrangência e os planejamentos, os métodos que serão empregados, os critérios de auditoria, o prazo para a finalização dos trabalhos, definir os canais de comunicação oficiais entre as equipes de auditores e auditados, confirmar a disponibilidade de recursos e facilidades solicitados, confirmar a hora e a data de reuniões entre as equipes, horários das visitas e auditorias a cada local da empresa, esclarecer quaisquer dúvidas a respeito do plano de auditoria e discutir os pontos principais dos documentos e material anteriormente recebidos. O processo de auditoria deve ser concebido para proporcionar um nível desejado de confiabilidade das constatações e conclusões, tanto para os auditores como para o cliente.

A equipe da fábrica deverá assegurar a disponibilidade dos documentos solicitados.

8) Conhecimento do sistema de gerenciamento ambiental (trabalho de campo)

O sistema de gerenciamento ambiental é composto pela estrutura organizacional, responsabilidades, práticas, procedimentos, processos e recursos para implementação do gerenciamento ambiental.

A equipe de auditoria deverá verificar de que forma a administração da fábrica ou unidade realiza o gerenciamento de todas as atividades relacionadas ao controle ambiental, se ela compara os resultados obtidos (desempenho) com os valores especificados como requisitos, e quais são e como atuam os mecanismos de controle para garantir esse cumprimento em um processo contínuo.

Os auditores deverão procurar indicativos e evidências que demonstrem o cumprimento (conformidades) ou descumprimento (não-conformidades) dos compromissos assumidos e requisitos da norma. Estas constatações podem ser dos seguintes tipos:
- físicas: constatações e observações visuais do auditor, na observação dos instrumentos e equipamentos da fábrica. A calibração dos instrumentos deverá ser verificada, antes de confiar plenamente nos seus resultados;
- documentais: observações dos registros e medições feitas anteriormente à auditoria, bem como das atividades previstas e efetivamente realizadas quanto ao sistema de gerenciamento ambiental;
- declaratórias: observações colhidas a partir de depoimentos do pessoal da fábrica durante as entrevistas; de preferência, esses indícios deverão ser confirmados por um dos dois métodos adicionais expostos, com fatos e dados.

Uma das partes importantes da auditoria é a realização de entrevistas (termo "auditoria" vem de "ouvir"), visitas aos vários locais da fábrica relacionados a emissões, processos etc., que se complementam com a análise dos documentos da empresa e realização de alguns ensaios e testes de amostras, para confirmar medições. Nessa fase deverão ser confirmadas (através de um dos métodos acima) as informações prestadas na fase inicial de fornecimento de informações. Todas as informações obtidas deverão ser documentadas e interpretadas, para serem utilizadas como *evidências* de auditoria. É interessante lembrar que as atividades da auditoria estão sujeitas a incertezas, já que o processo é baseado em amostragens, razão pela qual se justifica uma grande persistência por parte do auditor na busca de confirmações, quando as evidências não forem muito claras. As informações obtidas de entrevistas e que pareçam indicar não conformidades deverão ser confirmadas por outras fontes (registros, medidas, observações físicas, documentos etc.).

Deverão ser obtidas, entre outras, as seguintes informações (também denominadas como *indícios*):

- existência real do sistema de gerenciamento ambiental (não somente no papel);
- confrontação completa dos requisitos da norma ambiental adotada com o material apresentado pela empresa (política, procedimentos etc.);
- atualização das licenças ambientais;
- pertinência, objetivos e abrangência da Política Ambiental;
- análise dos aspectos ambientais dos produtos e atividades e modo como a empresa controla esses aspectos;
- gerações de resíduos sólidos e efluentes líquidos e gasosos;
- identificação do destino final dos resíduos, bem como das condições de sua armazenagem e transporte;
- identificação e classificação dos resíduos perigosos;
- objetivos, metas ambientais e seu cumprimento;
- atendimento aos requisitos legais;
- recursos financeiros atribuídos ao cumprimento de metas;
- recursos humanos necessários para implementar e manter um efetivo SGA;
- atribuição clara de responsabilidades da estrutura gerencial;
- gerenciamento de pessoal e treinamentos;
- preparação para respostas em situações de emergência;
- gerenciamento dos riscos ambientais;

- comunicações do desempenho ambiental (interna e externamente);
- desempenho ambiental de fornecedores de produtos e serviços;
- controles do uso de materiais e de energia;
- operação e manutenção das instalações industriais;
- calibrações de instrumentos de medidas;
- uso de tecnologias mais limpas;
- verificação da existência de queixas de vizinhos e da comunidade;
- levantamento do histórico de problemas ambientais da empresa;
- levantamento de resultados de auditorias anteriores para, comparando com a situação atual, verificar as ações de melhoramento contínuo;
- levantamento de resultados de inspeções de órgãos governamentais;
- identificação dos passivos ambientais da empresa (depósitos de resíduos perigosos, condições do aquífero sob o terreno da empresa e vizinhanças etc.);
- verificação da existência de ações judiciais devidas a problemas ambientais;
- identificação dos gastos incorridos com a correção de problemas ambientais;
- análise dos procedimentos elaborados para uso em situações de emergência (planos de contingência);
- verificação da existência e desempenho de controles e alarmes para prevenir situações de risco (visando ao desligamento seguro);
- análise do sistema empregado para identificar e corrigir as deficiências observadas, por meio de inspeções e auditorias internas).

A qualidade e quantidade das evidências devem permitir a auditores competentes, trabalhando independentemente e sob as mesmas condições, obter constatações similares na avaliação das mesmas evidências.

Os auditores, bem como os futuros usuários dos resultados da auditoria, devem estar conscientes que as evidências coletadas são apenas uma amostra das informações disponíveis (o período de tempo e os recursos são limitados), portanto, existirão sempre elementos de incerteza no processo. Dessa forma, o auditor ambiental deve se empenhar em obter evidências suficientes (constatações isoladas significativas e conjunto de constatações menos significativas). O auditor deve se sentir "confortável" com as evidências, ou seja, deve ter persistência na busca de evidências até que ele considere que elas são suficientes para permitir um bom julgamento da questão.

Tendo em vista a importância da entrevista no processo de auditoria (lembrando que é essencial ao auditor saber "ouvir"), são indicadas, a seguir, algumas recomendações sobre como se comportar e agir na realização da entrevista:

- O auditor deve apresentar-se (se a fase anterior ocorreu por telefone ou correspondência) ao responsável pela auditoria na empresa, ter pontualidade e cumprir a agenda combinada em todas as atividades, iniciando os trabalhos com alguma conversa amigável (para quebrar o gelo). Recomenda-se que o auditor se apresente na unidade a ser auditada um pouco depois do horário de chegada do auditado (cerca de 20 min, para dar tempo ao auditado de resolver algum problema urgente) e se retire um pouco antes do horário de saída do auditado (pelo mesmo motivo);
- O auditor deverá informar sobre o tipo de informações de interesse, para a obtenção de evidências de conformidades e não conformidades;
- O auditor deve permanecer dentro dos objetivos da auditoria, com persistência e evitar desvios (não aceitar que os auditados desviem para assuntos outros, tais como jogos de futebol etc.) e ações de contra-auditoria (boicotes, falta de cooperação etc.);
- O auditor deve permanecer atento a quaisquer indicações que possam alterar os resultados da auditoria e possivelmente indicam a necessidade de uma nova auditoria (nota: o normal é realizar uma auditoria de 3-4 dias, das 08 às 17 horas);

- O auditor deverá fazer o possível para que a entrevista seja com uma única pessoa de cada vez; da mesma forma, dois auditores não devem auditar, ao mesmo tempo, itens diferentes em um mesmo local;
- O auditor deverá tratar o entrevistado com cordialidade, sem arrogância ou superioridade, devendo agir de maneira ética;
- O auditor deverá falar com calma, com cortesia, voz relativamente baixa, ser objetivo e amigável, evitar discussões, evitar o uso de palavras complicadas ou gíria, manter a atenção e comunicação não verbal (distância correta, aperto de mãos no início e final etc.);
- O auditor deverá evitar que a situação de auditoria conduza a uma inibição excessiva do auditado (situação, por exemplo, de realizar uma entrevista com um operário na presença do Presidente da Empresa, com quem o operário provavelmente nunca teve contato anterior);
- O auditor deverá manter o senso de proporção, mantendo uma visão verdadeira e justa (nota: o auditado tem todo o direito de implantar um SGA como ele queira, desde que ele siga os tópicos da norma, não sendo necessariamente da forma que o auditor prefira. Isto não pode constituir motivo para uma não-conformidade);
- O auditor não poderá, de forma alguma, envolver-se em problemas internos da empresa ou de relações problemáticas entre pessoas e não criticar qualquer aspecto da administração (manter-se isento e limitado ao escopo da auditoria);
- O auditor deverá perguntar sobre o tipo de trabalho do entrevistado;
- O auditor deverá fazer anotações resumidas durante a entrevista;
- O auditor deverá fazer uma pergunta de cada vez, e aguardar com calma a resposta, evitando comentários;
- O auditor deverá evitar influenciar o entrevistado com seus comentários, e principalmente, evitar induzi-lo a conclusões (é importante não confundir auditoria com consultoria);

- Ao final, o auditor deverá, eventualmente, registrar o nome completo e função do entrevistado, agradecendo a cooperação.

Conforme recomendava a norma ISO 14011, as informações obtidas por meio de entrevistas devem ser verificadas pela obtenção de informações de suporte de fontes independentes, tais como observações, registros e resultados de medições. As declarações não verificáveis devem ser assim identificadas.

9) Análise dos pontos fortes e pontos fracos da empresa

Nota: esta etapa pode ser cumprida em uma auditoria interna, se for constante do escopo e propósito pretendidos. Ela não é usualmente realizada em uma auditoria externa de certificação.

Nesta fase dos trabalhos, os auditores deverão analisar os sistemas de controle das empresas, para identificar seus pontos fortes e fracos. Os itens analisados serão:

a) Pessoal: avaliação de sua formação, treinamento e experiência, relacionados às funções desempenhadas que tenham vínculos com os sistemas com repercussões no meio ambiente. Motivação do pessoal e sua conscientização quanto ao desempenho ambiental da empresa. Conhecimento da legislação, traduzida em procedimentos internos, além de normas e regulamentos. Clara atribuição de responsabilidades.

b) Controle de configuração do projeto: existência de mecanismos de verificação das aprovações de um projeto relacionado ao controle ambiental, em particular prevendo as ações não rotineiras durante a operação.

c) Controles internos: existência de listas de verificação que permitam uma verificação periódica do desempenho ambiental da empresa, de modo a possibilitar uma ação rápida para corrigir desvios nos padrões ambientais estabelecidos.

d) Controle de avarias, falhas, incidentes e acidentes: existência de alarmes que permitam identificar avarias e falhas que possam vir a causar incidentes e acidentes. Verificação do treinamento do pessoal para cobrir esses eventos, conduzindo em casos extremos ao desligamento seguro da planta, e procedimentos para alertar autoridades, direção da empresa e população vizinha.

e) Sistema de registro de informações e dados: verificação dos registros de atividades relacionadas ao desempenho ambiental, leis, regulamentos, normas etc., comparando os valores especificados com aqueles efetivamente atingidos.

f) Avaliação dos riscos para a empresa, relacionados aos acidentes potenciais e à facilidade de remediar as consequências ambientais. Esses riscos podem ser associados a efeitos classificados em quatro tipos:

- críticos: envolvem a perda de vidas humanas, grandes prejuízos materiais e grandes danos ao meio ambiente (externo à empresa);
- significativos: envolvem prejuízos materiais e danos importantes ao meio ambiente;
- reduzidos: envolvem prejuízos materiais de média intensidade, danos ao meio ambiente restritos à área da empresa;
- marginais: envolvem pequenos prejuízos materiais e danos desprezíveis ao meio ambiente.

As probabilidades máximas recomendadas à ocorrência destes acidentes deverão, se possível, serem quantificadas, efetuando-se uma análise de confiabilidade do sistema (árvore de falhas) se os riscos forem considerados elevados e os sistemas de controle considerados fracos. Como resultado dessa análise poderão ser recomendadas ações tais como introdução de redundâncias no sistema, melhoria dos alarmes, melhor treinamento de operadores, entre outras.

É também possível a identificação de não-conformidades potenciais para aspectos ambientais importantes, como parte de um processo preventivo. Esse reconhecimento poderá ser feito com base em um estudo de FMEA (Análise de Modos de Falha e seus Efeitos), estudos aprofundados de confiabilidade (probabilidades de falhas), apresentados ou solicitados pelo auditor. Dessa forma, a gerência da fábrica poderá "a priori" tomar ações preventivas para essas falhas potenciais (introdução de redundâncias, reforços estruturais, melhoria de controles etc.).

10) Análise de indícios de conformidades e não conformidades

Após a auditagem de todas as atividades previstas no planejamento, a equipe de auditores deve reunir todas as suas observações para determinar quais devem ser relatadas como não-conformidades, as quais deverão ser identificadas em termos de requisitos específicos da norma ISO 14001 ou outros documentos, com base nos quais a auditoria foi realizada. A equipe auditora deve garantir que as não--conformidades sejam expostas de maneira clara, concisa e apoiadas por evidências objetivas. Quando várias não-conformidades se referirem a um mesmo assunto elas devem ser agrupadas e registradas somente uma vez (por exemplo, se for constatado uso de documentos obsoletos em cinco áreas diferentes da empresa, não serão cinco não-conformidades e, sim, apenas uma não-conformidade, ocorrendo em cinco locais).

Lembramos que a não-conformidade somente deverá ser aberta se o auditor identificar os três elementos designados como "RVC": Requisito da norma, Violação e Caso (evidência objetiva).

Todas as observações de não-conformidade devem ser conhecidas pela gerência do auditado.

Se o objetivo da auditoria tiver previsto em cláusula específica, as conclusões da auditoria poderão incluir "recomendações", com o objetivo de orientar melhorias e verificações de pontos específicos em futuras auditorias.

11) Avaliação global de dados levantados

Os resultados da auditoria deverão ser baseados em fatos comprovados por evidências documentadas e possíveis de serem reconstituídas.

Esta fase poderá ser realizada cumprindo os seguintes passos:
- participação à equipe da fábrica das não-conformidades principais;
- interação entre os membros da equipe de auditoria para rever as observações sobre áreas comuns, e assegurar a completeza das informações (atuação como um time);
- revisão de resultados de amostras, eventualmente enviadas a laboratórios para confirmação de resultados;
- preparação de um resumo de resultados e conclusões parciais;
- análise crítica dos resultados;
- preparação da reunião de encerramento.

12) Preparação do relatório preliminar

O relatório deverá ser preparado em linguagem clara, precisa e concisa. Deverá estar fortemente apoiado em fatos e dados, citando os eventos e os itens de regulamentos, leis ou normas que não estão sendo cumpridos, se for o caso. Ao final deste capítulo estão colocadas, como sugestões, duas folhas padronizadas para acompanhamento de auditorias, sobretudo as internas. O conjunto dessas folhas, para todas as áreas analisadas, fornece subsídios para os relatórios preliminar e final.

As seguintes recomendações são aplicáveis:
- Evitar colocar generalidades.
- Ser conciso, com preferência ao uso de frases curtas, com precisão.
- Mencionar as referências de leis, regulamentos, diretrizes internas etc., ao registrar uma não-conformidade (qual a fonte).
- Evitar conclusões que não possam ser provadas. Por exemplo, evitar colocar "não foram feitas inspeções mensais nos extintores de incêndio" e sim "não foram obtidos registros das inspeções mensais nos extintores de incêndio, exigência constante do item... do Procedimento Operacional...".
- Evitar inserir conclusões vagas, como, por exemplo, "a equipe da brigada de incêndio não está suficientemente treinada e equipada" e sim colocar, por exemplo: "a equipe 3 de comba-

te a incêndio não demonstrou rapidez nas ações de combate a incêndio do tipo B (em tanque de combustível) durante exercício realizado em 14/04/2006. O estado do material não foi considerado satisfatório, com as mangueiras apresentando vazamentos e perda de pressão".
- Evitar críticas citando nomes de pessoas. Por exemplo: "Manuel Soares não vem entregando os relatórios de emissão de poluentes na descarga...", e sim "O setor de registro de poluentes na descarga... não está sendo mantido atualizado".

O relatório preliminar deverá ser apresentado formalmente na reunião de encerramento. Para que não surjam dúvidas e controvérsias importantes, recomenda-se que o auditor líder realize, anteriormente, uma reunião com o responsável geral pela auditoria na fábrica para relatar as não-conformidades, convocando-se outros participantes de cada um dos lados (auditores ou fábrica), caso necessário.

Se o escopo da auditoria houver previsto esta atividade, o auditor-líder deverá incluir sugestões de melhoria no Sistema de Gestão Ambiental da empresa, a partir dos fatos levantados e de sua experiência, bem como dos outros membros da equipe de auditores.

13) Reunião de encerramento

A reunião de encerramento deverá ser realizada com o objetivo de apresentar as constatações da auditoria, aos auditados, com a presença de toda a equipe de auditores e o gerente da instalação e sua equipe, eventualmente contando com a presença do cliente ou de seus representantes. É recomendável que os gerentes conheçam todos os resultados da auditoria antes dos escalões mais altos da empresa, dentro da filosofia de gerenciamento responsável. É importante que seja percebido que a auditoria foi fortemente baseada em fatos e dados comprováveis, sendo esta a ocasião apropriada para a solução de divergências ou dúvidas de ambas as partes. O auditor-líder deverá conduzir a apresentação, devendo ser redigida uma ata de reunião, sendo registradas as presenças. É importante que a alta administração

do auditado, através do chamado "Representante da Administração" participe da reunião e entenda claramente os resultados da auditoria. As seguintes recomendações podem ser seguidas para um bom desenvolvimento dos trabalhos:
- apresentar o propósito da reunião e um panorama geral da auditoria antes de entrar em detalhes específicos;
- indicar as metas da auditoria, o modo de sua realização, os participantes na empresa;
- apresentar em detalhes cada não-conformidade registrada no relatório preliminar;
• verificar se os participantes estão compreendendo satisfatoriamente todos os pontos apresentados;
• responder às dúvidas e solicitar esclarecimentos às suas dúvidas, se existirem;
- registrar todos os comentários feitos pelo pessoal da fábrica, em ata de reunião;
- comunicar à empresa quanto à recomendação ou não para sua certificação;
- apresentar os passos posteriores ou ações necessárias para as possíveis pendências, de forma a obter uma recomendação para certificação, caso existam não-conformidades que a impeçam;
- encerrar a reunião agradecendo a cooperação de todos.

14) Atividades finais da auditoria

As atividades finais consistem na elaboração do Relatório da Auditoria (relatório final) e sua distribuição à alta direção da empresa (contratante da auditoria). É recomendável enviar uma cópia ao gerente da fábrica auditada, a menos que o cliente explicitamente proíba essa iniciativa.

O relatório final deverá ser preparado sob a responsabilidade do auditor-líder, que deverá datá-lo e assiná-lo. Deverão ser registrados o local, organização ou unidade auditada, época da realização da auditoria (datas de início e período de tempo), objetivos e escopo inicial acordado, critérios acordados em relação aos quais a auditoria foi realizada, documentos de referência contra os quais a auditoria foi conduzida, funções auditadas, equipe de auditores, equipe da empresa representantes do auditado, padrões de referência, declaração explícita de confidencialidade dos resultados, descrição sumária do processo de auditoria e principais resultados, observações de não-conformidades, conclusões da auditoria e outras informações relevantes, como, por exemplo, um julgamento da equipe auditora quanto à extensão do atendimento à norma ISO 14001. Deverá ser indicada a lista de distribuição de exemplares desse relatório. Deverão ser indicados tanto os pontos positivos quanto os negativos observados, levando em conta os comentários havidos na reunião de encerramento, bem como um sumário do processo de auditoria, incluindo quaisquer obstáculos encontrados.

Ele deverá registrar comentários sobre o cumprimento de leis e regulamentos, indicar os pontos observados nos quais há riscos de responsabilização legal dos gerentes e dirigentes da empresa, apresentar sugestões de ações corretivas e melhorias dos processos, se definida com o cliente previamente a realização desse trabalho (principalmente das causas fundamentais das não-conformidades ou das causas potenciais à ocorrência de não-conformidades, em uma abordagem preventiva) indicando ideias de custos para implementação dessas melhorias (se isso fizer parte do escopo contratado), fazer comparações entre o desempenho de unidades do mesmo grupo (caso já tenham sido feitas auditorias ambientais nessas unidades). A linguagem deverá ser clara, precisa e concisa, devendo-se procurar adotar um enfoque proativo, ou seja, é melhor apresentar sugestões de melhorias do que apontar erros.

O relatório deverá, em sua conclusão, estabelecer claramente se o Sistema de Gestão Ambiental do auditado está em conformidade com os critérios de auditoria da norma NBR ISO 19.011:2018, ou outras normas e, em se tratando de uma auditoria de certificação, ele deverá recomendar ou não, à direção da entidade certificadora, a concessão de certificação.

É muito importante que exista uma completa observância da confidencialidade dos resultados, dados obtidos e informações de documentos, processos, pontos fortes e pontos fracos da empresa auditada, por questões éticas. Os relatórios emitidos constituem-se em propriedade do cliente, e somente poderão ser distribuídos e divulgados com a sua permissão expressa e formal. A comunicação de requisitos legais às autoridades competentes (órgãos ambientais, procuradorias de meio ambiente etc.) deverá ser feita quando existir uma exigência legal para isso. Essa comunicação deverá ser feita de acordo com os procedimentos estabelecidos e decisões para uma comunicação externa.

As auditorias ambientais, como qualquer outro tipo de auditoria, recolhem apenas amostras daquilo que é a situação real da empresa, devido ao tempo limitado e às dificuldades de observação. É muito importante que a equipe de auditoria e, principalmente, os usuários das informações e resultados da auditoria, estejam conscientes das limitações e incertezas decorrentes desse processo, levando isso em conta na tomada de decisões que possam afetar os trabalhos da empresa, recomendando-se uma análise mais aprofundada do problema quando houver dúvidas sobre assuntos muito importantes.

Após a análise do relatório e decisões gerenciais da empresa no sentido de implementar as correções e melhorias necessárias (corretivas ou preventivas, priorização das não-conformidades quanto aos riscos ambientais, com designação de pessoal e liberação de recursos materiais e financeiros), é possível que a equipe de auditoria seja solicitada para realizar uma inspeção rápida para verificação das ações, emitindo-se um relatório sucinto. Ou, por outro lado, se houver acordo prévio com o cliente, o auditor poderá apresentar recomendações para a realização de ações corretivas às não-conformidades.

Os Quadros 4.26 a 4.29 contém alguns formulários sugeridos para uso, que podem ser úteis para registro de auditorias internas.

Recomenda-se uma leitura cuidadosa da Norma NBR ISO 19011:2018, seguindo-se todas as suas recomendações, antes da realização das auditorias ambientais.

Quadro 4.26 – Relatório de Acompanhamento de Auditoria

LOGOTIPO e NOME DA EMPRESA	RELATÓRIO DE ACOMPANHAMENTO DE AUDITORIA RECOMENDAÇÃO Nº: ___	NÚMERO ___/___/___ DATA ___/___/___ FOLHA ___/___
FOLLOW-UP realizado em ___/___/___ PARECER DO AUDITOR AÇÕES PARA CORRIGIR E PREVENIR NÃO CONFORMIDADE ELIMINADA EM ___/___/___ ASSINATURA DO RESPONSÁVEL: ___ CRACHÁ: ___		
VERIFICAÇÃO DAS AÇÕES ADOTADAS: DATA: ___/___/___ ☐ NÃO CONFORMIDADE ELIMINADA ☐ AÇÕES INSATISFATÓRIAS	RUBRICA DO AUDITOR NOME: ___ CRACHÁ ___	

Fonte: Elaborado pelo autor.

Quadro 4.27 – Relatório de Acompanhamento de Auditoria Ambiental

Logotipo e Nome da Empresa	RELATÓRIO DE ACOMPANHAMENTO DE AUDITORIA AMBIENTAL EXIGÊNCIA Nº:	NÚMERO DATA ___/___/___ FOLHA___/___
	FOLLOW -UP realizado em ___/___/___ PARECER DO AUDITOR ACÕES PARA CORRIGIR E PREVENIR NÃO CONFORMIDADE ELIMINADA EM ___/___/___ ASSINATURA DO RESPONSÁVEL: _____ CRACHÁ: _____	
	VERIFICAÇÃO DAS AÇÕES ADOTADAS: DATA: ___/___/___ ☐ NÃO CONFORMIDADE ELIMINADA ☐ AÇÕES INSATISFATÓRIA	RUBRICA DO AUDITOR NOME: _____ CRACHÁ _____

Fonte: Elaborado pelo autor.

Quadro 4.28 – Modelo de Relatório de Não-Conformidade Ambiental

LOGOTIPO e NOME DA EMPRESA	RELATÓRIO DE NÃO CONFORMIDADE AMBIENTAL	NÚMERO _____ DATA ___/___/___ FOLHA ___/___
Setor Responsável pela Não Conformidade:		
Cliente do Produto ou Serviço em Execução:	Ordem de Serviço Nº	
Descrição detalhada da Não Conformidade:		

LOGOTIPO e NOME DA EMPRESA	RELATÓRIO DE NÃO CONFORMIDADE AMBIENTAL	NÚMERO _____ DATA ___/___/___ FOLHA ___/___
Referência: Não Conformidade baseada no item (ou itens)..............do seguinte documento: ☐ Manual do SGA ☐ Procedimento nº.......... ☐ Outros (especificar)..			
Auditor: ☐ Interno	Nome:	Crachá:	Rubrica:
☐ Externo	Nome:	Empresa:	Rubrica:
Ação Imediata:	☐ Interrupção do Processo ou Fabricação ☐ Prosseguimento do Processo ou Fabricação ☐ Prosseguimento do Processo ou Fabricação até ..../..../....			
Ação imediata determinada por:........................	Crachá:..............	Data: ../.../...	
Ações definitivas para corrigir e prevenir a não conformidade:			

LOGOTIPO e NOME DA EMPRESA	RELATÓRIO DE NÃO CONFORMIDADE AMBIENTAL	NÚMERO _____ DATA ___/___/___ FOLHA ___/___

Ou: Consultar o Plano de Ação Nº ....

Aprovação: ☐ Setor responsável	Crachá:	Rubrica:	Data:

VERIFICAÇÃO DAS AÇÕES ADOTADAS:
DATA: ___/___/___
☐ NÃO CONFORMIDADE ELIMINADA
☐ AÇÕES INSATISFATÓRIAS

RUBRICA DO AUDITOR
NOME: _____ CRA-CHÁ: _____
DATA: ___/___/___

Aprovação: ☐ SGA ou GQ	Crachá:	Rubrica:	Data:

Fonte: Elaborado pelo autor.

Quadro 4.29 – Modelo de Relatório de Auditoria

			NÚMERO
	Logotipo e Nome da Empresa	RELATÓRIO DE AUDITORIA	
		RECOMENDAÇÃO Nº _____	DATA ___/___/___
			FOLHA _____/_____
G.Q. AUDITOR LÍDER	DESCRIÇÃO DA NÃO CONFORMIDADE E EVIDÊNCIAS ENCONTRADAS:		
AUDI- TORES	RECOMENDAÇÃO:		
RESPONSÁVEL PELA AÇÃO	U. O. RESPONSÁVEL PELA AÇÃO: _____		
	NOME	CRACHÁ	ASSINATURA
	CAUSAS DA NÃO CONFORMIDADE: ☐SISTEMA ☐MÉTODO ☐MÃO DE OBRA ☐MATERIAL ☐MÁQUINA ☐ _____		
	AÇÕES PARA CORRIGIR E PREVENIR:		
	ELIMINAÇÃO DA NÃO CONFORMIDADE: DATA ___/___/___		
	ASSINATURA DO RESPONSÁVEL: _____ CRACHÁ _____		
AUDITOR LÍDER	VERIFICAÇÃO DAS AÇÕES ADOTADAS: ☐NÃO CONFORMIDADE ELIMINADA ☐AÇÕES INSATISFATÓRIAS	RUBRICA DO AUDITOR LÍDER: _____ CRACHÁ _____ DATA: ___/___/___	

Fonte: Elaborado pelo autor.

4.20 – REVISÃO DO SISTEMA DE GESTÃO AMBIENTAL

Esta etapa (fase A do PDCA) é, na realidade, uma fase de "reflexão" sobre os resultados obtidos e definição da estratégia para uma nova rodada do ciclo PDCA. Após o sistema de gestão ambiental ser implementado e colocado em prática deverá ser feita uma análise cuidadosa das imperfeições e melhorias possíveis a serem incluídas no programa. As revisões são possibilitadas pelos registros de todos os passos, sucessos e fracassos, sobretudo dos relatórios das auditorias ambientais, que realizam as avaliações de uma maneira sistemática, técnica e isenta. Essas revisões devem ser baseadas em procedimentos que definam aquilo que precisa ser monitorado e quais as responsabilidades envolvidas. Esta fase não pode ser confundida com a fase *Check* do PDCA, pois agora se verifica o conjunto completo das ações, com uma visão bem ampla do processo como um todo, enquanto na fase *Check* deve-se pautar pela verificação de cumprimento daquilo que foi planejado (fase P), do atendimento de leis e regulamentos, ou seja, de áreas mais específicas.

A análise crítica, realizada pelo grupo de implantação e pela alta administração com uma determinada frequência, permite que sejam conhecidas a eficácia e pertinência do sistema de gestão ambiental, provendo subsídios para a atualização da política ambiental, dos objetivos e metas. Essa revisão, realizada com responsabilidade, é uma das medidas mais importantes para obtenção de um processo de melhoria contínua.

As revisões deverão ser periódicas, sendo elaboradas em épocas pré-determinadas e programadas. Em particular, deverão ser avaliadas as modificações da legislação, os eventuais acidentes e incidentes, os relacionamentos e desejos das partes interessadas e as mudanças tecnológicas que tenham ocorrido com relação aos produtos da empresa, equipamentos da planta e processos produtivos, sempre com a visão de melhoramento contínuo, passo a passo, com o estabelecimento de novos níveis de controle. Se, eventualmente, for observado que os resultados obtidos já são satisfatórios, esta fase deve ser aproveitada para consolidação dos procedimentos, por meio da padronização das ações.

Recomendamos que a alta direção da empresa programe e realize uma reunião anual, na qual o responsável pelo Sistema de Gestão Ambiental apresente um resumo do desempenho obtido, com fatos e dados que retratem o cumprimento da política ambiental, dos objetivos e metas, sucessos e insucessos, custos decorrentes, ressaltando as eventuais vantagens em prosseguir o programa. Com o apoio dos relatórios de auditorias (internas e externas), deverá ser feita uma discussão sobre a postura estratégica da empresa em face às questões ambientais, definindo-se o rumo a seguir, com eventual revisão da política, objetivos e metas.

Capítulo 5
PROGRAMAS ESPECÍFICOS

Uma coisa bela traz alegria para sempre:
Seu encanto cresce: nunca se transforma em nada;
Para nós guarda, continuamente, abrigo sossegado
e um sono cheio de doces sonhos, de saúde e calmo alento.
Assim, a cada novo dia tecemos um ramo de flores que nos prenda à Terra.

John Keats (1795-1821)

Este capítulo tem como propósito apresentar algumas informações e sugestões relacionadas a aspectos ambientais que constam de programas de empresas em vários setores industriais. A apresentação de técnicas de controle de poluição não é um dos objetivos deste livro, porém visamos dar um ponto de partida ao leitor para que ele possa aprofundar-se em temas tão interessantes e de grande importância.

Nesse enfoque, apresentaremos algumas discussões sobre rotulagem ambiental (mencionando os programas de "selos verdes"), algumas considerações sobre a água, energia e sobre o destino de resíduos sólidos e formas de reduzi-lo.

5.1 – ROTULAGEM AMBIENTAL

O rótulo é provavelmente a forma mais direta de comunicação da empresa com o consumidor daquele seu produto. É no espaço por vezes reduzido do rótulo que a empresa procura cativar o consumidor para o seu produto, em lugar de um produto semelhante de um concorrente. Através da marca, de pequenos textos, de cores, de informações sobre o fabricante, procura-se conseguir que o seu produto se diferencie dos demais, sensibilizando e motivando o consumidor em sua escolha. A rotulagem, além de conter dados obrigatórios por força de leis e regulamentos (CNPJ, endereço, conteúdo, eventualmente a composição química do material), complementa a publicidade da empresa que divulgou o produto e, nesta fase final da escolha, muitas vezes na frente da prateleira do supermercado, constitui-se na última oportunidade de disputa pelo cliente, com relação àquela compra específica.

Sabemos, com base em resultados de pesquisas de opinião, que o consumidor cada vez mais está valorizando a existência de um meio ambiente sadio. A degradação ambiental cresceu muito nas últimas décadas, chegando-se a uma situação em que praticamente todas as pessoas são, hoje, afetadas pela poluição. Temos a necessidade de comprar água potável, pois as águas antes captadas dos rios para consumo humano encontram-se em estágio bastante degradado, e mesmo tratamentos caríssimos não conseguiriam retirar o gosto ruim, o odor, os metais pesados resultantes de despejos industriais, tão prejudiciais à saúde e praticamente impossíveis de serem removidos. Da mesma forma, a qualidade do ar é quase sempre insatisfatória nas grandes cidades, a degradação dos solos e subsolo como resultado da disposição de resíduos, a perda de florestas e da biodiversidade, as mudanças no clima, atuais e previstas para um futuro próximo, por exemplo, como resultado do aquecimento global, estes e inúmeros outros fatos relacionados à perda de qualidade do meio ambiente ressaltados cotidianamente pela mídia resultam em preocupações das pessoas, que percebem que estão perdendo a qualidade de vida. Por outro lado, essas pessoas cada vez mais valorizam produtos naturais isentos de defensivos químicos e fertilizantes sintéticos, procuram com o turismo ecológico um maior contato com a natureza e passam a agir e valorizar a educação ambiental, paradoxalmente, chegando até os adultos por meio de seus filhos, que desde as primeiras salas de aula estão aprendendo condutas mais adequadas a estes tempos.

A Sociedade, então, está mudando. O consumidor é mais bem informado, conhece os seus direitos, valoriza o seu dinheiro. Sabe que é ele quem decide o destino das empresas, neste mercado tão competitivo. Procura qualidade para o produto, preço adequado e, hoje em dia, passa a pensar em como aquele produto se relaciona com o meio ambiente. Procura entender quais são os impactos ambientais causados, ou seja, que modificações aquele produto introduz no meio ambiente. Avalia e considera que a empresa, somente cumprindo a legislação ambiental, pode estar fazendo pouco, ou seja, o mínimo esperado. De imediato, provavelmente ele irá pensar nos impactos causados pelo uso do produto e pelo seu descarte após o uso. O consumidor europeu, por exemplo, está recusando, cada vez mais, a gasolina com chumbo (embora mais barata), as tintas à base de solventes (preferindo as tintas à base de água, embora mais caras), mesmo aqui no Brasil a dona de casa prefere um detergente biodegradável, pois ela provavelmente já viu na televisão os estragos feitos em nossos rios pelos detergentes não biodegradáveis. Em um segundo estágio, mais informado, o consumidor irá se preocupar, não apenas com os estágios de uso e descarte do produto, mas também com os estágios de fabricação e distribuição, cobrindo assim o chamado ciclo de vida do produto.

Como dissemos, a comunicação final com o consumidor é feita pelo rótulo. E, sabendo dessa nova postura das pessoas, muitas empresas passaram a realçar, no rótulo, as vantagens ambientais do produto. Em muitos casos, trata-se de uma atitude voluntária, onde elas visam orientar o consumidor em sua decisão de compra, procurando ressaltar as vantagens daquele produto em seus aspectos ambientais. Ao mesmo tempo, pretendem fixar uma imagem institucional da empresa, mostrando que ela tem preocupações com o meio ambiente.

No início, começaram a aparecer rótulos muito vagos, e que hoje já não são bem-vistos, do tipo "Empresa Amiga do Meio Ambiente", "Empresa Socialmente Responsável" ou "Ajude a Salvar o Mico Leão Dourado" ou "Salve as Baleias". São rótulos genéricos, muito vagos, não garantem nenhum desempenho ambiental, sendo hoje pouco utilizados.

Em um segundo estágio, apareceram rótulos do tipo "Não contém...". "Não contém CFC", nos desodorantes (embora no Brasil isso nunca tenha acontecido, pois sempre se usou gás de cozinha desodorizado), "Não contém cloro", "Não contém anabolizantes",

"Não contém produtos tóxicos". A norma ISO 14021:2017 – Rotulagem Ambiental, recomenda que essas declarações não sejam feitas quanto a ingredientes que jamais tenham sido associados àquela categoria de produtos. Por exemplo, não faz nenhum sentido colocar "Não contém CFC" em um rótulo de creme dental.

Do mesmo tipo acima, chamados de autodeclaratórios na Norma ISO 14021, ou Tipo II, existem os rótulos de "Contém...", ou rótulos que descrevem as qualidades ambientais do produto e seus componentes, desde os estágios de fabricação e nas etapas de uso e descarte. Muitos destes rótulos apresentam símbolos que indicam que o material é reciclável (plásticos, por exemplo) ou informam sobre o conteúdo de material reciclado (exemplo, cadernos feitos com x% de papel reciclado e o restante com fibras virgens).

Nesse tipo de rótulo, a credibilidade pode ser posta em dúvida. É o próprio fabricante quem declarou aquilo que está escrito, não houve uma verificação por alguma entidade independente sobre a veracidade daqueles dados. O consumidor irá confiar, sobretudo pela imagem que ele tem da empresa, pela sua postura ética, obtida ao longo do tempo. Mas ao mesmo tempo, o fabricante deve estar pronto para comprovar aquelas informações, caso solicitado. Os métodos de teste deverão ser passíveis de repetição e cientificamente corretos. As declarações deverão, portanto, serem precisas, verificáveis e não enganosas, relevantes para aquele determinado produto ou serviço em particular e específicas e claras quanto ao atributo considerado.

O fabricante deverá se preocupar em não inserir declarações que possam ser mal interpretadas, nem sugerir benefícios que não existam, ou exagerar em benefícios ambientais do produto. Na verdade, deve ser evitado constar que um produto seja "benéfico" ao meio ambiente, pois quase nunca isso ocorre. Ele pode ser menos prejudicial que o produto da concorrência, mas é muito raro um produto apresentar um impacto ambiental "positivo", ou seja, alterar o meio ambiente melhorando-o.

Trata-se de uma atitude perigosa, pelas possíveis implicações jurídicas, porém quando for feita uma comparação entre produtos, deverá ser deixada bastante clara qual foi a base desta comparação, quais as normas técnicas que foram adotadas e os resultados obtidos nos testes.

A declaração não deverá ser genérica quando aquele fato se referir a apenas uma parte do produto. Assim, o correto seria colocar, por exemplo, "Somente a embalagem é reciclável", caso o produto não o seja.

Nos produtos, onde seja indicada uma determinada eficiência no uso da energia ou água, será necessário especificar o método de teste empregado, a melhoria que se obteve em relação a outros produtos similares. Este é o caso de citações em rótulos que comentem a eficiência energética, conservação de energia, economia de energia, eficiência no consumo de água, conservação de água e economia de água.

Visando poupar recursos naturais e energia, busca-se hoje prolongar o uso dos produtos, aumentando a sua vida útil. Isto pode ser citado e esclarecido nos rótulos, incluindo-se informações a respeito de uma melhor manutenção, maior facilidade de reparos e possibilidade de realizar *upgrades* (caso particular de computadores). Visando processos de reutilização e reciclagem, também é possível que os rótulos indiquem que o produto foi projetado e construído já prevendo facilidades na desmontagem ao final de sua vida útil, permitindo-se a separação e o aproveitamento de suas partes constituintes.

Outro tipo de conteúdo em rótulo do tipo autodeclaratório é aquele em que o fabricante indica ao consumidor que ele destina uma parte de seus lucros para financiar ou manter projetos de interesse ambiental, ou coloca um símbolo que mostra o seu apoio a esse tipo de atividade. No Brasil, vemos exemplos desse tipo de rótulo, por exemplo, com a empresa de perfumes e cosméticos "O Boticário". Ela criou uma Fundação, em 1990, a "Fundação O Boticário de Proteção à Natureza", com projetos de grande sucesso, bastante premiados e que vêm cada vez mais obtendo apoio de outras entidades internacionais. Um desses projetos consistiu na criação de uma RPPN – Reserva Particular de Patrimônio Natural, chamada de Reserva Natural Salto Morato, com 1716 hectares em Guaraqueçaba, no litoral norte do Estado do Paraná. Outro exemplo foi o rótulo inserido no creme dental

Sorriso Herbal, que indicava destinar uma parte de seu faturamento para uma ONG bastante conceituada, ligada à proteção e recuperação de florestas. O ideal, nestes casos, para que seja elevada a credibilidade, é que o rótulo especifique claramente o destino dos recursos transferidos e em que bases a contribuição será calculada.

Conforme citamos anteriormente, em geral, há certa falta de confiança nos rótulos autodeclaratórios. O consumidor pode achar que há exageros por parte do fabricante, quando ele cita as vantagens ambientais de seu produto. Estes rótulos, conforme dissemos, fazem parte de **Programas de Rotulagem de Primeira Parte** e, na Norma ISO 14021 são chamados de Rótulos do Tipo II.

Para levar em conta esse fato e procurar aumentar a credibilidade, vários órgãos de rotulagem ambiental passaram a criar rótulos de produtos certificados por uma Terceira Parte. Um trabalho importante foi a criação dos "Selos Verdes", que comentaremos mais adiante, feito isoladamente por uma série de entidades, de diversos países. Em normalização, a partir de trabalhos isolados, passou a existir um trabalho conjunto; por exemplo, em 1994 foi criada na Europa a ONG *Global Ecolabelling Network*, com 14 órgãos de rotulagem ambiental. E a ISO, por meio do Subcomitê 3 do TC207, com a Secretaria sediada na Austrália, dedicou-se à criação de normas, como a 14021 (já citada) e a 14024, emitidas como normas internacionais em 1º.4.1999.

A Norma **ISO 14024** refere-se aos **Programas de Rotulagem Ambiental do Tipo I,** ou programas de **terceira parte**. Neste caso, existe uma entidade chamada de "Praticante", que desenvolve um programa de rotulagem ambiental, ou seja, identifica categorias de produtos certificáveis, realiza análises de ciclos de vida, elabora critérios a serem atendidos pelos candidatos à certificação (com a participação das partes interessadas) e divulga esses critérios à comunidade de empresas. Por outro lado, as empresas que queiram incluir um rótulo ambiental em seu produto, fazem acordos com o Praticante, comprometem-se a estar em conformidade com os critérios ecológicos estabelecidos para aquele produto e submetem-se a avaliações, testes e auditorias para verificação do cumprimento dos critérios e requisitos técnicos estabelecidos. Caso ela seja aprovada nessa auditoria chamada de "Terceira Parte", totalmente independente, ela terá direito ao uso do rótulo que ateste aquele determinado bom desempenho. A credibilidade nesse processo é bastante elevada e depende fundamentalmente da seriedade do trabalho do Praticante e das auditorias realizadas, firmando-se um conceito ao longo do tempo. A empresa, chamada na norma de "Requerente" arca com os custos envolvidos no processo de concessão do rótulo (auditorias, avaliações).

Conforme comentamos, a fixação dos critérios deve levar em conta o Ciclo de Vida dos produtos, ou seja, ser realizada uma análise dos impactos ambientais "do berço ao túmulo", desde a obtenção da matéria-prima, passando por todas as fases do processo produtivo, o uso do produto pelo consumidor e seu descarte final. É considerada insatisfatória uma situação em que um produto tenha bom desempenho em uma das fases, transferindo para outros um ônus ambiental, eventualmente longe das vistas do consumidor. Essa é a razão da necessidade da análise de todo o ciclo de vida. Sugere-se, então, preparar um quadro que contenha as fases ou etapas ao longo da vida, e avaliá-las segundo vários aspectos:

Etapas:
- Obtenção da matéria-prima (mineração, extração, corte de árvores etc.);
- Transporte da matéria-prima;
- Processamento industrial;
- Transporte do produto acabado, armazenagem e distribuição;
- Comercialização;
- Uso do produto;
- Destino final após uso (reaproveitamento, reciclagem, incineração, disposição em aterro).

Para cada etapa, devem-se avaliar os impactos ambientais resultantes e quantificá-los através de um filtro de significância (magnitude do impacto e riscos para o meio ambiente, levando em conta a frequência ou probabilidade e a gravidade das consequências). Sugere-se analisar:

- a contaminação das águas (de superfície ou subterrâneas);
- a contaminação do ar (emissões gasosas);
- a contaminação ou degradação dos solos;
- os efeitos sobre a biodiversidade (fauna, flora);
- o consumo de energia (verificando-se se ela provém de fontes renováveis ou não renováveis e pontuando-se negativamente o uso de energia obtida com a queima de combustíveis fósseis);
- o consumo de água;
- o consumo de recursos naturais (levando-se em conta o conceito de desenvolvimento sustentável, ou seja, verificando-se se esses recursos são renováveis ou não renováveis).

Os programas de rotulagem deste tipo são voluntários. Cabe esclarecer que é obrigatório o cumprimento da legislação do país onde se realiza o programa. Concedido o rótulo, este tem um prazo de validade, sendo realizadas auditorias de manutenção, ou seja, verificando-se que não houve mudanças em algum aspecto relevante.

5.1.1 – Selos verdes

O "selo verde" é um dos tipos de rótulo ecológico, do tipo I. Algumas entidades criaram esses selos que, de uma forma muito fácil, permitem uma comunicação com o consumidor com o uso de um logotipo que se torna rapidamente conhecido, através de um tipo de marketing ecológico que indica que aquele produto foi avaliado pela entidade credenciada a atribuir a permissão do uso do selo e que ele foi aprovado. Essas entidades avaliam o ciclo de vida do produto em todas as suas fases, desde a extração da matéria-prima às fases de produção e avaliam o uso e descarte final.

O primeiro selo verde foi criado na Holanda, em 1972, porém foi o selo alemão "*Blauer Angel*", ou Anjo Azul, de 1978, quem realmente projetou esse tipo de atividade. Em 2022, cerca de 12.000 produtos, de 1.400 empresas possuem este selo.

Informações interessantes poderão ser obtidas sobre o "*Blauer Angel*" no site:

http://www.umweltbundesamt.de/uba-info-daten-e/daten-e/environmental-seal.htm

Para conhecimento, apresentamos os principais "selos verdes" existentes no mundo:

País	Nome do selo verde	Data de implantação
Holanda		1972
Alemanha	Anjo Azul (*Blauer Angel*)	1977
Canadá	*Environmental Choice*	1988
Japão	*Eco Mark*	1989
Escandinávia	Cisne Branco	1989
Estados Unidos	SCS (*Scientif Certification System*)	1990
Estados Unidos	*Energy Saver*	
Estados Unidos	*Green Seal*	
Índia	*Eco Mark*	1991

A ABNT (Associação Brasileira de Normas Técnicas) criou um rótulo ecológico, designado como "Certificado do Rótulo Ecológico ABNT – Qualidade Ambiental". Seu símbolo é um colibri. De acordo com o portal da ABNT, é o certificado que atesta que um produto está em conformidade com critérios ambientais de excelência estabelecidos para uma determinada categoria de produtos. Portanto, identifica os produtos com menor impacto ambiental, em relação a outros produtos comparáveis, disponíveis no mercado.

Principais produtos certificados (pelos selos do exterior, e não da ABNT):
- detergentes e artigos de limpeza
- baterias (sem lítio ou cádmio)
- tintas à base de água
- produtos eletroeletrônicos

- embalagens reutilizáveis ou recicláveis
- produtos com plástico reciclado
- material de construção
- óleo re-refinado para motores
- sprays de aerossol sem CFC
- papel reciclado
- pneus recauchutados
- lâmpadas
- outros, tais como lenços de papel reciclado, adubos de compostagem, combustíveis para automóveis, sabonetes e sabão em pó, óleo lubrificante, substitutos de madeira, alimentos infantis, frutas processadas, pesticidas, artigos eletrônicos, cartuchos de impressoras.

5.2 – PROGRAMA DE GESTÃO DA ÁGUA

Tem sido muito comentado que a água, melhor dizendo, a falta de água doce limpa, será o grande problema do Século 21. A água passará a ser tratada como uma *commodity*, passando a ficar com valor cada vez mais elevado.

Verificamos que, no mundo, ¾ da Terra são ocupados por águas, talvez o mais correto fosse a Terra ser chamada de "Planeta Água". Entretanto, observamos que 97,3% dessa água está nos oceanos, sendo imprópria para a maioria dos usos que fazemos da água, como beber, irrigar plantas e usar em processos industriais (para transformar em água potável, por destilação ou ultra-filtração em grupos de osmose reversa usa-se muita quantidade de energia), 2,34% do total de águas é considerado como água doce inacessível (água em geleiras ou muito profundas) e apenas 0,36% refere-se à água doce utilizável, existente no subsolo em aquíferos, em rios e lagos. É muito pequena, portanto, a quantidade de água doce disponível.

Ao analisarmos como essa água doce está sendo utilizada (no mundo, e não no Brasil), cerca de 80% é usada em irrigação na agricultura (poderíamos citar grandes programas na Índia, na China, Estados Unidos, entre outros), 15% na indústria e 5% como consumo humano.

O Brasil possui cerca de 13% de toda a água doce do mundo, ou seja, é um país bastante rico em relação a esse recurso, cada vez mais valioso. Entretanto, notamos uma distribuição desfavorável em termos geográficos, pois aproximadamente 70% dessa água está localizada na Amazônia, que possui apenas 7% da população brasileira. Na região Sudeste, que concentra 42% da população, dispõe-se apenas de cerca de 6% da água doce.

Segundo a Organização Mundial de Saúde, falta água potável em cerca de 30 países, principalmente na África e no Oriente Médio. Mais de 1 bilhão de pessoas têm problemas sérios com essa falta, ou com a qualidade da água, responsável pela morte de cerca de 87.500 crianças por ano no mundo. As estatísticas mostram que cerca de 70% dos leitos hospitalares são ocupados por vítimas de doenças de veiculação hídrica, o que mostra a gravidade do problema, de origem ambiental.

Os principais problemas, que aqui gostaríamos apenas de levantar, sem discutir, são:

- comprometimento dos mananciais (poluição das nascentes, destruição das matas ciliares, assoreamento dos rios e lagos, modificações no clima local);
- poluição dos rios e lagos com efluentes industriais, matéria orgânica e lixo, materiais originários principalmente das cidades (a proporção do esgoto tratado no Brasil ainda é muito baixa);
- desperdícios com a irrigação inadequada;
- falta de água potável nas grandes cidades e no interior do Nordeste;
- desperdícios no uso doméstico.

Para se ter uma ideia de consumo na atividade industrial, os maiores usuários de água são as usinas de açúcar e álcool, a indústria química, indústrias de papel e celulose, metalúrgica, de alimentos e bebidas, indústria têxtil, cervejarias e abatedouros.

Comentaremos, a seguir, alguns aspectos e propostas para melhorar a gestão de águas em organizações:

a) Redução do Consumo de Água

A redução do consumo, ou com mais precisão, a busca de soluções que conduzam ao uso racional da água, pode ser conseguida por meio de medidas como a identificação de vazamentos e reaproveitamentos.

Atualmente, existem tarifas para a captação e o descarte de águas em algumas bacias hidrográficas, em cumprimento a resoluções da Agência Nacional de Águas (ANA), com valores fixados em cada Comitê de Bacia, dependendo da escassez e da qualidade das águas de cada bacia específica. Na Bacia Hidrográfica do Rio Paraíba do Sul, a cobrança da água é feita desde março de 2003. Os valores inicialmente fixados para as indústrias e empresas de saneamento foram de R$ 0,02 por metro cúbico captado e descartado sem tratamento e R$ 0,008 quando a água é descartada após tratamento. Para agricultores, a taxa foi de R$ 0,0005 por mil litros consumidos. Em 19 de agosto de 2022, por meio da Deliberação CH-OS nº 11/2022, foram fixados os seguintes valores:

a) Para captação, extração e derivação: R$0,0276 por m^3;

b) Para consumo: R$0,052 por m^3;

c) Para lançamento de carga de $DBO5,2$: R$0,1932 por kg de DBO.

Em vista da cobrança e de uma postura ambiental adequada, muitas empresas do país já estão procurando modificar processos e fazer um uso mais racional da água, por meio do seu reúso (situação em que a água que sai de um determinado processo é usada em outro, sem nenhum tratamento, ou seja, um uso degradado) ou reciclada (quando a água que resulta de um processo industrial é tratada para ser reaproveitada em outro, ou no mesmo processo). Visando ampliar essas práticas, muitas empresas estabelecem o que se chama a "política de descarga zero", onde são implementadas ações visando nada se descartar para fora da empresa, ou, interpretando-se de outra forma um pouco menos restritiva, realizar o descarte com "zero poluentes", ou seja, somente após um tratamento adequado.

A água utilizada em algumas etapas dos processos produtivos pode, quase sempre, ser empregada para outros fins na empresa antes de ser descartada. Por exemplo, em uma empresa farmacêutica, a água usada para lavagens de frascos novos (antes da embalagem de remédios) pode ser usada depois para a lavagem de pisos, descargas de sanitários, molhar o gramado, entre outros usos. A água usada em processos de refrigeração (condensadores) pode ser usada para usos industriais, descargas de sanitários etc., antes de ser descartada mais fria. A melhor forma de identificar com clareza os pontos de perda é realizar um balanço de massa para cada etapa do processo, aplicando a equação da continuidade, e procurar diminuir a quantidade que é direcionada para a estação de tratamento e para o descarte final.

b) Segregação das redes hidráulicas de descarga e controle de efluentes

Antigamente, os projetos das fábricas previam a coleta de efluentes industriais em cada ponto do processo e juntavam em coletores que conduzem a um tanque comum. A desvantagem disso é que fica muito difícil caracterizar os efluentes resultantes dessa mistura, conhecer a sua composição química e propriedades, para daí realizar o tratamento. Dessa forma, uma solução mais moderna prevê coletas e armazenagem separadamente, para facilitar o processo de tratamento, conforme esquema da Figura 5.1.

Concepção antiga:

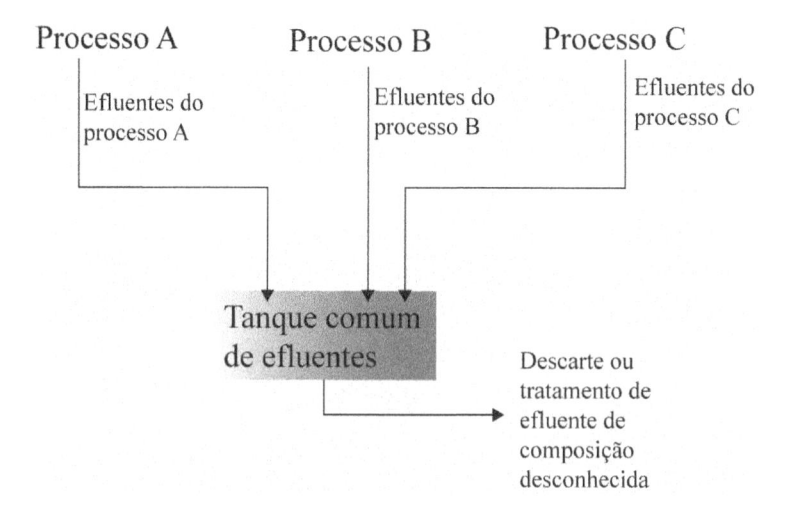

Processo A — Efluentes do processo A
Processo B — Efluentes do processo B
Processo C — Efluentes do processo C

Tanque comum de efluentes → Descarte ou tratamento de efluente de composição desconhecida

Concepção moderna (recomendada):

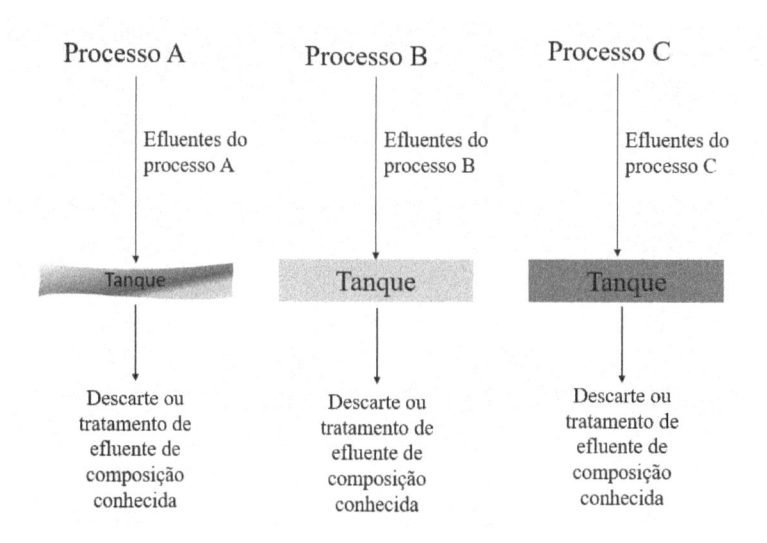

Processo A — Efluentes do processo A → Tanque → Descarte ou tratamento de efluente de composição conhecida

Processo B — Efluentes do processo B → Tanque → Descarte ou tratamento de efluente de composição conhecida

Processo C — Efluentes do processo C → Tanque → Descarte ou tratamento de efluente de composição conhecida

Figura 5.1 – Coleta e tratamento de efluentes
Fonte: Elaborada pelo autor.

Com os efluentes segregados, é possível fazer uma caracterização precisa de cada um deles, e um inventário preciso, definindo-se o melhor tratamento a ser realizado em cada caso, por exemplo, misturando-se ácidos com alcalinos para conseguir neutralizá-los, sempre sob condições controladas e conhecidas.

c) Redução da poluição

A poluição deve ser, de preferência, reduzida na origem, acarretando um menor custo de tratamento.

Uma das formas mais comuns de poluição das águas é aquela provocada pelo despejo de matéria orgânica, através de esgotos domésticos ou resultados de processos industriais em laticínios, abatedouros de suínos, frangos e indústrias. O resultado disso é o fenômeno da "eutrofização" das águas, mostrado no quadro 5.1.

Quadro 5.1 – Eutrofização

> Um dos processos mais importantes de degradação das águas consiste no fenômeno conhecido como "eutrofização". Sabe-se que a água de boa qualidade dos rios e lagos é pobre em nutrientes. As plantas que nascem no fundo (denominadas plantas "bentônicas", do grego *benthos*, que significa *profundo*) retiram seus nutrientes do solo do fundo através das raízes. Essas plantas servem de alimentos para peixes e realizam fotossíntese através da luz do sol que penetra na água, produzindo oxigênio, necessário para peixes, outros animais e plantas. Outro tipo existente de plantas são os "fitoplânctons", do grego *phyto* = planta e *plancton* = flutuante. Os fitoplânctons, entre os quais estão as algas azuis, retiram os nutrientes da própria água. O fenômeno da eutrofização inicia-se com o despejo de matéria orgânica na água, que é material nutritivo para os fitoplânctons que, com o excesso de nutrientes, multiplicam-se de forma exagerada (algumas algas duplicam sua biomassa em 24 horas).

> Com esse aumento de fitoplânctons, fica bloqueada a luz do sol, que não mais atingirá as plantas bentônicas que, dessa forma, não conseguem realizar a fotossíntese, faltando oxigênio nessa região, o que acarreta a morte de peixes, plantas e organismos. Nesse quadro, aumenta a quantidade dos microrganismos e bactérias que são consumidores dessa matéria morta, e que também consomem o que restou do oxigênio da água, e acabam morrendo, gerando uma água com gosto e odor desagradáveis e a morte do curso d'água ou lago. Os fitoplânctons, que chegam em certos casos a cobrir toda a superfície da água, bloqueando completamente a luz do sol, também geram oxigênio por fotossíntese, porém esse oxigênio fica restrito a uma região muito próxima da superfície, saturando-a e fazendo com que ele escape para o ar sob a forma de bolhas. Lembramos, também, que a difusão do oxigênio do ar na água é muito difícil de ser realizada, necessitando de turbilhonamento para ocorrer a mistura (cachoeiras, aeradores).
> O fenômeno de eutrofização pode também ser causado pelo acúmulo de sedimentos, resultantes de erosão, deixando a água turva, e resultando da mesma forma no bloqueio da luz solar para as plantas bentônicas. É, principalmente, por essa razão, que deve ser realizada a proteção das matas ciliares, em volta dos rios, de forma que elas sirvam de barreira aos sedimentos arrastados pelas águas de chuva, em um processo erosivo. Outra consequência desse processo seria o assoreamento dos rios.

Fonte: Elaborado pelo autor.

d) Implementação de sistemas de tratamento

Conhecidos os efluentes, deve ser identificada a melhor forma de tratamento, ou negociar com o órgão público responsável (em São Paulo, a SABESP), a realização desse trabalho.

Os métodos mais conhecidos envolvem processos físicos (remoção de sólidos grosseiros através de grades e peneiras, remoção de sólidos decantáveis ou flutuantes, remoção de óleo em tanques retentores, remoção de lodo e filtração), processos químicos (coagulação-floculação, precipitação química, oxidação e neutralização) e processos biológicos (lodos ativados, filtros biológicos, lagoas aeradas e lagoas anaeróbicas).

e) Consumo excessivo em edificações

Alguns fatores afetam a quantidade de água consumida em edificações, eventualmente muito elevada, podendo ser reduzida por ações de conscientização dos ocupantes do imóvel ou melhoria das condições materiais:

- Equipamentos hidráulicos sem manutenção adequada ou com baixa eficiência;
- Vazamentos em redes de distribuição (visíveis ou não visíveis);
- Lavagem de áreas comuns, irrigação de jardins, uso em piscinas;
- Falta de conscientização dos usuários quanto à necessidade de uso racional;
- Falta de medidores individuais de consumo, fazendo-se o rateio pelas unidades sem medição de seu consumo efetivo;
- Custo muito baixo da água, estimulando desperdícios.

5.3 – PROGRAMA DE GESTÃO DA QUALIDADE DO AR

Inventário das emissões

Conhecer bem aquilo que se está jogando para a atmosfera: qual o gás, composição, propriedades.

Programa de controle das emissões

Este programa é realizado com o propósito de reduzir as emissões gasosas, por meio de melhorias no processo produtivo, uso de matérias-primas que produzam menos resíduos gasosos e filtragem dos gases de exaustão, antes de saírem da chaminé.

Conforme já foi comentado, um dos grandes problemas ambientais globais é a emissão de CO_2 pela queima de combustíveis fósseis, responsável em grande parte pelo aquecimento global da Terra (efeito estufa), discutido no Capítulo 1. Outro efeito global resultante dessa queima refere-se à emissão de dióxido de enxofre e óxidos de nitrogênio que, em contato com a umidade do ar formam ácido sulfúrico (H_2SO_4) e ácido nítrico (HNO_3). Esses ácidos, misturados à água da chuva formam a chamada "chuva ácida" (ou "neve ácida", ou mesmo "umidade ambiental ácida", com *smog*) que prejudica as plantas, causa a morte de peixes ou mesmo problemas respiratórios às pessoas e animais.

Quadro 5.2 – H e Chuva Ácida

Antes de fazer comentários sobre o fenômeno conhecido como "chuva ácida", será apresentado o conceito de pH.

pH, ou potencial hidrogeniônico, é um número que expressa a concentração de íons hidrogênio [H^+] presentes em uma solução. Sabe-se que [H^+] x [OH^-] = 10^{-14}. A definição matemática do pH é:

$$pH = \frac{1}{[H^+]}$$

As soluções neutras (por ex., água a 25°) têm pH igual a 7, pois log 1 – log 1x10^{-7} = 7

As soluções ácidas apresentam pH < 7 e as soluções básicas ou alcalinas têm ph > 7 (até 14). Quanto maior for o [H^+] menor será o pH, ou seja, mais ácida será a solução. Apresenta-se, como ilustração o PH de alguns elementos, lembrando que a diferença de 1 unidade representa, na verdade, 10 vezes a mais em concentração de [H^+], pois o gráfico é logarítmico:

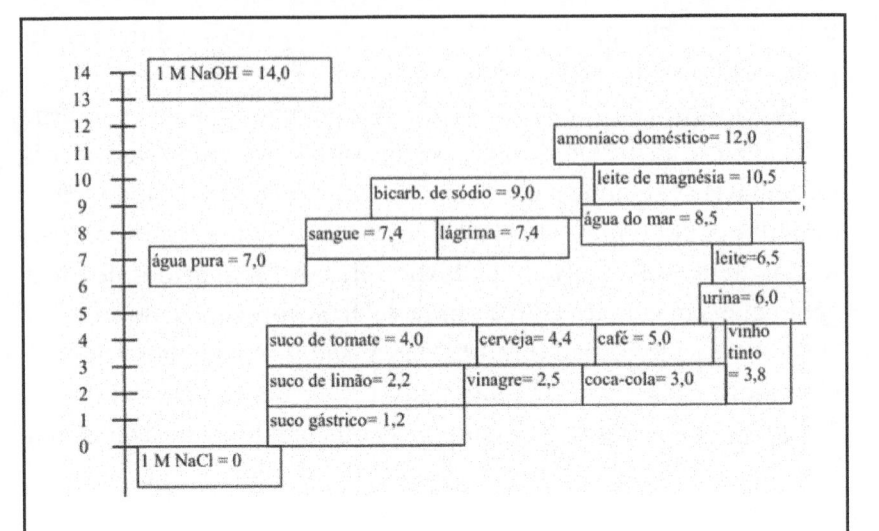

```
14 ┬ 1 M NaOH = 14,0
13 ┼
12 ┼                                              amoníaco doméstico= 12,0
11 ┼
10 ┼                                              leite de magnésia = 10,5
 9 ┼                      bicarb. de sódio = 9,0
 8 ┼           sangue = 7,4    lágrima = 7,4      água do mar = 8,5
 7 ┼ água pura = 7,0
                                                                leite=6,5
 6 ┼
                                                                urina= 6,0
 5 ┼
 4 ┼           suco de tomate = 4,0  cerveja= 4,4   café = 5,0   vinho
 3 ┼                                                             tinto
 2 ┼           suco de limão= 2,2    vinagre= 2,5  coca-cola= 3,0 = 3,8
 1 ┼           suco gástrico= 1,2
 0 ┴
        1 M NaCl = 0
```

De modo semelhante, pode ser definido o fator pOH de uma solução (é sempre o complemento para 14 do pH, ou seja, se o pH é 3, o pOH será 11).

A água pura, exposta ao ar, na verdade, não tem o seu pH igual a 7 e sim cerca de 5,6 em vista da existência de CO_2 no ar, com a qual a água entra em equilíbrio. Entretanto, em vista da reação da água da chuva com o dióxido de enxofre e óxidos de nitrogênio resultantes da queima de combustíveis fósseis, essa água torna-se, na verdade, uma solução diluída de ácido sulfúrico e ácido nítrico, com valores de pH abaixo de 5. Registra-se que em 1974, durante uma tempestade no sul da Escócia, mediu-se o pH da chuva como sendo 2,4, ou seja, ela estava mais ácida que vinagre. As consequências da chuva ácida estão sendo a acidificação dos lagos da Escandinávia e do leste do Canadá, leste dos Estados Unidos e Flórida, com a morte de muitas espécies de peixes, que não suportam pH menor que 5 (o pH afeta o funcionamento de praticamente todas as enzimas, hormônios e outras proteínas dos organismos). Na agricultura, a chuva ácida prejudica o desenvolvimento das plantas, gerando perda ou redução de safras.

Fonte: Elaborado pelo autor.

5.3.1 – Tecnologias de Controle de Poluição do ar

Não é o propósito deste livro abordarmos tecnologias disponíveis, mas apenas para motivar o leitor a buscar novas informações; listaremos algumas formas e equipamentos disponíveis para realizar um tratamento dos gases resultantes de processos industriais:

a) **Equipamentos de controle de material particulado:**

a1) Ciclones

Trata-se de coletores centrífugos, onde os gases são injetados e, por ação da força centrífuga obtida pela rotação de um cilindro girante as partículas (mais pesadas) ficam concentradas na parte mais externa contra a parede; por ação da gravidade, elas caem para a parte inferior, sendo coletadas, enquanto os gases, mais leves, saem pela parte superior. Trata-se de equipamentos simples e relativamente baratos, usados frequentemente como pré-tratamento, que coletam as partículas maiores, antes do envio do gás para filtros mais sofisticados, como os filtros de tecido.

a2) Lavadores de gases

Os lavadores mais comuns são do tipo Venturi, onde existe um tubo de entrada do gás com uma contração (nesse ponto a velocidade aumenta e a pressão fica reduzida, aspirando e pulverizando as partículas do líquido). Assim, o próprio fluxo gasoso é utilizado para atomizar as partículas do líquido de lavagem (usualmente água). Conseguindo-se que o gás e o líquido fiquem em contato por um tempo adequado as partículas do gás serão arrastadas pelo líquido, caindo na parte inferior do lavador e sendo coletadas para tratamento, enquanto o gás mais limpo sai pela parte superior.

a3) Filtros de tecido ou de mangas

Processo muito utilizado para a remoção de particulados de gases secos, como ocorre na indústria siderúrgica, cerâmica e outros. Os gases são forçados a passar por um tecido ou feltro, ficando retidas as partículas, dependendo da área de passagem entre os fios na trama do tecido.

a4) Precipitadores eletrostáticos
Nestes tipos de equipamentos, as partículas dos gases recebem uma carga elétrica (usualmente pelo efeito corona, com bombardeio de íons negativos); quando os gases passam através de placas mantidas em um potencial positivo as partículas são retidas nessa placa e, de tempos em tempos, removidas por meio do batimento da placa com um "martelo", quando elas caem para um recipiente de coleta. Estes equipamentos são muito usados em indústrias de cimento e siderurgia.

b) Equipamentos de controle de gases:

b1) Absorvedores
Trata-se de equipamentos onde, por meio de reações químicas, os gases ou vapores são transferidos para uma fase líquida. É necessário que o gás seja solúvel no material absorvente (o mais comum é a água). Como exemplos, cita-se a absorção do ácido clorídrico, da amônia e do dióxido de enxofre. Os tipos de absorvedores mais usados são a torre de pratos, o lavador Venturi e a torre de absorção.

b2) Adsorvedores
Este processo é empregado quando se deseja remover dos gases algumas substâncias de baixa concentração, que normalmente estão associadas com o odor. O elemento que se quer remover fica retido em outro material sólido, poroso, que apresenta cavidades entre os poros com grande área superficial. Por exemplo, 1 grama de carvão ativado possui uma área superficial de cerca de 1.000 m^2. Como exemplos de materiais adsorvedores podemos citar o carvão ativado, a sílica gel, a alumina ativada e peneiras moleculares (silicatos de potássio, sódio e cálcio).

b3) Incineradores

Quando os gases possuem origem orgânica e, neste caso, são combustíveis, o processo de incineração pode ser um método interessante para eliminá-los, por oxidação, transformando-os em CO_2 e água. Os incineradores mais empregados são os de chama direta, o catalítico (combustão sem chama) e *flares* (colocados nas chaminés, por exemplo, que queimam os gases bem próximos aos pontos de sua emissão, em ambientes abertos).

5.4 – PROGRAMA DE GESTÃO DA ENERGIA

Conforme comentamos anteriormente, a energia é um bem essencial à produção de praticamente todos os bem e à prestação de serviços; sua geração quase sempre provoca impactos ambientais significativos. Esse motivo, aliado ao seu custo, cada vez mais elevado, justifica a adoção de planos específicos de uso racional da energia, ou "economias" de energia. O uso racional não significa deixar de usar a energia quando dela se necessita, ou seja, manter ambientes mal iluminados, deixar de usar refrigeração ou aquecimento, mas sim modificar processos para evitar desperdícios, realizar ajustagens de máquinas para melhorar a sua eficiência energética, melhorar os processos arquitetônicos para utilizar iluminação natural (o que agrada muito mais aos usuários dos ambientes, aumentando inclusive a produtividade das pessoas), melhorar o isolamento térmico em ambientes aquecidos ou refrigerados para evitar perdas, entre outras possíveis medidas de economia. Em termos de "conforto ambiental", muito pode ser feito pelos arquitetos: repensarem os edifícios reduzindo fachadas de vidro (que irão requerer muita energia para ar condicionado, necessário para retirar o calor armazenado nessas "estufas"), em edificações simples (casas) ou fábricas colocar aberturas nas partes altas para retirar o ar quente que subiu por convecção natural (e colocando aberturas nas partes baixas, proporcionando uma excelente ventilação natural), coletar água de chuva para uso em lavagens de vasos, pisos, reduzir a impermeabilização dos solos com áreas verdes ou tijolos vazados para calçadas, entre outras ações.

Assim, os termos "eficiência energética" e "conservação de energia", ambos relacionados à questão do uso de energia, possuem significados distintos, segundo a *U.S. Energy Information Administration* (EIA). "Eficiência energética" está relacionada ao uso de tecnologias que requeiram menos energia para realizar uma mesma função. Por exemplo, ao substituirmos uma lâmpada fluorescente por uma lâmpada LED, conseguiremos o mesmo nível de iluminação, porém com um menor consumo de energia. O uso de equipamentos em que haja um melhor aproveitamento da energia ou de combustíveis (por exemplo, um motor de automóvel com menor consumo) são outros exemplos. Já as ações de "conservação de energia" significam promover reduções de desperdício e uso ineficiente.

Constata-se que, no Brasil, mais da metade da energia elétrica produzida é utilizada pela indústria e, dentro da indústria a maior parte é utilizada para acionar motores elétricos. Observa-se que a maior parte dos motores elétricos estão superdimensionados em relação à demanda das máquinas acionadas (os projetistas às vezes consideram margens de segurança desnecessárias, os motores por vezes sofrem manutenções deficientes que geram aumento de consumo, muitos motores possuem tecnologia antiquada e baixo rendimento). Dessa forma, um programa de gestão específico poderá ser a substituição gradual desses motores, por outros mais modernos e eficientes, gerando economias significativas. Um dos motores que se enquadram nessa categoria e que já foram desenvolvidos no Brasil são os motores de polos (ímãs) permanentes e comutação eletrônica, também conhecidos como "motores eletrônicos", que apresentam as vantagens de um motor de corrente contínua (controle preciso de rotação) sendo acionados por corrente alternada.

Outro programa interessante refere-se à substituição de lâmpadas por modelos mais eficientes, de menor consumo de energia e de grande durabilidade (reduzindo-se os problemas de poluição por metais pesados no descarte e reduzindo-se o consumo) e dos reatores de lâmpadas fluorescentes pelos reatores "eletrônicos", em substituição aos modelos antigos de reatores indutivos que se aquecem muito, o que representa perdas elevadas de energia. A troca de cabos elétricos de diâmetro muito pequeno e que, portanto, apresentem aquecimentos e perdas, pode ser outra medida de economia, devendo somente ser realizada após uma cuidadosa análise de custo-benefício. Também deve ser uma preocupação da indústria, atendendo a uma demanda dos consumidores, a de desenvolver produtos de menor consumo de energia, como televisores, lavadoras e computadores, entre outros.

Um investimento importante que pode gerar economias na conta de energia refere-se à ajustagem do fator de potência, deixando-o sempre igual ou superior a 0,92, pois caso ele fique inferior a esse valor ocorrem perdas elevadas de energia por efeito Joule nas linhas de transmissão, sendo que a concessionária recupera esses valores por meio da imposição de pesadas multas à indústria consumidora.

Outra forma interessante de realizar economias de energia, possível de ser considerada por indústrias de grande porte é a geração própria de energia elétrica, alternativa que poderá se mostrar interessante com a oferta de uma maior quantidade de gás natural, a partir de gás natural da bacia de Santos ou da Bolívia, caso se normalize a oferta, a preços competitivos a outros insumos energéticos, sendo possível à indústria gerar sua própria energia, com o uso de uma estação compacta à base de turbinas a gás, inclusive vendendo o excedente à empresa concessionária de energia elétrica (o que a lei hoje permite). As vantagens desse processo referem-se às economias obtidas quando se evitam as perdas de energia em linhas de transmissão muito longas, menor necessidade de novas usinas (evitando-se todos os problemas ambientais decorrentes), além do fato do gás natural ser considerado um combustível "limpo".

As vantagens desse processo são ainda maiores e evidenciadas quando se utiliza o processo de "cogeração", que se mostra muito interessante para indústrias que necessitam de energia elétrica e vapor d'água. Uma instalação típica de cogeração seria, por exemplo, uma turbina a gás natural acionando um gerador elétrico, completado por uma caldeira a vapor que usaria os gases de exaustão da turbina para aquecer e vaporizar a água, conforme esquema da figura 5.2.

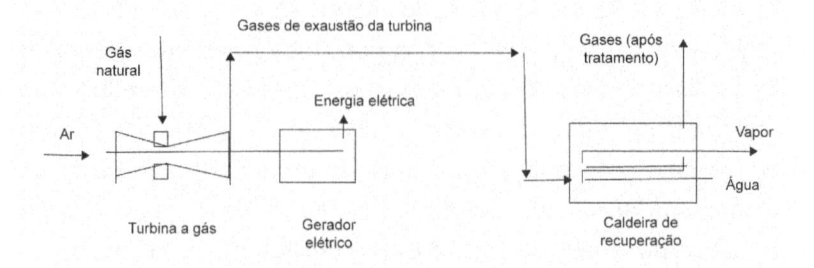

Figura 5.2 – Turbina a gás para geração elétrica
Fonte: Elaborada pelo autor.

O emprego desse tipo de instalação somente foi possível com o desenvolvimento de novos materiais que resistem a temperaturas elevadas, viabilizando o uso da turbina a gás, com a melhoria de sua eficiência, que era muito baixa até os anos recentes. Essa turbina é, na realidade, derivada e muito próxima das turbinas aeronáuticas, composta de estágios de compressão do ar aspirado, câmaras de combustão do gás e estágios da turbina de expansão, onde se produz a potência necessária para acionar os estágios do compressor e acionar o gerador elétrico.

Essa instalação, hoje muito compacta e controlada por poucos operadores graças a sistemas de controle digital distribuído com microprocessadores, é muito interessante para indústrias alimentícias, cerâmicas e outras que necessitam de energia elétrica e vapor d'água. Uma variante desse processo, também válida quando se necessita de mais eletricidade e não de vapor, consiste em utilizar o vapor saturado gerado na caldeira de recuperação para acionar uma turbina a vapor convencional que, por sua vez acionaria outro gerador elétrico. Outra possibilidade de aproveitamento energético consiste na queima de bagaço de cana em uma caldeira, nas usinas de cana de açúcar, ou próximo a elas, aproveitando um resíduo que seria descartado em grande volume.

O uso de geradores elétricos próprios da empresa, normalmente necessários como *stand-by*, em horários de pico poderia ser outra medida a ser estimulada pelo governo, por meio de alguma vantagem tarifária, pois teria como benefício a redução de necessidade de novas usinas, com evidentes vantagens em termos financeiros e ambientais.

5.5 – PROGRAMAS AMBIENTAIS NECESSÁRIOS AO LICENCIAMENTO DE GRANDES OBRAS DE ENGENHARIA

O licenciamento ambiental de empreendimentos que envolvem grandes obras de engenharia (rodovias, grandes fábricas, usinas etc.) requer a preparação de um Plano Básico Ambiental, composto de um Plano de Gestão Ambiental e de Programas Ambientais específicos a serem cumpridos para eliminar ou mitigar os impactos ambientais resultantes das construções.

Selecionada uma certa área para a instalação do empreendimento, realizados os estudos de sua viabilidade, o empreendedor irá contratar uma empresa especializada para a preparação do Estudo de Impacto Ambiental (EIA) e do Relatório de Impactos sobre o Meio Ambiente (RIMA). O processo de licenciamento ambiental, bem como aspectos da legislação ambiental serão discutidos no próximo capítulo deste livro.

O Plano Básico Ambiental (PBA) será um documento importante para a concessão da Licença de Instalação do empreendimento e irá auxiliar no cumprimento dos compromissos assumidos pelo empresário com relação à proteção do meio ambiente e redução dos impactos ambientais.

É comum que o Estudo de Impacto Ambiental, após avaliar os impactos ambientais sobre os meios físico, biótico e socioeconômico, proponha programas ambientais e compensação ambiental.

O Plano de Gestão Ambiental tem por objetivo construir uma estrutura de gestão ambiental, com base na Norma ISO 14001, para apoiar a organização no sentido de cumprir todas as exigências da Licença Prévia e da Licença de Instalação. Visa, primordialmente, garantir a viabilidade ambiental do empreendimento, o cumprimento da legislação ambiental e apoiar os administradores na contratação e gerenciamento das obras no tocante à variável ambiental.

Os demais programas ambientais são específicos a vários domínios das atividades de construções e montagens, englobando desde as obras iniciais no terreno (terraplenagens, por exemplo), as construções civis, montagens eletromecânicas, fornecimento de água e energia, tratamento e destinação de resíduos e efluentes, os testes iniciais dos sistemas, até a entrega da instalação para a operação. Nesse momento, cessam os programas, ganhando importância a operação do sistema de gestão ambiental, conforme exposto no Capítulo 4 deste livro, como forma de manutenção de condições ambientais adequadas.

Os programas são estabelecidos para cada tipo específico de empreendimento; apresentamos, a seguir, alguns programas que usualmente são preparados em projetos de grandes obras de engenharia. Esses programas envolvem três grandes conjuntos de atividades:

I) Atividades de controle de impactos ambientais decorrentes das construções;

II) Atividades de monitoramento ambiental da área;

III) Atividades de apoio socioambiental às comunidades de entorno.

As atividades de controle de impacto ambiental decorrentes das construções serão primordialmente executadas pelas empresas construtoras e montadoras contratadas pelo empreendedor, sendo fiscalizadas por ele ou por uma empresa de supervisão ambiental, de forma a ser garantido um desempenho ambiental adequado, compatível com os compromissos assumidos junto ao órgão licenciador. Os seguintes programas podem ser propostos:

a) Programa Ambiental para a Construção: as atividades de construção, desde a eventual terraplenagem do local de instalação até a finalização das construções, costumam gerar grandes impactos ambientais, que precisam ser controlados e mitigados. Este programa visa definir procedimentos de trabalho atendendo a normas ambientais, de modo a assegurar condições adequadas nos locais de trabalho, canteiros de obras, entorno das obras e áreas de bota-foras, rotas de acesso de caminhões, tratores e outros equipamentos pesados.

b) Programa de Sinalização: dependendo do local das construções, haverá a necessidade de trânsito em rodovias de menor porte ou no interior do canteiro de obras, passagens por comunidades e interferências no tráfego anteriormente existente, gerando riscos para motoristas, acidentes e atropelamentos de pessoas e da fauna. A Resolução DENATRAN nº 514, de 18.12.2014, instituiu a Política Nacional de Trânsito que, em seu Artigo 3º define que: "*A Política Nacional de Trânsito visa assegurar a proteção da integridade humana e o desenvolvimento socioeconômico do País, atendidos os seguintes princípios: I - assegurar ao cidadão o pleno exercício do direito de locomoção; II - priorizar ações à defesa da vida, incluindo a preservação da saúde e do meio ambiente; e III - incentivar o estudo e a pesquisa orientada para a segurança, fluidez, conforto e educação para o trânsito*". Assim, as empresas construtoras precisarão desenvolver programas de sinalização para eliminar ou reduzir a ocorrência de acidentes rodoviários e de vítimas, com sinalizações de acessos, de obras e realização de campanhas de informações à população, cursos de direção defensiva para os motoristas, entre outras ações.

c) Programa de Monitoramento e Controle de Material Particulado: as obras de construção geram emissões de fumaça e gases pelos veículos e poeiras em suspensão, afetando os trabalhadores das obras e a população de entorno. Assim, este programa visa implementar procedimentos para evitar e controlar a geração e a propagação de material particulado em suspensão no ar.

d) Programa de Monitoramento e Controle de Ruído: existe a geração de ruído na maioria das obras de construção, tais como terraplenagem, desmontes de rochas, abertura de vias, tráfego de veículos, trabalhos de construção de edifícios, montagens, entre outras. Este programa visa realizar um monitoramento e estabelecer procedimentos e ações para reduzir esse ruído, verificar o incômodo para a vizinhança, estabelecer horários de trabalho. A Norma NBR 10.151:2000, versão corrigida de 2003, com o título "Acústica – Avaliação do ruído em áreas habitadas, visando o conforto da comunidade – Procedimento", pode servir de apoio a esse programa.

e) Programa de Controle de Processos Erosivos e de Recuperação de Áreas Degradadas: dependendo da extensão das obras, observa-se que os trabalhos de supressão vegetal, terraplenagem, construção de vias e taludes provocam alteração da paisagem e impactos ambientais. Este programa visa criar procedimentos e mecanismos para a recuperação da paisagem e dos terrenos, replantio de vegetação nativa e recuperação de taludes e drenagens, evitando a criação de passivos ambientais.

f) Programa de Gerenciamento de Resíduos Sólidos: as obras de terraplenagem, demolições e construções geram diferentes tipos de resíduos sólidos, que precisam ser destinados corretamente. Este programa visa criar procedimentos e implementar práticas que promovam uma menor geração destes resíduos, práticas de segregação visando destino adequado, práticas de reaproveitamento e reciclagem, armazenamento provisório e destinação final, de acordo com as melhores práticas, em cumprimento integral da legislação.

g) Programa de Gerenciamento de Efluentes Líquidos: as obras geram efluentes líquidos, desde óleos de máquinas, esgoto sanitário, efluentes de cozinhas, refeitórios e áreas administrativas. Este programa visa criar práticas corretas de acondicionamento, tratamento, transporte e destinação final adequados, visando evitar odores, contaminação do solo e de águas superficiais e subterrâneas.

h) Programa de Educação Ambiental para Trabalhadores da Obra: é possível que os trabalhadores recrutados para as obras não tenham tido oportunidades anteriores de aprendizado de trabalho com boas práticas ambientais. Este programa visa prepará-los nestas práticas, com o conhecimento (mesmo que relativamente superficial) nas normas ambientais mais importantes, na Política Ambiental da organização, na destinação adequada de resíduos e efluentes (e, principalmente, na redução da sua geração), no uso de Equipamentos de Proteção Individual (EPIs), na questão de riscos e segurança.

i) Programa de Capacitação de Mão de Obra Local: uma externalidade positiva das obras é a geração de empregos para a comunidade de entorno do empreendimento. A obtenção de mão de obra local gera outros benefícios adicionais, como economias para a empresa em deslocamentos e hospedagem, reduz a pressão migratória sobre as comunidades vizinhas, reduz as demandas potenciais de aumento da infraestrutura dos municípios vizinhos e promove renda para os moradores, facilitando, inclusive, a aceitação pública do empreendimento. Este programa visa identificar e divulgar as necessidades de pessoal para os processos seletivos e preparar e implementar cursos de qualificação do pessoal contratado, visando adequá-los às necessidades da empresa.

j) Programa de Desmobilização de Mão de Obra: ao término das obras de construção e montagem, é inevitável que muitos trabalhadores sejam dispensados, pois a sua qualificação não seria adequada para aproveitá-los nas atividades de operação da instalação construída. Essa desmobilização precisa ser bem planejada e executada, de modo a evitar elevadas dificuldades pessoais aos trabalhadores e consequências para as comunidades que receberam migrantes ora sem renda de subsistência. O Programa visa preservar os direitos trabalhistas, procurar identificar possibilidades de emprego e recolocação dos profissionais (preferencialmente na própria região) e eventual preparação das pessoas para novas atividades.

As atividades de monitoramento ambiental, eventualmente também requerendo ações diversas de melhoria ambiental e restauração de condições adequadas ao local do empreendimento são usualmente realizadas por empresas e consultorias ambientais especializadas, que contam com profissionais qualificados para estes trabalhos e apoio de laboratórios de análises físicas, químicas e biológicas. Essas empresas, dependendo do contrato firmado com o empreendedor, também podem realizar um trabalho de supervisão ambiental das construtoras, preparando relatórios requeridos pelos órgãos ambientais no processo de licenciamento. Os seguintes programas podem ser previstos e implementados:

a) Programa de Monitoramento de Águas Superficiais: se as obras de implementação do empreendimento ocorrem em áreas próximas a cursos d' água, lagos, mares, deverão existir cuidados para evitar o carreamento de sedimentos, resíduos sólidos e efluentes líquidos para essas águas, contaminando-as. Este programa visa monitorar a qualidade das águas desses locais e os sedimentos de fundo, os efeitos da captação de água dos rios e dos lançamentos de efluentes. Caso existam nascentes no terreno, estas deverão ser preservadas e protegidas.

b) Programa de Monitoramento de Águas Subterrâneas: eventualmente, o local de instalação do empreendimento está situado sobre um aquífero, sendo necessário monitorar os parâmetros físicos, químicos e biológicos das águas desse reservatório, para garantir que não esteja ocorrendo uma degradação de sua qualidade, como resultado das obras e da ocupação do terreno. Também é usual ser feita captação dessa água para utilização durante a construção e futura operação da instalação, sendo necessário avaliar as consequências dessa retirada e a forma de descarte. Um programa de monitoramento deve ser estabelecido pela empresa de supervisão ambiental, com a realização de análises em laboratórios especializados.

c) Programa de Monitoramento, Manejo e Recuperação da Flora: caso o empreendimento seja localizado em áreas com mata nativa serão necessárias ações de monitoramento e recuperação da área, de forma a compensar a perda de cobertura vegetal e manter a conectividade entre fragmentos florestais (caso existentes, normalmente ao longo de matas ciliares). Neste programa, será necessária a preparação de procedimentos e tomada de ações para o monitoramento da flora, a coleta e o salvamento de germoplasma (material genético das espécies existentes, principalmente daquelas que terão exemplares removidos), criação de viveiros de mudas, plantios de recomposição de trechos de matas e ações de manutenção de corredores ecológicos para a fauna (se existentes).

d) Programa de Monitoramento, Resgate, Manejo e Conservação das Faunas Terrestre e Aquática: da mesma forma que no caso da flora, se houver trechos de matas nativas no local do empreendimento, será inevitável a existência de fauna (pássaros, abelhas, répteis, anfíbios e mesmo mamíferos). Haverá a necessidade de evitar atropelamentos. E, havendo a necessidade de supressão de vegetação, deverão existir ações prévias de afugentamento dessa fauna, resgate (principalmente de ovos e filhotes), sua realocação em áreas adequadas e seguras (preferencialmente vizinhas). Caso existem rios, córregos e lagos no terreno (área de influência direta do empreendimento) também deverão existir ações semelhantes às da fauna terrestre para a ictiofauna (monitoramento, captura).

e) Programa de Prospecção Arqueológica: caso haja a suspeita de que a área de instalação do empreendimento tenha valor arqueológico, com ocupação anterior por comunidades indígenas, haverá a necessidade de um trabalho de prospecção arqueológica especializada para recolher materiais de valor histórico, antes que sejam destruídos. Esse trabalho deve ser aprovado pelo Instituto de Patrimônio Histórico e Artístico Nacional – IPHAN.

Dependendo do vulto e da importância das obras e do empreendimento, poderão ser exigidos (definidos no EIA/RIMA) outros programas voltados ao apoio socioambiental às comunidades de entorno. Poderão ser previstos os seguintes programas:

a) Programa de Comunicação Social e de Educação Ambiental para a Comunidade Local: uma externalidade positiva do empreendimento poderá ser a melhoria do nível educacional da comunidade local, informando-a sobre o empreendimento, seus benefícios, os impactos ambientais e como são controlados, melhorando a sua percepção sobre o risco real. Essas ações devem visar principalmente escolas (alunos e professores) e a população de entorno, podendo ocorrer sob a forma de campanhas educativas, palestras e cursos de qualificação.

b) Programa de Mitigação de Impactos sobre o Sistema Viário: dependendo do volume de obras e veículos requeridos poderão existir repercussões negativas sobre o sistema viário da região, com o aumento do tráfego. Este programa visa reduzir os impactos resultantes, com ações para melhorar a acessibilidade e a trafegabilidade na região, tais como o monitoramento do tráfego, controle de horários, a garantia de acessos a propriedades vizinhas, a recuperação de vias, a sinalização, a prevenção e o controle de acidentes.

c) Programa de Fortalecimento da Infraestrutura: dependendo da extensão e volume das obras, poderão ocorrer fluxos migratórios para a região, com muitas pessoas chegando em busca de emprego, afetando a vida das comunidades de entorno. Eventualmente, o empreendedor precisará apoiar as administrações públicas (municipal, estadual) em prover recursos para ações de melhoria das condições das comunidades, tais como escolas, postos de saúde, hospitais, moradias, saneamento, transportes, entre outros.

5.6 – OS 4 RS (REDUÇÃO, REÚSO, RECUPERAÇÃO E RECICLAGEM)

Existindo resíduos sólidos, como resultado das atividades da organização, ou comunidades, haverá a necessidade de dar um destino a esses resíduos, que podem ter como origem as residências, indústrias, escritórios, serviços públicos, hospitais estabelecimentos comerciais e outras fontes. O método tradicional de destinação consiste, na maioria das vezes, em sua colocação em aterros sanitários e aterros industriais, de forma correta, ou em lixões, forma totalmente incorreta.

O problema vem se agravando cada vez mais em função do crescimento do volume do lixo decorrente do aumento da população, principalmente em grandes cidades, das mudanças de hábitos de consumo com maior uso de alimentos processados, e grande quantidade de embalagens. Existe, provavelmente, uma maior conscientização com relação aos efeitos altamente negativos dos lixões: contaminação do solo, proliferação de vetores de doenças, contaminação de lençóis de água no subsolo, estímulos à existência de catadores em condições sub-humanas[10], poluição visual, liberação de odores, entre outras consequências. A outra opção é a disposição em aterros, sanitários para o lixo domiciliar, de limpeza pública e de empreendimentos comerciais e aterros industriais para os resíduos da indústria, tais como areia de fundição, borras de tinta, de retífica e outros.

O grande problema com relação ao lixo domiciliar é o volume. Somente o Estado de São Paulo produz, diariamente, cerca de 18.000 toneladas de lixo. E as áreas próximas às cidades para aterros estão escassas e com terrenos supervalorizados. E construí-los longe das cidades aumenta demasiadamente o custo de transportes, encarecendo o serviço.

É possível perceber melhorias na questão do lixo. Segundo dados da CETESB[11], em relação aos municípios paulistas, verifica-se o seguinte, com relação à qualidade dos aterros no Estado de São Paulo:

Condições	Ano	Índice de municípios considerados (%)
Inadequadas	1997	77,8
	1998	56,4
	1999	50,4
Controlada	1997	18,0
	1998	25,4
	1999	21,2
Adequada	1997	4,2
	1998	18,2
	1999	28,4

---

10 Segundo o jornal "O Estado de São Paulo", de 10/05/2000, no município de São Paulo foram identificados 2.916 catadores.

11 Dados do relatório "Inventário Estadual dos Resíduos Sólidos Domiciliares", comentado em artigo de "O Estado de São Paulo", de 10/05/2000 pelo jornalista José Gonçalves Neto.

A solução mais recomendada consiste em gerenciar, de forma integrada e adequada, o problema dos resíduos. Existem opções melhores e outras piores, cada caso exigindo uma solução. O desenho abaixo, na Figura 5.3, resume as soluções que estão no "pódio" (as melhores, bem como as piores, do ponto de vista exclusivamente relacionado a impactos ambientais):

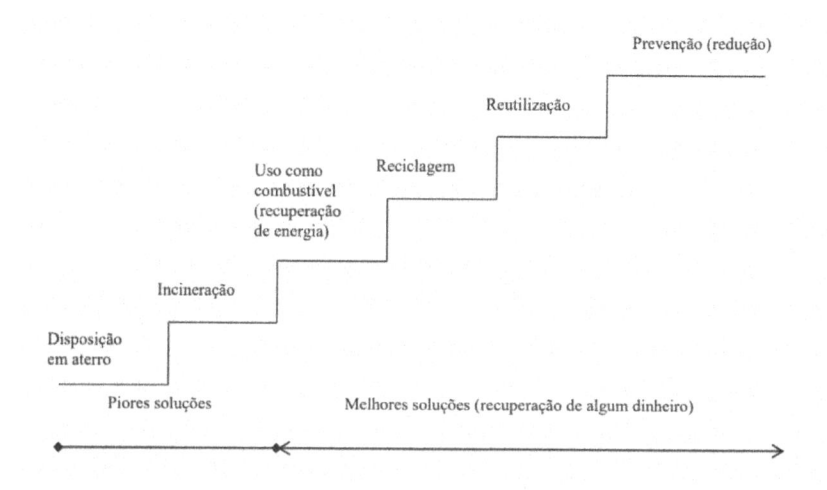

Figura 5.3 – Soluções para a destinação de resíduos
Fonte: Elaborada pelo autor.

Uma das práticas que vem se consagrando é a criação de "centros de tratamento de resíduos", mantidos por um grupo de indústrias de uma determinada região que, dessa forma, reduzem suas despesas com equipamentos específicos (em grupo, aumenta a taxa de ocupação dos equipamentos) e disponibilidade de pessoal especializado. Uma empresa desse tipo é a CETREL, no Polo Petroquímico de Camaçari (Bahia), por sinal certificada pela ISO 14001, outra é a SITEL (Sistema Integrado de Tratamento de Efluentes Líquidos do Polo Petroquímico do Sul), em Triunfo, RS. Outra ideia utilizada é a criação de "Bolsas de Resíduos" nas associações de classe, que colocam em contato geradores de resíduos e usuários, onde são negociadas a compra e a venda de resíduos.

Cada situação será discutida com mais profundidade, mas para começarmos a abordar a questão, podemos comentar:

Resíduos domésticos (lixo): a solução mais efetiva será atingirmos melhores níveis de educação ambiental e de motivação das pessoas, para que elas modifiquem sua conduta. Será necessário que se reduza o consumo de certos materiais e embalagens (de plástico, por exemplo, substituindo-se por papel e vidro), que seja aumentada a separação do lixo por tipos, para facilitar os processos de reciclagem, seja proporcionado o serviço de coleta seletiva por parte das administrações municipais, sejam dadas condições de sobrevivência a empresas de reciclagem e estimulado o consumo de reciclados, sejam previstos programas de compostagem (principalmente de lixo orgânico, entregue mais limpo pelos moradores, ou seja, não misturado a plástico, metais, agentes patogênicos) e de restos de poda de árvores e jardinagem. Ao mesmo tempo, deve-se investir na construção de aterros sanitários, para evitar os lixões.

Resíduos industriais: as melhores soluções passam pelos conceitos de "produção limpa", expressão inicialmente usada pelo Greenpeace, que envolve práticas gerenciais e industriais empregadas já há algum tempo por muitas indústrias com maior nível de responsabilidade ambiental e que buscam qualidade: prevenção da geração de resíduos, principalmente os perigosos e tóxicos; uso mais racional de água e energia, com economia e parcimônia (já que quase todas as formas de produção de energia geram impactos ambientais significativos e a água com qualidade vem se tornando cada vez mais um bem escasso); uso sustentável de recursos naturais; emprego de práticas e possibilidades de reutilização, recuperação e reciclagem de materiais, melhor projeto visando aumento da vida útil, melhor manutenção dos equipamentos; destino final da forma mais adequada e correta, dentro da melhor tecnologia disponível e adequada a cada tipo de resíduos, por exemplo, incinerando-se com aproveitamento da energia para gerar vapor, eventualmente convertido em energia elétrica após passar em uma turbina que acione um gerador elétrico. Outras opções seriam incinerar os resíduos sem geração de energia ou disposição em aterro industrial.

Precisaremos conhecer cada material que entra e sai da instalação, suas propriedades químicas e físicas, realizar balanços de massas e conhecer o potencial de poluição de cada produto ou subproduto. Estudos relativamente simples poderão consolidar programas de reciclagem, separando-se os materiais por tipos e obtendo-se ganhos, desde que exista uma sustentabilidade econômica no processo. Esses inventários e auditorias, de verificação de conformidade à política da empresa e seus procedimentos formalizados, constituem-se em ferramentas valiosas para manter o sistema ativo e com posturas de melhoramento contínuo.

Resíduos hospitalares: constituem-se em materiais problemáticos em vista dos riscos de proliferação de doenças. Este material usualmente é incinerado, de forma a eliminar os micróbios e bactérias patogênicas pelo calor, porém existe a necessidade de cuidados especiais com relação aos gases de saída, que podem conter dioxinas resultantes da queima de plásticos de seringas e outros elementos, além de gases tóxicos. Outras opções referem-se à inertização desses materiais em autoclaves e fornos de micro-ondas, transformando-os em lixo comum.

A seguir, procuraremos comentar com mais detalhes alguns aspectos e opções de solução para os problemas de resíduos.

5.6.1 – Redução de geração de resíduos na fonte

Conforme expusemos, esta deve ser a prioridade número 1. Os resíduos sempre significam **desperdício**, quando gerados de maneira anormal ou desnecessária, caso tenhamos melhores opções, ou seja, onde exista a possibilidade de modificar os processos industriais ou substituir a própria matéria-prima por outra de melhor desempenho quanto à geração de resíduos.

A matéria-prima é um item que foi comprado, gastando-se dinheiro para transportá-la até a nossa fábrica. Gastamos dinheiro para armazená-la e, ao começar o processo de produção, colocaremos mão de obra, energia, teremos o desgaste de máquinas para transformá-la em um produto final. Quando resulta uma quantidade elevada de resíduos, lembre-se de que foram gastos todos esses insumos no próprio resíduo. E ainda pagaremos para dar-lhe um destino final (incineração, disposição em aterros etc.). Assim sendo, é sempre desejável que sejam realizados estudos cuidadosos, para reduzir a quantidade de resíduos, de modo que seja obtida uma maior eficiência e economia. A meta é identificar novas matérias-primas e novos métodos de produção, de forma a reduzirmos a quantidade de resíduos.

O tratamento e a disposição de resíduos constituem-se, na maioria dos casos, em atividades complexas e caras, razões para se procurar a minimização de sua geração e redução de seus impactos sobre o meio ambiente. Essa diminuição da produção é conseguida por meio da modificação de processos produtivos (uso de tecnologias limpas), da redução do uso de matérias-primas (menor quantidade de matérias irá produzir menor quantidade de resíduos), menor uso de energia (pelos efeitos que a produção e uso da energia causam quanto à geração de particulados e gases) e escolha criteriosa dos materiais empregados na fabricação.

A tendência moderna, nas empresas, é analisar e cuidar dos resíduos na fonte e ao longo de toda a cadeia produtiva e não somente ao fim dessa cadeia ("*end of pipe*"), com a instalação de filtros.

A menor geração proporciona economia de despesas com transporte e armazenamento e com segurança, proteção e saúde dos empregados. Os procedimentos para redução devem prever as atividades de todos os envolvidos na empresa, prevendo-se:

— caracterização dos resíduos gerados (tipos, composição química, quantidades, pontos de geração);
— modificar processos com estímulos à introdução de novas tecnologias (mais limpas);
— promover um controle rigoroso de qualidade das matérias-primas empregadas, com preferência à utilização de materiais não tóxicos e redução do uso de materiais perigosos (ex.: amianto);

- realizar treinamentos para o pessoal de operação;
- tomar precauções com o armazenamento e transporte;
- avaliar as economias obtidas e estabelecer um sistema de alocação de custos para os resíduos gerados;
- estudar a quantidade mínima de matérias-primas a ser estocada (conceitos do tipo "*just in time*", do Sistema Toyota de Produção), com a finalidade de reduzir volumes e áreas de almoxarifado, com todas as vantagens ambientais decorrentes disso (redução de espaços de armazéns, redução de ar condicionado, redução de emissões fugitivas etc.);
- promover avaliações periódicas dos resultados alcançados e fixação de novas metas;
- analisar a possibilidade de vender ou trocar com outras firmas, que tenham interesse: solventes, ácidos, óleos etc., lembrando que o resíduo de uma empresa pode ser utilizado como matéria-prima de outra.

Cada produto, ou cada processo, possui suas peculiaridades, devendo-se analisar cuidadosamente cada caso. Porém, neste texto, além dos comentários acima, apresentaremos algumas sugestões de casos comuns e genéricos.

Em atividades industriais:
- otimizar o projeto dos produtos, de modo a reduzir a quantidade de matérias-primas necessárias (o ganho não será tanto quanto aos resíduos gerados intramuros da empresa, porém serão evitados resíduos do descarte final. À empresa, o ganho poderá ocorrer na redução de custo dos produtos. Como exemplos: construção de computadores com carcaça de plástico menos espesso, redução do peso das embalagens, como, por exemplo, embalagens em plástico ou vidro mais otimizadas. Na Inglaterra, os vidros de leite que pesavam 538g em 1940 passaram a pesar 340g em 1960 e 245g em 1990;

- usar matérias-primas originárias de resíduos, materiais reciclados ou modificar matérias-primas trocando-as por outras que resultem em um menor volume de resíduos, preferencialmente não-perigosos, sempre que possível. Por exemplo, não usar cádmio para o revestimento superficial de peças, dando preferência a zinco;
- identificar os resíduos e efluentes descartados (caracterização dos componentes, em termos de composição química, quantidades, consequências ambientais) e identificar os processos industriais que geraram aqueles produtos. Com o conhecimento obtido, estudar modificações nos processos (ou nas matérias-primas) mais impactantes;
- procurar reduzir a quantidade de embalagens, se possível e aceitável quanto à proteção do produto. Estudar com cuidado o tipo de embalagem. Por exemplo, se a apresentação estética não for muito importante, substituir embalagens de papelão branqueado por papelão *kraft*, cujo processo de fabricação demanda menor quantidade de energia e reduz as emissões. Outro exemplo, seria verificar se realmente há a necessidade de duplo invólucro, de uso muito comum e, eventualmente desnecessário. Estimular o reúso de embalagens (*refill* de cosméticos e desodorantes, por exemplo);
- procurar reduzir os riscos causados pelos resíduos, estudando-os quanto à sua toxicidade, flamabilidade, reatividade, corrosividade, radioatividade etc., preparando melhor os funcionários no seu manejo, fornecendo equipamentos de proteção individual adequados, preparando procedimentos a serem rapidamente cumpridos em situações de emergência, entre outras ações. Procurar modificar os processos industriais e a matéria-prima, de modo que não resultem resíduos com estas características. Restringir e controlar o acesso a estes materiais perigosos;
- estudar as origens da matéria-prima, como ela é obtida na natureza, o método de extração caso se trate de algum minério,

sua armazenagem e seu uso na empresa. Estudar a possibilidade de melhorar algumas dessas fases;
- evitar, caso existam alternativas, o uso de matérias-primas que sejam tóxicas ou apresentem outros tipos de perigo (com isso, reduziremos os riscos de contaminação de nossos trabalhadores, melhoraremos a segurança do trabalho e provavelmente também dos usuários finais do produto e da própria sociedade, que poderia sofrer alguns efeitos pós-descarte. Banir matérias-primas de uso proibido pela legislação (em futuro breve o amianto, por exemplo);
- não usar transformadores cujo fluido isolante seja um PCB (bifenila policlorada), conhecido como ascarel. Substituir aqueles existentes, que usem este produto, enviando-os para incineração;
- evitar gerar resíduos cujo processo de destinação final envolva altos custos, por exemplo, alguns resíduos que somente podem ser incinerados, em condições especiais, com elevado controle de emissões atmosféricas (como exemplo, novamente o ascarel);
- procurar usar produtos de limpeza menos agressivos ao meio ambiente. Evitar usar solventes químicos, dando preferência a solventes não tóxicos, renováveis, de preferência não orgânicos (derivados do petróleo) ou, melhor ainda, solventes à base de água, se possível. Não usar hidrocarbonetos clorados como solvente para limpeza;
- desenvolver métodos de trabalho na empresa que reduzam o uso de papel, estimulando-se o uso de correio eletrônico ou arquivos de dados em forma magnética;
- reduzir o tamanho de faturas, notas fiscais e outros documentos contábeis (observa-se às vezes em certas lojas, faturas em tamanho maior que o A4, em muitas vias quase sempre desnecessárias, para colocar um único item comprado);
- recebimento de matérias-primas e sua armazenagem constituem-se em fases cuja geração de resíduos é elevada. Temos

o caso de alguns produtos recebidos a granel (pós como farinha e alguns líquidos). Mesmo recebidos embalados, existem muitos problemas de perdas e vazamentos, embalagens danificadas e manuseio inadequado que proporcionam grandes perdas e contaminação do meio ambiente. Como soluções, especificar melhor as embalagens requeridas (qualidade dos sacos, por exemplo), inspecionar tubulações e tanques quanto a vazamentos e definição de capacidade, monitorar níveis e treinar melhor os operadores quanto aos procedimentos de transporte e estocagem. Garantir que os sacos e embalagens de líquidos foram bem esvaziados, para melhor aproveitamento de matérias-primas. Lembramos que existem muitos riscos relacionados à explosão de pós (por exemplo, a aspirina, celulose, serragem, policarbonato, amido, grãos e cereais apresentam elevado índice de explosividade);

- verificar se as matérias-primas são armazenadas de forma adequada com relação à umidade, temperatura, empilhamento e luminosidade (alguns produtos sofrem degradação quando expostos à luz). Controlar o prazo de validade das matérias-primas, quando existir essa informação, usando-as antes do seu vencimento;
- verificar a possibilidade de se tomar medidas de reposicionamento das instalações de armazenagem, aproximando-as da produção, reduzindo-se as perdas em transporte, caso existentes;
- evitar armazenar produtos químicos incompatíveis em locais próximos (por exemplo, peróxido de hidrogênio próximo a cobre, cromo, ferro, metais, álcool, substâncias orgânicas, anilina, nitrometano e substâncias combustíveis;
- considerando-se que o ruído é uma das formas de poluição, deve-se procurar reduzi-lo, por meio de uma melhor manutenção das máquinas (balanceamento, lubrificação) e eventual encapsulamento;

- aumentar a vida útil dos produtos, com a finalidade de reduzir o consumo de matérias-primas e reduzir o volume de lixo;
- procurar envolver os altos executivos da empresa em questões ambientais, por meio de sua motivação, proporcionando-lhes informações a respeito das vantagens para a empresa resultantes de uma boa postura ambiental.

Ações tomadas por participantes de governos (dos poderes executivos ou legislativos municipais, estaduais, federais) e de órgãos ambientais:
- estimular pesquisas e estudos visando a um melhor conhecimento dos problemas ambientais das comunidades, tendo-se um razoável conhecimento a respeito da composição e quantidade do lixo, seu destino atual, melhores tecnologias disponíveis para reaproveitamento, tratamento e disposição e custos para implementá-las. Estabelecer metas de redução per capita, através de campanhas de esclarecimento e instrumentos econômicos;
- estimular a redução de uso de agrotóxicos e de suas embalagens;
- preparar campanhas de esclarecimentos à população, visando motivar a redução dos volumes de lixo gerados, bem como estimular ações relacionadas à implantação de processos de coleta seletiva de lixo e reciclagem;
- estimular os consumidores (eventualmente por meio de incentivos econômicos) para que seja dada preferência a produtos reutilizáveis, embalagens que possam ser reenchidas e produtos reciclados;
- estimular a sociedade, promovendo campanhas educativas, a usar com racionalidade os recursos naturais, lembrando que estes recursos são finitos e esgotáveis;
- idem para o consumo de energia;
- discutir e elaborar leis e normas para estimular a reciclagem de materiais cujo processo não seria economicamente viável e, portanto, não haveria interesse da indústria;

- elaborar leis que obriguem o produtor a realizar o recolhimento dos materiais que causam impactos ambientais significativos quando descartados de forma incorreta, tais como baterias, pilhas, lâmpadas, pneus, embalagens de agrotóxicos e outros. Em parte, esse procedimento já ocorre conforme estabelecido pela Resolução nº 257/99 do CONAMA, referente a pilhas e baterias;
- estabelecer estímulos econômicos para certas atividades, tais como o uso de papel reciclado (menor taxa de ICMS, por exemplo).

A substituição de materiais deve ser compatibilizada com os aspectos de higiene e segurança no trabalho, reduzindo-se a exposição dos operários a produtos tóxicos e reduzindo as doenças do trabalho. Como exemplo, constata-se que a maioria dos países proíbe o uso de amianto, já que comprovadamente o seu pó causa asbestose (fibrose pulmonar, processo no qual as fibras alojam-se nos alvéolos pulmonares e, para defender-se o organismo recobre-as com uma proteína que desempenha as funções de cimento biológico, que causa cicatrização do alvéolo impedindo-o de se encher de ar) e câncer de pulmão. Na França, estão sendo feitas grandes obras de substituição do revestimento isolante térmico de edifícios (por exemplo, foi paralisada a Faculdade de Jussieu, em Paris, com 6 mil alunos), prevendo-se despesas de cerca de US$ 12 bilhões para os trabalhos de descontaminação, indenização das vítimas, reconversão das indústrias do setor etc. (fonte: Jornal "O Estado de São Paulo, 05/07/96). Hoje, trata-se de uma prática comum a redução do uso do amianto, em vista dos problemas ambientais. Ele pode ser substituído por lã de vidro em isolamentos térmicos e também na fabricação de lonas de freio (por elastômeros) e na fabricação de fibrocimento para caixas d'água e telhas.

A separação de substâncias nocivas deve ser vista em um processo como fator de economia, por se reduzir o volume total do resíduo a ser tratado. Além disso, deve-se evitar misturar contaminados com não contaminados, pois se os efluentes estiverem completamente misturados, é mais difícil e custosa a separação.

5.6.2 – Reutilização

Tomadas as medidas de redução da geração de efluentes e rejeitos, surge, em sequência, como melhor opção, a reutilização dos produtos ou de suas partes componentes, ou de insumos naturais.

O reaproveitamento de resíduos e sobras de produção está ligado à ideia de valorização, ou seja, obter algum ganho (gerar receitas) com materiais que seriam descartados, ao reaproveitá-los no processo produtivo, vendê-los ou usá-los como combustível. Como exemplos, temos os casos de garrafas retornáveis, peças de automóveis de desmanches, algumas embalagens, formas de madeira para secagem do concreto na construção civil.

Preparar-se para a reutilização envolve atitudes que são tomadas desde o projeto. Muitas vezes o produto precisará ser projetado visando à facilidade e a rapidez de sua desmontagem, sendo aproveitadas peças e componentes, de forma economicamente sustentável. Como exemplos, poderíamos citar a indústria de computadores, produto que possui um ciclo de vida com duração relativamente curta. Muito material é aproveitado quando se faz o *upgrade* de computadores. São aproveitadas a carcaça, muitas placas e ligações internas, o monitor, o teclado, o mouse, economizando-se dinheiro. Ao fazer isso, deixamos de consumir recursos naturais (petróleo para plástico, cobre, energia) para fabricar os novos componentes e, para fins práticos, foi obtido um produto que passou a atender plenamente as necessidades do usuário. Como exemplo oposto, verificamos a existência de muitos produtos blindados, selados ou lacrados que impedem uma manutenção com menor custo, por exemplo, filtros de água com carvão ativado e o resultado, a meu ver, tem sido a evasão de consumidores, que preferem comprar galões de água mineral a pagar por uma substituição cara do filtro.

Verificamos que, atualmente, são oferecidos ao mercado muitos componentes ou itens selados ou blindados que impedem sua abertura para reparo e recuperação, conforme o exemplo citado, e outros como relógios que, embora bonitos e duráveis, não permitem mesmo os consertos mais simples. É difícil dizer se a tendência será o consumidor valorizar esses produtos e dar preferência na hora da compra, ou recusá-los.

Existem empresas automobilísticas que têm investido em processos de desmontagem rápida na reciclagem de automóveis. O reaproveitamento de peças em boas condições por desmanches tem sido uma prática constante, por exemplo, retirando-se partes da lataria de um veículo após um sinistro parcial, atividade possível quando facilitada por um projeto visando sua viabilidade.

A reutilização é incrementada quando se projeta e constrói produtos mais duráveis e produtos mais confiáveis. Além do produto ser mais durável, usualmente as partes reaproveitadas terão melhores condições de reúso. É necessário padronizar as peças, usando-as em vários produtos da empresa, de modo que seja mais fácil existirem situações de reúso, quando do final da vida de cada produto, aplicando-as como sobressalentes nos produtos ainda em uso.

Embalagens industriais, tais como *pallets*, engradados de madeira, grandes caixas de papelão, bombonas para líquidos e tambores, devem sempre ser reutilizados. Para isso, estes itens devem ser manuseados com cuidado, de modo a evitar avarias, além de serem mantidos limpos e em boas condições.

Não devemos esquecer que uma grande vantagem da reutilização é a redução de volumes e espaços dos aterros, ponto que é cada vez mais importante em vista da saturação dos aterros e custo de terrenos, conforme antes discutido.

A reutilização de resíduos, em muitos processos industriais irá envolver a concentração e purificação das matérias-primas contidas nos resíduos, por meio de processos como a osmose reversa, ultrafiltração, eletrodiálise, destilação, eletrólise, entre outros.

Um produto importante a ser considerado nos programas de reutilização diz respeito à água. Quando captamos a água de um rio, poço, ou mesmo recebemos da rede pública e a utilizamos em um processo industrial, muitas vezes constatamos que essa água ainda apresenta condições de ser utilizada em outras atividades da empresa, para limpeza ou enxágue, ou lavagem de gases removendo particulados, sem nenhum tratamento (se a tratarmos antes de usá-la, seria uma água chamada de reciclada). Assim, em um processo de lavagem de peças, chamado de contracorrente, é possível reutilizarmos a água (as peças caminham em um sentido, em cada etapa sendo lavada por água cada vez mais limpa, enquanto a água caminha no sentido oposto, cada vez mais suja e lavando as peças mais sujas), conforme esquema mostrado na Figura 5.4:

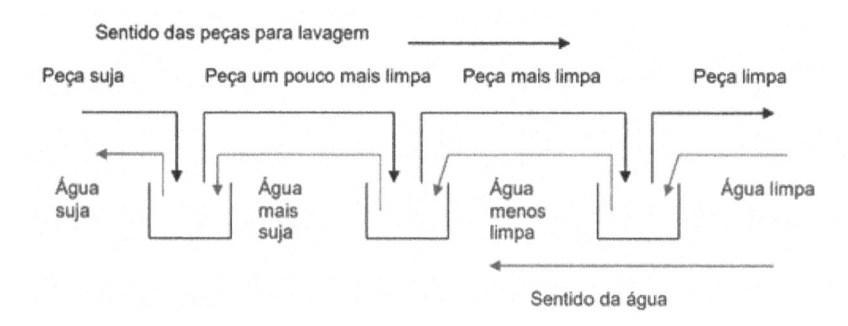

Figura 5.4 – Sugestão para lavagem de peças na indústria

Fonte: Elaborada pelo autor.

Existem outras formas de aproveitamento da água, quais sejam, uso em torres de resfriamento de sistemas de condensação (se a qualidade estiver com qualidade adequada), uso em sanitários, para lavagem de pisos, molhar as plantas do jardim. O ideal seria a adoção da política de "descarga zero", ou seja, nenhuma água sendo descartada para o meio ambiente, até mesmo por razões econômicas já que em futuro próximo se pretende cobrar pela água captada (valor fixado por cada Comitê da Bacia Hidrográfica) e pela água descartada. Esse reúso da água é também chamado de "uso secundário".

5.6.3 – Recuperação de materiais, água e energia

A recuperação, visando ao reprocessamento, consiste na extração de algumas substâncias que têm valor mais alto, contidas nos resíduos, por processos físicos, químicos ou biológicos. Como exemplos, citamos o aproveitamento de restos e pedaços de metais (sobretudo os mais valiosos como ouro e cobre nos processos de corte de chapas, furação de peças, fundição etc.), recuperação da prata nos filmes de raios X, recuperação de óleos lubrificantes, entre outras possibilidades. Os metais, quando fundidos, não apresentam nenhuma diferença em suas propriedades físicas e químicas, em relação ao produto original.

A razão das recuperações, acima apresentadas é, sobretudo, econômica, tratando-se de materiais de alto valor, mas também visa à economia de matérias-primas naturais e de energia para produção desses bens. Entretanto, com vistas à preservação do meio ambiente, devem ser recuperados os metais pesados, ácidos e solventes contidos nos efluentes, sempre que possível. A segregação dos fluxos de efluentes, em cada etapa do processo produtivo facilita o tratamento e a recuperação, pois estaremos tratando com efluentes bem caracterizados em termos de composição química e de suas propriedades.

Mesmo a partir do lixo, é sempre possível se realizar a recuperação de materiais com algum valor, que ainda tenha utilidade após um trabalho de restauração.

Dentro do conceito de recuperação, podemos considerar os casos em que se utilizam sobras de materiais sólidos ou líquidos, que são queimados para produzir energia. Assim, temos o bagaço de cana e resíduos de cervejarias que podem ser transformados em *pellets*, posteriormente queimados em caldeiras, gerando-se vapor que pode acionar turbinas, estas acionando geradores de energia elétrica.

Em muitos processos industriais, sobretudo em indústrias alimentícias (laticínios, por exemplo) existe a necessidade de se trabalhar com o produto muito aquecido (ou mesmo vaporizado) em uma determinada etapa do processo e resfriado (ou congelado) em outras. É gasta uma quantidade muito elevada de energia nessas etapas, que pode em parte ser recuperada por meio de um projeto adequado, que use trocadores de calor. Nesses mesmos processos, visando ao aumento da eficiência energética, é necessário que os tubos onde trafegam os fluidos quentes ou frios estejam com bom isolamento térmico, para evitar perdas ou entradas de calor, conforme o caso.

Óleos lubrificantes usados, quando não houver interesse em reciclá-los, podem ser usados como combustível, por exemplo, em fornos de cimento.

Os processos de pirólise, destilação, gaseificação ou conversão biológica (que não seja reciclagem) permitem a recuperação de gases e outras matérias-primas. Um material cuja disposição acarreta grandes problemas é o pneu. Pelo processo de pirólise, é produzido um gás inflamável e um óleo, com poder calorífico próximo do diesel. Na Inglaterra existe uma planta industrial operando desde 1992 (AEA-Beven).

A recuperação de peças removidas de equipamentos usados acarreta uma boa economia aos fabricantes, além de poupar material e energia. Isso é facilitado em situações em que o equipamento não é vendido, e sim alugado, caso, por exemplo, de copiadoras. Ao ser montada uma máquina nova, são retiradas muitas peças das antigas, sendo recondicionadas e remontadas nas máquinas novas.

A compostagem é outra forma de recuperação, adequada para materiais com quantidade elevada de matéria orgânica e elevado conteúdo de nutrientes, permitindo-se que, após o processo, os nutrientes retornem ao solo, fechando-se o ciclo. A partir de resíduos orgânicos, consegue-se produzir húmus ou adubo. Novamente, existem duas vantagens: aproveitamento de material valioso (húmus) e menor volume de lixo em aterros e lixões, evitando-se a presença de vetores de doenças e contaminação de aquíferos pelo chorume resultante da decomposição do lixo orgânico. A compostagem consiste em proporcionar condições para que os organismos decompositores atuem sobre a matéria orgânica, ou seja, a compostagem é um processo biológico que exige tempo, da ordem de 60 dias. Somente cerca de 1,5% do lixo orgânico sofre compostagem no Brasil, provavelmente por desconhecimento das vantagens e da relativa facilidade com que é realizado este processo.

As melhores sugestões consistem em se criar Unidades de Triagem e Compostagem, ou seja, instalações simples, nas quais sejam separados materiais valiosos do lixo em esteiras de triagem, sobrando a fração orgânica que passa por moinhos trituradores, peneiras e prensas.

Segundo o Prof. João Tinoco Pereira Neto, da Universidade Federal de Viçosa,[12] "Compostagem é um processo biológico, aeróbico e controlado, de transformação de resíduos orgânicos em húmus, desenvolvido por uma população diversificada de microrganismos envolvendo necessariamente duas fases distintas, sendo a primeira de degradação ativa (necessariamente termofílica) e a segunda de maturação ou cura, onde é obtido o composto orgânico".

São formadas pilhas (leiras) com os resíduos orgânicos (é importante que esse material contenha umidade controlada, da ordem de 50%, para evitar a formação do chorume), as pilhas tenham altura correta (da ordem de 1,5 m) tal que seja possível a entrada de ar (tratam-se de bactérias aeróbicas). Com a decomposição é gerado calor (a temperatura chega a cerca de 50- 65º C, na chamada fase termófila). As pilhas (leiras) têm que ser revolvidas para que se permita a entrada de ar. Caso a pilha seja muito elevada, a temperatura ultrapassará os valores recomendados, eventualmente matando as bactérias e impedindo o bom desenrolar do processo. Se a pilha ficar em altura muito baixa, perde-se calor, o que ocasionará piores condições de degradação do material por não ocorrerem as reações termofílicas. Além do mais, temperaturas baixas não eliminarão as bactérias patogênicas eventualmente presentes no lixo. Após essa fase de degradação, o material precisa passar por uma fase de maturação, onde efetivamente é formado o húmus. Essa fase é muito importante, pois sem ela o produto, entre outros aspectos negativos, pode levar à formação de toxinas no solo, prejudicar o desenvolvimento de plantas e liberar amônia, que é tóxica ao solo[13]. A compostagem é um processo simples, muito antigo,

---

12 PEREIRA NETO, João Tinôco. *Manual de Compostagem*. Belo Horizonte: UNICEF/UFV, 1996, 56 p.

13 PEREIRA NETO, João Tinôco Artigo "USINAS DE COMPOSTAGEM DE LIXO: ASPECTOS TÉCNICOS OPERACIONAIS, ECONÔMICOS E DE SAÚDE PÚBLICA", da Universidade Federal de Viçosa – Departamento de Engenharia Civil. Trabalho apresentado no I Seminário Nacional sobre Reciclagem de Resíduos Sólidos Domiciliares, CETESB, São Paulo, abril/2000.

cria empregos para pessoas com baixa especialização, porém essa simplicidade faz com que sejam negligenciados aspectos muito importantes. Sugere-se, portanto, que o responsável pelo processo conheça um pouco mais do assunto quanto aos seus aspectos técnicos, o que pode ser feito a partir dos trabalhos do Prof. Tinôco (já citado) ou do Prof. Edmar José Kiehl, da Escola Superior de Agricultura "Luiz de Queiroz" da USP em Piracicaba (autor do manual *Compostagem – Maturação e Qualidade do Composto*), entre outros especialistas no assunto. Um dos problemas que impedem uma maior utilização da compostagem é a presença de resíduos tóxicos no lixo, como, por exemplo, metais pesados, plásticos etc. Esses metais, quando presentes no húmus, podem ser absorvidos pelas plantas e entrar na cadeia alimentar, atingindo o homem, com efeitos tóxicos.

Algumas indústrias processadoras de alimentos, produzem resíduos com um alto potencial para reciclagem, evitando custos elevados com a disposição em aterro (e transporte): restos de polpa de frutas (cascas, bagaços), soro e sobras de laticínios, além de partes inaproveitáveis de vegetais em indústrias de conservas. Por exemplo, os tomates são descartados porque estão muito pequenos ou porque estão machucados, ou porque estão apodrecendo. Se esse material é jogado fora, no terreno, leva-se de 2 a 3 anos para se poder usar de novo a terra. É importante que os materiais estejam livres de patogênicos. Existem problemas em dispor em aterros sanitários, em vista dos grandes volumes e do alto conteúdo de água e de matéria orgânica. Esses materiais são considerados inadequados para incineração, em vista da elevada umidade e do baixo poder calorífico.

Entretanto, apesar das vantagens citadas em se realizar a reciclagem, é necessário lembrar dos possíveis riscos à saúde na utilização de lodo de esgoto como fonte de matéria orgânica e nutrientes, quando colocado no solo. Podem estar presentes alguns elementos patogênicos como esporos de fungos e colônias de bactérias, além de estreptococos, *Salmonella sp.*, *Shigella sp.*, helmintos (larvas e ovos, que podem permanecer ativos no solo por vários anos, em certas condições), protozoários (cistos) e vírus (entetovírus e rotavírus). Também podem existir elementos traço, tais como arsênico (As), cádmio (Cd), cromo (Cr), mercúrio (Hg), níquel (Ni), molibdênio (Mo), chumbo (Pb), selênio (Se), zinco (Zn) e cobalto (Co), que podem, eventualmente, estarem presentes no lodo e têm sua disponibilidade influenciada por reações como adsorção, complexação, precipitação, oxidação e redução. Lembra-se também da possibilidade de contaminação por vetores de doenças (ratos, baratas e outros).

Outro processo de recuperação é a digestão anaeróbica, onde materiais como o lodo resultante de estações de tratamento de esgoto, são convertidos em gás (metano) em tanques fechados (pela atuação de organismos anaeróbicos). Esse gás pode ser usado para queima, aproveitando-se a energia nele contida.

5.6.4 – Reciclagem

A reciclagem é uma forma particular do reaproveitamento de matérias-primas tais como papel, plásticos, latas de alumínio e de aço, pneus e outros, em que é produzida uma nova quantidade de materiais a partir de sobras e materiais usados que são captados no mercado, a seguir reprocessados, para serem novamente comercializados. Para se definir a vantagem dos processos de reciclagem, deverá ser feita uma análise do ciclo de vida procurando verificar as vantagens em economia de recursos e energia.

Em alguns casos, não há nenhuma diferença entre o produto gerado a partir de reciclagem e aquele obtido a partir de matéria-prima nova, havendo, quase sempre, grandes economias em energia e matéria-prima:

- alumínio: obtém-se uma economia de energia de cerca de 95% (nota: cada latinha de alumínio reciclada, economiza energia elétrica equivalente ao consumo de um aparelho de TV durante três horas). Cada tonelada de alumínio, para ser fabricada, exige 5 ton. de bauxita;

- papel: economia de energia de aproximadamente 60% (mais importante é a economia em madeira de árvores, eventualmente espécies nativas, usadas para a produção da celulose);
- vidro reciclado: economia de aproximadamente 30%.

O gráfico da Figura 5.5 apresenta o índice de reciclagem no Brasil para vários materiais, com referência a acesso em dezembro de 2022 no site do organização "Compromisso Empresarial para Reciclagem", site www.cempre.org.br.

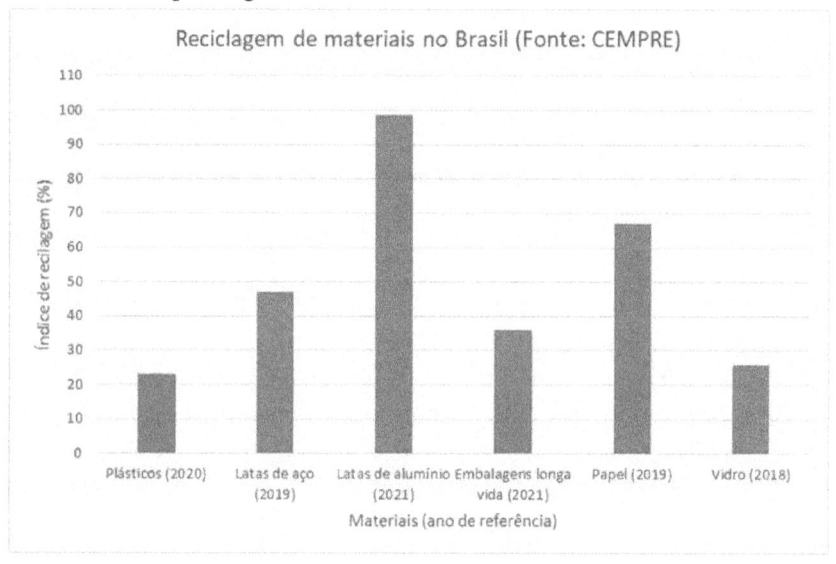

Figura 5.5 – Percentual de material reciclado em relação à produção total.
Fonte: CEMPRE (www.cempre.org.br)

A reciclagem prolonga a vida de bens ambientais esgotáveis e proporciona significativa redução de volumes de resíduos urbanos (até cerca de 40%) permitindo o prolongamento da vida útil de aterros e a geração intensiva de empregos nos níveis mais baixos de qualificação de pessoal, por meio de catadores, dando-lhes condições de sobrevivência (além de reduzir o volume de lixo para os coletores).

A ideia de reciclagem é parte de um processo mais abrangente de gerenciamento de resíduos. Sua operacionalização envolve 4 fases:
– coleta e transporte do material;
– separação e limpeza;
– reprocessamento e fabricação de novos produtos;
– comercialização dos novos produtos.

Para que o processo de reciclagem seja sustentável (ou autossustentável) é necessário que ele seja economicamente viável, ou seja, ele pode começar sendo apoiado por subsídios e incentivos ou doações, porém, a longo prazo, somente continua a existir se houver um ganho econômico suficiente, obtido com a venda dos materiais. É essencial que exista um mercado para os produtos reciclados e que a matéria bruta resultante possua um valor intrínseco vantajoso em termos econômicos. O processo será aceitável se ele consistir de processos industriais que não exijam a manipulação de materiais tóxicos e não exista um consumo exagerado de água e de energia. A reciclagem é uma boa prática porque ela evita a incineração de grande quantidade de resíduos ou sua disposição em aterros.

Com relação ao chamado lixo doméstico, o papel dos governos (sobretudo municipais) é de proporcionar as condições mínimas para que a reciclagem seja possível, ou seja, oferecer serviços de coleta seletiva à população, implantar a infraestrutura de equipamentos para coleta dos materiais em locais selecionados (*containers*, caçambas, baias etc.), estimular a formação de cooperativas de catadores e separadores, dar apoio inicial a essas cooperativas (galpões para trabalho de separação, evitando que isso seja feito a céu aberto, às vezes em lixões). Esta atividade somente se sustenta se existirem indústrias de reprocessamento, em local próximo ao da coleta e separação, de modo que os custos de transporte do material separado não se tornem proibitivos, inviabilizando o processo. É necessário que exista uma justificativa econômica (lucro para garantir a sobrevivência das empresas que processam o material). É possível que partes do programa não sejam economicamente viáveis, sendo subsidiadas por governos (por exemplo, a situação em que a coleta seletiva seja antieconômica, em termos de caminhões de coleta, porém importante para uma determinada municipalidade e, consequentemente sendo paga por impostos). Os custos da coleta seletiva são da ordem de oito vezes mais elevados do que na coleta comum.

É necessário que seja montada uma estratégia, prevendo-se as atividades de coleta, transporte, processamento e comercialização do material.

Antigamente, quando se falava em reciclagem, pensava-se tão somente em resíduos sólidos, como papel, vidro etc. Hoje, o conceito está se expandindo: reciclagem da água, de óleos lubrificantes, de fluidos hidráulicos e, mais ainda, observa-se uma postura cada vez mais intensa de obrigar os fabricantes de certos produtos, a recolherem o material ao final do ciclo de vida (automóveis, baterias, pilhas, embalagens de defensivos agrícolas). As pilhas e baterias que precisam ser recolhidas aos estabelecimentos que as vendem ou rede de assistência técnica e, daí para as indústrias, que precisarão dar o destino final são: baterias de chumbo-ácido, pilhas e baterias de níquel-cádmio e pilhas e baterias de óxido de mercúrio. Existem Resoluções emitidas pelo CONAMA para regulamentar estes assuntos:

Resolução CONAMA nº 257/99, de 30.06.99, sobre o descarte de pilhas e baterias;

Resolução CONAMA nº 258/99, de 26.08.99, sobre o descarte de pneumáticos inservíveis;

Resolução CONAMA nº 263/99, de 12.11.99, sobre o descarte de pilhas (complementa a Resolução nº 257/99).

A reciclagem depende da doação feita por milhões de pessoas, que quase sempre fazem isso sem nenhum outro interesse que não seja o de colaborar para evitar um grande problema ambiental. Assim sendo, é necessário que sejam proporcionadas condições de captação. É preciso que existam caçambas específicas para cada tipo de material em locais selecionados, para que as pessoas levem o material separado, ou que exista a coleta do lixo separado pelas pessoas em suas casas e empresas, em dias selecionados e previamente anunciados. Para que o processo seja eficiente, é desejável que o lixo chegue limpo, ou seja, no mínimo já segregado o lixo orgânico (que apodrece, emite odores, líquidos) do lixo seco, mais limpo. Em estágios mais avançados, esse lixo seco seria também separado na fonte nos quatro grandes tipos: papéis e papelões, vidros, plásticos e metais, nas próprias residências, escritórios, indústrias e estabelecimentos comerciais.

Motivações para a Reciclagem

Existem várias razões que estimulam a adoção de processos de reciclagem:
- **razões altruísticas**, ou seja, pessoas que poderiam descartar os materiais de forma indevida, porém sabendo das consequências disso, preferem cuidar dos seus resíduos, separá-los, transportá-los até locais adequados de coleta, eventualmente gastando seu tempo que teria um custo muito maior do que o próprio valor do material;
- **razões econômicas**, sobretudo no caso de empresas, com a finalidade de evitar custos com disposição e aterros ou incineração;
- **obrigações legais**, também no caso de empresas que detêm a posse de materiais, cujo descarte indevido pode gerar multas ou outras penalidades (previstas na Lei de Crimes Ambientais, por exemplo), ou em caso mais atual, de pneus e pilhas;
- **conhecimento dos danos ambientais** resultantes do descarte inadequado, como, por exemplo, no descarte de lâmpadas fluorescentes que contêm metais pesados e que contaminariam o solo e subsolo de aterros e lixões. Existem empresas que fazem a recuperação desses metais, remuneradas por esse serviço (por exemplo, a Apliquim Brasil Recicle).

A empresa, que se lança a implantar programas de reciclagem, acaba motivando uma postura mais correta dos empregados nos assuntos ambientais em geral. Os empregados hoje são influenciados por seus filhos, que aprendem educação ambiental nas escolas, em boa parte mostrando-lhes conceitos, técnicas e motivos para realizar a reciclagem. Essa motivação e conscientização colaboram com a elevação da moral no ambiente de trabalho, repercutindo em outros benefícios para a empresa, como o aumento da produtividade.

Existem grandes vantagens em realizar a reciclagem, sobretudo por poupar recursos e evitar a disposição inadequada, entre as quais podemos citar:
- trata-se de um processo que reduz a quantidade de materiais que seriam destinados a lixões ou aterros (problemas de saturação dos espaços);
- são evitados os custos com a disposição do lixo;
- proporciona empregos a uma quantidade muito grande de pessoas, com baixíssima qualificação, que teriam imensas dificuldades em encontrar outra forma de trabalho;
- permite a economia de recursos naturais e de energia.

Ao preparar um programa de coleta seletiva e reciclagem, para um município, por exemplo, é preciso analisar com muito cuidado, além dos custos, o mercado para os produtos após o processamento e as curvas de oferta e procura. Em 1989, o preço do papel caiu a próximo de zero nos Estados Unidos, porque as cidades pagavam pela reciclagem, para evitar disposição em aterros. A oferta subiu vertiginosamente, sem demanda. A lição a ser retirada desse fato é que é muito importante planejar com cuidado e avaliar a implantação de incentivos com taxas para estimular a reciclagem e o consumo de produtos reciclados (ou com parte de reciclados).

Implantação do programa e processos de reciclagem

A melhor forma de participação de moradores de residências e funcionários de estabelecimentos comerciais em programas de reciclagem é feita por meio da separação dos materiais recicláveis antes que eles sejam misturados com o lixo comum. Um dos grandes problemas, em boa parte dos materiais, por exemplo, plásticos, é o recebimento de material sujo, de limpeza difícil, situação em que os contaminantes afetam a qualidade do produto final (no caso dos plásticos, eventualmente as temperaturas não são tão altas a ponto de queimar o material contaminante).

Em muitos casos, quando existem programas de coleta seletiva, os materiais são colocados em *containers*, recolhidos com certa periodicidade e conduzidos até instalações de triagem e processamento industrial.

Devem ser usados recipientes diferentes para separar e guardar materiais recicláveis, desviando-os do fluxo normal do lixo. A quantidade de *containers* depende da variedade dos materiais coletados e do grau de separação. Em princípio, já é um ganho separar em materiais orgânicos e materiais secos. Evoluindo-se o grau de separação, seria feita a separação nos quatro tipos mencionados de papel, vidro, plásticos e metais, além da matéria orgânica. Em estágios ainda mais avançados, como é feito hoje na Alemanha, poderíamos pensar em situações nas quais o grau de separação seja ainda maior. Por exemplo, o vidro é separado pela sua cor (transparente, verde, âmbar), ficando, ainda melhor, o reaproveitamento econômico. Para evoluir nesses estágios, é necessário verificar a viabilidade econômica global, ou seja, quanto aumentam os custos com uma maior discriminação do material. Outra medida consiste em adequar os caminhões de coleta seletiva, dividindo-os em compartimentos separados para cada tipo de material.

Os principais materiais recolhidos no lixo são:
- resíduos inorgânicos diversos
- restos de alimentos
- papel e papelão
- metais
- borracha e couro
- madeira
- restos de jardinagem
- vidro
- plástico
- têxteis
- outros resíduos

Quando se aumenta o nível de separação, as subcategorias principais são:

Papel: separação em papel de jornal, corrugados, livros, revistas, toalhas de papel, papel de escritório, folhetos, papel de embrulho
Vidro: garrafas de vidro (transparente, verde, marrom), outros vidros
Metais: latas de alumínio, folhas de alumínio, ferrosos, estanho
Plásticos: PET, poliestireno, PEAD, (polietileno de alta densidade) PVC (polivinil clorado)
Madeira: bruta, *pallets* (ripas), móveis
Restos de jardim: folhas, grama, restos de podas
Entulho: restos de construção e demolição
Pneus
Óleo usado

Obviamente nem todo o lixo é reciclável. Alguns programas facilitam o uso do sistema pelo cidadão, fornecendo os *containers* de plástico, de metal (principalmente os de rua), sacos de papel ou sacos de plástico ou proporcionando outras formas de coleta.

A coleta seletiva, feita nas residências e indústrias, costuma ser de custo relativamente elevado. Uma solução interessante, que proporciona uma maior facilidade e menor custo, consiste em instalar centros de coleta de material reciclável para onde as pessoas levam o material. Não se prevendo pagamento, esta forma requer uma maior motivação e postura altruística das pessoas, para que elas se prestem a levar os materiais a descartar. Outra forma, tradicional, consiste na instalação de centros de recolhimento, normalmente empresas, que pagam às pessoas alguma coisa pelo material (ex.: papel de jornal, garrafas, metais), existindo um incentivo (motivação econômica) para que as pessoas levem os materiais. Quando esses centros não são empresas privadas, existem problemas a solucionar, como a necessidade de funcionários, necessidade de controles administrativos e contábeis e controle contra roubos.

Uma categoria especial de geradores, a ser considerada de forma especial, eventualmente realizando uma coleta específica, são os estabelecimentos comerciais, com as seguintes vantagens:

- o lixo consiste basicamente de papel, papelão e madeira, resultante de embalagens usadas para os vários produtos comercializados pelo estabelecimento;
- normalmente é bastante mais limpo que o lixo de outras fontes geradoras;
- o material é facilmente identificável e facilmente separado;
- pela concentração e pelo tipo, trata-se de uma opção mais atraente do ponto de vista econômico.

É interessante conhecer as categorias de geradores, ao se planejar um sistema de reciclagem:
- indústrias;
- estabelecimentos comerciais (subdividindo-os em lojas, supermercados, armazéns e restaurantes);
- escritórios;
- residências.

Cada um desses segmentos apresenta suas particularidades e, ao se implantar um programa de reciclagem, será necessário conhecer os aspectos mais relevantes.

Assim, temos como resíduos principais:
- nas indústrias: sobras de metais, de óleos, pneus, cavacos de madeira e outros materiais específicos a cada processo;
- nas lojas: sobras de embalagens de papelão, de madeira, papel;
- nos supermercados e armazéns: sobras de embalagens de papelão, papéis, restos resultantes de perdas de alimentos;
- nos restaurantes: restos de alimentos e de embalagens em papelão, vidro, plástico e metal;
- nas residências: restos de alimentos, jornais e papéis diversos, embalagens diversas.

As principais ações a tomar, antes de implantar um programa de reciclagem são:
- preparar um Plano de Reciclagem, analisando para cada segmento quais são os fluxos de materiais, quais são as quanti-

dades envolvidas, os pontos de coleta, os pontos de destino, verificando as rotas, quilometragem, tipo de trânsito a enfrentar etc.;
- determinar quais materiais recicláveis serão abrangidos pelo programa, qual o nível de segregação esperado;
- avaliar os possíveis interessados na compra do material aproveitado, pois sem um retorno econômico não se conseguirá a sustentabilidade do programa, a longo prazo;
- realizar um estudo de concepção e de viabilidade da instalação (pontos de coleta, de triagem e instalações industriais para processamento do material);
- dimensionar as instalações, determinando a capacidade de processamento. Estudar a viabilidade econômico-financeira do empreendimento. Analisar a capacidade existente na região e verificar a compatibilidade do volume coletado e de absorção do produto reprocessado. Verificar se é mais viável uma instalação regional, compartilhada por vários municípios;
- projetar as instalações;
- obter as licenças necessárias para a instalação, caso exigidas por lei (Licença Prévia e Licença de Construção);
- fazer divulgação do programa e promover a educação ambiental da população (campanhas promocionais);
- adquirir veículos, contratar pessoal operacional e montar o local de processamento;
- obter a Licença de Operação;
- planejar e implementar o programa de coleta seletiva em parte da comunidade (1ª fase);
- operar a instalação e comercializar o material;
- analisar os resultados do programa, nesta sua 1ª fase e, eventualmente selecionar uma 2ª área da comunidade para expansão do programa de coleta seletiva;
- fazer uma análise completa da rentabilidade do empreendimento.

Custos da reciclagem:
- custos de coleta;
- custos de processamento: armazenagem, transporte e separação;
- custos de reprocessamento do material (vidro, papel, compostagem etc.).

Quanto maior o grau de separação na fonte, maior o custo de coleta, porém menor será o custo de processamento, e vice-versa. Por isso, é necessário que esses dois custos sejam vistos em conjunto.

Custos de coleta:
- de capital (terrenos, construções, veículos, *containers*);
- despesas de pessoal, transporte, vendas, combustíveis, manutenção, seguros.

É oportuno lembrar que algumas cidades pequenas podem gerar quantidade insuficiente de material reciclável para abastecer uma recicladora com quantidades economicamente viáveis. Duas situações se apresentam: se for construída uma fábrica para processamento, ela terá que se abastecer em cidades vizinhas. Não sendo viável a construção dessa fábrica, o material coletado deverá ser transportado para uma cidade vizinha onde exista a instalação. Nos dois casos, os custos de transporte deverão ser verificados com muito cuidado. Assim, uma sugestão seria no sentido de que várias cidades pequenas próximas se unissem para prever um centro de processamento unificado, viabilizando economicamente o sistema.

Para montar um bom programa de reciclagem, é necessário verificar com as empresas da região quais são os produtos que elas fabricam usando materiais recicláveis (verificar se há mercado), se elas próprias processam o material e qual a quantidade prevista para consumo durante um certo período de tempo. Normalmente a matéria-prima vinda da própria empresa é mais homogênea e menos contaminada.

É interessante estimular a existência de um mercado para os reciclados e o uso de materiais reciclados como matérias-primas e estimular metas de uso de certa percentagem. Identificar quantos % do material reciclado empregado tiveram origem na própria empresa, ou são provenientes de reciclagem após o uso pelo consumidor final (pós-consumo).

Nas empresas, procurar utilizar matérias-primas que sejam mais facilmente recicláveis (função da equipe de engenharia ao conceber o processo). Além disso, é recomendável que seja uma política da empresa comprar produtos reciclados das empresas que receberam seus próprios resíduos.

As empresas devem procurar estimular o consumidor a buscar a reciclagem de seus produtos (ou embalagens de produtos) após o seu uso. Para isso, devem incorporar algumas mensagens nos rótulos, informando qual material é reciclado e como o consumidor deve proceder.

Uma das maiores vantagens da reciclagem é proporcionar economia de energia. Lembramos que, para se produzir energia, inevitavelmente são gerados impactos ambientais, alguns significativos, principalmente quando são usados combustíveis fósseis, liberando carbono para a atmosfera.

Como linha geral de atuação, deve-se:
- usar processos limpos e tecnologias limpas (BATNEEC – *best available technology not exceeding excessive costs* – melhor tecnologia disponível sem exceder a custos excessivos);
- usar *housekeeping* (5S) para ajudar nos procedimentos de redução de resíduos e seu gerenciamento mais eficiente;
- produção de menor quantidade de resíduos no processo produtivo;
- menor uso de matérias-primas (uso mais eficiente), armazenamento e manuseio adequados dos produtos e maior uso de materiais reciclados;
- empregar uma menor diversidade de matérias-primas e preferir matérias-primas mais homogêneas;

- verificar se as matérias-primas não contêm produtos perigosos ou produtos químicos tóxicos;
- procurar realizar a manutenção de equipamentos com a melhor técnica, com a finalidade de evitar acidentes com repercussões ambientais;
- procurar estimular os governos a comprar, para atender às suas necessidades, suprimentos, materiais e equipamentos fabricados com material reciclado (por exemplo, uma certa percentagem de papel reciclado), se o preço não exceder a, digamos, 110% do preço desse material fabricado com o não reciclado;
- criar taxas para descarte em aterros para veículos, aparelhos domésticos (fogões, geladeiras) e pneus;
- ao projetar embalagens, verificar com cuidado quais são as tintas usadas e se elas não contêm componentes tóxicos, que poderiam inviabilizar os processos de reciclagem. Procurar utilizar recicláveis e biodegradáveis;
- estimular a atuação da empresa sobre seus fornecedores, avaliando o seu desempenho ambiental (e sobre suas subsidiárias). Avaliação da cadeia de fornecedores com relação ao cumprimento da legislação ambiental e minimização de resíduos. Caso conste da Política Ambiental da empresa, esta pode impor restrições a fornecedores que não demonstrem responsabilidade ambiental.

Reciclagem de alguns materiais

A seguir, apresentaremos algumas considerações sobre reciclagem de alguns produtos, não citados usualmente em textos sobre reciclagem, que contém mais informações sobre papel, alumínio e outros produtos.

a) Óleos lubrificantes

O descarte indevido de óleos, em geral, é um dos grandes problemas ambientais, pois quando esse óleo atinge as águas (de superfície, ou em casos ainda piores, do lençol freático e aquíferos, que são águas quase paradas e com baixa possibilidade de autodepuração por bactérias), grandes volumes ficam contaminados e não potáveis (consta que 1 litro de óleo contamina 1 milhão de litros de água). Nesta reciclagem, a finalidade é reprocessar e retornar o óleo para reutilização, em sua aplicação original. Em processos de destilação, visa-se coletar as frações de componentes básicos, aplicando aditivos, para reúso.

Quando o óleo é coletado, cerca de 65% de sua composição é ainda óleo que pode ser reconvertido em óleo básico, que é a parte reaproveitada. Cerca de 10% é água e, 13% é combustível não queimado, arrastado pelo óleo.

O processo de reciclagem consiste na desidratação, filtração, colocação de aditivos e ajuste de viscosidade. A desidratação é feita em uma centrífuga, sendo retirada a água. As partículas em suspensão são removidas na filtração. Se for necessário um ajuste de viscosidade e poder calorífico, isto é conseguido com a mistura de óleo novo e aditivos. É necessário verificar com cuidado (testes) se os metais pesados e PCBs estão dentro dos limites legais. Normalmente, o óleo recuperado tem baixo conteúdo de enxofre.

A grande vantagem desta reciclagem, é que a molécula de óleo fica bastante estável, além de ser possível que o óleo seja reciclado várias vezes. O processo usa 60% da energia que seria usada para produzir óleo virgem.

Existe um controle rigoroso de consumo (vendas) de óleo novo e volumes estocados de óleo usado, vendido para recicladores.

O maior problema relacionado ao óleo usado são os metais pesados, que podem eventualmente passar para a atmosfera e a existência de compostos de cloro, remanescentes pós-combustão.

b) Chumbo de baterias

Assim como no caso de jornais, sempre houve coleta de metais como chumbo, alumínio e cobre para reciclagem. As maiores taxas de reciclagem de chumbo ocorrem com as baterias chumbo-ácido.

O chumbo é um material que apresenta muitas facilidades quanto à reciclagem por apresentar um ponto de fusão em temperatura relativamente baixa e boa maleabilidade. O consumo mundial de chumbo é da ordem de 4 a 4,5 milhões de toneladas por ano, 50% desse total sendo proveniente de reciclagem. As grandes vantagens desse processo consistem em preservar um produto natural esgotável (minério), economizar energia e evitar grandes volumes de descartes para aterros. Entretanto, há uma tendência de redução dessa reciclagem, por razões ambientais (o custo das instalações tende a crescer muito, havendo inclusive a necessidade de licenciamento). Os custos de tratamento de efluentes são, quase sempre, elevados.

Materiais, em geral, que contêm chumbo e outros metais, se destruídos por combustão em incineradores e fornos de cimento, podem liberar esses metais em forma gasosa para a atmosfera, requerendo-se cuidados especiais para evitar essa liberação. Ainda sobre o chumbo, há uma tendência mundial de proibição de seu uso como aditivo da gasolina, como antidetonante (no Brasil usa-se o etanol), porém cabe lembrar que continua a existir emissão de chumbo nos veículos, como resultado do desgaste de mancais.

c) **Plásticos**

Na realidade, quando se fala em plásticos, deve-se lembrar que se trata de dezenas de materiais diferentes, muitas vezes de difícil separação, com muito trabalho braçal.

A limpeza dos plásticos é muito importante (restos de alimento, rótulos e outros resíduos), pois as temperaturas de processamento não são tão altas quanto para o vidro e metais a ponto de queimar e separar os contaminantes. Um dos problemas em se conseguir a viabilidade econômica é que o plástico reciclado acaba custando mais caro do que o plástico virgem.

Também o custo de transporte acaba sendo elevado.

No caso de copinhos de plástico para café e água, esse custo é muito alto devido à grande relação volume/peso. Nas embalagens de shampoo em plástico, estão presentes diversos materiais: plásticos de várias cores, rótulos de papel com cola, polietileno no corpo, polipropileno na tampa, válvula de nylon e mola de metal. Para reciclar, é preciso separar os componentes à mão, cortar a válvula de nylon, a mola de metal e lavar para remover os restos de shampoo, antes de reciclar.

Provavelmente a melhor solução para plásticos sujos não seja a reciclagem e sim a incineração com geração de energia. É economicamente preferível incinerar potes de margarina e de iogurte, garrafas plásticas e outros plásticos para gerar energia, do que gastar energia, mão de obra e tempo para limpar e reciclar. Os plásticos têm grande conteúdo energético, da ordem de 40 MJ/kg, enquanto a energia requerida no processo de reciclagem demanda 15 MJ/kg.

A reciclagem é válida, por exemplo, para construir vassouras para varrer ruas, cordas, estofamentos para sofás, cobertores e outros produtos com garrafas PET, triturando, fundindo os flocos e depois fabricando-se os fios por extrusão, que poderá ser usado na composição de tecidos, sem nenhuma perda de qualidade ou modificação da aparência.

Um caso mais fácil ainda, por se tratar de material limpo, é o aproveitamento de sobras de plástico limpo (por exemplo, de indústrias de fraldas, de sacos plásticos, de fábrica de caixas longa vida e de indústrias de embalagens, nestes casos reaproveitando-se para outros fins ou reciclando para fabricar canetas, réguas e outros utensílios em plástico.

De uma forma geral, as melhores soluções consistem em:
- evitar o uso de plásticos, sempre que possível, substituindo por outros materiais (vidro para molhos de tomates, papel cartão etc.);
- procurar usar plástico reciclável, sempre que possível;
- usar incineração com recuperação de energia para aproveitar plásticos.

d) Pneus

Os pneus usados constituem-se em um grande problema ambiental pela quantidade envolvida, ocupando grandes volumes de aterros (embora grande parte nem mesmo acabe tendo o aterro como um destino final).

Uma solução é a reciclagem, prolongando-se a vida útil, fazendo-se a recapagem (ou recauchutagem) do pneu, solução não muito boa em vista da pior qualidade do produto resultante em relação ao original, em certos casos implicando em maior risco para o motorista, pelo descolamento das tiras. Depois de moído e transformado em grãos, com calor e agentes químicos consegue-se a despolimerização da borracha.

Um tipo de pneu tradicionalmente reciclado é o de aviões, chegando-se a fazer a recapagem por até seis vezes.

O grande problema da borracha reciclada é a sua perda de qualidade, apresentando propriedades mecânicas insatisfatórias, razão pela qual o produto é rejeitado pela indústria automobilística, por exemplo. Além disso, é requerida uma grande quantidade de energia e de produtos químicos, o que prejudica a viabilidade econômica do processo.

O mercado para os produtos da borracha reciclada é muito pequeno, em vista da quantidade de pneus usados existentes. Alguns usos são:
- aditivos para asfalto, através da adição de borracha em pó, conseguindo-se aumentar a vida média da via. O asfalto passa a ter maior elasticidade, melhor resistência a trincas e obtém-se uma redução do ruído;
- aplicação na construção de quadras esportivas, obtendo-se uma maior elasticidade;
- na indústria de tapetes para automóveis;
- como combustível, talvez a aplicação mais recomendada. Pneus usados liberam energia térmica igual a 32,5 MJ/kg, sendo interessante sua utilização em fornos de cimento, devidamente licenciados, substituindo parte do combustível

usual (óleo). Todos os materiais incorporados no pneu entram no cimento sem causar perda de qualidade.

Um dos problemas técnicos ainda não bem resolvido é a separação da parte metálica do pneu antes de triturá-lo para obter o pó que é adicionado ao asfalto, ou usado nas outras aplicações.

Algumas das soluções, que considerei interessantes para o uso de pneus, passam por aproveitá-los como defensas em cais ou embarcações (a defensa tem o propósito de amortecer os choques das embarcações com o cais, quando ela é empurrada pelas ondas, protegendo o costado da embarcação e também protegendo o cais dos impactos), uso como barreiras de contenção de encostas em estradas (evitando a erosão dos taludes), envolver troncos de árvores, protegendo-as de veículos (principalmente quando se trata de pneus de grande porte), ou mesmo na criação de recifes artificiais para permitir abrigo a organismos marinhos (algas etc.) e aumento de peixes em uma região despovoada.

e) Vidro

O vidro sempre se mostrou como um material bastante adequado para embalagens, sobretudo de alimentos, em vista da sua capacidade de preservação. Observamos que, atualmente, ocorre um retorno às embalagens de vidro em muitos produtos de supermercados, tais como massa de tomate, compotas, geleias, cerveja e outros.

O vidro, ao ser reciclado, recupera as propriedades do produto original, desde que haja certos cuidados. A vantagem de sua reciclagem é preservar recursos naturais e economizar energia. O processo consiste em moer os restos de vidro e realizar a sua fusão, fabricando-se uma nova peça.

Existem países que estão mais avançados nesta questão, com o consumidor separando na fonte os vidros dependendo de sua cor, transparente (incolor), verde e âmbar. Neste caso, o vidro resultante será de melhor qualidade.

5.7 – LIXO

Lixo, segundo o dicionário Aurélio é "aquilo que se varre da casa, do jardim, da rua e se joga fora", ou "entulho", ou "tudo o que não presta e se joga fora", ou "sujidade, sujeira", "coisa ou coisas inúteis, velhas, sem valor".

Registra-se em Atenas, aproximadamente em 500 AC a existência do primeiro depósito de lixo, a cerca de 2 km da cidade. Em Londres, em 1388, o Parlamento proibiu o descarte de lixo nos rios. Em Paris, em 1400, consta que o depósito de lixo fora da muralha estava atrapalhando a defesa da cidade.

Curiosamente, talvez a origem da ideia do inferno com fogo, tenha sido relacionada a uma disposição e incineração de lixo. Há um vale ao sul de Jerusalém onde, nos tempos de dominação pela Babilônia, crianças eram sacrificadas ao deus dos amonitas, Moloc. Posteriormente, nesse local era depositado o lixo da cidade e cadáveres de indigentes e criminosos, que acabavam sendo queimados nas piras dos antigos rituais. De Jerusalém, então, via-se ao longe a claridade das fogueiras daquele local tido como maldito, criando-se então a ideia de inferno, que acabou na Idade Média associado ao fogo. Nessa mesma época, havia relatos de viajantes vindos da Mesopotâmia (atual Iraque), onde vazamentos dos imensos depósitos de petróleo existentes geravam incêndios com anos de duração, com temperaturas altíssimas, associando-se isso também ao inferno.

Por volta de 1850, já havia uma maior noção do relacionamento entre doenças e medidas sanitárias, envolvendo o lixo. Em 1874 foi instalado um incinerador em Nottingham, Inglaterra e, alguns anos mais tarde, em Nova York.

Nos Estados Unidos, em 1970, a Lei do Ar Puro provocou o fechamento de muitos incineradores e à proibição de queima do lixo a céu aberto. No Brasil, até os anos 70, a regra geral em grandes cidades (no caso especial, o autor se lembra do Rio de Janeiro, onde residia) era que o lixo de cada prédio era queimado em incineradores no próprio prédio, havendo muito pouca coleta. E muita poluição na atmosfera da cidade.

Em 1979, a EPA proibiu a disposição de lixo a céu aberto. A opção enterrá-lo mostrou uma vantagem, que foi a produção de metano que, recuperado, passou a ser usado como fonte de energia. Porém, ao mesmo tempo, é preciso lembrar que se a preparação do local não for adequada, resultam sérios problemas com a lixiviação de chorume, que é o líquido resultante da decomposição, e que contamina aquíferos, inclusive com metais pesados.

Não se reconhece a queima de lixo e recuperação de energia, como forma de reciclagem. A queima de lixo, mesmo com recuperação de energia (por exemplo, obtendo-se vapor d'água em caldeiras que, acionando turbinas e geradores, geram eletricidade) não é bem vista, por se assumir que estaremos transferindo um problema, de resíduo sólido (poluição do solo) para um resíduo gasoso, emitido pelas chaminés (poluição do ar).

O lixo é mais volumoso em países ricos e mais visível em países pobres.

Aceitava-se o descarte nos oceanos até os anos 70. Hoje, são bem conhecidos os problemas ambientais decorrentes dessa ação, sendo essa prática proibida por convenções e tratados internacionais.

O nosso grande problema consiste em dar destino ao lixo, tanto doméstico quanto comercial e industrial. As piores soluções referem-se a enviá-lo para aterros e incineração. As melhores soluções envolvem a redução da geração de resíduos (motivando das pessoas), reciclagem e compostagem.

Antigamente, com a população mais reduzida e pouca oferta de bens de consumo, havia relativamente pouco lixo. Os próprios alimentos consumidos, quase sempre eram provenientes da produção local, preparados nas casas, com poucas embalagens. Para a sociedade moderna, com grande oferta de bens industrializados, a quantidade de materiais descartados aumentou exageradamente, constando basicamente de restos de alimentos, embalagens (plásticos, papelão, vidro, metais), veículos, eletrodomésticos, tecidos etc.

Ao mesmo tempo, existe uma melhor compreensão dos danos e consequências para o meio ambiente, resultantes dos descartes sem condições adequadas.

A produção de lixo no Brasil é estimada em cerca de 35 milhões de toneladas coletadas anualmente, média de 100.000 ton de lixo por dia.

A composição desse lixo varia muito, de região para região, em cidades maiores ou menores, mais ricas ou não, porém pode-se assumir uma composição média aproximada como sendo:

Matéria orgânica: 65%
Papel e papelão: 25%
Metais: 4%
Plásticos: 3%
Vidros: 3%

Ou seja, cerca de 2/3 do lixo corresponde a matéria orgânica.

Infelizmente, ainda existem muitos catadores de lixo em lixões, situação em que se realiza a coleta dos materiais com custo de oportunidade zero. Oportunidade zero, verificando o conceito em economia, significa quanto eles ganhariam se dedicassem o tempo a outra atividade. Neste caso, assume-se que eles não conseguiriam realizar outra atividade no mercado de trabalho, para continuarem vivos.

O oposto a este caso seria a situação de uma pessoa rica, com um ótimo emprego, cujo tempo (homem-hora) custa muito caro. Essa pessoa, ao gastar o seu tempo para levar o material aos *containers* de coleta seletiva não está esperando um retorno financeiro. Seu custo de oportunidade seria muito alto, portanto, os ganhos considerados são intangíveis.

Por exemplo, suponhamos o custo horário de profissional de nível superior, no valor de R$ 60,00 que resolve levar 4 garrafas vazias de vinho para o *container* de coleta. Suponhamos que ele vá gastar 10 minutos de seu tempo para isso, ou seja, custariam R$ 10,00. O custo do material (vidro), ou mesmo das 4 garrafas recicladas nunca chegaria a R$ 10,00, ou seja, tratou-se de uma atitude altruísta, não remunerada.

Para trabalhar em coleta e triagem, precisaremos de trabalhadores cujo custo de oportunidade do tempo seja muito baixo, ou seja, ganham pouco porque não teriam nenhuma outra oportunidade de emprego. Essa é a razão principal pela qual, aqui no Brasil, os índices de coleta e reciclagem de latas de alumínio para cervejas e refrigerantes são tão elevados.

Os seguintes procedimentos podem ser usados para se conseguir reduzir o lixo:
- conscientizar a população para reduzir o uso de materiais não recicláveis;
- substituir materiais descartáveis por materiais mais duráveis ou reutilizáveis;
- reduzir embalagens;
- minimizar a geração do lixo de jardins (é uma quantidade normalmente muito grande);
- por parte de governos, implementar medidas não muito simpáticas à população, de implementar taxas para a cobrança de lixo (por volume ou por peso);
- aumentar a eficiência no uso de materiais (papel, vidro, plástico, metais);
- criar mercados locais ou regionais para os principais produtos do lixo: papel, vidro, metal.

Segundo o IPEA, em 2012, a composição média gravimétrica dos resíduos sólidos coletados no Brasil era: (IPEA, 2012)
- Papel, papelão e embalagens longa vida: 13,1%
- Plásticos: 13,5%
- Vidro: 2,4%
- Aço: 2,3%
- Alumínio: 0,7%
- Outros: 16,7% (baterias, pilhas, borracha, madeira, livros etc.)
- Matéria orgânica: 51,4%.

Observa-se que, à medida em que um país se desenvolve, há um crescimento do volume de lixo. Por exemplo, nos Estados Unidos, o lixo cresceu de 82 milhões de toneladas em 1960 para 155 milhões de toneladas em 1990 (quase 100%), um aumento de cerca de 2% ao ano.

Para realizar um gerenciamento eficiente, é preciso obter dados, ou seja, realizar a caracterização do lixo, qual a sua qualidade e a quantidade. O propósito desse conhecimento é analisar a viabilidade para reutilização, reciclagem, avaliação de possibilidades de incineração e disposição em aterros. Tendo-se uma boa ideia da composição, também poderemos avaliar o seu impacto ambiental, em cada uma das formas de destino escolhidas. Ao realizarmos a incineração, gera-se muita cinza, quase três vezes mais do que a queima de carvão (que gera muito mais energia). É preciso muito cuidado no manuseio dessas cinzas, que podem conter elementos carcinogênicos.

Para adotarmos processos de queima aproveitando-se a energia, é necessário conhecer o valor dos materiais do lixo como combustível (poder calorífico) e, ao mesmo tempo, quais são os gases e produtos químicos formados durante o processo de combustão.

Em uma análise puramente econômica, é sempre escolhida a opção de menor custo. Neste caso, no entanto, em vista das repercussões sobre a Sociedade, é necessário levar em conta outras variáveis: políticas, opinião pública etc.

O chamado Gerenciamento do Lixo (*waste management*) é um gerenciamento de bens de valor negativo, ou seja, deve-se pagar para alguém levar aquele bem. O gerenciamento do lixo adiciona valor ao lixo com o objetivo de reduzir o seu valor negativo. A eficiência do processo de dar destino ao lixo é de 100% quando o valor negativo do lixo for reduzido a zero, situação em que ele não representa mais nenhuma responsabilidade ao gerador.

Com relação à coleta de lixo e posterior processamento visando à reciclagem, existem diversas possibilidades:
- nenhuma separação pelo gerador do lixo. Separação é feita por estações de triagem e processamento;
- coleta seletiva: coleta de um único tipo de lixo por vez (separação por dias da semana);

- coleta seletiva, apanhando-se vários itens de uma única vez, separados em compartimentos do caminhão;
- entrega dos materiais separados pelo gerador, na medida do processamento;
- coleta seletiva, com o gerador entregando o lixo separado em locais de coleta (caçambas separadas por categoria).

A coleta seletiva apresenta custo mais elevado, da ordem de 8 vezes maior que a coleta convencional, por exigir material especial (gaiolas), maior cuidado do pessoal e mais viagens. Por outro lado, ganha-se na qualidade do material (maior aproveitamento) e no seu processamento.

Uma sugestão é realizar o processo de forma inicialmente simples, aumentando-se a complexidade e o refinamento, à medida que a população mostre maior conscientização e participação.

Desta forma, a população seria motivada a separar seu lixo em apenas duas categorias: material orgânico e demais tipos a reciclar (papel limpo, vidro, plásticos e metais). O lixo comum, composto de matéria orgânica, seria removido todos os dias e o segundo grupo em uma coleta semanal. A separação do material a reciclar seria feita em centros de triagem.

Com o tempo, e dependendo dos volumes gerados, haveria um estímulo para o gerador já separar em quatro categorias:
- restos de alimentos com restos de jardim, destinado à compostagem;
- papel limpo, papelão e papel cartão (para reciclagem);
- garrafas e latas (para reciclagem);
- todos os outros resíduos, destinados a um aterro sanitário.

Procura-se sempre reduzir a geração de lixo, reaproveitar e reciclar. Quando o material não puder ser reutilizado ou reciclado, sobraria a solução incineração ou disposição em aterro. Se quisermos desenvolver um trabalho mais profundo, a melhor abordagem seria procurar substituir esse material.

O processo de compostagem consiste, na realidade, de uma reciclagem da fração orgânica do lixo, cerca de 65% em peso, conforme havíamos comentado. Destinando-se grande parte do lixo à compostagem, reduziremos o volume de material enviado a aterros (que custam caro e têm um problema de saturação) ou, o que é pior, a lixões, que apresentam sérios problemas ambientais como a geração de gases, contaminação de aquíferos, proliferação de vetores de doenças (ratos, baratas etc.).

A maior dificuldade em realizar a compostagem é a presença no lixo de vários materiais contaminantes: organismos patogênicos, cacos de vidro, plásticos e restos de metais contendo metais pesados, sendo necessário reduzir esses problemas promovendo uma maior separação (triagem) na fonte.

O processo fica facilitado quando são processados restos de alimentos (relativamente limpos, como é o caso de cozinhas industriais, com restos de folhas) e restos de jardim e poda de árvores. Os locais para uso do composto (mercado consumidor) para a agricultura, não podem estar longe do local de produção, para não encarecer o transporte.

Já comentamos antes as vantagens do processo de compostagem, que é eminentemente biológico. Um dos problemas para se implementar o programa consiste na escolha do local para realizar o trabalho. Além de ser exigido o licenciamento e aprovação pelos órgãos ambientais, verificamos a ocorrência da chamada Síndrome de *NIMBY*, vinda das palavras em inglês "*Not in my back yard*" (Não em meu quintal). Ou seja, todos acham extremamente interessante a ideia de realizar compostagem (de certa forma isso se aplica a Centros de Triagem para a reciclagem), porém ninguém quer ter essas instalações próximas à sua casa, ao seu trabalho. Portanto, vencidas essas dificuldades, é necessário que o processo seja bem executado, com cuidados como, por exemplo, cobrir as leiras com uma camada de composto, para evitar que os odores incomodem a vizinhança.

A grande vantagem, além de evitar lixões, é obter um produto que aumenta a fertilidade dos solos, devolvendo-se nutrientes.

Tendências de medidas a serem tomadas no futuro:
- cobrança de taxas por m³ ou ton de lixo gerado;
- metas de redução per capita de lixo (com publicidade, taxas e outros incentivos);
- redução do peso, toxicidade e volume de materiais de embalagem;
- metas de reciclagem (por exemplo, 30% do lixo);
- proibição do uso de embalagens não biodegradáveis;
- oferta de sacos de papel em supermercados, dando-se ao consumidor uma informação sobre as diferenças do ponto de vista ambiental;
- obrigatoriedade de que os jornais usem uma parte de papel reciclado pós-consumo (da ordem de 40%);
- proibição de produtos (por ex. brinquedos) que possuam baterias de níquel-cádmio (recarregáveis ou não) que sejam não removíveis;
- proibição de disposição de certos materiais em aterros (por exemplo, pneus inteiros e baterias);
- obrigatoriedade de separação de certos materiais, do lixo normal (papel de jornal, vidro, garrafas plásticas, latas, baterias chumbo-ácido, pneus, óleo usado, restos de jardim, material de demolição e reformas);
- substituição de materiais, por exemplo, embalagens de plástico, por embalagens de vidro, do aço por alumínio;
- restrições a embalagens de poliestireno ou de papel impregnado com resina para alimentos, ficando proibidos aqueles que não sejam biodegradados em 1 ano;
- incremento na educação ambiental enfatizando a reciclagem;
- definição de locais para entrega de óleo lubrificante usado;
- proibição de embalagens de plástico;
- procurar reduzir embalagens, ou estimular o uso de embalagens retornáveis;
- proporcionar ajuda financeira para projetos de reciclagem;

- procurar desenvolver projetos que levem em conta a facilidade de desmontagem visando reciclagem ou reaproveitamento de partes;
- identificar oportunidades de reciclagem "*in house*" como parte do processo de produção;
- na agricultura (grande geradora de resíduos) adotar soluções como espalhar o material no terreno (protege a terra e permite a reciclagem de nutrientes).

5.8 – DISPOSIÇÃO DOS RESÍDUOS

5.8.1 – Identificação dos locais de manuseio, estocagem e disposição

Fixando ao ramo industrial, verificamos que, quase sempre, os resíduos gasosos produzidos (quando não se consegue melhorar o processo para evitá-los) precisam passar por lavadores de gases para remover contaminantes mais nocivos ao meio ambiente, precipitadores eletrostáticos, filtros ou outros equipamentos, antes de ser descartado na atmosfera através de chaminés, em condições aceitas pela legislação. Verificamos, então, que resultam desse processo materiais sólidos ou efluentes líquidos. Os líquidos, por sua vez, precisam ser tratados para que atinjam a composição química e condições de serem descartados para cursos d'água, resultando, também, desse processo, um certo volume de resíduos sólidos. Ou seja, quase todos os sistemas de tratamento irão gerar resíduos sólidos, em última instância, que serão acrescidos dos resíduos sólidos normais dos processos de produção (poeiras, borras, lamas, areias de fundição etc.).

É muito comum a empresa, por falta de uma solução melhor, manter uma grande quantidade de resíduos armazenados em tambores em sua propriedade (expostos ao tempo ou em galpões), o que não é uma boa solução, em vista dos riscos de acidentes, riscos de contaminação do pessoal e custos (controle, locais de armazenagem etc.), além de contar como um passivo ambiental, que terá que ser resolvido algum dia, com gastos que tendem a crescer com o tempo, já que se observa um aumento das restrições e controles sobre esse tipo de material. Assim, é recomendável remover esse material da empresa, transferindo-o para locais preparados para o seu recebimento (aterros industriais) ou incineração. Para os materiais, enquanto mantidos na empresa, deverá ser efetuada uma análise de riscos, bem como um monitoramento constante.

A pior solução, sem dúvida, é jogar fora esse material no terreno, pois além dos riscos acima citados (em grau ainda mais elevado, pois o material estará sem a proteção do tambor), certamente haverá a contaminação das águas do subsolo, quando o material sofrer lixiviação e atingir o aquífero, formando as chamadas "plumas" de contaminação. A forma e a extensão da pluma dependem do produto considerado (densidade e solubilidade do produto na água), da velocidade de escoamento do aquífero (da ordem de metros por ano, ou seja, água quase parada, bastante diferente das águas superficiais, cuja velocidade é de metros por minuto). Quando isso chega a ocorrer (contaminação de aquíferos), tem-se pela frente um extenso e caro trabalho de descontaminação que, se não realizado, expõe a empresa a problemas legais, riscos de multas e pesadas indenizações aos eventuais prejudicados pela água contaminada. A primeira providência a ser realizada na descontaminação é avaliar a extensão do problema, executando-se furos de exploração para delimitar a região afetada e análises de laboratório, para determinar o grau de contaminação da água do subsolo. A seguir, precisará ser feito um projeto e adquirir equipamentos para tratamento da água. Esta deverá ser bombeada e filtrada, sendo posteriormente restituída ao subsolo. Para muitas empresas, visando reduzir o seu passivo ambiental e riscos de ações na justiça no futuro (quando se avalia que as penalidades serão muito mais elevadas) um "programa de gestão específico" de descontaminação do aquífero sob a empresa, feito de forma lenta e gradual pode ser uma ideia interessante.

A disposição refere-se ao destino final dos resíduos, com sua colocação em locais adequados tais como aterros sanitários, bacias de sedimentação, depósitos de tambores em locais especiais como minas, poços etc., para conter os efeitos prejudiciais desses resíduos, monitorando esses locais, ou a sua incineração.

5.8.2 – Tratamento e disposição final dos resíduos

Antes da disposição ou colocação de cinzas em locais apropriados e monitorados, em alguns casos são recomendáveis outros tratamentos dos resíduos:
- Processamento físico, químico ou biológico do resíduo, para torná-lo menos perigoso ou inerte;
- Secagem e desidratação de resíduos, para reduzir o volume dos resíduos a ser destinados a aterros, e também os custos de transporte;
- Incineração, realizada em incinerador licenciado pelo órgão ambiental, com filtragem e tratamento dos gases gerados.

Cabe lembrar que existem técnicas especiais de construção de aterros sanitários, bem como procedimentos especiais para a sua operação e controle.

5.9 – A ENGENHARIA DO PRODUTO E O MEIO AMBIENTE

Serão apresentadas algumas recomendações, a seguir, referentes à integração de aspectos ambientais no projeto e desenvolvimento do produto, com base no Relatório Técnico ABNT ISO/TR 14062.

Com o crescimento da importância da questão ambiental, as empresas têm realizado melhorias ambientais em seus processos ambientais e em seus produtos, estimuladas por órgãos de controle ambiental e pela mídia, esta, por sua vez, refletindo a vontade e interesse do público, em geral, na busca de uma melhor qualidade de vida. Por vezes, essas melhorias são conseguidas à força de leis, regulamentos e fiscalização pelos órgãos ambientais (papel de comando e controle), porém em muitos outros casos elas decorrem de ações voluntárias, com os empresários antecipando-se à emissão das leis e procurando criar uma imagem favorável e melhor aceitação da sua atividade industrial e do próprio produto ou serviço pelas comunidades e consumidores.

Em praticamente todos os produtos que consumimos existe a participação de insumos vindos da natureza. É do mundo natural que a economia e as empresas irão buscar a maior parte de suas necessidades em termos de matérias-primas e energia, sendo também para o mundo natural que elas descartarão seus resíduos.

Os impactos ambientais da agricultura e da indústria, setores que são extremamente importantes para a economia, preocupam até hoje. Na agricultura e pecuária, os desmatamentos, a erosão dos solos e a perda de solo agrícola, o aumento de emissões de CO_2 e metano, a contaminação das águas com defensivos agrícolas e fertilizantes, o desperdício de água como resultado de processos inadequados de irrigação e a escassez da água, a destruição de matas ciliares, a perda de biodiversidade, todas são algumas consequências preocupantes dessas atividades econômicas.

Quanto à área industrial, são preocupantes o nível de emissão de poluentes para o ar atmosférico e para as águas, bem como os resíduos descartados ao solo, o uso de processos inadequados, o desperdício de recursos naturais, a produção e o uso de componentes perigosos, tóxicos, além do uso de energia, cuja geração costuma causar impactos ambientais elevados.

Segundo Michael Porter, existem somente dois fatores de vantagem competitiva de um determinado produto, que são o baixo custo e um diferencial inerente àquele determinado produto ou processo em relação aos seus concorrentes. Quando o mercado é amplo ou restrito, é preciso escolher um desses fatores para competir, mas é difícil conseguir ambos. Os aspectos "qualidade" e "atendimento aos clientes" são considerados básicos, essenciais, portanto, hoje nem contam mais como um diferencial. É necessário, então, buscar uma característica inovadora que o consumidor valorize muito na hora de comprar, pela inovação tecnológica contida, como, por exemplo, alguns produtos desenvolvidos pela Sony. Ou então, o desenvolvimento de produtos ou processos que apresentem um excelente desempenho ambiental, tais como automóveis híbridos, lâmpadas com consumo de eletricidade muito inferior à dos produtos concorrentes, alimentos orgânicos, aerogeradores eólicos de energia elétrica, plásticos "verdes" produzidos a partir de etanol, alimentos orgânicos, cosméticos feitos a partir de ativos da biodiversidade que proporcionem a manutenção de comunidades extrativistas sustentáveis (têm interesse e ajudam a manter a floresta), hotéis com ênfase em posturas ecológicas, ou processos específicos industriais "mais limpos" do que os anteriormente usados. Não são considerados mais como um "diferencial" os aspectos de qualidade e de atendimento ao cliente. É preciso procurar uma característica diferenciadora no produto ou processo, que o consumidor valorize na hora da compra, a ser bem explorada pelo marketing.

Os aspectos ambientais de um produto devem ser ponderados em conjunto com outros fatores, tais como o desempenho funcional pretendido para o produto, a saúde e a segurança, o custo, a aceitação de mercado, a qualidade e os requisitos legais e regulatórios.

Não se espera que o esforço em se conseguir uma melhoria ambiental seja levado a extremos, prejudicando outros fatores igualmente importantes, como a funcionalidade do produto, sua capacidade de atender aos propósitos principais que determinaram a sua construção, a sua usabilidade (ou seja, como as pessoas irão utilizar o produto para atender às suas necessidades), aspectos de saúde e segurança (evitando riscos de acidentes no uso e riscos na manipulação do produto), fatores que comprometam ou dificultem a sua aceitação pelos consumidores, a qualidade do produto e os requisitos legais. As intenções de melhoria de desempenho ambiental devem ser consideradas em conjunto com esses e outros fatores julgados relevantes. Por exemplo, no projeto de uma embalagem, deve-se minimizar o seu peso e espessura, proporcionando a redução do uso de matéria-prima na fonte, porém sem comprometer a sua qualidade e desempenho, ou seja, a sua capacidade de acondicionar e proteger o produto nela contido.

Não é adequado que a redução dos impactos seja feita somente em alguma etapa isolada do processo produtivo, e sim que ela seja estudada e implementada analisando o ciclo de vida do produto.

Por exemplo, ao se considerar o ciclo de vida de um veículo, não é suficiente se pensar somente na otimização do uso de matérias-primas e na redução dos impactos ambientais na fase de construção. Provavelmente, o impacto mais significativo estará relacionado à futura utilização do veículo, com a queima de combustíveis fósseis e os impactos ambientais relacionados à emissão de gases poluentes, sendo recomendável a busca de eficiência energética do motor logo nas fases iniciais do projeto.

Os seguintes benefícios serão obtidos quando se pratica a integração dos aspectos ambientais no projeto e desenvolvimento do produto:

- **redução de custos, pela otimização do uso de materiais e energia, processos mais eficientes, redução da disposição de resíduos.** Os custos serão reduzidos como resultado da otimização do uso de matérias-primas, redução de desperdícios, aproveitamento de resíduos, aumento de produtividade, ausência de multas, passivos ambientais evitados, redução de gastos referentes a problemas de saúde de funcionários e usuários. Lembra-se da notícia do Jornal "O Globo" (e de outros jornais importantes) de 13.7.2018, em que se relata que a gigante Johnson&Johnson foi condenada a pagar US$ 4,69 bilhões, por um tribunal de Missouri, a 22 mulheres e suas famílias, que alegam que um talco vendido pela empresa continha amianto e lhes causou câncer.
- **estímulo à inovação e à criatividade.** Constata-se que, atualmente, o mercado é ávido por produtos inovadores. A empresa que produz atendendo a essas expectativas, criando produtos e serviços inovadores, tem novas perspectivas e oportunidades de negócios, obtendo um maior reconhecimento

das suas marcas e melhor imagem junto aos consumidores e outras partes interessadas (*stakeholders*). Por exemplo, uma empresa como a Toyota, ao lançar um carro híbrido como o *Prius*, com motor a gasolina e motor elétrico, ou a GM ao desenvolver o *Volt*, com motor elétrico abastecido com eletricidade vinda de uma célula a hidrogênio, estão buscando conquistar consumidores incomodados com as emissões atmosféricas dos veículos. Também é valorizado o desenvolvimento de produtos ou processos que apresentem um melhor desempenho ambiental, tais como lâmpadas com consumo de eletricidade muito inferior aos concorrentes, alimentos orgânicos, aerogeradores eólicos de energia elétrica, plásticos "verdes" produzidos a partir do etanol, alimentos orgânicos, cosméticos feitos a partir de ativos da biodiversidade que proporcionem a manutenção de comunidades extrativistas sustentáveis (têm interesse e ajudam a manter a floresta), hotéis com ênfase em posturas ecológicas, ou processos específicos industriais "mais limpos" do que os anteriormente usados.

Como um exemplo de um produto inovador, recente, podemos comentar o lançamento de um caminhão equipado com um motor elétrico, desenvolvido pela MAN e WEG para entregas urbanas, mostrado na Figura 5.6. Ele visa reduzir emissões de gases poluentes e ruído nos grandes centros urbanos, sendo previsto para rodar em trajetos relativamente curtos, transportando mercadorias de grandes armazéns logísticos instalados nas periferias dessas cidades até os distribuidores (supermercados, lojas etc.). A recarga das baterias elétricas será feita ao mesmo tempo em que carrega os caminhões com os produtos a serem distribuídos.

Figura 5.6 – Caminhão elétrico da MAN para entregas urbanas

Fonte: Anúncio da Volkswagen Caminhões.

Dados:
Desenvolvimento no Brasil pela MAN + WEG + Eletra
Capacidade de carga: 11 t
Motor de 80 kW (109 CV)
Frenagem transformada em energia.
Em testes a partir de 2021, previsão de entregas em 2024.

- **identificação de novos produtos, por exemplo, a partir de materiais descartados.** Com o interesse em reduzir o desperdício de matérias-primas, de energia (utilizada para fabricar os produtos) e também de reduzir a quantidade de lixo (reduzindo os problemas de descarte inadequado e de saturação dos aterros sanitários e industriais), há um interesse em se procurar reaproveitar materiais descartados transformando-os em outros produtos ou matéria-prima com utilidade para o consumo.

- **incremento da fidelidade do cliente.** Atualmente, existindo uma discussão constante das questões ambientais na mídia e com um maior esclarecimento dos consumidores sobre os problemas ambientais crescentes, que comprometem a qualidade de vida, observa-se um maior interesse das pessoas no chamado "consumo consciente". A empresa que levar em conta essas demandas conseguirá uma maior fidelização desses clientes, garantindo a sua sustentabilidade econômica.
- **atração de financiamentos e investimentos, particularmente de investidores ambientais conscientes.** Algumas bolsas de valores criaram índices socioambientais específicos para medir o desempenho de empresas ambientalmente corretas, proporcionando maior confiança ao acionista, inclusive no tocante à redução de riscos. Por exemplo, foi criado na Bolsa de Valores de Nova York um índice exclusivo para companhias ecologicamente corretas, o *Dow Jones Sustainability Index* (DJSI). Nos últimos anos, as ações desse grupo têm se valorizado mais do que as empresas cotadas no *Dow Jones Index*. No Brasil, têm sido criados fundos de investimento, em que fazem parte somente empresas que tenham sido aprovadas em critérios socioambientais, incorporando aspectos sociais, ambientais e de governança corporativa na sua estratégia de negócio. Um dos exemplos é o *Fundo Ethical*, administrado pelo Banco Santander.
- **incremento do conhecimento sobre o produto.** Ao se buscar a melhoria incremental em um produto existente há a necessidade de se estudar em maior profundidade suas características físicas, químicas e, eventualmente biológicas, os riscos em sua utilização, as qualidades e deficiências. Isso também ocorre com novos desenvolvimentos. Dessa forma, a integração das variáveis ambientais nesse processo aumenta o conhecimento da equipe de desenvolvimento de produtos, proporcionando oportunidades de melhoria.

- **redução de infrações legais por meio da redução de impactos ambientais.** Ocasionalmente, os impactos ambientais gerados por um produto, ao ser construído ou ser utilizado, violam algum requisito da legislação por implicarem em dados à saúde ou ao meio ambiente. Dessa forma, o desenvolvimento de produtos melhores nesse aspecto irá reduzir essas possibilidades.
- **redução de riscos.** Os riscos podem estar presentes nos produtos, usualmente sendo desconhecidos para os usuários de certos produtos. Isso ocorre quando são utilizados componentes perigosos, materiais tóxicos ou o produto não cumpre normas técnicas de segurança. Os impactos ambientais frequentemente também estão associados a riscos, com emissões para o meio ambiente durante o uso do produto ou seu descarte ao final da vida útil. Com a equipe de desenvolvimento atenta a estes aspectos, serão introduzidas modificações que reduzam ou eliminem os riscos.
- **melhoria das relações com as agências reguladoras.** Um importante papel das agências reguladoras é assegurar o cumprimento da legislação por parte dos concessionários de serviços públicos, zelando pelo interesse público. E, na maioria dos serviços concedidos verifica-se o uso de recursos naturais, com os impactos decorrentes. Por exemplo, um dos objetivos da Agência Nacional de Petróleo (ANP), em cumprimento ao Art. 1º inciso IV da Política Nacional de Energia é o de "proteger o meio ambiente e promover a conservação e energia". As empresas que, no desenvolvimento de seus produtos e serviços cumprem às determinações da legislação conseguem um maior apoio das agências reguladoras em suas atividades.
- **melhoria das comunicações internas e externas.** Cada vez mais, fica evidenciada a importância do atendimento das expectativas e necessidades das chamadas "partes interessadas", ou *stakeholders*, que são pessoas, instituições, órgãos governamentais e outros grupos de interesse, internos ou externos à

organização, que afetam ou são afetados por suas ações e que colocam entre seus interesses e prioridades o desempenho ambiental da empresa. A melhoria dos produtos e serviços incrementa a fluidez das comunicações e facilita o entendimento com esse público prioritário.

Com uma visão de longo prazo sobre o futuro da organização e sobre quais são as suas perspectivas, é interessante uma reflexão sobre as considerações estratégicas englobando questões organizacionais e questões relacionadas ao produto.

5.9.1 – Questões organizacionais

As **questões organizacionais** são elementos importantes a cuidar, como forma de conduzir a organização, posicionada em um estágio de menor eficácia para uma situação melhorada. Os processos, produtos e serviços precisam ser estudados e avaliados, de forma a serem identificadas possibilidades de mudanças positivas, de acordo com um planejamento cuidadoso de atividades e identificação de investimentos ambientais que proporcionem aumento de ganhos para a organização. Ao mesmo tempo, a organização busca obter continuamente sua legitimação e aceitação externa em relação às suas atividades, produtos e serviços, de forma a se tornar, cada vez mais, uma organização sustentável do ponto de vista econômico e ambiental. Nesse processo, as seguintes ações devem ser realizadas:

- **conhecimento e avaliação das atividades da concorrência.** É interessante que a empresa realize um *benchmark* competitivo, consistindo em uma análise sumária de planejamento estratégico dos seus concorrentes principais, principalmente no tocante aos seus produtos e serviços. Essa análise, por vezes denominada **SWOT** (dos termos em inglês: *Strong*, *Weak*, *Opportunities* e *Threats*), conforme apresentado no Capítulo 4, visa identificar e analisar as potencialidades (pontos fortes), fragilidades (pontos fracos) oportunidades e ameaças dos concorrentes à sua organização. É interessante também iden-

tificar as ações futuras prováveis dos concorrentes, de forma a que a sua empresa possa, eventualmente, antecipar-se em algumas ações defensivas.
- **requisitos, exigências e necessidades dos clientes**. Entre as ações defensivas, é possível tentar antecipar-se na identificação das necessidades dos clientes, para poder atendê-las satisfatoriamente, em questões como a qualidade, as inovações em relação a aspectos ambientais e outras funcionalidades, o preço, condições de entrega, garantias etc. Atualmente, com a evolução recente na conscientização ambiental dos consumidores, o desempenho ambiental da empresa e de seus produtos situa-se entre os requisitos prioritários a atender.
- **atividades dos fornecedores**. É interessante conhecer bem as atividades de seus fornecedores, construir e manter relações de confiança com eles, em um trabalho de integração em que todos ganhem. O fornecedor deve ser encarado como um "parceiro" de sua empresa, fornecendo a ela os insumos de que ela necessita, com a qualidade especificada (bem definida, negociada e mantida), um preço justo (em que todos ganhem) e o estrito cumprimento dos prazos acordados. Essa postura de integração tende a reduzir a base de fornecedores, porém, ao mesmo tempo, é importante avaliar os riscos de desabastecimento por algum problema grave ocorrido no fornecedor (eventualmente único), como a ocorrência de um incêndio de grandes proporções. Assim, pode ser desejável possuir também fornecedores menores, como um *backup* para cobrir parte das necessidades e atender em situações de crise.
- **relacionamento com investidores, financiadores, seguradoras e outras partes interessadas**. A empresa precisa de recursos financeiros para permitir o desenvolvimento de novos projetos, eventualmente não disponíveis como capital próprio. Dessa forma, ela recorre a fontes financiadoras e investidores que irão colocar seu dinheiro desde que verifiquem a solidez, a rentabilidade esperada e a capacidade de

pagamento do tomador dos recursos. Outro aspecto importante a ser avaliado refere-se aos riscos, entre eles os riscos ambientais, pois o investidor pode ser encarado como tendo uma responsabilidade solidária no caso de acidentes ou problemas ambientais. A responsabilidade ambiental é "objetiva" (responsabilidade mesmo sem culpa), obrigado o autor ou participantes na reparação integral dos danos. Dessa forma, cabe à empresa demonstrar aos investidores e financiadores que os riscos são aceitáveis e que as melhores técnicas são aplicadas para controlá-los, no desenvolvimento de novos produtos e serviços. É também possível a contratação de apólices de seguros específicas para cobrir riscos ambientais. Entre os tipos de seguros, pode-se citar: o seguro ambiental para riscos ambientais (*environmental impairment liability*), o seguro ambiental para empreiteiras (*contractors pollution liability*), o seguro de riscos profissionais – erros ou omissões (*professional environmental consultants liability – errors and omissions*), entre outros.

- **aspectos e impactos ambientais da organização**. Os aspectos e impactos ambientais da organização devem ser identificados, como parte das atividades do seu sistema de gestão ambiental. Provavelmente, a maioria destes elementos estará relacionada aos processos produtivos, porém outros serão referentes aos produtos e serviços. Deverão ser criados objetivos ambientais para gerenciar esses impactos, eliminando-os ou reduzindo-os.

- **atividades de agências reguladoras e legisladores**. Já foi discutido, anteriormente, a necessidade de melhoria na relação com as agências reguladoras. Suas atividades, ações e recomendações deverão ser acompanhadas pela empresa, bem como o processo de construção das leis pelos legisladores, de modo a evitar o seu descumprimento ou necessidade de grandes obras de adaptação no momento em que as leis e determinações entrarem em vigor. É sempre interessante antecipar-se

a essas necessidades, realizando-as com mais tempo de reação e melhor planejamento, evitando custos excessivos.
- **atividades das associações industriais e comerciais.** Essas associações visam defender os interesses das classes e seus afiliados, realizar pesquisas e estudos técnicos, proporcionar assessorias, promover eventos, cursos e capacitação, entre outras atividades. A empresa poderá se beneficiar dessas atividades, obtendo dados, entendendo melhor o cenário econômico do setor e preparando seus profissionais para atender às necessidades do mercado quanto a novos produtos e serviços com melhor desempenho ambiental em relação àqueles existentes.

5.9.2 – Questões relacionadas ao produto

Existem **questões relacionadas ao produto**, que precisam ser avaliadas, quando existe o interesse de incorporar as questões ambientais no processo:

- **integrações prévias.** A integração prévia consiste em contemplar previamente os aspectos ambientais no projeto de produto e processo de desenvolvimento. Os produtos, para serem fabricados utilizarão recursos naturais, qual seria o grau de utilização, os riscos de esgotamento desses recursos? E os resíduos gerados, podem ser minimizados ou reaproveitados? Qual o destino dos rejeitos? E quanto aos efluentes líquidos e gasosos, como seria seu tratamento antes da liberação ao meio ambiente, qual o seu grau de periculosidade? Ou durante a vida de um produto, quais serão os impactos causados, é possível reduzi-los? A resposta a essas questões logo no início do desenvolvimento de um produto, mesmo não sendo completa e precisa, pode influenciar nas escolhas e decisões de projeto.
- **ciclo de vida do produto.** Neste capítulo já comentamos, anteriormente, o conceito de ciclo de vida e a sua grande uti-

lidade como suporte a decisões, em vista de quantificar a importância de alguns impactos ambientais e identificar claramente pontos importantes do processo a serem melhorados.

- **funcionalidade**, por exemplo, como um produto se ajusta adequadamente aos propósitos para os quais ele se destina em termos de usabilidade, vida útil, aparência, entre outros.
- **conceito de critérios múltiplos.** As decisões não podem ser baseadas em um único aspecto, devendo ser considerados todos os impactos e aspectos ambientais relevantes, além de outros parâmetros como custos, lucro para a empresa, facilidades de uso do produto, riscos no uso (considerar o princípio da precaução), redução de consumo de energia, entre outros. Para a realização de um bom trabalho, pode-se usar um método denominado "Avaliação por Múltiplos Critérios" (*Multiple Criteria Evaluation*) ou AHP (*Analytic Hierarchy Process*), onde diversas informações são analisadas ao mesmo tempo, com a atribuição de pesos que definam a importância relativa das variáveis consideradas. Na aplicação desses métodos, são construídas matrizes para avaliação dos projetos, ponderando-se critérios conflitantes (*trade-offs* ou balanços), onde a melhora de um aspecto implica na piora de outro. Os métodos servem para, por meio de uma matriz de decisão, obter a melhor média ponderada, associando as notas atribuídas a cada parâmetro com o peso de sua importância relativa.
- **trocas compensatórias, por exemplo, na busca de melhores soluções.** Em qualquer processo de desenvolvimento de um produto ou serviço, existe a necessidade de tomar decisões em que, como comentado no item acima, ocorrerão conflitos sobre a melhor escolha e a necessidade de um balanceamento desses aspectos (*trade-offs*), procurando obter o máximo das vantagens positivas na análise dos aspectos em conjunto. Por exemplo, será interessante a realização de análises de custo/benefício em relação a aspectos ambientais, sociais e econômicos.

- **comunicação.** A comunicação dos benefícios ambientais introduzidos em um produto ou serviço, bem como a divulgação da ausência de problemas ambientais que foram evitados com modificações nesses produtos, serviços ou processos de produção é denominada de *marketing verde* e os produtos são chamados de "*eco-friendly*", naturais ou sustentáveis. A norma ISO 14063 define "comunicação ambiental" como sendo o processo de compartilhar informação sobre temas ambientais entre organizações e suas partes interessadas, visando construir confiança, credibilidade e parcerias para conscientizar os envolvidos e para utilizar as informações no processo decisório. Ela pode servir de base à definição das ações de comunicação ambiental.

A comunicação externa, dirigida aos potenciais consumidores e outras partes interessadas pode ser uma oportunidade para incrementar valor e divulgar os benefícios da integração dos aspectos ambientais no projeto e desenvolvimento dos produtos e serviços. Nesse tipo de comunicação, é interessante incluir informações sobre as características do produto (desempenho, aspectos ambientais considerados etc.), o uso adequado dos produtos de forma a evitar riscos e poluição, consumo exagerado de insumos naturais e combustíveis, e manejo no fim de vida dos produtos, dando ao produto a melhor destinação possível (reciclagem, recuperação de materiais e energia, incineração, aterro sanitário etc.).

Em nível interno da organização devem ser estabelecidos mecanismos que obtenham retorno dos empregados quanto às questões do projeto e do desenvolvimento do produto, suas propostas de melhoria, prevendo-se processos que permitam essas ações de forma eficiente (caixas de sugestões, sistema de premiação para as melhores propostas etc.

O processo de integração dos aspectos ambientais no projeto e desenvolvimento do produto pode ser iniciado tanto pela alta administração (de cima para baixo) como pelos *designers* e os desenvolvedores do produto (de baixo para cima).

Ações da alta administração são necessárias para permitir a efetiva implementação dos procedimentos e programas. Isto inclui a alocação de recursos financeiros e humanos suficientes, bem como tempo para as atividades envolvidas na integração dos aspectos ambientais no projeto e no desenvolvimento do produto.

Os principais participantes do processo de integração das questões ambientais são os *designers* e desenvolvedores de produto, especialistas em marketing, produção, meio ambiente, compradores, prestadores de serviços, assim como clientes ou seus representantes.

Os compromissos da alta administração devem ser formalizados por:

- **melhoria ambiental contínua dos produtos.** A alta administração precisa demonstrar, de forma clara a todos os colaboradores da empresa e a outras partes interessadas, seu interesse em aumentar os esforços em melhorar continuamente seus produtos, do ponto de vista ambiental.
- **gerenciamento da cadeia de suprimentos.** Essa gestão implica em organizar e administrar um relacionamento entre diferentes empresas envolvidas no fornecimento de insumos de produção, transportes, distribuição, financiamentos e a sua empresa, de modo a gerenciar os fluxos de bens, serviços e os custos envolvidos em cada participante e permitir uma produção otimizada, para fornecer ao cliente final as melhores condições quanto ao produto ou serviço, otimizando a qualidade, as condições de entrega e os custos.
- **evidências da participação ativa dos empregados comprometidos com o projeto e desenvolvimento do produto.** Essa participação pode ser demonstrada pela quantidade de modificações de melhoria foram introduzidas nos produtos da empresa no último ano, por exemplo, ou pela quantidade de propostas sugeridas pelos empregados.
- **estímulo à criação de novas ideias e inovações.** Esse estímulo pode ser obtido por meio de um trabalho de conscientização dos empregados sobre o tema e também por um pro-

cesso de premiações (eventualmente em dinheiro) por ideias propostas pelos empregados, aceitas pela empresa e implementadas no produto, processo de produção ou no serviço prestado.

Os **elementos da estrutura gerencial** podem incluir:
- definição da política e da visão ambiental;
- definição dos objetivos, visando:

a) garantir a conformidade legal;

b) reduzir os impactos ambientais adversos do produto;

c) alocação de recursos;

d) delegação de responsabilidades e tarefas;

e) definição, apoio e monitoramento de projetos de produto e programas de desenvolvimento;

f) definição e instituição de programas para revisão do projeto do produto e processo de desenvolvimento;

g) organização e/ou estruturação das funções ambientais e dos processos para o projeto e desenvolvimento do produto;

h) identificação das necessidades de recrutamento e treinamento necessários para a implementação dos programas;

i) definição das medições e indicadores de desempenho;

j) acompanhamento e reavaliação do desempenho ambiental.

A melhor forma de abordagem do problema, no sentido de conseguir as melhores soluções tecnológicas, com menores custos, consiste em prevenir os impactos ambientais adversos antes que eles aconteçam, ou seja, na busca de ações preventivas e não de ações corretivas. Esta é chamada de abordagem proativa, que permite que, de uma forma sistemática, sejam identificadas soluções em antecipação aos problemas, com benefícios que cubram todo o ciclo de vida do produto.

Os sistemas de gestão ambiental ISO 14001 preveem a identificação dos aspectos e impactos ambientais e sua priorização para a definição dos objetivos ambientais, que se transformarão em ações para eliminar ou mitigar (reduzir) esses impactos. O conjunto desse trabalho pode prover subsídios a respeito dos impactos que estão associados aos produtos e serviços.

O sucesso da integração dos aspectos ambientais no projeto e desenvolvimento do produto em uma organização é incrementado pelo envolvimento das disciplinas pertinentes e funções organizacionais, tais como projeto, engenharia, marketing, qualidade (ISO 9000), aquisições, prestação de serviços etc.

O **envolvimento entre os participantes** deve ocorrer desde os estágios iniciais do projeto e do processo de desenvolvimento, permanecendo assim em todas as etapas do processo, incluindo o lançamento comercial e a análise crítica do produto.

Existem **interfaces**, ou seja, elementos comuns entre os estágios e entre os participantes, que precisam ser identificadas e tratadas adequadamente por um ou mais participantes, no sentido de garantir a integração e a consistência das decisões.

5.9.3 – Procedimentos de projeto

A primeira coisa que precisa ser definida ao iniciar a concepção de um novo produto é a determinação dos requisitos necessários a serem atingidos com o produto (ou serviço), qual será o desempenho esperado, em vários aspectos. Estes podem ser requisitos técnicos, ambientais, econômicos, sociais, estéticos, entre outros.

Aplicando técnicas e procedimentos de projeto iremos desenvolver especificações de produtos, contendo uma descrição completa de como será o produto e das suas propriedades (propriedades físicas, químicas, organolépticas). Entre os requisitos, constam aqueles identificados como sendo necessidades dos clientes e de outras partes interessadas (governos, órgãos ambientais, acionistas). Será necessário que as especificações resultantes sejam confrontadas com todos os requisitos (que foram o ponto de partida), para verificar se eles estão sendo atendidos com aquela determinada especificação.

A figura 5.7, a seguir, representa essa descrição de atividades:

Requisitos → Procedimentos de projeto → Especificações de produtos e suas propriedades

- técnicos
- ambientais
- econômicos
- sociais
- estéticos
- ...

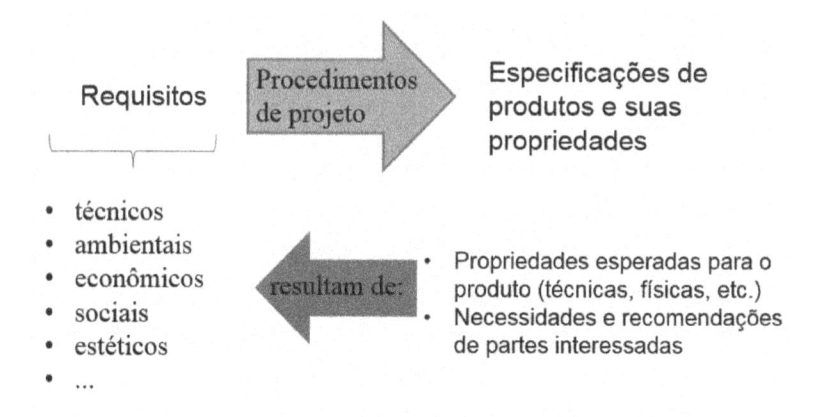

resultam de:
- Propriedades esperadas para o produto (técnicas, físicas, etc.)
- Necessidades e recomendações de partes interessadas

Figura 5.7 – Requisitos e especificações
Fonte: Elaborada pleo autor.

O mesmo processo pode ser utilizado para realizar uma melhoria evolutiva em um produto ou serviço existentes, que se pretenda melhorar, do ponto de vista ambiental. Avalia-se o que existe hoje, estuda-se bem o seu desempenho em todos os aspectos de interesse e são fixados requisitos, que precisarão ser atendidos para se alcançar um novo produto melhorado. A figura 5.8, a seguir, esquematiza esse processo.

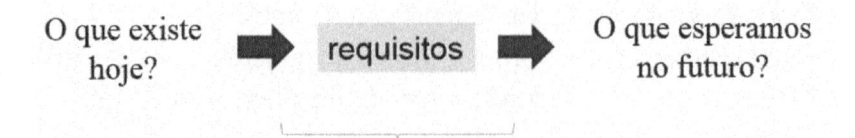

O que existe hoje? ➡ requisitos ➡ O que esperamos no futuro?

Figura 5.8 – Estabelecimento de requisitos
Fonte: Elaborada pelo autor.

Os requisitos se constituem em parâmetros de desempenho a serem atingidos. Eles são originários de normas técnicas, da experiência passada, das necessidades dos usuários daquele produto e podem ser obtidos na forma de recomendações baseadas em:
- análises de ciclo de vida;
- análises de custo do ciclo de vida;
- análise de Sustentabilidade no Ciclo de Vida (SLCA – *Sustainability Life Cycle Assessment* – auditoria de sustentabilidade do produto);
- requisitos de clientes e outras partes interessadas.

Os produtos evoluem ao longo do tempo, como resultado de requisitos, que também se modificam. A modificação de necessidades dos usuários dos produtos, seu interesse em aspectos como a qualidade (durabilidade), funcionalidade, aparência (estética), desempenho, características ambientais (consumo energético, emissões, existência de componentes perigosos), são parâmetros que irão servir de mola propulsora para a evolução dos produtos.

As seguintes tarefas-chave devem ser consideradas, realizadas por profissionais competentes no assunto:
- pesquisa e implementação de **soluções criativas** no projeto e desenvolvimento do produto (atividade executada por profissionais de planejamento de produto, de desenvolvimento e *designers*). Por exemplo, uma solução criativa foi desenvolver uma lanterna elétrica que não necessita de pilhas (que geram custos para os usuários, duram pouco e depois são descarta-

das, eventualmente contendo materiais tóxicos que poderão contaminar lençóes freáticos), A energia dessa lanterna é gerada com poucos movimentos de compressão com as mãos, recarregando uma pequena bateria.

- **documentação** dos aspectos e impactos ambientais, investimento e fornecimento de alternativas para tecnologias existentes e planejadas, por exemplo, aquisição e uso da matéria-prima, componentes/subconjuntos e materiais, bem como o gerenciamento de resíduos (atividade realizada por profissionais em meio ambiente), Aspectos ambientais são os relacionamentos (interações) das atividades, produtos e serviços com o meio ambiente, enquanto impactos ambientais são as modificações (alterações) causadas no meio ambiente como resultado dos aspectos ambientais. A documentação dos aspectos e impactos permite identificar as prioridades para a solução dos problemas, com a identificação dos impactos mais significativos, onde ocorra uma maior gravidade das consequências e maior frequência ou probabilidade de existência daquele determinado impacto, conforme amplamente discutido no Capítulo 4 deste livro.

- **comunicação** com fornecedores, varejistas, clientes, recicladores e receptores finais (atividade realizada por profissionais em meio ambiente). Em relação a todos estes componentes do chamado "público externo", será importante receber e entender as suas demandas e mantê-los a par das ações da organização no sentido da melhoria contínua do desempenho ambiental dos processos internos de produção e dos produtos e serviços da nossa empresa. As comunicações, especialmente as proativas (ou seja, aquelas feitas sem demanda, sem nenhum pedido pelas partes interessadas), colaboram para aumentar a confiança na empresa, permitindo que sejam explicitados e reconhecidos os seus esforços na melhoria de seus sistemas, procedimentos, produtos e serviços.

- coleta e **documentação dos dados** de materiais e componentes-subconjuntos e informação aos fornecedores sobre os

requisitos ambientais da organização (atividade dos gerentes de compra).
- investigação e disponibilização de informações sobre a **viabilidade técnica** de projetos, fabricação, materiais ou processos alternativos (atividades dos profissionais de engenharia e de marketing).
- checagem da **viabilidade técnica** do processo produtivo do fornecedor ou do final de vida do produto (engenheiros e técnicos de gestão). Essa checagem é necessária quando existir um interesse de nossa empresa em estimular uma postura ambiental adequada por parte de seus parceiros. Observa-se em muitas políticas ambientais de empresas a existência de declarações do tipo "daremos preferência a fornecedores que comprovem a existência de um sistema de gestão ambiental em funcionamento, com desempenho ambiental semelhante ao nosso". Também há o interesse em verificar as possibilidades técnicas de "agentes de final de vida" de produtos, que são os recicladores e aterros industriais, sobre as suas possibilidades tecnológicas.
- estabelecimento de uma diretriz para sistemas de medição ambiental baseada em produtos anteriores (atividades de profissionais de gestão). Para a realização dessa atividade sugere-se estabelecer os sistemas de medição ambiental com base em "indicadores de desempenho", utilizando como base aqueles indicados na Norma ISO 14031 – "Avaliação de desempenho ambiental".
- ampliação da **conscientização ambiental** (preocupações) por meio de treinamento e educação (profissionais em meio ambiente e de treinamento de pessoal). Em qualquer organização é fundamental haver a conscientização adequada quanto à importância da questão ambiental para o sucesso dos seus negócios e, às vezes, de sua sustentabilidade. Conscientização talvez não seja o termo mais adequado, dado que o fundamental é uma sensibilização sobre o tema, mas pode-

mos sublinhar a necessidade de se obter a *tomada de consciência* dos colaboradores em torno da questão ambiental, gerar conhecimento sobre o tema, para assegurar seu envolvimento e alinhamento com as metas estabelecidas pela Alta Direção da empresa.
- considerar e acompanhar a **evolução da legislação**, das regulamentações ambientais, das atividades da **concorrência** e das necessidades dos clientes, disponibilizando informações estratégicas relativas ao desenvolvimento do produto e atribuição de preço ao produto final (atividade dos gerentes de assuntos regulatórios, de marketing e de marca).

5.9.4 – Gestão da cadeia de suprimentos

Conforme já comentado, o gerenciamento da cadeia de suprimentos, associado à logística, visa otimizar o fluxo de matérias-primas, de outros insumos e componentes de um produto até a sua fabricação e, posteriormente, do produto final até os distribuidores, clientes finais e, eventualmente, até os agentes de fim de vida do produto, de modo a obter as melhores condições de operação e os menores custos. Recomenda-se analisar e procurar as melhores soluções para:
- as interações com fornecedores, empresas de transporte, clientes, varejistas, gerenciadores de resíduos e agentes de fim de vida;
- estabelecer um sistema de comunicações efetivo, visando aumentar a cooperação, reduzir mal-entendidos e influenciar ações das organizações na cadeia de suprimentos.

As seguintes **tarefas** são previstas, quanto à gestão da cadeia de suprimentos (em inglês, *supply chain management*):
- aumentar as informações ambientais e a conscientização dos fornecedores e clientes;
- especificar e discutir os requisitos ambientais para cada uma das organizações que fazem parte da cadeia de suprimentos (por exemplo, o uso dos padrões de fornecedores ou de sistemas de medição ambiental);

- avaliar o desempenho ambiental dos fornecedores;
- reprojetar os produtos, com base nas preferências ambientais dos consumidores;
- estabelecer programas de reutilização e reciclagem de embalagens, componentes, subconjuntos ou do produto como um todo;

Como um exemplo de produto cuja utilização está se colocando em um novo padrão de aceitação pelo mercado, observamos atualmente em muitos supermercados a disponibilidade de sacolas de compras feitas em papel resistente, que substituem sacolas plásticas e aproveitam para enviar ao consumidor uma mensagem de "manter" (não jogar fora), "reutilizar" e "reciclar" (descartar para reciclagem quando a sacola estiver inservível, devido a rasgos e desgastes.

5.9.5 – Ciclo de vida

A integração dos aspectos ambientais no processo de desenvolvimento de produtos e serviços deve, idealmente, levar em conta o Ciclo de Vida dos produtos, ou seja, ser realizada uma análise dos impactos ambientais "do berço ao túmulo", desde a obtenção da matéria-prima, passando por todas as fases do processo produtivo, o uso do produto pelo consumidor e seu descarte final. É considerada insatisfatória uma situação em que um produto tenha bom desempenho em uma das fases, transferindo para outras um ônus ambiental, eventualmente longe das vistas do consumidor. Essa é a razão da necessidade da análise de todo o ciclo de vida. Sugere-se, então, preparar um quadro que contenha as fases ou etapas ao longo da vida, e avaliá-las segundo vários aspectos.

Na grande maioria dos casos, ocorrem as seguintes etapas na vida de um produto:
- Obtenção da matéria-prima (mineração, extração, corte de árvores etc.);
- Transporte da matéria-prima;
- Processamento industrial;

- Transporte do produto acabado, armazenagem e distribuição;
- Comercialização;
- Uso do produto;
- Destino final após o uso (reaproveitamento, reciclagem, incineração, disposição em aterro).

Para cada etapa, deve-se avaliar os impactos ambientais resultantes e quantificá-los com a aplicação de um filtro de significância (magnitude do impacto e riscos para o meio ambiente, levando em conta a frequência ou probabilidade e a gravidade das consequências). Sugere-se analisar:
- a contaminação das águas (de superfície ou subterrâneas);
- a contaminação do ar (emissões gasosas);
- a contaminação ou degradação dos solos;
- os efeitos sobre a biodiversidade (fauna, flora);
- o consumo de energia (verificando-se se ela provém de fontes renováveis ou não renováveis e pontuando-se negativamente o uso de energia obtida com a queima de combustíveis fósseis);
- o consumo de água;
- o consumo de recursos naturais (levando-se em conta o conceito de desenvolvimento sustentável, ou seja, verificando-se se esses recursos são renováveis ou não renováveis).

- Analisar todos os estágios do seu ciclo de vida

Nesse processo, é **importante garantir** que:
- materiais não sejam arbitrariamente desconsiderados, ou seja, é necessário iniciar a análise considerando todos os materiais que participam do processo, somente abandonando a análise de certos materiais em estágios subsequentes, quando for percebido que a sua importância é reduzida;
- sejam levadas em consideração todas as características ambientais de um produto;

- sejam identificados os impactos ambientais mais significativos do ciclo de vida do produto;
- seja dada importância aos impactos causados por **produtos intermediários** ou materiais auxiliares associados à fabricação, mas que não estejam presentes no produto final;
- seja dada importância a um componente ou elemento arbitrariamente considerado como sendo pouco significativo, mas que pode provocar impacto ambiental significativo;
- o foco não seja somente no impacto ambiental do produto em si, mas também no sistema no qual o produto será inserido (processo de produção, processo de distribuição, por exemplo);
- os impactos ambientais não sejam deslocados de uma fase do ciclo de vida para outra ou de um contexto para outro.

Como exemplos, podemos citar:

a) Considerando a análise do ciclo de vida de uma lavadora de roupas, ao se analisar o consumo de água, este pode ser mais significativo durante os anos de utilização do produto pelo usuário, do que em outras fases, como a de fabricação da lavadora.

b) Com o processo de metalização de vidros e sua aplicação no revestimento de edifícios iremos obter ganhos significativos quanto à eficiência energética, em vista de se melhorar o isolamento térmico impedindo a entrada de calor (ganhos com a redução de energia do ar condicionado), porém o processo de metalização impede a reciclagem do vidro. Neste caso, justifica-se a metalização, pois a substituição desses vidros não é frequente, enquanto os ganhos em eficiência energética são permanentes.

Figura 5.9 – Vidros metalizados para revestimento de edifícios

Fonte: Pixabay, de https://jornal.usp.br/ciencias/ciencias-ambientais/edificios-com-fachadas-de-vidro-geram-alto-impacto-ambiental/, consultado em 23.01.2023.

- A abordagem do ciclo de vida pode também ser aplicada aos **serviços**, incluindo, mas não se limitando, aos **produtos tangíveis** empregados na prestação desses serviços. Os serviços geralmente consistem nos três elementos seguintes: uso de **produtos tangíveis**, aplicação de **conhecimentos e habilidades**, e o trabalho ou a **atividade do ser humano**. Os serviços também produzem impactos ambientais, por influenciarem o comportamento das pessoas e das organizações para as quais eles são prestados.

5.9.6 – Funcionalidade

Funcionalidade de um produto é a sua característica intrínseca que define o que ele pode fazer, se ele funciona conforme foi especificado, ou seja, se o produto é adequado aos propósitos para os quais ele se destina, em termos de usabilidade, vida útil, aparência etc.

Para se definir a funcionalidade de um produto que está sendo concebido é importante pensar no usuário futuro, no consumidor daquele produto, identificando quais são as suas necessidades em relação àquele produto e adicionando as funcionalidades relevantes.

Para organizar essa análise, sugere-se usar uma técnica comum na definição de um plano de ação, chamada de 5W2H, iniciais em língua inglesa, respondendo às seguintes questões:

- What: **O que** será feito? Qual o produto que estaremos modificando ou desenvolvendo, para se conseguir um produto melhor quanto ao seu desempenho ambiental? Para que serve esse produto, quais serão as suas funcionalidades? Quais serão as diferenças principais em relação aos produtos dos concorrentes (*benchmark*)?
- Why: **Por que** estaremos introduzindo as modificações no produto existente ou criar um produto novo? Qual serão os ganhos financeiros e tecnológicos para a nossa empresa?
- Who: **Para quem** o produto está sendo previsto? Quais são as necessidades desses usuários potenciais, em termos de qualidade do produto (incluindo funcionalidades), expectativas de preço e condições de entrega?
- Where: **Onde** o produto será utilizado, em quais condições de uso (incluindo condições ambientais, por exemplo)?
- When: **Quando** se prevê o lançamento comercial do produto? Quais serão os prazos de desenvolvimento e de fabricação? Por ocasião do lançamento, o que se vislumbra em relação à concorrência?
- How: **Como** é previsto o uso deste produto pelos consumidores? Como conseguiremos atingir os objetivos de criação ou modificação do produto, em termos de recursos humanos, recursos materiais de projeto e fabricação, recursos financeiros e prazos)?

– How much: **Quanto** custará esse desenvolvimento para a empresa? Como esses recursos serão obtidos? Quanto se espera faturar com a comercialização do novo produto, qual a margem de lucro esperada?

5.9.7 – Mudança de venda de produtos para oferta de serviços

Ao se avaliar a integração dos aspectos ambientais no desenvolvimento de produtos, é preciso identificar com clareza as reais necessidades dos usuários. Em muitos casos os usuários precisam realmente de um determinado "produto" para atender às suas necessidades, porém em outros casos eles precisam de um determinado serviço ou resultado, e não do produto. Por exemplo, os usuários precisam de fotocópias de documentos, e não do equipamento que produz as fotocópias, a fotocopiadora. Então, surge a necessidade de decidir sobre as vantagens e desvantagens de comprar ou alugar uma máquina fotocopiadora ou mesmo de realizar esse trabalho em empresas externas. As vantagens de alugar uma máquina em vez de efetuar a compra residem no fato de que o fabricante, ao recolher máquinas alugadas ao final de um ciclo de utilização tem mais facilidade em realizar a recuperação e reciclagem das peças para utilização em novos modelos e reciclagem do *tonner*, além de permitir um desenvolvimento mais acelerado de novas funcionalidades no equipamento, com vantagens para os usuários que o alugaram (maior rapidez, melhoria das imagens, separação automática de páginas, grampeamento automático de conjuntos etc.)

Figura 5.10 – Fotocopiadora
Fonte: publicidade da Xerox.

Outro exemplo refere-se a **alterar o paradigma de utilização de produtos.** Atualmente, o mais usual é a posse de lavadoras de roupas individualmente pelos usuários, uma máquina por apartamento. Verifica-se, porém, que os apartamentos estão cada vez menores, em função dos custos, e em vista do custo do equipamento e dos requisitos de instalação (fornecimento e drenagem de água, fornecimento de energia elétrica), em alguns países (e mesmo em alguns edifícios no Brasil) está sendo mais comum a abolição da lavadora nos apartamentos e a instalação de um conjunto de lavadoras e secadoras em área de serviços do condomínio para uso comunitário, cada usuário pagando pelo seu uso. Com esta solução, consegue-se uma otimização no uso do equipamento, menor necessidade de recursos naturais e energia para a fabricação (menos venda, o que não irá agradar os fabricantes), ganho de espaço nos apartamentos, menor investimento, mais facilidades para os usuários por não se preocuparem com as necessidades de manutenção, entre outras vantagens.

Figura 5.11 – Lavadora de roupas
Fonte: publicidade da Brastemp.

5.9.8 – Conceito multicritério

Ao se buscar a integração dos aspectos ambientais no desenvolvimento de produtos observa-se que, usualmente, não existe um único parâmetro ou aspecto no qual seja necessária a análise na busca da otimização ambiental. E, muitas vezes, ao se melhorar um dos aspectos, piora-se algum outro, com resultado global desfavorável. É necessária uma análise comparativa levando-se em conta múltiplos critérios e variáveis heterogêneas, levados em conta simultaneamente para a combinar os aspectos e parâmetros e integrar as opções, de forma a permitir uma tomada de decisão buscando maiores vantagens ambientais. Entre os critérios a levar em conta, pode-se citar:

- **Redução de massa ou volume do produto**: é interessante reduzir a massa (material) que será usada para a fabricação do produto, pois praticamente todos os materiais são provenientes da natureza. Reduzindo a massa ou o volume empregado estaremos evitando o esgotamento desses recursos naturais. Também, teremos benefícios referentes à redução da carga transportada, tanto de matérias-primas como também de produtos finais, com menores necessidades de transportes,

menor frete, redução das emissões para o meio ambiente associadas com o transporte.
- **Melhoria da eficiência energética:** todos os tipos de energia, para a sua geração, provocam impactos ambientais, alguns bastante significativos, como a emissão de gases poluentes na atmosfera, alguns deles causadores de mudanças climáticas. Dessa forma, existe um elevado interesse em melhorar a eficiência energética dos processos industriais de fabricação e no transporte, bem como referentes ao uso do produto, ou em condições de modo de espera, quando o equipamento está ligado, porém sem uso, mas pronto para operar. Esse último caso ocorre com computadores, alguns eletrodomésticos, produtos eletrônicos e alguns veículos. A eficiência energética também é considerada relevante pelos usuários, em vista da economia proporcionada nas contas de consumo de energia, havendo indicação dessa eficiência em muitos produtos existentes no mercado, como mostra a etiqueta exemplificada na Figura 5.12.

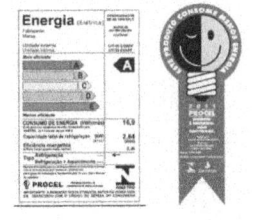

Figura 5.12 – Etiqueta indicativa de consumo de energia
Fonte: https://enetec.unb.br/blog/como-o-selo-procel-pode-te-ajudar-a-economizar-energia/. Consultado em 23.01.2023.

- **Prolongamento da vida do produto.** Uma das funcionalidades pretendidas para um produto é a sua vida útil, a sua durabilidade. Em princípio, é desejável que os produtos tenham elevada durabilidade para reduzir o uso de recursos naturais e energia empregados em sua fabricação e despesas constantes para o consumidor com a necessidade de trocas constantes.

Porém, em muitos casos será necessário definir um equilíbrio entre o tempo de vida técnico e sua vida útil. Por exemplo, em relação a alguns artigos e alguns consumidores muito afetados pela moda, como para exemplo roupas e calçados, não é interessante pagar um excedente para aumentar a durabilidade, quando os produtos serão usados por um tempo relativamente curto. Também em artigos onde ocorre um desenvolvimento tecnológico acelerado, tais como telefones celulares, *notebooks* e televisores, não é interessante investir em materiais e outros gastos para prolongar a vida além de um período razoável, em vista da obsolescência do produto.

Figura 5.13 – Televisores e relógio antigo (vida longa)
Fonte: publicidade da Smart TV 50" 4K DLED Vizzion LE50UHD20 e Foto do autor (relógio).

Outra visão do problema sugere que não é ideal projetar certos produtos para que tenham uma durabilidade muito elevada, pois isso comprometeria (impediria) a troca por produtos tecnologicamente mais modernos, e que apresentariam uma melhor eficiência energética ou com menor emissão de poluentes. Considere, por exemplo, algumas situações de usuários que possuem aparelhos de ar condicionado ou refrigeradores com mais de 30 anos de uso. O consumo elétrico desses eletrodomésticos é elevadíssimo, colaborando para exigir maior produção de energia, com os impactos consequentes. Automóveis com mais de 10 anos de uso também consomem mais combustível por km rodado e provocam maior emissão de poluentes, por não disporem de catalisadores e motores mais eficientes. Dessa forma, a durabilidade exagerada de alguns produtos não é benéfica para o meio ambiente, por impedir a sua troca mais cedo por outro produto de melhor desempenho ambiental.

- **Escolha dos materiais e processos utilizados**: produtos projetados para serem facilmente desmontados podem ter a sua vida prolongada em função da reutilização de partes do produto, bem como podem ter sua reciclagem encorajada. Como exemplos, pode-se citar computadores, impressoras, geladeiras e veículos.
- Também referente à escolha de materiais, deve-se sempre evitar a colocação de **componentes tóxicos** na composição de um produto, pois isso pode acarretar problemas de saúde para os usuários (principalmente crianças, ao brincar com produtos plásticos contendo componentes tóxicos), como para o meio ambiente, quando o produto é descartado sem cuidados especiais e, ao se degradar, contamina o meio ambiente, principalmente lençóis freáticos.

Como outro exemplo da utilização de conceitos multicritério, imagine que estamos interessados em projetar uma turbina aeronáutica.

A primeira atividade a ser realizada é a fixação de **requisitos a serem atendidos** por este produto, muitos deles conflitantes entre si; quando se melhora o atendimento de um deles eventualmente deixaremos algum outro com dificuldade de atendimento. Por exemplo, se desejamos aumentar a potência, isso provavelmente aumentará o peso e o nível de ruído. Os seguintes requisitos poderiam ser estabelecidos para uma turbina como sendo os mais importantes, alguns deles intimamente ligados a questões ambientais:

- nível de ruído (conforto na cabine e comunidades de entorno dos aeroportos)
- consumo de combustível
- emissões de poluentes (CO_2, NO_x)
- relação peso/potência

- reciclabilidade
- custo de aquisição
- custo de manutenção
- facilidade de desmontagem
- facilidade de transporte.

O projetista precisará atuar confrontando os resultados de cálculos e suas escolhas durante toda a fase de concepção do produto, escolhendo os materiais (por exemplo, materiais mais leves apresentam um custo mais elevado).

A redução de ruído é outro parâmetro importante de projeto, tendo em vista o conforto dos passageiros e, principalmente, das comunidades vizinhas aos aeroportos.

Outro requisito importante é a facilidade de **desmontagem em módulos** para facilitar a manutenção e também, eventualmente, o transporte, pois a manutenção, em muitos casos, é feita em oficinas localizadas em países distantes dos usuários.

Atualmente, um dos requisitos mais importantes de uma turbina é o seu consumo de combustível, pois afeta diretamente o custo e o lucro das empresas, além de comprometer requisitos de emissão de poluentes.

5.9.9 – Trocas compensatórias (Trade-off)

No processo de concepção de um produto são feitas escolhas, o tempo todo, eventualmente entre aspectos conflitantes, sendo necessário fazer um balanço *(trade-off)* entre esses aspectos ou requisitos, para se procurar um resultado otimizado. Entre essas trocas, podemos citar:

- **Trocas compensatórias entre diferentes aspectos ambientais:** por exemplo, a otimização de um produto pela redução da massa ou requisitos de aparência (qualidade) pode afetar negativamente a sua possibilidade de reciclagem. Por exemplo, em vidros para perfume, é baixo o índice de vidro reciclado.

- **Trocas compensatórias entre benefícios ambientais, econômicos e sociais.** Estas podem ser **tangíveis** (por exemplo, baixo custo e redução dos resíduos), **intangíveis** (por exemplo, conveniência) e **emocionais** (por exemplo, imagem). Por exemplo, elaborar produtos mais robustos aumenta a sua vida útil e, como resultado, pode beneficiar o meio ambiente pela redução da necessidade de produção de outro produto para substituí-lo (preservando recursos naturais e energia para a sua fabricação) e evitando o seu descarte, mas pode também aumentar os custos iniciais e reduzir a atividade econômica e o emprego, gerando efeitos sociais e econômicos.

- **Trocas compensatórias entre aspectos ambientais, técnicos e/ou de qualidade:** por exemplo, decisões de projeto relativas ao uso de um material em particular podem impactar negativamente a confiabilidade e a durabilidade do produto, mesmo que ele produza benefícios ambientais. Por exemplo, reduzir exageradamente a espessura do plástico de garrafas PET para reduzir seu peso e custo podem comprometer a funcionalidade do produto (incômodos ao usuário pela instabilidade) e proteção do líquido contido.

5.9.10 – Objetivos ambientais estratégicos relacionados ao produto

Ao ser iniciado o projeto ou reprojeto de um produto visando a integração de aspectos ambientais à engenharia desse produto existem grandes objetivos ambientais que podem ser perseguidos, como a conservação de recursos, aumento da possibilidade e facilidade de reciclagem, recuperação energética a partir de componentes descartados e não reciclados, a busca por uma maior eficiência energética, a geração de poluentes e resíduos, entre outros aspectos.

a) **Conservação dos recursos, reciclagem e recuperação energética.** As seguintes recomendações são aplicáveis:

- **Otimizar o uso dos recursos** exigidos para o produto (matéria e energia), sem prejudicar o seu desempenho e durabilidade. Por exemplo, no caso de embalagens (já citado), reduzir o peso e a espessura sem comprometer a qualidade e o desempenho.
- **Reduzir a quantidade e a periculosidade do material utilizado** - minimizar a geração de resíduos durante a sua fabricação e disposição final. Por exemplo, as pilhas e baterias utilizavam metais tóxicos em sua fabricação (mercúrio, cádmio, outros), que geravam grandes problemas em seu descarte. A maioria dos fabricantes desenvolveu novas pilhas substituindo estes componentes, por força de lei. O uso de certos produtos contendo benzeno (substância que provoca leucopenia e câncer) tem sido banido ou evitado.
- **Projeto e o desenvolvimento do produto** - incorporar características que fazem o produto mais adequado para subsequentes reutilizações, reciclagem ou uso como fonte energética. Uma das possibilidades é facilitar o processo de desmontagem das embalagens (exemplo: rótulo e frasco; frasco e tampa) quando o processo de reciclagem do conjunto completo não for compatível. As embalagens retornáveis para serem reutilizadas, ou utilizadas para outros fins se constituem em exemplos desse tipo.

No caso de embalagens de agrotóxicos, observa-se que o manuseio e o descarte inadequado constituem-se em um problema grave de saúde para os trabalhadores, suas famílias e o meio ambiente. Muitas campanhas e reuniões de esclarecimento são realizadas para conscientizar os trabalhadores, as legislações tornaram-se mais rígidas, observando-se melhorias nesta atividade.

Uma das melhores soluções dadas a este problema foi a sua reutilização (após a tríplice lavagem), coleta e uso para a fabricação de conduítes elétricos. A vantagem dessa aplicação é que, mesmo tomando todos os cuidados, um eventual resíduo tóxico que continuasse em pequenas concentrações, ficaria retido (imobilizado) dentro de uma parede, sem contaminar as pessoas e o meio ambiente.

a) **Prevenção da poluição, resíduos e outros impactos:** soluções chamadas de "fim-de-tubo" (*end of pipe*), tais como o tratamento sanitário de efluentes de diversos locais, uso de filtros de partículas, incineradores etc., são aquelas em que pouco se faz em termos de coleta dos poluentes durante o processo, deixando todo o esforço para ser realizado nas últimas etapas. Essas soluções não são mais recomendadas, pois o resíduo ou efluente continua a percorrer o processo, utiliza equipamentos de produção desgastando-os e exige transporte de materiais (resíduos, no caso). Além disso, há uma mistura dos efluentes (principalmente os líquidos) gerando misturas de composição inconstante, dificultando os tratamentos desses efluentes. O ideal é coletar e tratar os resíduos e efluentes em cada estágio do processo produtivo, evitando deixar esse tratamento para o final. É recomendável evitar a geração dos resíduos e poluentes, investindo na qualidade das matérias-primas e no processo, em uma postura preventiva, para reduzir a poluição e outros impactos gerados pelo produto, analisando o seu ciclo de vida. É necessário estudar e estabelecer processos adequados de tratamento, lembrando que esse processo costuma gerar outras fontes de poluição, ou resíduos, tais como lodo de esgoto, cinzas, escória etc.

Alguns produtos estão sendo banidos do mercado, em função de sua periculosidade. Podemos citar como exemplo do **banimento** (proibição) de fabricação e uso de produtos, os **poluentes orgânicos persistentes (POPs)**: são substâncias químicas utilizadas como defensivos agrícolas (agrotóxicos) e também produtos usados com fins industriais, que não são facilmente degradadas, persistindo por longo tempo na natureza sem sofrer degradação e transportadas em longa distância pelo ar, pela água e ficando depositada em solos. Elas se acumulam em tecidos gordurosos e provocam danos à saúde e ao meio ambiente A Convenção de Estocolmo, realizada em 2001 recomendou o banimento desses poluentes, conhecidos como "os 12 sujos", sendo ratificada por 50 países até 2005.

Novos produtos foram incluídos posteriormente. Entre essas substâncias, foram proibidos **agrotóxicos** como Aldrin, Dieldrin, Endrin, Clordano, Clordecone, Heptacloro, Hexaclorobenzeno (HCB), Alfa Hexaclorociclohexano (alfa HCH), Beta hexaclorociclohexano (beta HCH), Lindano, Mirex (dodecacloro), Pentaclorobenzeno (PeCB), Endossulfam, Toxafeno, Pentaclorofenol, DDT, **produtos químicos de uso industrial** como Bifenilas Policloradas (PCB), Hexabromobifenil (HBB), Éter Hexabromodifenílico e Éter Heptabromodifenílico (C OctaBDE), Hexaclorobenzeno (HCB), Éter Tetrabromodifenílico e Éter Pentabromodifenílico (C PentaBDE), Hexabromociclododecano (HBCD), Hexaclorobutadieno (HCBD), Naftalenos Policlorados, Éter Decabromodifenílico (C DecaBDE) e as Parafinas Cloradas e Cadeia Curta (SCCP), Ácido Perfluoroctano Sulfônico (PFOS), seus sais e Fluoreto de Perfluoroctano Sulfonila (PFOSF).

Um produto que foi utilizado desde 1963 nos Estados Unidos foi o Alar (Daminozide), um composto químico utilizado para pulverizar maçãs e evitar que elas caíssem dos pés antes de amadurecerem e para melhorar a cor. Com suspeita de que provocava câncer, posteriormente comprovada, após intensa campanha contra o produto (e as maçãs) ele foi retirado do mercado em 1989.

- **Maiores ganhos ambientais:** os maiores ganhos ambientais são alcançados quando se consegue **prevenir a poluição**, a geração de resíduos ou outros impactos, ou seja, esses produtos nem chegam a ser gerados em escala inadequada. Essa postura força uma atuação na **causa** dos impactos, eliminando os reduzindo seus efeitos, com o resultado de redução dos custos associados com o tratamento de "fim-de-tubo".

Um produto de ampla utilização, em que ocorreram grandes investimentos no sentido de prevenção da poluição são as tintas, em suas várias aplicações: revestimentos de superfícies de edificações, proteção de estruturas metálicas como veículos e revestimento superfícies de uma infinidade de produtos, como madeira, plásticos etc.

As **tintas**, normalmente líquidas, são compostas por uma resina, diluentes ou solventes, pigmentos e, eventualmente aditivos. Os solventes são compostos voláteis que evaporam após a aplicação, deixando os demais componentes na superfície a ser protegida, ou à qual se pretende introduzir uma cor. Esses solventes, podem conter substâncias com algum grau de toxicidade como hidrocarbonetos alifáticos e aromáticos, contaminando a atmosfera do ambiente e prejudicando a saúde das pessoas. Assim, foram realizados investimentos para substituir os solventes orgânicos por água que, ao se evaporar, não causa nenhum dano. São as chamadas tintas à base de água, amplamente usadas em edificações e para pintura de veículos.

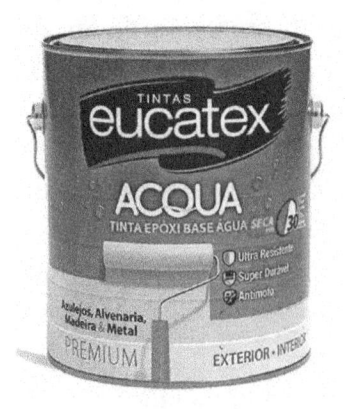

Figura 5.14 – Tintas à base de água
Fonte: publicidade das Tintas Eucatex.

5.9.11 – Abordagens de projeto

Verificamos ser interessante decidir pela combinação de abordagens de projeto, visando os objetivos ambientais estratégicos:

- **Melhoria da eficiência do material**, verificar se o impacto ambiental pode ser reduzido, por exemplo, com a minimização do uso de materiais, uso de materiais de baixo impacto, uso de materiais renováveis e reúso de materiais.

Como exemplos de atitudes que buscam melhorar a eficiência do uso de materiais em embalagens, podemos citar:
- Priorizar embalagens que possam ser reutilizadas, como outra embalagem ou para um novo uso. É o caso de muitas embalagens de vidro para refrigerantes e cervejas, sistemas sob consignação (exemplo: galões de água mineral, botijões de gás).
- Selecionar embalagens otimizadas quanto ao uso de material e consumo de energia, mantendo-se os requisitos de resistência e durabilidade.
- Estudar as embalagens de fornecedores, priorizando as retornáveis, reutilizáveis, recicláveis ou degradáveis;
- Estudar a eliminação de embalagens desnecessárias.

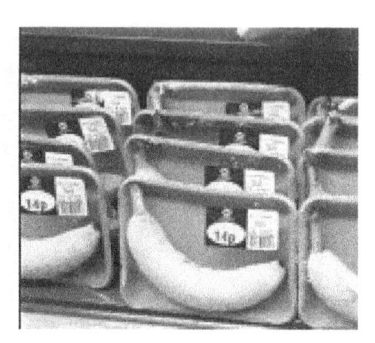

Figura 5.15 – Embalagens desnecessárias
Fonte: https://incrivel.club/wonder-curiosities/35-outrageous-examples-of-useless-packaging-that-trashes-the-planet-with-plastic-waste-963260/. Consultado em 23.01.2023.

- Avaliar a substituição de embalagens de plástico por embalagens de papel (degradáveis). Priorizar embalagens provenientes de fontes renováveis.

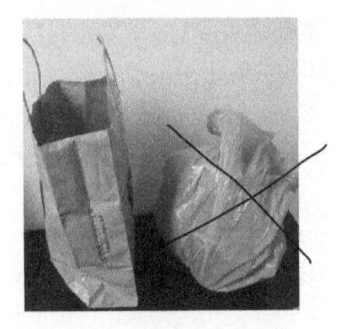

Figura 5.16 – Substituição de embalagens
Fonte: Foto do autor.

- Minimizar a quantidade de itens/componentes da embalagem (proporcionando a redução do uso de matéria-prima na fonte) sem comprometer a sua qualidade e desempenho;
- Priorizar as soluções de embalagens recicláveis em escala industrial;
- Priorizar rótulos que possam ser reciclados juntamente com a própria embalagem;
- Facilitar o processo de desmontagem das embalagens (exemplo: rótulo e frasco; frasco e tampa) quando o processo de reciclagem não for compatível;
- Priorizar a combinação de materiais (multicamadas) que sejam compatíveis em sua reciclagem ou que possa ser separado de forma técnica e economicamente viável;
- Maximizar as formas de reaproveitamento de seus componentes;
- Utilizar insumos compatíveis com o processo de reciclagem da embalagem;
- Utilizar a simbologia de identificação de materiais recicláveis.
- (Nota: algumas das propostas foram reproduzidas da "Cartilha de Integração de Aspectos Ambientais no Projeto e Desenvolvimento de Embalagem", da Associação Brasileira de Embalagem, a ABRE).

- **Melhoria da eficiência energética**

Praticamente todas as formas de produção de energia geram impactos ambientais, alguns deles bastante significativos, como é o caso da energia produzida com a queima de combustíveis fósseis, como o carvão. Além disso, o consumo de energia para a fabricação de certos produtos pode ser muito elevado (por exemplo, a fabricação de alumínio a partir da bauxita), aumentando o seu custo. Também, a utilização de produtos que demandam energia pode encarecer os custos de operação do equipamento, como veículos e máquinas, por exemplo. Assim, é interessante considerar a energia total utilizada ao longo do **ciclo de vida** do produto (incluindo a fase de uso), procurando-se a **redução do consumo** de energia, uso de fontes de energia de **baixo impacto** ou uso de energia de **fontes renováveis**. Atualmente, nos programas de rotulagem, é comum a **inserção de etiquetas** que indiquem esses dados ao consumidor.

Um exemplo de produto que foi banido pelo mercado e, no Brasil, também por norma regulatória (Portaria Interministerial nº 1.007/2010) refere-se às lâmpadas incandescentes, cuja comercialização foi proibida no Brasil a partir de 30.06.2016, em vista do seu elevado consumo energético. Essas lâmpadas foram substituídas pelas indústrias por lâmpadas fluorescentes (economia de 75% no consumo energético em relação à incandescente) e por lâmpadas de LED (economia de 85%).

Figura 5.17 – Lâmpada incandescente
Fonte: Foto do autor.

As seguintes recomendações podem ser feitas, visando a obtenção de eficiência energética:
- Procurar informações sobre produtos poupadores de energia e procurar utilizá-los (verificar se o produto possui selo PROCEL).
- Avaliar o consumo de energia em cada setor da empresa e levantar seus custos. Estudar medidas de redução de consumo e verificar os ganhos econômicos;
- Melhorar o isolamento térmico de canalizações com fluidos quentes ou frios (fotografia da Figura 5.18);

Figura 5.18 – Isolamento térmico de tubulações
Fonte: Publicidade da Carmox Tubulações.

- Limpar com frequência as superfícies de tocadores de calor e filtros de ar condicionado;
- Promover a recuperação de calor de descarga de gases de exaustão de turbinas a gás e caldeiras;
- Verificar se o consumo do seu produto, o uso e a manutenção envolvem um elevado consumo de energia, e se a utilização do produto provoca poluição;
- Otimizar o projeto dos produtos (reduzir o seu peso, melhorar o isolamento térmico etc.)

- Ajustar o fator de potência de suas instalações industriais ($\cos\varphi > 0{,}92$);
- Priorizar projetos com iluminação natural em edificações.

Observamos que, em função da gravidade das consequências ambientais causadas pelas emissões de gases causadores de mudanças climáticas, há uma tendência de diminuição (ou estabilidade) do uso de energia proveniente da queima de combustíveis fósseis e um crescimento de combustíveis renováveis, como, por exemplo, energia proveniente de fontes eólicas e solar.

As equipes voltadas à integração da variável ambiental nos produtos, processos e serviços da empresa devem considerar as seguintes abordagens:

- **uso criterioso do solo**: muitos produtos requerem insumos e matérias-primas vindas da agricultura e pecuária. Em uma análise feita com uma perspectiva de ciclo de vida, deve-se pesquisar a origem desses recursos e como eles são obtidos, evitando-se a degradação dos solos (erosão, compactação, perda de matéria orgânica, esgotamento ou excesso de nutrientes), eventos responsáveis por prejuízos aos serviços ecossistêmicos (produção de água, sequestro de carbono, perdas da biodiversidade), além de, em um estágio seguinte, causar perda de rendimento das próprias culturas. Assim, o uso do solo deve ser cuidadoso, particularmente quando o sistema de produção requer o uso da infraestrutura ou de materiais locais;
- **projeto para uso e produção mais limpa:** utilização de técnicas de "produção mais limpa", evitando-se o uso de materiais perigosos (auxiliares e de consumo) e adotando-se uma perspectiva de sistema global, para evitar decisões baseadas em um único critério ambiental;
- **projeto visando a durabilidade:** levar em consideração a longevidade do produto, sua facilidade de reparação e manutenção, considerar as melhorias ambientais que emergem das novas tecnologias;

- **projeto visando otimização da funcionalidade:** consideração de oportunidades para funções múltiplas do produto, modularidade, otimização e controle automatizado; comparação do desempenho ambiental destes produtos com o daqueles elaborados para uma única função específica;
- **projeto visando reúso, recuperação e reciclagem:** consideração de oportunidades para facilitar a desmontagem, redução da complexidade material (menos materiais componentes) e o uso de materiais recicláveis, subconjuntos, componentes e materiais nos produtos futuros.

Um exemplo que pode ser citado refere-se aos tênis, um calçado hoje amplamente utilizado. O primeiro esforço realizado pelos melhores fabricantes foi o de reduzir o número de componentes para facilitar a reciclagem. Um tênis é composto por borracha, algodão, poliéster, nylon e metais, alguns desses materiais demorando muito para se decompor na natureza por processos naturais, quando são descartados sem os devidos cuidados. A Nike recentemente noticiou o desenvolvimento do tênis de corrida "*Nike Free Hyperfeel*", com a sua estrutura feita sem costuras. Enquanto um tênis comum de corrida possui cerca de 57 componentes, esse tênis tem apenas 7. Com menos materiais, eles ficam mais facilmente separáveis, e a reciclagem é amplamente facilitada, A borracha moída (a Nike tem o programa *Nike Grind*) pode ser usada para revestir pistas de corrida, quadras e pisos para playgrounds (reduzindo impactos para as pessoas), as espumas podem ser utilizadas em estofados, carpetes, enchimentos de brinquedos e, em último caso, os materiais podem ser incinerados para gerar energia, utilizada, por exemplo, em fornos de cimento. Muitos tênis são fabricados com plástico reciclado, como, por exemplo, um tênis da Adidas, denominado *Ultraboost*, fabricado com plástico retirado dos oceanos, que era para ser material promocional da empresa, mas se transformou em sucesso de vendas (1 milhão de tênis vendidos até o final de 2017, segundo a empresa).

- **evitar materiais e substâncias potencialmente perigosas no produto:** verificação de aspectos ambientais, de saúde e segurança, menor impacto de materiais e menores riscos no transporte.

5.9.12 – Recomendações visando reduzir periculosidade

A periculosidade está associada a ameaças à vida e saúde das pessoas e também a degradações significativas para o meio ambiente. A seguir, serão feitas recomendações para reduzir a periculosidade de produtos, se possível substituindo alguns produtos tais como os explosivos, tóxicos, inflamáveis, que emitem radiações ionizantes, entre outros. As seguintes recomendações são aplicáveis:

- **Substituir materiais perigosos por menos perigosos.** Por exemplo, o cádmio é um metal muito usado na composição de soldas especiais, em corantes, nas baterias Ni-Cd, é utilizado em eletrodeposição (galvanoplastia) de peças de ferro e ligas metálicas como parafusos, pinos arruelas, dobradiças, pigmentos, células solares, frascos para acondicionamento de alimentos, fungicida ($CdCl_2$), em barras de controle de reatores nucleares. Está presente em bijuterias baratas vindas da China. O cádmio é um elemento de elevada toxicidade (próxima à do mercúrio), sendo absorvido por inalação e, indo para os pulmões, cai na corrente sanguínea. Existe absorção também a partir de alimentos contaminados (principalmente peixes). Com o uso de bijuterias recobertas com cádmio, a absorção pela pele ocorre pelo contato, e fica mais grave em pessoas que possuem maior teor de ácido úrico, onde o cádmio é dissolvido. Pela corrente sanguínea ele irá se alojar no fígado e nos rins, gerando várias doenças. Tem vida biológica muito longa, de 10 a 30 anos, e sua eliminação pelo corpo humano é muito lenta. Uma das propostas é substituir revestimentos de cádmio por zinco, muito menos tóxico;
- **Substituir amianto em todas as suas aplicações.** O amianto (em inglês asbestos) é uma fibra mineral, que foi amplamente

utilizada tendo em vista que algumas de suas propriedades são excelentes: isolante térmico (usado em edifícios, navios, tubulações, fornos), apresenta ótima resistência a altas temperaturas, não combustível, durabilidade, boa resistência mecânica, baixo custo, entre outras. Em vista dessas qualidades, ele foi usado durante muito tempo para isolamento térmico, fabricação de telhas e caixas d'água e para a fabricação de pastilhas de freios automotivos. Recentemente, seu uso foi banido na maioria dos países, por se comprovar que, quando seu pó é inalado, ele gera uma doença chamada asbestose, que em muitos casos evolui para câncer de pulmão. Segundo a Organização Mundial de Saúde, cerca de 100.000 pessoas morrem no mundo como consequência do uso de amianto. A proibição é decorrente principalmente devido aos riscos para os trabalhadores, que estão sujeitos a respirar o seu pó, durante processos de fabricação ou demolições.

Para reforçar a necessidade de tomarmos elevado cuidado com a existência de amianto em nossos produtos ou processos industriais, iremos citar dois casos:

a) em 1990, a gigantesca empresa suíça ABB (*Asea Brown Boveri*) adquiriu a empresa norte americana *Combustion Engineering*, provavelmente sem uma adequada análise de riscos e passivos ambientais. No passado, a *Combustion Engineering* havia utilizado material de isolamento para caldeiras e fornos industriais que continha amianto e ex-funcionários passaram a exigir na Justiça Americana compensações pela exposição a partículas do material, pelas evidências de casos de câncer no pulmão. De 1990 até o final de 2001, a subsidiária da ABB fechou mais de 200 mil acordos com ex-empregados, pagando US$ 856 milhões, acarretando condições financeiras críticas para a empresa (queda do preço das ações, dificuldades de obter créditos).

- Em um caso mais recente, em 2017, correu um processo em um tribunal de Saint Louis, Missouri, EUA, contra a gigante Johnson&Johnson, movido por 22 mulheres que alegaram que o talco da empresa continha traços de amianto, causando-lhes câncer de ovário. A empresa alega que o seu talco não contém amianto, mas foi condenada a pagar uma indenização de cerca de US$ 4,6 bilhões às 22 senhoras. A empresa está recorrendo dessa decisão judicial.

- **Substituir hidrocarbonetos clorados por solventes para limpeza a frio.** Desde 1920, aproximadamente, começaram a ser utilizados hidrocarbonetos clorados, também chamados de solventes clorados (por conterem cloro), em vista de suas excelentes propriedades como desengraxantes e produtos de limpeza. São não inflamáveis e possuem alto poder de solubilidade e rápida evaporação. Os dois mais antigos e conhecidos foram o tricloroetileno (TRI) e percloroetileno (PER). A produção mundial do TRI chegou a 500.000 t nos anos 1980, mas essa produção vem decrescendo, em vista dos problemas ambientais e de saúde que ele causa. Esses solventes apresentam, elevado poder de dissolução, sendo aplicados como desengraxantes e limpeza de películas (em instalações de tratamento de superfícies), limpeza a seco e impermeabilização de tecidos, indústrias de extração, produção de PVC, de gases refrigerantes (CFC11 e CFC12), produção de silicones, colas, usos na indústria farmacêutica e em refinarias (desparafinação), uso como decapantes. Entretanto, eles podem contaminar a atmosfera e as águas de lençóis freáticos e, sendo absorvidos, provocar graves danos à saúde, com enjoo, dores de cabeça, tontura, patologias do fígado, rins e sistema nervoso central. As concentrações muito altas dos solventes clorados podem causar desmaios, que podem ser letais se não houver socorro rápido. Também podem ocorrer convulsões e eventualmente parada cardíaca. As soluções para substituição dos solventes clorados costumam ser a adoção de processos aquosos com jato a vapor ou hidrocarbonetos não halogenados e uso de desengraxe a vapor.

- **Substituir ou banir produtos danosos para o meio ambiente e perigosos para animais.** Como exemplo recente, pode-se citar os canudos de bebidas feitos com plástico. Como consequência de um intenso uso desses canudos para consumir bebidas de todos os tipos, há um consumo exagerado desses canudos. Uma grande parte deles acaba sendo descartada sem os devidos cuidados, acabando sendo elevada pelas águas para os oceanos. Sem sofrer degradação e com elevadíssima durabilidade em qualquer ambiente, eles acabam sendo engolidos por peixes e tartarugas, provocando a sua morte. Como resultado de uma intensa campanha, em muitas partes do mundo esses canudos estão sendo banidos, em alguns casos sendo substituídos por canudos de metal, de papel, de vidro ou até de macarrão, existindo inclusive legislações municipais que proíbem seu uso.

- **Substituir transformadores com bifenila policlorada (PCB) – Ascarel.** São compostos organoclorados resultantes da adição de átomos de cloro ao bifenilo, composto esse formado por anéis aromáticos ligados por uma ligação simples carbono-carbono. São praticamente incombustíveis, muito estáveis (termicamente e quimicamente) e resistentes a ácidos e bases.

São empregados em: fluidos dielétricos em transformadores e condensadores; em óleos de corte, lubrificantes hidráulicos; tintas; adesivos etc.

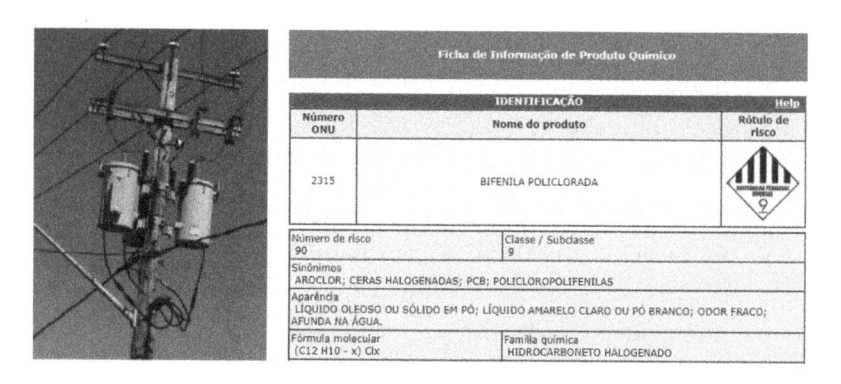

Figura 5.19 – Bifenila policlorada – Ascarel

Fonte: https://www.seamarconisolution.com/pt/pcb-oleo-e-transformador e ABIQUIM - Manual de Produtos Perigosos.

- **Encontrar substitutos adequados para corantes e preservativos perigosos para alimentos, papel, tecido, lã e madeira.** Muitos produtos que apresentam efeitos danosos à saúde e ao meio ambiente ainda continuam a ser utilizados. Eles estão sendo gradualmente banidos em muitos países, à medida em que ficam mais conhecidos os seus efeitos danosos sobre a saúde das pessoas e sobre o meio ambiente. Deve haver uma preocupação de reduzir e eliminar essas substâncias dos produtos de sua empresa.

5.9.13 – Projeto de produto e processo de desenvolvimento

O projeto do produto e de seus processos de produção precisam levar em conta vários elementos de decisão:

- **Natureza iterativa do projeto do produto e processo de desenvolvimento.** Em muitos casos o projeto de um produto não segue um fluxo retilíneo, sendo necessárias evoluções recorrentes, algum retorno localizado em pontos que requerem maior pesquisa sobre a viabilidade, a adequabilidade e a aceitabilidade de soluções atingidas em cada estágio da evolução. Com foco em aspectos ambientais, as soluções deverão se concentrar em aspectos ambientais significativos, as opções de projetos alternativos que melhorem aspectos importantes e considerações da revisão para verificar oportunidades de melhorias ambientais.

- **Pesquisas.** No processo de desenvolvimento, o projeto do produto poderá requerer pesquisas em aspectos específicos, que ajudam a obter novas informações e detalhes sobre as questões ambientais e de viabilidade identificadas nos estágios iniciais do projeto. Os resultados deste tipo de investigação podem ser aplicados aos produtos em desenvolvimento ou às gerações futuras do produto.

- **Gerenciamento de informações e dados.** A tomada de decisão deve ser feita com base em dados confiáveis, tão completos quanto possível. Esses dados devem ser coletados ao longo do processo de desenvolvimento, ou antes de seu início, durante a fase de planejamento, tanto de fontes internas (por exemplo, processos de produção e de prestação de serviços), quanto de fontes externas (por exemplo, clientes) e dados sobre a organização. O gerenciamento desses dados inclui disseminar as informações aos interessados.

- **Qualidade dos dados.** A qualidade dos dados deve ser adequada para permitir uma confiabilidade nos resultados obtidos a partir do uso desses dados para a tomada de decisões. A abrangência dos dados pode variar de um inventário material do produto (conteúdo de massas de cada componente, consistindo de análise mais simplificada, embora possa ser de muita utilidade) a uma avaliação mais completa do ciclo de vida, que naturalmente irá exigir mais recursos.

- **Confiabilidade dos resultados**. A confiança nos resultados referentes a uma avaliação dos impactos ambientais de um produto é aumentada quando se realiza um gerenciamento eficiente das informações, um programa de gerenciamento de dados, bem como a rastreabilidade de dados, com a possibilidade de recuperação da fonte de informações e possibilidade de reprodutibilidade desses dados.
- **Avaliação periódica do produto e do processo**. O produto deverá ser avaliado ao final de seu processo de desenvolvimento, bem como em épocas posteriores, durante o uso, para assegurar que os objetivos propostos foram atingidos. Essa avaliação deverá ser feita com base em indicadores de desempenho ambiental previamente definidos.
- **Comunicação**. Os processos de comunicação devem levar em conta todos os participantes, ao longo da cadeia de suprimentos *(designers,* engenheiros ambientais e de produção, clientes, fornecedores de suprimentos etc.). A troca de informações, diálogo e a colaboração interna e externa são importantes para melhorar a tomada de decisão do projeto e do desenvolvimento. As comunicações podem ser estabelecidas e conduzidas com base em informações precisas e cuidadosas para a equipe de desenvolvimento do produto.
- **Gerenciamento da cadeia de suprimentos:** Observa-se que, como resultado da globalização e de uma tendência à terceirização, cada vez mais uma empresa depende de outras, para o fornecimento de seus insumos, componentes e de serviços, em um processo de aumento da especialização, da escala de fornecimento e do aproveitamento de vantagens competitivas. Consequentemente, o gerenciamento da cadeia de suprimentos está se tornando cada vez mais importante. Os fornecedores devem, dentro do possível, ser envolvidos no projeto do produto e no processo de desenvolvimento, bem como em programas ambientais. Uma organização pode traduzir seus

requisitos ambientais internos em critérios para a compra de material, componentes, subconjuntos e serviços.

5.9.14 – Requisitos e restrições de projeto. Verificação e validação do produto

Apresentaremos, a seguir, algumas sugestões que não constam na ISO TR 14062, que é o objeto principal de discussão deste texto. Estas sugestões são consideradas importantes para que o processo de desenvolvimento do produto ou serviço seja bem executado, e que, ao final, sejam atendidas as expectativas iniciais da equipe de desenvolvimento e do próprio cliente.

Os **requisitos** refletem as necessidades e expectativas esperadas para o produto ou serviço pelas partes interessadas, principalmente no tocante ao seu desempenho. Eles têm origem nas necessidades do cliente e são complementadas em outros aspectos técnicos pelo responsável pelo projeto.

Os requisitos devem ser:
- Elementares – preferencialmente deve ser prevista **uma única** característica por requisito;
- Claros – não devem dar margem a ambiguidades, devem descrever o comportamento esperado do produto;
- Comprováveis – deve ser assegurada a possibilidade de fazer uma verificação do seu cumprimento, por meio de cálculos, testes e operação experimental;
- Mensuráveis – traduzidos em números ou índices, passíveis de testes.
- Aceitáveis – requisitos devem ser consistentes e conduzir a resultados benéficos para o produto.

As **restrições são** fatores internos ou externos relacionados ao escopo do projeto, geralmente de imposição compulsória, não relacionados ao desempenho do produto, mas que limitam as opções de projeto.

As restrições podem ser constituídas por:
- Imposições legais – são restrições criadas por normas, legislação e outros dispositivos de cumprimento obrigatório. Normalmente referem-se a aspectos de segurança para o usuário, para o meio ambiente e para a sociedade;
- Restrições do cliente;
- Restrições do responsável pelo projeto, que são decorrentes de sua experiência pessoal.

Os produtos e serviços são caracterizados pelos **requisitos** que definem seu desempenho e pelas **restrições** impostas.

O processo de determinação dos requisitos e restrições influirá significativamente no sucesso de um projeto. Sendo identificadas claramente as necessidades do cliente, bem como definições prévias vindas do responsável pelo desenvolvimento, restrições vindas de normas técnicas e legislações, ficarão bem definidas as funcionalidades e capacidades do produto ou serviço. Os requisitos e restrições devem ser incluídos na definição do escopo do projeto, sendo quebrados e detalhados conforme necessário, fornecendo a base para a Estrutura Analítica do projeto (EAP), que é a quebra funcional do produto em sistemas e componentes.

Um registro de premissas de projeto e de comunicações com as partes interessadas (principalmente clientes), além de um registro de lições aprendidas, constituem-se em elementos auxiliares ao gerenciamento do desenvolvimento e de gestão do conhecimento adquirido. A coleta de dados para a definição dos requisitos e restrições pode ocorrer de diversas formas, incluindo um processo de *brainstorming* entre os participantes (coleta do máximo possível de ideias), entrevistas com representantes de partes interessadas, definição e implantação de grupos de discussão, coleta de experiência de especialistas e *benchmark* de produtos de sucesso existentes na concorrência.

Os requisitos começam a ser definidos em alto nível (ou seja, baixo grau de detalhes) e, com o desenvolvimento do processo, se tornam cada vez mais detalhados, à medida em que aumenta o conhecimento sobre o assunto.

A construção de uma matriz de rastreabilidade de requisitos auxilia o gerenciamento, feito desde as fases iniciais de definição dos requisitos até as entregas finais, provando que os requisitos foram atendidos (fase de verificação).

A Figura 5.20, a seguir, indica de forma sumária as etapas de desenvolvimento, mostrando a vinculação das atividades com os requisitos e restrições, incluindo a fase inicial de definição das características principais do produto e a fase de verificação e validação.

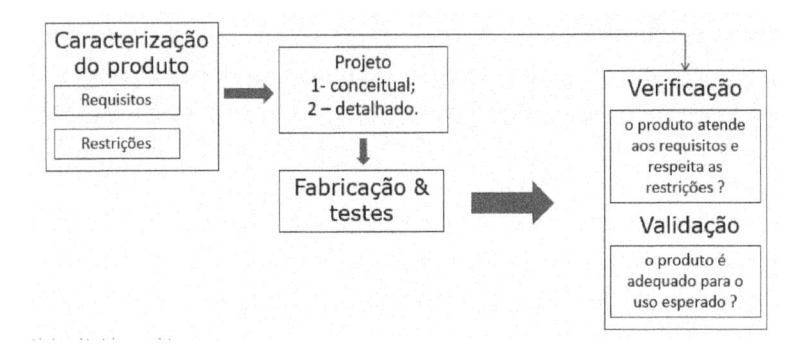

Figura 5.20 – Etapas da concepção de um produto
Fonte: Elaborada pelo autor.

5.9.15 – Etapas de desenvolvimento de um produto

Retornando ao documento ISO TR 14062, ele estabelece as etapas principais de desenvolvimento de um produto, conforme resumo esquemático da Figura 5.21. Com algumas adaptações, o processo pode ser empregado também no desenvolvimento de um serviço.

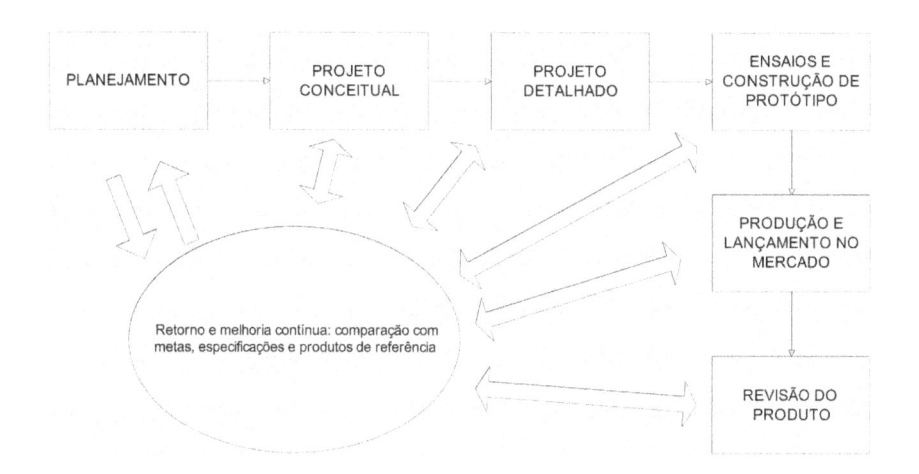

Figura 5.21 – Etapas do desenvolvimento do produto
Fonte: Elaborada pelo autor, com base no Relatório Técnico ABNT ISO/TR 14.062

Capítulo 6
CERTIFICAÇÃO, LEGISLAÇÃO E LICENCIAMENTO

6.1 – CERTIFICAÇÃO

A certificação é uma atividade formal realizada para atestar que uma determinada organização, ou parte dela, ou determinados produtos, estão em conformidade com alguma norma específica.

Abordaremos, a seguir, de forma resumida, os principais organismos envolvidos no processo de certificação para, em seguida, descrever o próprio processo.

No Serviço Público Federal existe o Sistema Nacional de Metrologia, Normalização e Qualidade Industrial (SINMETRO). O órgão executor do SINMETRO é o CONMETRO (Conselho Nacional de Normalização, Normalização e Qualidade Industrial), que é responsável pelo estabelecimento das políticas e diretrizes a serem seguidas nessas áreas. O CONMETRO é formado por representantes de vários Ministérios, como, por exemplo, do Trabalho, Ciência e Tecnologia, Meio Ambiente, Indústria e Comércio, Relações Exteriores, entre outros.

O CONMETRO atua através de Comitês (são 6 Comitês), entre os quais cita-se os de Normalização, Avaliação de Conformidade, Metrologia e Credenciamento Laboratorial. Os comitês são abertos às entidades não governamentais (indústria, pesquisa e ensino, entidades de consumidores), que opinam defendendo seus interesses e pontos de vista sobre as questões levantadas.

Conforme mencionado, existe o Comitê Brasileiro de Avaliação de Conformidade, sendo um dos comitês técnicos dessa área o Comitê de Certificação Ambiental, encarregado de estabelecer os critérios de conformidade para a área ambiental. Esse Comitê é quem define os critérios a serem seguidos pelos organismos que irão certificar as empresas, os critérios para habilitação de profissionais que irão realizar as auditorias (certificação dos auditores ambientais, credenciamento dos organismos que irão dar treinamento), critérios e procedimentos adicionais à ISO (para levar em conta às vezes a legislação federal, estadual e municipal) e estudos quanto à forma de realizar a certificação ambiental de produtos.

Os organismos envolvidos são:

Organismo Credenciador: é o INMETRO: Instituto Nacional de Metrologia, Normalização e Qualidade Industrial. Trata-se de um órgão de respeitada atuação, que atua sobretudo realizando a habilitação dos organismos certificadores, estabelecendo critérios e verificando o desempenho daqueles organismos para decidir sobre a manutenção do seu credenciamento. Na área de metrologia, o INMETRO possui os padrões metrológicos de nível mais alto do país, que servem de referência à calibração dos padrões de todos os outros níveis mais baixos.

Organismo Normalizador: é a Associação Brasileira de Normas Técnicas (ABNT), que é uma entidade sem fins lucrativos, mantida pelas empresas associadas e pelos recursos obtidos com a venda de normas. A ABNT é a única entidade nacional autorizada a emitir normas técnicas, sendo a representante do Brasil na ISO desde a sua fundação. Um dos Comitês da ABNT é o CB 38 – Gestão Ambiental.

Organismos Certificadores: são organismos, também sem fins lucrativos (exigência legal) que, segundo os critérios do INMETRO e as normas (da ABNT, ou normas vindas do exterior, como a ISO 14001) realizam as auditorias nas empresas e, verificando a conformidade com as normas, emitem um "Certificado".

Entre outros, atuam na certificação ambiental o Bureau Veritas Quality International (BVQI), a ABS Quality Evaluations, o Det Norske Veritas (DNV), a Fundação Carlos Alberto Vanzolini e União Certificadora da Indústria Eletroeletrônica – UCIEE.

ETAPAS DO PROCESSO DE CERTIFICAÇÃO, segundo o INMETRO:

1. PRÉ-AVALIAÇÃO:
- solicitação da certificação pela empresa interessada;
- análise do processo pelo organismo de certificação;
- visita preliminar do organismo à empresa;
- preparação da auditoria pelo organismo de certificação.

2. AVALIAÇÃO
- reunião entre a equipe de auditores e os gerentes da empresa interessada (para que a empresa conheça os procedimentos da auditoria e defina os canais e responsabilidades);
- realização da auditoria;
- nova reunião. Indicação de não conformidades. Recomendação da certificação (ou não).

3. PÓS-AVALIAÇÃO
- análise do relatório de auditoria pelo organismo de certificação;
- emissão do certificado e contrato;
- acompanhamento do desempenho (através de re-certificações periódicas).

Se a empresa obtiver o certificado, receberá os seguintes documentos:
- relatório de auditoria;
- informe de não-conformidades;
- certificado de conformidade e anexos;
- procedimento para utilização do símbolo de empresa certificada;
- lista de empresas certificadas.

A certificação tem acompanhamento constante. O organismo de certificação tem o poder de suspender, cancelar ou revogar o certificado obtido pela empresa.

6.2 – ÓRGÃOS PÚBLICOS

No tocante ao meio ambiente, o Serviço Público Federal possui hoje, em nível mais elevado, o Ministério do Meio Ambiente.

Definido pela Política Nacional de Meio Ambiente (Lei nº 6.938/81) existe o SISTEMA NACIONAL DO MEIO AMBIENTE (SISNAMA), que é composto pelos órgãos e instituições ambientais das três esferas do governo, ou seja, federal, estadual e municipal, além de representantes de diversas entidades, com atuação principal realizada por meio de dois órgãos:

a) o Conselho Nacional do Meio Ambiente, CONAMA, que é um órgão consultivo e normativo, responsável por fixar as resoluções que regem todas as atividades no tocante ao meio ambiente. Participam do CONAMA representantes de organizações do governo e não governamentais, estabelecendo normas, diretrizes e critérios para operacionalizar a Política Nacional de Meio Ambiente, PNMA; e

b) o Instituto Brasileiro do Meio Ambiente e dos Recursos Naturais Renováveis (IBAMA), que é o órgão responsável pela execução da política federal no tocante ao meio ambiente. É o órgão encarregado de licenciar empreendimentos (quando aplicável), fiscalizar e multar os infratores.

Na estrutura administrativa dos Estados existem as Secretarias do Meio Ambiente, subordinadas aos Governos Estaduais. Em cada Estado, ligado à Secretaria existe o Conselho Estadual de Meio Ambiente (CONSEMA). Os estados têm uma atuação importante na questão ambiental, principalmente aprovando o licenciamento de atividades potencialmente poluidoras, desde que os impactos digam respeito ao território do Estado, conforme será apresentado mais adiante. Recentemente, o IBAMA vem transferindo para os Estados a responsabilidade e autoridade para fiscalização, a não ser os casos definidos em lei (atividades nucleares, por exemplo) e quando os impactos extrapolarem a jurisdição estadual.

Como exemplo, cita-se que no Estado de São Paulo as atividades de licenciamento eram realizadas pela CETESB – Companhia Estadual de Tecnologia de Saneamento Básico, criada em 1973. A criação da SMA teve como um dos objetivos, integrar os órgãos licenciadores e fiscalizadores no Estado de São Paulo, e cobrar dos empreendedores o EIA-RIMA conforme determinado pela legislação federal, como instrumento de licenciamento ambiental.

Em alguns municípios mais importantes existem também Secretarias Municipais de Meio Ambiente, ligados às Prefeituras (em São Paulo, denomina-se Secretaria Municipal do Verde e do Meio Ambiente). Se o município tiver disponibilidade de recursos e capacidade técnica para realizar o licenciamento, caberá à SMA Municipal realizá-lo, desde que a abrangência dos impactos seja limitada à área do município.

6.3 – LEGISLAÇÃO

Podemos dizer que, no mundo, existem leis ambientais muito antigas. Na China, desde a dinastia Chow (1122 AC-255 AC) existia uma recomendação imperial para a conservação de florestas. No Século IV AC Platão lembrava o papel preponderante das florestas como reguladoras do ciclo da água e defensora dos solos contra a erosão. Em Roma, Cícero considerava inimigos do Estado os que abatiam as florestas da Macedônia. Segundo relato de Marco Polo, Kublai Kahn proibia a caça durante o período de reprodução das aves e dos mamíferos.

A legislação brasileira é, de certa forma, uma herança das leis portuguesas, que continham alguns tópicos ambientais, desde antes do descobrimento. Por exemplo, o corte de árvores frutíferas foi proibido em Portugal em 12 de março de 1393 (100 anos antes do descobrimento do Brasil!). Depois, vieram as Ordenações Afonsinas (compiladas em 1446), depois as Ordenações Manuelinas em 1514, depois as Filipinas, que valeram até o Código Civil de 1916. Era previsto que o corte de árvores frutíferas era considerado injúria ao rei, passível de punição com a pena de degredo para o Brasil! As Capitanias Hereditárias, em 1530, foram implantadas para manter o território e evitar o contrabando de pau-brasil, um recurso ambiental valioso na época.

A monocultura da cana de açúcar, atividade econômica importante, logo depois, foi a primeira causa da devastação das florestas, principalmente na Zona da Mata (a razão do nome, que persiste até hoje, era a existência de matas, hoje extintas). O uso de madeiras era muito intenso nessa época, contatando-se que, além do pau-brasil usado no tingimento de tecidos na Europa, quase todas as construções eram de madeira: casas, pontes, navios, móveis, lenha. Muitas leis, desse período, referiam-se, portanto, ao uso da madeira, como a Lei do pau-brasil, de 1605, que exigia autorização real para o corte. Em 1808, foi criado o Jardim Botânico do Rio de Janeiro (Nota: o primeiro parque nacional, no mundo, foi o de Yellowstone, EUA, em 1872). Com D. João VI, foram promulgadas várias leis de proteção ambiental.

A Constituição de 1824 não apresenta nada sobre proteção ambiental.

Outras referências são:
– em 1862, a rearborização da Floresta da Tijuca;
– Código Florestal de 1934 (Decreto nº 23.723 de 10/07/1934);
– Código das Águas (Decreto nº 24.643 de 10/07/1934);
– Criação do 1º parque nacional (Itatiaia), em 14/06/1937;
– a Constituição de 1946 nada apresentou sobre proteção ambiental;
– emitido um Novo Código Florestal em 1965;
– a Constituição de 1969 também não trouxe nenhum conteúdo específico sobre proteção ambiental.

A legislação ambiental brasileira é considerada uma das mais bem elaboradas e completas do mundo, graças principalmente aos decretos, às leis e aos regulamentos que foram emitidos a partir de 1981. Existe um conjunto de leis que definem as obrigações, responsabilidades e atribuições, tanto dos empreendedores quanto do Poder Público, nas várias esferas: federal, estadual e municipal. Além das leis, há uma série de regulamentos a serem cumpridos, elaborados por órgãos como o CONAMA (os órgãos colegiados normalmente emitem "Resoluções" e "Deliberações"), Ministério do Meio Ambiente e Secretarias Estaduais e Municipais de Meio Ambiente (o Poder Executivo emite os "Decretos", os Ministros e Secretários emitem "Portarias", havendo neste caso uma subordinação; os atos de uma determinada autoridade não podem ser conflitantes com os atos de seus superiores). A União tem a responsabilidade de fixar as leis de caráter geral, complementadas por leis mais específicas dos Estados e Municípios. Lembramos que, entre leis não existe uma hierarquia, cada uma tendo a sua força, sendo necessário cumprir aquela que seja mais restritiva, pois ela conterá a outra (por exemplo, uma lei municipal poderá ser mais restritiva do que a lei federal sobre o mesmo assunto, tendo necessariamente que ser obedecida naquela área de jurisdição, ou seja, o município).

A par da ocorrência de leis específicas e pouco integradas entre si, um fato jurídico muito importante foi a promulgação da Lei nº 6.938 de 31 de agosto de 1981, com o estabelecimento da Política Nacional de Meio Ambiente, onde estão estabelecidos princípios e objetivos bem definidos. Foi instituído o SISNAMA e o CONAMA (já mencionados anteriormente), sendo criados instrumentos de Política Ambiental, que inibem a ação predatória das atividades humanas:
- estabelecimento de padrões de qualidade ambiental (sobretudo qualidade do ar);
- zoneamento ambiental (evita o mau uso da propriedade);
- avaliação de impactos ambientais (evita a implantação de certas atividades);
- licenciamento e revisão de atividades efetiva ou potencialmente poluidoras.

Um dos fatores mais importantes no Direito Ambiental no Brasil foi a promulgação da Lei nº 7.347 de 24 de julho de 1985, que definiu um instrumento processual para defender o cidadão em relação a ações lesivas de outros quanto ao meio ambiente. As multas administrativas eram de valor muito baixo, ficavam desvalorizadas rapidamente com a inflação exagerada, nessa época, sendo impotentes para coibir as ações do poluidor, pois o lucro obtido com a atividade cobria qualquer valor imputado ao infrator. Essa lei deu legitimidade ao Ministério Público, União e Estados para ingressarem em Juízo em defesa da preservação ambiental. Foi ela, também, quem determinou a reparação do dano causado ao meio ambiente pelo infrator. Junto com a Constituição de 1988, essa lei reforçou as ações contra os poluidores.

Em todas as constituições anteriores à de 1988 não há uma única menção ao assunto "Meio Ambiente". Porém, constata-se que esta última Constituição Federal (de 5 de outubro de 1988), possivelmente inspirada pela lei 6.938/81 traz uma parte (Título VIII) especialmente dedicada ao meio ambiente, além desse tema constar também de outros capítulos.

O Art. 225 da Constituição estabelece que:

> *"Todos têm direito ao meio ambiente ecologicamente equilibrado, <u>bem de uso comum do povo</u> e essencial à sadia qualidade de vida, impondo-se ao Poder Público e à coletividade o dever de defendê-lo e preservá-lo para as presentes e futuras gerações."* (o grifo foi nosso).

Entre outras incumbências enumeradas para o Poder Público (Art. 225 § inciso IV), está a de:

> "exigir, na forma da lei, para instalação de obra ou atividade potencialmente causadora de significativa degradação do meio ambiente, estudo prévio de impacto ambiental, a que se dará publicidade".

Constata-se, assim, que o Brasil é um dos poucos países do mundo em que a própria Constituição estabelece a obrigatoriedade da realização de um Estudo de Impacto Ambiental antes da aprovação de empreendimentos que apresentam riscos reais ou potenciais de degradação ambiental.

Outro fato interessante é que o Brasil foi um dos primeiros países a adotar o mecanismo de consulta pública formal para emitir as autorizações de funcionamento de empresas com potencial de poluição ou riscos ao meio ambiente.

Citando-se algumas das fontes mais importantes para o direito ambiental e regulamentos de grande repercussão, temos:

a) Constituição Federal de 1988 (Título VIII – Artigo 225 "Do Meio Ambiente");

b) Constituições Estaduais;

c) Lei Federal nº 6.938/81 (31/8/81), que estabeleceu a Política Nacional do Meio Ambiente e o SISNAMA;

d) Decreto Federal nº 88.351/83, que regulamentou a lei 6.938 e fixou os procedimentos gerais para a realização das Análises de Impactos Ambientais e regras para o licenciamento de atividades;

e) Lei Federal nº 7.347, de 24/07/85 (Lei da Ação Civil Pública), que disciplina a ação civil pública por danos causados ao meio ambiente, ao consumidor, a bens e aos direitos de valor artístico, estético, histórico, turístico e paisagístico;

f) Resolução nº 001/86 de 26/01/86 do CONAMA, que estabelece a abrangência e as diretrizes para os órgãos estaduais de Meio Ambiente, IBAMA etc., no tocante à elaboração do EIA e ao licenciamento;

g) Resolução nº 006/88 de 15/06/88 do CONAMA, que exige que as empresas elaborem inventários de seus resíduos, e estabelece regras especiais para obras de grande porte relacionadas à geração de energia elétrica;

h) Resolução CONAMA nº 009/87 de 3/12/1987, que disciplina a realização das audiências públicas previstas na Resolução nº 001/86. O seu artigo 2º estabelece que "sempre que julgar necessário, ou quando for solicitado por entidade civil, pelo Ministério Público, ou por 50 ou mais cidadãos, o Órgão de Meio Ambiente promoverá a realização de audiência pública";

i) Decreto Federal nº 99.274 de 06/06/90, que fez alterações no Decreto 88.351/83 e reafirmou os requisitos de realização de Análise de Impactos Ambientais e de Licenciamento prévio a qualquer construção ou ampliação de atividades potencialmente causadoras de impactos ambientais;

j) Lei nº 6.803/80, que dispõe sobre as diretrizes básicas para o zoneamento industrial nas áreas críticas de poluição;

k) Decreto nº 92.752 de 05/06/86, que aprova o Programa de Ações Básicas para a Defesa do Meio Ambiente;

l) Lei nº 9.605 de 13/02/98, que dispõe sobre as sansões penais e administrativas derivadas de condutas e atividades lesivas ao meio ambiente;

m) Decreto nº 3.179 de 21 de outubro de 1999, aprovando a Lei 9.605/98;

n) Outras leis, regulamentos e decretos de referência:

- Resoluções nº 5/87 (06/06/87), 6/86 (24/01/86), 6/87 (16/9/87), 15/89 (07/12/89), 19/89 (07/12/89), 1/90 (04/01/90) e 357/2005 do CONAMA;
- Lei nº 7.486 de 06.06.86;
- Decreto nº 95.733 de 12.02.88;
- Decreto nº 92.302 de 16.01.86.

Em São Paulo, cabem ser citadas:

a) Lei estadual nº 997/76, regulamentada pelo Decreto Estadual nº 8.468/76, que dispõe sobre o controle da poluição do meio ambiente, fixa multas e, em seu Regulamento estabelece a competência da CETESB, Companhia Estadual de Tecnologia de Saneamento Básico e de Defesa do Meio Ambiente, além de estabelecer os padrões de qualidade das águas, padrões de qualidade do ar;

b) Constituição Estadual de 1989, artigo 192, que institui a exigência da Licença Ambiental, exigindo a aprovação de estudo prévio de impacto ambiental para obras, processos, atividades e demais empreendimentos potencialmente degradadores do meio ambiente (do setor privado e também do setor público); Resolução SMA 42/94 referente ao Relatório Ambiental Preliminar e Termo de Referência;

c) Decreto nº 59.113, de 23.4.2013, do Estado de São Paulo, que estabelece novos padrões de qualidade do ar e dá providências correlatas;

d) No município de São Paulo, Lei nº 10.365 de 23.9.1987, que disciplina sobre o corte e a poda de vegetação arbórea e os Decretos nº 36.613 de 6.12.1996 e 34.713 de 30.11.1994 sobre o "Relatório de Impacto de Vizinhança".

A legislação brasileira atribui ao gerador do resíduo uma responsabilidade ilimitada no tempo, até que este seja destruído. Qualquer consequência do resíduo (indenizações a vítimas, responsabilidade pela recuperação de áreas e correções) será da responsabilidade do gerador. Mesmo quando o resíduo é enviado a um aterro industrial continua uma participação da responsabilidade do gerador até o prazo de 20 anos após a desativação do aterro. Outro tópico previsto em lei é que o proprietário da empresa responde pelos atos de seus empregados (prepostos), já que ele aufere lucro com a atividade da empresa (existe uma relação de causa e efeito entre a atividade da empresa e o prejuízo ambiental causado).

Antes da Constituição de 1988, cabia a qualquer cidadão procurar a justiça contra o poluidor. Ou seja, além das dificuldades burocráticas, este cidadão tinha que arcar com os custos de advogados, custos de peritos para opinar tecnicamente sobre as emissões e, se perdesse a causa (demanda), tinha que arcar com o ônus da sucumbência (pagar o advogado de outra parte e as custas do processo). Ou seja, era um grande risco, sendo muito pouco provável a situação em que alguém se dispusesse a defender o que hoje é citado como um "bem comum". A Constituição de 1988 mudou radicalmente isso, pois em seu Artigo 129 estabelece como uma das funções do Ministério Público (item III):

> *"promover o inquérito civil e a ação civil pública, para a proteção do patrimônio público e social, <u>do meio ambiente</u>* (grifo nosso) *e de outros interesses difusos e coletivos".*

Essa atividade engloba tanto agir contra o poluidor, como contra o agente público que deixar de cumprir com suas funções (é interpretado que o agente público não pode, usando de discricionariedade, desviar-se do interesse público, como, por exemplo, quando uma determinada Secretaria de Meio Ambiente resolve dispensar a realização de um EIA para licenciar uma atividade para a qual seja previsto tal procedimento).

Cabe ressaltar um aspecto bastante importante do nosso direito ambiental, que é aquele que define que a responsabilidade ambiental é objetiva, ou seja, (Art. 14 da Lei nº 6.938, de 31.8.1981), além das penalidades previstas, "o poluidor é obrigado, *independentemente de existência de culpa*, a indenizar ou reparar os danos causados ao meio ambiente e a terceiros, afetados por sua atividade". Por exemplo, um acidente em uma indústria química ou um vazamento em um oleoduto serão de responsabilidade das empresas que exploram aquela atividade, independentemente do fato (acidente) poder ter sido causado por causa desconhecida e não previsível, ou por uma obra de uma construtora de estrada que perfurou o duto.

Em alguns Estados, quando o volume de trabalho é grande, existe a Promotoria do Meio Ambiente (antigamente chamada de Curadoria do Meio Ambiente), ou seja, um promotor exclusivamente encarregado das agressões ao meio ambiente (zelar pelo cumprimento das leis ambientais). As condenações judiciais em dinheiro devem constituir

> *"um fundo gerido por um Conselho Federal ou por Conselhos Estaduais de que participarão necessariamente o Ministério Público e representantes da comunidade, sendo seus recursos destinados à reconstituição dos bens lesados"* (Art. 13 da Lei 7.347, de 24.7.1985).

Um ponto que ainda não está bem definido refere-se à punibilidade de pessoas jurídicas, pois o nosso direito penal somente atinge pessoas físicas, dentro da máxima latina *"Societas delinquere non potest"*. Curiosamente, a única exceção que conhecemos sobre essa regra, ocorre na área ambiental, pois a Constituição de 1988 permite alcançar a pessoa jurídica como sujeito ativo de crime ecológico (Art. 225 § 3º – *"As condutas e atividades consideradas lesivas ao meio ambiente sujeitarão os infratores, pessoas físicas ou jurídicas, a sansões penais e administrativas, independentemente da obrigação de reparar os danos causados"*), o que ainda não foi disciplinado por lei ordinária. A Lei nº 9.605/98 deixa ainda mais clara essa responsabilidade, quando ela coloca em seu Artigo 3º:

"As pessoas jurídicas serão responsabilizadas administrativa, civil e penalmente conforme o disposto nesta lei, nos casos em que a infração seja cometida por decisão de seu representante legal ou contratual, ou de órgão colegiado, no interesse ou benefício da sua entidade".

A Lei nº 9.605, de 13.3.1998, também chamada de Lei de Crimes Ambientais trouxe muitas inovações.

As penas previstas para as pessoas jurídicas nessa Lei (arts. 21 e 23 da Lei nº 9.605/98), são:

I – Multa.

II – Restritivas de direito.

a) suspensão total ou parcial de atividades;

b) interdição temporária de estabelecimento, obra ou atividade;

c) proibição de contratar com o Poder Público, bem como dele obter subsídios, subvenções ou doações.

III – Prestação de serviços à comunidade: custeio de programas e de projetos ambientais; execução de obras de recuperação de áreas degradadas; manutenção de espaços públicos; contribuições a entidades ambientais ou culturais, públicas.

IV – Pena de perda de bens e valores

Para as pessoas físicas, a mesma lei prevê:
I – privativas da liberdade (art. 13 da Lei nº 9.605/98) – aplicadas em caráter excepcional.

II – Restritivas de direito (arts.7 a 13 da Lei nº 9.605/98).

a) prestação de serviços à comunidade;

b) interdição temporária de direitos;

c) suspensão total ou parcial de atividades;

d) prestação pecuniária (entre 1 e 360 salários mínimos).

Outras inovações importantes da lei n° 9.605/98 são:
- A legislação ambiental foi consolidada; as penas passaram a ter uma uniformização e graduação adequadas. As infrações foram claramente definidas;
- As empresas podem ser objeto de uma liquidação forçada, no caso de serem criadas e/ou utilizadas para permitir, facilitar ou ocultar crime definido na lei, sendo seu patrimônio transferido para o Fundo Penitenciário Nacional;
- A punição de infratores pode ser suspensa (*sursis*), em certos casos, com apresentação de laudo que comprove a recuperação do dano ambiental;
- A partir da constatação do dano ambiental, as penas alternativas ou a multa podem ser aplicadas imediatamente;
- Produtos e subprodutos da fauna e flora podem ser doados a instituições científicas, culturais ou educacionais, ou destruídos, e os instrumentos utilizados na infração podem ser vendidos, garantida a sua descaracterização por meio de reciclagem;
- Matar, perseguir, caçar animais da fauna silvestre, continua sendo crime. No entanto, a lei descriminaliza o abate em situações onde ele seja feito para saciar a fome do agente ou da sua família (estado de necessidade), tratando-se de animais nocivos, ou se ele estiver dizimando lavouras, pomares e rebanhos;
- Praticar atos de abuso e maus tratos a animais silvestres, domésticos, domesticados, nativos ou exóticos, passam a ser crime;

- Experiências dolorosas ou cruéis em animal vivo, ainda que para fins didáticos ou científicos são consideradas crimes, quando existirem recursos alternativos;
- Pescar com utilização de explosivos ou substâncias tóxicas conduzem a pena de reclusão de 1 a 5 anos;
- Provocar incêndio em mata ou floresta, sujeita à reclusão e multa;
- Fabricar, vender, transportar ou soltar balões, que possam provocar incêndios nas florestas, matas e em áreas urbanas, sujeita à detenção e multa;
- Destruir, danificar, lesar ou maltratar plantas de ornamentação de logradouros públicos ou em propriedade privada alheia, é crime punido com detenção, multa ou ambas;
- Construir, reformar, ampliar, instalar ou fazer funcionar estabelecimentos, obras ou serviços potencialmente poluidores, sem licença ou autorização dos órgãos ambientais, sujeita a detenção, multa ou ambas;
- Pichar, grafitar ou, por outro meio, conspurcar edificação ou monumento urbano, sujeita o infrator a até um ano de detenção e multa;
- Comprar, vender, transportar, armazenar madeira, lenha ou carvão, sem licença da autoridade competente, sujeita o infrator a até 01 (um) ano de prisão e multa;
- Funcionário público que fizer afirmação falsa, enganosa, omitir a verdade, sonegar informações ou dados técnico-científicos em procedimentos de autorização ou licenciamento ambiental, fica sujeito a pena de reclusão de até 03 (três) anos; a mesma pena pode ser aplicada se o funcionário público conceder licença, autorização ou permissão em desacordo com as normas ambientais;
- A multa administrativa varia de R$ 50,00 (cinquenta reais) a R$ 50.000.000,00 (cinquenta milhões de reais).

Conforme comentamos no Capítulo 5, é importante realizar o acesso à legislação, para ver a sua aplicabilidade à empresa ou organização. O site www.planalto.gov.br/legislacao, bem como o site do Conama (www.conama.mma.gov.br) ou literatura jurídica especializada podem auxiliar bastante nesta importante tarefa. Portanto, a necessidade de que o usuário realize uma pesquisa detalhada para cada necessidade específica.

6.4 – LICENCIAMENTO AMBIENTAL

A Lei da Política Nacional do Meio Ambiente (6.938/81) e a Constituição Federal de 1988 (Art. 225) exigem a realização de estudos de impacto ambiental e o licenciamento de atividades potencialmente perigosas, requerendo-se essa licença ao órgão ambiental federal (IBAMA), estadual (SMA) ou municipal, conforme o caso. Uma série grande de empreendimentos requerem essa licença para que possam ser construídos e operados, o que será apresentado mais adiante.

A Resolução CONAMA 001/86 de 26.1.1986, no seu artigo 4º estabelece que:

> "Os órgãos setoriais (nível estadual) do SISNAMA (Sistema Nacional do Meio Ambiente) deverão compatibilizar os processos de licenciamento com as etapas de planejamento de implantação das atividades modificadoras do ambiente".

O processo de licenciamento inicia-se com a "Consulta Prévia", seguido das obtenções da "Licença de Instalação" e da "Licença de Operação".

CONSULTA PRÉVIA:
É feita uma solicitação de licença à Secretaria do Meio Ambiente (SMA) do Estado pelo empreendedor. O órgão ambiental faz, então, uma primeira avaliação sobre a possibilidade de implantar o empreendimento no local pretendido, e informa esse resultado ao solicitante. Nessa ocasião, é também decidida a necessidade, ou

não, da apresentação de estudos de impacto ambiental (EIA-RIMA), dependendo dos problemas (impactos) ambientais que poderiam ser potencialmente causados pelo empreendimento.

LICENÇA PRÉVIA

O Decreto Federal nº 99.274, de 6.6.1990 estabelece que:

> *"A Licença Prévia (LP) será expedida na fase de planejamento de atividade, contendo requisitos básicos a serem atendidos nas fases de Instalação e Operação, observados os Planos Municipais, Estaduais ou Federais de uso do solo".*

Nesta fase o órgão ambiental recebe o EIA, contratado pelo empreendedor, realiza uma análise e, caso aprove, emite a Licença Ambiental Prévia (LAP).

LICENÇA DE INSTALAÇÃO

O Decreto Federal nº 99.274, de 6.6.1990 estabelece que

> *"A Licença de Instalação (LI) será expedida autorizando o início da implantação da atividade de acordo com as especificações constantes do projeto executivo ambiental aprovado".*

Pré-requisitos para a Licença de Instalação:
- ter apresentado, junto com o pedido, o "Memorial de Caracterização do Empreendimento" (MCE), que descreve:
  - o processo;
  - equipamentos a instalar;
  - atividades que serão realizadas;
  - combustíveis que serão utilizados;
  - efluentes gerados e plano de disposição de resíduos (se houver resíduos perigosos, ou que possam gerar danos ao meio ambiente).
- ter anunciado em jornal de grande circulação a solicitação da licença;

- comprovar o atendimento à legislação municipal sobre uso e ocupação do solo;
- ter aprovado o Estudo de Impacto Ambiental.

Nesta fase serão realizadas as obras de implantação do empreendimento, sendo então solicitada a Licença de Operação.

LICENÇA DE OPERAÇÃO ou FUNCIONAMENTO

O Decreto Federal nº 99.274, de 6.6.1990 estabelece que:

> *"A Licença de Operação (LO) será emitida autorizando após as verificações necessárias, o início da atividade licenciada e o funcionamento de seus equipamentos de controle de poluição, de acordo com o previsto nas Licenças Prévias e de Instalação".*

Essa licença é concedida quando:
- a instalação já estiver pronta, em condições de operar;
- tenha sido verificada a conformidade com aquilo que foi previsto na concessão da Licença de Instalação.

A Licença de Operação pode ser concedida em caráter provisório, por um prazo definido, para que possam ser comprovados os resultados reais no funcionamento da instalação. Findo o prazo e atendidos os padrões legais, é concedida a licença definitiva de funcionamento.

Com a LO, a unidade poderá operar sem restrições (licenciamento definitivo ou provisório, neste último caso se for considerada a existência de grandes riscos).

6.5 – AVALIAÇÃO DE IMPACTO AMBIENTAL (AIA)

Impactos Ambientais – são quaisquer mudanças que ocorrem no meio ambiente como resultado das atividades da organização, ou seja, modificações nas propriedades químicas, físicas e biológicas dos elementos componentes dos ecossistemas.

Pela definição da Resolução CONAMA nº 001 de 23.1.1986, Art. 1º, **impacto ambiental** é qualquer alteração das propriedades físicas, químicas e biológicas do meio ambiente, causada por qualquer forma de matéria, resultante das atividades humanas que, diretamente ou indiretamente afetam:

I) a saúde, a segurança e o bem-estar da população;
II) as atividades sociais e econômicas;
III) a biota;
IV) as condições estéticas e sanitárias do meio ambiente;
V) a qualidade dos recursos ambientais."

A Avaliação de Impacto Ambiental é, hoje, considerada uma técnica de identificação de riscos e um instrumento de **prevenção** de danos ambientais, pois ela conduz a um processo formal cuidadoso de verificações e análises (procedimentos) da viabilidade ambiental, que irá melhor identificar o potencial de riscos dos empreendimentos (projetos, programas), antes de sua aprovação (razão para os estudos serem às vezes chamados de Estudos "Prévios" de Impacto Ambiental). O EIA não pode ser um entrave ao empreendimento, mas deve buscar a compatibilidade do desenvolvimento com a qualidade ambiental necessária. Cabe ao empreendedor, com essa avaliação, provar a "insignificância" do impacto ambiental.

Assim sendo, a AIA é um instrumento de planejamento, constituído por atividades eminentemente técnico-científicas, realizadas com a finalidade de identificar, prever e interpretar as repercussões e consequências sobre o meio ambiente das ações humanas previstas no projeto, e proporcionar elementos de análise que permitam concluir se os empreendimentos, além de serem justificados sob a ótica de viabilidade econômica e social, também são aceitáveis do ponto de vista do meio ambiente, ou seja, se a degradação ambiental causada pelo empreendimento não excede a certos limites toleráveis pela sociedade. A AIA tem uma segunda finalidade, muito importante, que é a de comunicar as conclusões da análise ao proponente do projeto, às autoridades encarregadas de tomar a decisão de aprovação ou não, e ao público em geral, ou seja, visa proporcionar uma transparência administrativa, permitindo a todos os envolvidos a possibilidade de conhecimento do projeto e suas repercussões, ressalvados os segredos tecnológicos.

As atividades de "Identificação", "Previsão" e "Interpretação" dos Impactos Ambientais são realizadas por meio do denominado "Estudo de Impacto Ambiental" (EIA). A função de "Comunicação" é realizada pelo "Relatório de Impactos sobre o Meio Ambiente" (RIMA).

Embora exista uma forma geral, cada país possui procedimentos ligeiramente diferentes de tramitação das AIA. Os procedimentos determinam a necessidade ou não de realizar as AIA, a necessidade de termos de referência (documento a ser comentado mais adiante, neste livro), a forma de participação do público (audiências públicas), a forma como é tomada a decisão de aprovar, ou não, a licença do empreendimento.

Será apresentado, a seguir, um modelo genérico do processo completo de realização de uma Avaliação de Impacto Ambiental de um empreendimento, composto de 8 etapas:

1ª etapa: **triagem** (na literatura internacional conhecida como "*screening*").

Nessa etapa, é identificada a necessidade, ou não, da realização de uma AIA completa para aquele empreendimento específico. Por exemplo, para a construção de uma fábrica de produtos químicos perigosos, de uma usina hidrelétrica, de uma grande rodovia, a necessidade de realização da AIA é bastante evidente. Para a construção de uma oficina mecânica de fundo de quintal, de uma rodovia vicinal, a resposta provavelmente seria não. Para definir essa escolha, a resolução CONAMA nº 001/86 apresenta uma lista de obras e empreendimentos que requerem uma AIA (por exemplo, usinas hidroelétricas com potência superior a 10 MW). Outras regulamentações definiram essa necessidade para obras e empreendimentos a serem instalados em regiões sensíveis (por exemplo, em regiões de patrimônio espeleológico – cavernas).

Em São Paulo, existem requisitos adicionais para a triagem dos empreendimentos, através da Deliberação 22/93 do CONSEMA e Resolução SMA 26/93. Há a necessidade de um licenciamento pela CETESB desde 1976 para uma série de atividades consideradas poluidoras.

2ª etapa: estabelecimento do **escopo** do Estudo de Impacto Ambiental – EIA (*"scoping"*).

O produto que passa a existir como resultado desta fase são os denominados "termos de referência" do empreendimento. Esses "termos" são específicos para cada empreendimento, sendo uma especificação detalhada daquilo que será o conteúdo dos EIA. Existem alguns critérios gerais que estabelecem o conteúdo mínimo dos termos de referência, porém conforme exposto, eles são específicos para cada tipo de empreendimento. O "termo de referência" é, na realidade, uma "negociação" do conteúdo do EIA, pois ele deveria ser elaborado pelo órgão ambiental (SMA, IBAMA ou SMA municipal, conforme a situação) e encaminhado ao empreendedor. Porém, como estes órgãos vêm passando hoje por alguns problemas conjunturais e falta de pessoal (proibição de concursos públicos, aposentadorias, aumento da atividade industrial) é comum que o documento seja apresentado como minuta ao órgão ambiental pelo empreendedor. Caso concorde, o órgão ambiental o restitui, aprovado, ao empreendedor.

Esta fase é considerada muito importante para a realização do processo de AIA com sucesso.

3ª etapa: elaboração do **Estudo de Impacto Ambiental (EIA).**

A preparação do EIA é a etapa de maior conteúdo técnico-científico, e que consome mais tempo e recursos, de todo o processo de AIA. Esse Estudo apresenta a identificação dos impactos ambientais, a previsão da magnitude desses impactos e a avaliação de sua importância.

O conteúdo mínimo desse estudo é o seguinte:
- descrição do empreendimento;
- análise da legislação pertinente;

- descrição de alternativas tecnológicas e da localização do empreendimento (inclusive da não realização);
- diagnóstico ambiental da área de influência do projeto;
- análise dos impactos ambientais do projeto e de suas alternativas: positivos e negativos, diretos ou indiretos, imediatos ou de médio e de longo prazo, temporários ou permanentes;
- proposição de medidas mitigadoras, ou seja, definição das medidas corretivas que reduzam as consequências dos efeitos negativos;
- potencialização dos impactos positivos;
- programa de acompanhamento e monitoramento dos impactos.

4ª etapa: elaboração do **Relatório de Impacto Ambiental (RIMA)**

Como foi exposto, o RIMA é o documento que visa comunicar ao público as principais conclusões do EIA.

Como público, entendem-se todas as partes interessadas (comunidade, órgãos ambientais, ONGs etc.), todos, exceto o proponente e quem elaborou o EIA. As partes interessadas incluem a população atingida, grupos de interesse, técnicos do governo que irão rever o EIA-RIMA, membros do CONSEMA e SMA. A decisão de aprovar, ou não, será tomada com um compromisso (*trade-off*) entre os aspectos positivos e negativos do empreendimento.

O RIMA não deve ser considerado um documento com grande conteúdo técnico, pois se destina a um público não técnico, preservando segredos tecnológicos ou de processos da empresa.

5ª etapa: **revisão** (análise) do EIA-RIMA pelo órgão governamental responsável pela implementação do processo de Avaliação de Impacto Ambiental.

No Brasil essa função é atribuída aos órgãos estaduais de meio ambiente e, em caráter supletivo, ao órgão ambiental federal (IBAMA).

Os objetivos da revisão do EIA-RIMA consistem em verificar a conformidade, ou não, dos estudos, com as diretrizes estabelecidas pelo "termo de referência", ou se este não existir (casos simples para os quais a SMA dispensou a sua realização), com as diretrizes gerais estabelecidas pela regulamentação.

Nesse trabalho de análise, por solicitação, pode haver a assistência de outros órgãos especializados da administração pública (Patrimônio Cultural, Departamento de Águas etc.).

Normalmente, os revisores preocupam-se com os aspectos técnicos dos estudos (adequação do diagnóstico ambiental, métodos utilizados para a previsão da magnitude dos impactos, medidas mitigadoras, plano de monitoramento proposto etc.). O objetivo é analisar a qualidade do EIA, e não o mérito do empreendimento que se deseja licenciar.

Como resultado dessa revisão do EIA-RIMA, podem ocorrer três possibilidades:
- aprovação, situação em que se poderá passar à etapa de consulta pública;
- exigências de complementação ou de modificação;
- recusa, motivada por documentos mal elaborados, situação em que não adiantaria realizar as complementações.

6ª etapa: **consulta pública** sobre o empreendimento em análise e sobre os estudos apresentados.

No Brasil, essa consulta é realizada por meio de uma audiência pública. Ela é feita com dois objetivos:
- informar o público sobre o projeto e seus impactos, de modo que os interessados (população próxima à empresa e outros), tenham oportunidade de expor suas dúvidas sobre o empreendimento e vê-las esclarecidas;
- informar aos responsáveis pela decisão e ao proponente do projeto as expectativas e eventuais objeções do público (para serem consideradas como um dos critérios de decisão).

Conforme foi mencionado, a legislação ambiental brasileira é considerada avançada, porém constata-se que em alguns países, o processo de licenciamento parece ser realizado de uma forma mais eficiente. Nesses países, são realizadas audiências prévias, antes da elaboração do EIA (contribuem para a elaboração de seus "termos de referência"), reuniões de acompanhamento dos estudos, assistências técnicas e financeiras para aparelhar e assessorar o público, entre outras ações.

7ª etapa: **Decisão** quanto à aprovação do empreendimento, pelo órgão ambiental.

Os resultados podem ser:
– aprovação incondicional do empreendimento;
– reprovação do empreendimento nas condições em que foi proposto;
– aprovação condicional ou parcial, com ressalvas a serem cumpridas.

8ª etapa: acompanhamento da **implementação** do empreendimento e de seus programas de atenuação e compensação de impactos:

Este acompanhamento é realizado pelo proponente do projeto, por meio de auditorias ambientais, feitas periodicamente, e pelos órgãos governamentais de fiscalização, por meio de inspeções e fiscalização.

Na realidade, apesar das dificuldades burocráticas relacionadas à preparação de documentos complexos, trabalhos na preparação de audiências públicas, bem como dos custos eventualmente elevados, existem inegáveis vantagens em se percorrer essas etapas e realizar uma AIA, quais sejam:
– trata-se, para as autoridades, de um instrumento de apoio à decisão. Há muito mais segurança ao administrador público, de que ele está aprovando um empreendimento que não irá posteriormente trazer problemas ao meio ambiente e às populações vizinhas. Frequentemente existem queixas de que "muitas decisões já haviam sido tomadas anteriormente", e que os empreendimentos (sobretudo governamentais) só cumprem a AIA como formalismo, porém observa-se, hoje, uma grande seriedade no tratamento da questão, até mesmo pelos riscos de descumprimento da Lei de Crimes Ambientais. Além disso:

- muitos projetos são modificados, como resultado da AIA, minorando os impactos ambientais;
- outros projetos são descontinuados, em vista da constatação, graças à análise, dos riscos ambientais envolvidos (por exemplo, foi interrompido o projeto da termoelétrica de Paulínia, que utilizaria um combustível altamente poluente);
- esse processo influencia decisões sobre os empreendimentos (planos empresariais e planos governamentais), permitindo que exista uma maior reflexão sobre os projetos aqui estudados, sob a ótica ambiental;
- trata-se de um instrumento de ajuda à concepção de projetos;
- proporciona a introdução do critério ambiental como elemento de decisão, juntamente com os outros critérios, técnicos e econômicos;
- trata-se, efetivamente, de um instrumento de gestão ambiental, permitindo identificar e corrigir os aspectos negativos e valorizar os positivos, além de assegurar que os aspectos identificados pelo público nas audiências públicas (e não somente pelos elaboradores) sejam considerados no projeto.

A AIA deve ser elaborada em paralelo com as fases de concepção e detalhamento do projeto, e não após a conclusão dessas fases, pois se for constatado que o projeto é inviável do ponto de vista ambiental, as construções nem chegarão a ser realizadas.

OUTROS COMENTÁRIOS SOBRE O EIA

É bastante usual que a realização dos Estudos de Impacto Ambiental seja contratada pelo empreendedor a empresas especializadas no assunto, que montam uma "equipe multidisciplinar habilitada", para estar de acordo com o Art. 7º da Resolução CONAMA nº 001/86. Segundo esse mesmo artigo, é exigido que os componentes dessa equipe tenham independência em relação aos proponentes do projeto, para assegurar a adequada imparcialidade. Estes especialistas, por sua vez, precisam estar inscritos no Cadastro Técnico Federal de

Atividades e Instrumentos de Defesa Ambiental, sob administração do IBAMA (Resolução 001/86).

Na verdade, acreditamos que a independência desses profissionais, em relação ao empreendedor seja bastante relativa, pois não há independência econômica e jurídica entre o contratante de um serviço e o contratado. Parece-nos mais recomendável que o estudo seja feito em parceria entre os consultores especializados (já que é pouco provável que a própria empresa, futura proprietária do empreendimento, tenha profissionais especializados em todas as áreas envolvidas em um EIA) e técnicos da própria empresa que conhecem bem o próprio empreendimento e todos os processos envolvidos. Não há nenhuma razão lógica para se dispensar o conhecimento desses profissionais, que são provavelmente os maiores conhecedores dos detalhes do empreendimento e suas repercussões ambientais, com as vantagens de reduzir custos de consultorias, obter uma melhor qualidade do trabalho e, muito importante, agregar uma responsabilidade muito maior à empresa no futuro, na ocorrência indesejável de incidentes e acidentes ambientais. A empresa contratada para realização do EIA, dificilmente responde criminalmente por erros ou omissões que venham a causar, futuramente, danos ambientais, muito embora, constatando-se a existência de uma falha técnica na realização da tarefa, o empreendedor poderá acionar regressivamente o contratado para se ressarcir dos prejuízos a ele inicialmente imputados (pois é a ele que foi, inicialmente, imputada a culpa, já que ele obtém os benefícios da atividade).

A legislação atual já permite que o próprio empreendedor realize, ele próprio, os Estudos de Impacto Ambiental.

<u>Diretrizes gerais para a elaboração do EIA:</u> (Resolução CONAMA 001/86)

 I - Contemplar as alternativas tecnológicas e de localização do projeto, confrontando-as com a hipótese de sua não execução;

 II - Identificar e avaliar sistematicamente os impactos ambientais gerados nas fases de implantação e operação da atividade;

III - Definir os limites de área geográfica a ser direta ou indiretamente afetada pelos impactos, denominada área de influência do projeto, considerando, em todos os casos, a bacia hidrográfica na qual se localiza;

IV - Considerar os planos e programas governamentais propostos e em implantação na área de influência do projeto, e sua compatibilidade.

Conteúdo mínimo do EIA: (Resolução CONAMA 001/86)
I - Diagnóstico ambiental da área de influência do projeto (inventário anterior à realização do empreendimento);

II - Análise dos impactos ambientais;

III - Definição de medidas mitigadoras. Classificadas quanto:

a) à sua natureza preventiva ou corretiva;

b) à fase do empreendimento em que deverão ser adotadas;

c) ao fator ambiental a que se destinam: físico, biológico ou socioeconômico;

d) ao prazo de permanência de suas aplicações: custo, médio ou longo;

e) à responsabilidade pela implementação: empreendedor, poder público ou outros;

f) ao seu custo;

IV - Programa de acompanhamento e monitoramento dos impactos ambientais.

Conteúdo Mínimo do RIMA (Resolução CONAMA 001/86)
- objetivos e justificativas do projeto, sua relação e compatibilidade com as políticas setoriais, planos e programas governamentais;
- descrição do projeto e suas alternativas tecnológicas e locacionais, especificando para cada uma delas, nas fases de construção e operação:
- área de influência, matérias-primas, mão de obra, fontes de energia, processos e técnicas operacionais, efluentes, emissões e resíduos, perdas de energia, empregos diretos e indiretos a serem gerados, relação custo-benefício dos ônus e benefícios sociais/ambientais.
- síntese do diagnóstico ambiental da área de influência do projeto;
- descrição dos impactos ambientais;
- caracterização da qualidade ambiental futura da área de influência;
- descrição do efeito esperado das medidas mitigadoras previstas em relação aos impactos negativos;
- recomendações quanto à alternativa mais favorável (conclusões e comentários de ordem geral).

ANEXO A – CONCEITOS BÁSICOS DE CIÊNCIA AMBIENTAL

O propósito deste capítulo é apresentar os conceitos básicos ligados à ciência ambiental e ecologia, visando comentar, de forma resumida, os fenômenos ligados aos componentes da natureza, os ciclos de alguns dos elementos presentes, os relacionamentos dos seres vivos com o meio ambiente e algumas definições básicas, para uniformizar uma "linguagem ambiental".

A.1 – DEFINIÇÕES

Ecologia – é uma palavra originária do grego e que significa "ciência do habitat", ou "ciência das relações dos seres vivos com o meio ambiente". Os conceitos de ecologia têm sido cada vez mais utilizados, principalmente para analisar, ou procurar explicar em como a natureza é prejudicada como consequência das agressões cometidas pela ação do homem ou dos desastres ambientais.

Ecossistema – é o relacionamento existente entre os organismos vivos de uma determinada área (plantas, animais, microrganismos) e o meio ambiente, levando em consideração as cadeias alimentares, os fluxos de energia e a diversidade biológica. A definição das condições do ambiente inclui as condições atmosféricas (temperatura, quantidade de água, luz solar), elementos químicos presentes e outros fatores físicos aos quais os organismos estão expostos. Havendo um equilíbrio nesses relacionamentos, é assegurada a continuidade de existência do ecossistema, sendo quebrada como consequência de uma ação agressora externa ou a predominância de algum fator em detrimento de outros. Na maioria dos ecossistemas o equilíbrio é bastante instável.

Biosfera – é a parte da superfície da Terra e da atmosfera onde habitam os seres vivos. Trata-se de uma lâmina muito pequena no solo, águas ou atmosfera (no máximo cerca de 20 km de espessura), em vista do diâmetro da Terra (aproximadamente 6.400 km).

Biota – é o conjunto de plantas e animais que habitam uma determinada região da biosfera.

Poluição Ambiental – é definida como sendo qualquer ação ou omissão do homem que, através da descarga de material ou energia sobre os elementos da natureza tais como as águas, o solo e o ar, causem um desequilíbrio prejudicial ao meio ambiente.

Preservação ambiental – é uma atitude que se refere à intocabilidade da natureza e dos ecossistemas pelo homem, que se priva de utilizar os recursos naturais existentes na área considerada. A preservação ambiental é obrigatória em algumas áreas selecionadas e delimitadas por lei (Áreas de Preservação Ambiental), em se admitindo que, nessas áreas, ocorrendo a utilização dos recursos existentes (madeiras, água etc.), haverá um rompimento do equilíbrio existente (considerado frágil) e aqueles recursos não poderão mais se recompor, havendo degradação ambiental.

Conservação ambiental – é uma atitude que se refere à permissão de utilização dos recursos que constituem o ecossistema de uma forma controlada, de forma que ocorra a sua recomposição de modo natural ou induzido pela ação humana (reflorestamento, por exemplo).

A seguir, serão apresentados, resumidamente, alguns dos elementos básicos constituintes dos ecossistemas que são afetados pela ação humana em processos industriais, agrícolas, de mineração etc.

A.2 – ÁGUA

A água, conforme reconhecemos cada vez mais, é um elemento valioso e essencial à vida. Trata-se de um recurso natural cujo preço cada vez é mais elevado, principalmente nos países ricos, onde os custos de captação e tratamento são elevados (toda a água distribuída é potável e de boa qualidade). Em muitas regiões do mundo, a água (ou a falta d'água), tem provocado situações de crise, prevendo-se, inclusive, futuras guerras por sua disputa.

A água percorre um ciclo, iniciando pela evaporação de rios, oceanos e lagos (na verdade, o Sol atua como uma verdadeira bomba térmica), a seguir formando nuvens, completado com a água precipitando-se sob a forma de chuvas ou neve para a superfície da terra (solo ou mares, rios e lagos). A água das chuvas que cai sobre o solo irá, em sua maior parte, penetrar no terreno, normalmente formado por sedimentos de argila, areia e calcário, irá passar por uma região onde estão as raízes das plantas (sendo retida uma parte por tensão superficial, com parte sendo absorvida por essas raízes) e uma grande parte será conduzida para regiões mais profundas do subsolo até encontrar uma rocha impermeável. A água irá, então, se acumular sobre essa rocha, nos poros e fendas da rocha permeável, como se fosse uma esponja, formando os denominados "aquíferos". Dependendo da inclinação da rocha, ela irá escoar para regiões de nível mais baixo, em certos casos aflorando à superfície e formando riachos e rios. É interessante notar que a maior parte da água doce existente na terra (avalia-se como sendo 98%) está contida nos aquíferos (e não nos rios e lagos), que abastecem muitas cidades com poços. Na maioria dos casos a velocidade da água no subsolo é nula ou é muito baixa (da ordem de metros por ano), ao contrário da água na superfície, que escoa com velocidades da ordem de metros por minuto. Essa observação foi feita para lembrar que a contaminação do solo por resíduos tóxicos, conduzindo à contaminação dos aquíferos, pode ser muito difícil de ser remediada, pois a água está contida em pequenos poros na rocha, sendo difícil a remoção desses agentes.

Existem aquíferos de enorme extensão, com água armazenada há centenas, ou mesmo, milhares de anos. O aquífero de Botucatu, ou, como vem hoje sendo chamado, "aquífero Guarani ou do Mercosul", por exemplo, engloba uma extensa área com parte dos estados de São Paulo, Paraná, Santa Catarina, Rio Grande do Sul e Mato Grosso do Sul, além de incluir extensas regiões do Paraguai, Uruguai e da Argentina, cobrindo uma área de 1,6 milhão de km^2, com água armazenada desde cerca de 30000 AC.

A água do subsolo é atingida por poços normais ou profundos (denominados poços artesianos), com água de melhor qualidade, devido à menor contaminação superficial e maior filtragem do solo. Em alguns casos, quando a área abastecedora (local de reposição) do aquífero está em região mais elevada, a água desses poços está sob pressão, não necessitando de bombeamento para ser retirada.

A contaminação do solo com produtos líquidos ou sólidos lixiviáveis provoca a contaminação dos aquíferos, formando as chamadas "plumas" de contaminação. A forma e a extensão da pluma, dependem do produto considerado (densidade, solubilidade do produto na água etc.) e da velocidade de escoamento do aquífero. A primeira providência a ser realizada no trabalho de descontaminação é levantar esses fatores e realizar furos de exploração, delimitando a região afetada, bombeando-se a água para ser filtrada e posteriormente restituindo-a ao subsolo.

Embora estejamos mais acostumados a pensar que a contaminação das águas é quase sempre decorrente de processos industriais (principalmente de indústrias químicas), é importante lembrar que, provavelmente, o maior volume de contaminação vem como consequência de atividades como a mineração e a construção de obras civis (erosão do solo, arrastando sedimentos e nutrientes das camadas superficiais para os cursos d'água), da agricultura (erosão e transporte de pesticidas, defensivos agrícolas e fertilizantes para as águas) e de material orgânico proveniente de restos de alimentos e resíduos, produzidos pelo homem e resultado de criação de animais.

Um dos processos mais importantes de degradação das águas, consiste no fenômeno conhecido como "eutrofização". Sabe-se que a água de boa qualidade dos rios e lagos é pobre em nutrientes. As plantas que nascem no fundo (denominadas plantas "bentônicas", do grego *benthos*, que significa *profundo*) retiram seus nutrientes do solo, no leito dos rios e lagos, através das raízes. Essas plantas servem de alimentos para peixes e realizam fotossíntese através da luz do sol, que penetra na água, produzindo oxigênio, necessário para peixes, outros animais e plantas. Outro tipo existente de plantas são os "fitoplânctons", do grego *phyto* = planta e *plancton* = flutuante. Os fitoplânctons, entre os quais estão as algas azuis, retiram os nutrientes da própria água. O fenômeno da eutrofização inicia-se com o despejo de matéria orgânica na água, que é um material nutritivo para os fitoplânctons que, com o excesso de nutrientes, multiplicam-se de forma exagerada (algumas algas duplicam sua biomassa em 24 horas). Com esse aumento de fitoplânctons fica bloqueada a luz do sol, que não mais atingirá as plantas bentônicas, as quais não conseguem realizar a fotossíntese, faltando oxigênio nessa região, o que acarreta a morte de peixes, plantas e organismos. Nesse quadro, aumenta a quantidade dos microorganismos e bactérias que são consumidores dessa matéria morta, e que também consomem o que restou do oxigênio da água, e acabam morrendo, gerando uma água com gosto e odor desagradáveis e a morte do curso d'água ou lago. Os fitoplânctons, que chegam em certos casos a cobrir toda a superfície da água, bloqueando completamente a luz do sol, também geram oxigênio por fotossíntese, porém esse oxigênio fica restrito a uma região muito próxima da superfície, saturando-a e fazendo com que ele escape para o ar sob a forma de bolhas. Lembramos, também, que a difusão do oxigênio do ar na água é muito difícil de ser realizada, necessitando de turbilhonamento para ocorrer a mistura (cachoeiras, aeradores).

O fenômeno acima descrito aplica-se, dessa forma, bastante aos lagos e lagoas. Nos rios, verificamos que a maior parte da matéria orgânica é decorrente de despejos de esgotos domésticos, que acrescentam amônia e cloreto de sódio. O material orgânico, quando entra no sistema, sofre decomposição por processos físicos, químicos e biológicos, ocorrendo liberação de amônia e fosfato em grandes quantidades. Como a amônia é oxidada em nitrato, há um elevado consumo de oxigênio nesse processo, que acaba tendo sua concentração reduzida na água. Dessa forma, espécies mais sensíveis acabam se ressentindo da falta de oxigênio, caminhando para a extinção. Lembramos, também, que a amônia, em grande quantidade acaba não se oxidando, por deficiência de oxigênio, mas isso também é bastante prejudicial ao ecossistema, pois a amônia é tóxica à maior parte dos organismos.

O fenômeno de eutrofização pode também ser causado pelo acúmulo de sedimentos resultantes de erosão, deixando a água turva, e resultando, da mesma forma, no bloqueio da luz solar para as plantas bentônicas. É, principalmente por essa razão, que deve ser realizada a proteção das matas ciliares, em volta dos rios, de forma que elas sirvam de barreira aos sedimentos arrastados pelas águas de chuva, em um processo erosivo (além de servirem de barreira também a adubos e defensivos agrícolas). Outra consequência desse processo seria o assoreamento dos rios, resultante do desmoronamento das margens desprotegidas de vegetação, e sedimentos arrastados pelas águas de chuva.

A.3 – CICLOS DO OXIGÊNIO E DO CARBONO

Alguns dos maiores problemas ambientais atuais referem-se à poluição do ar, principalmente nas grandes cidades, como resultado da queima de combustíveis fósseis. É interessante, dessa forma, entendermos bem o processo de reciclagem que ocorre com o oxigênio do ar e com o carbono.

Podemos iniciar o ciclo com a queima de combustíveis em uma indústria, em veículos ou com a respiração de pessoas, plantas e animais, gerando gás carbônico (CO_2). O gás carbônico, no fenômeno de fotossíntese das plantas verdes (através da clorofila), juntamente com a água e em presença da luz solar (energia adicionada), irá produzir glucose (açúcar) para a planta e liberar oxigênio, através da seguinte reação (reação endógena, ou seja, com adição de energia):

$$6\ CO_2 + 6\ H_2O \xrightarrow{\text{luz do sol}} C_6H_{12}O_6 + 6\ O$$

Nas plantas, a glicose poderá se transformar em proteína, gordura, carboidratos e outros produtos, quando se ligar a outros elementos minerais obtidos no solo. Dessa forma são formados os tecidos das plantas, que serão consumidos pelos herbívoros e onívoros (entre os quais o homem). A queima desses materiais orgânicos nas células (oxidação muito lenta), irá liberar a energia requerida pelas células e pelo organismo para o seu funcionamento (bombeamento de sangue, funcionamento dos diversos órgãos), na chamada respiração celular, em uma reação inversa àquela apresentada (neste caso uma reação exógena, ou seja, com liberação de energia):

$$C_6H_{12}O_6 + 6\ O_2 \xrightarrow{\text{energia} \nearrow} 6\ CO_2 + 6\ H_2O$$

O CO_2 será restituído à natureza pela respiração, reiniciando-se o ciclo, enquanto a água será utilizada nas funções do organismo (alguns animais do deserto têm um metabolismo com maior aproveitamento dessa água, enquanto a maioria dos animais, entre os quais o homem, necessita de uma complementação externa constante).

Os carnívoros, por sua vez, obterão a energia de que necessitam (carbono) alimentando-se de herbívoros e, de outros carnívoros, dentro do processo de uma cadeia alimentar. Com a alimentação estamos, na realidade, aumentando a nossa energia potencial, que depois será transformada em energia cinética (lembrar da primeira lei da termodinâmica).

Lembramos, desta forma, de um dos princípios de sustentabilidade dos ecossistemas, qual seja, o de que "os ecossistemas utilizam a luz do sol como sua fonte de energia".

Na realidade, em nível celular, as trocas de energia verificam-se através das moléculas ATP e ADP+P. As células vivas absorvem, armazenam e transportam a energia em uma forma química chamada adenosina trifosfato (ATP), que é uma molécula rica em energia. Quando o ATP transfere essa energia para outras moléculas, ela se torna uma molécula pobre em energia, chamada adenosina difosfato (ADP), que pode agregar fosfato para se tornar novamente um ATP, quando absorve energia solar nas células verdes que realizam fotossíntese (plantas) ou energia química nas células animais.

Um dos problemas ambientais atuais mais sérios, refere-se à capacidade dos ecossistemas em efetuar a reciclagem do carbono e do oxigênio, conforme o ciclo apresentado. Com a queima de combustíveis fósseis, em escala crescente, e diminuição das florestas (embora seja importante lembrar que as algas no mar são grandes produtoras de oxigênio), observa-se um desequilíbrio nas massas envolvidas, com tendência ao aumento da massa de CO_2 (tendo como resultado o aumento do aquecimento global, ou efeito estufa).

A.4 – ORGANISMOS E SUA INTERAÇÃO COM O MEIO AMBIENTE

No item anterior, apresentamos alguns conceitos ligados à manutenção da vida. Para desenvolver melhor esse tema, citamos a existência de três tipos de organismos:

a) Produtores, já comentado anteriormente, são principalmente as plantas verdes, onde a clorofila absorve a energia da luz do sol para converter dióxido de carbono (absorvido do ar ou da água) e água em açúcar, no fenômeno da fotossíntese, liberando oxigênio. As moléculas complexas das plantas são formadas pela glicose mais os nutrientes minerais, tais como o nitrogênio, fósforo, potássio e enxofre, e outros elementos como ferro, zinco, selênio, e outros, obtidos do solo ou da água. As moléculas de proteína, gordura e carboidratos das plantas e animais são chamadas de moléculas orgânicas (em grande parte, construídas a partir de átomos de carbono). Os produtos químicos que formam a água, ar, e rochas, por outro lado, são chamados de moléculas inorgânicas.

Algumas plantas e outros organismos, tais como fungos, cogumelos e alguns parasitas, não possuem clorofila e, portanto, não realizam fotossíntese. Alimentam-se de outra matéria orgânica, de onde retiram a energia, necessária para o seu metabolismo.

b) Consumidores: alimentam-se de matéria orgânica para obter energia e nutrientes. Nesta categoria situam-se, desde os organismos microscópicos, até os grandes animais e o homem, existindo três categorias:

- consumidores primários, são aqueles que se alimentam somente de produtores, ou seja, de plantas (coelhos, gado etc.). São os herbívoros.
- consumidores secundários, são aqueles que se alimentam de consumidores primários, ou seja, os carnívoros.
- onívoros, são os consumidores que se alimentam tanto de plantas (produtores) como de animais (consumidores). É o caso do homem, e de muitos animais.

c) decompositores, são os organismos consumidores de detritos (detritívoros) que se alimentam de matéria orgânica vegetal e animal (dejetos e restos de organismos), transformando esse material em húmus e substâncias minerais, que retornam ao estado inorgânico na natureza (enxofre, fósforo etc.). Entre os decompositores estão muitos tipos de fungos e bactérias, que secretam enzimas digestivas.

Biomassa, é definida como sendo o peso de todos os organismos em um determinado ecossistema. Existe a denominada "Pirâmide da Biomassa", que poderíamos chamar de "regra dos 10%", que estabelece que, em um ecossistema em equilíbrio, há uma proporção aproximada de 10% de um nível em relação ao nível alimentar anterior (níveis tróficos), ou seja, se a biomassa de produtores (plantas) de uma área considerada é, por exemplo, de 1.000 kg, a biomassa de herbívoros (1º nível alimentar) é de cerca de 100 kg (10%), e a biomassa de carnívoros (2º nível alimentar) é de cerca de 10 kg (10%). Esse baixo "rendimento" é resultado do fato de que a maior parte do alimento é digerida e transformada em energia, ou retorna ao ambiente, sendo uma pequena parte usada para formar tecidos (criar massa).

A existência de um determinado organismo vivo (plantas ou animais) em uma determinada área, bem como a sua quantidade, dependem de uma série de fatores, englobados em:
- fatores abióticos (não vivos), que são fatores físicos e químicos que atuam sobre o meio ambiente, tais como a tem-

peratura (máxima ou mínima, ao longo do ano), insolação, quantidade de chuvas e sua distribuição, quantidade de água que permanece no solo, pH e salinidade do solo, nutrientes químicos no solo etc.
- fatores bióticos, tais como o potencial biótico (fatores que criam condições para o aumento da população, como a taxa de reprodução alta ou recrutamento alto, a habilidade de migrar ou de invadir novos habitats, a existência de mecanismos eficientes de defesa e a capacidade de dispersar sementes) e a resistência ambiental (fatores que acarretam diminuição da população, como a falta de um *habitat* adequado, a falta de alimentos ou de água, a existência de doenças, parasitas, a existência descontrolada de predadores, a existência de poluentes e outros produtos prejudiciais ao organismo etc.).

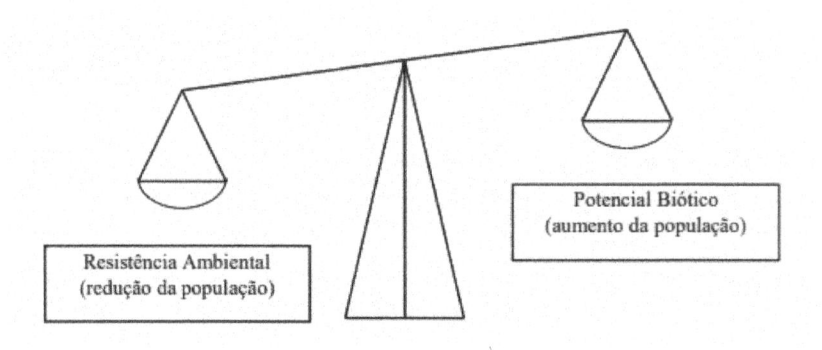

Figura A1 – Balanço populacional
Fonte: Elaborada pelo autor.

O balanço populacional de um ecossistema depende, então, do equilíbrio ou predominância desses fatores. Entre eles, citamos a taxa de reprodução e o recrutamento. A taxa de reprodução refere-se ao número de nascimentos, ovos colocados, quantidade de sementes ou esporos espalhados (plantas), enquanto o recrutamento refere-se ao número de sobreviventes na infância, que conseguem crescer até atingir a idade de reprodução. Por exemplo, os peixes que colocam milhares de ovos, tartarugas marinhas, alguns tipos de pássaros, ou plantas com milhares de sementes, têm alta taxa de reprodução. Porém, o recrutamento pode ser pequeno, pois quase todos morrem ou servem de alimento a outros animais, havendo poucos sobreviventes (um baixo recrutamento significa alta taxa de mortalidade infantil). Outros animais, como as baleias, os primatas e mesmo o homem, apresentam baixa taxa de reprodução, com alto recrutamento (a maioria sobrevive até a reprodução).

A explosão populacional quase sempre representa um grande desequilíbrio, preponderando os fatores bióticos sobre a resistência ambiental. Por exemplo, um caso conhecido refere-se ao aumento exagerado de coelhos na Austrália. Eles foram introduzidos naquele continente em 1859, como hábito de lazer dos ingleses, em sua caça, já que lá não havia raposas. Como eles encontraram um excesso de alimentos e não tinham inimigos naturais, nem predadores, ocorreu uma explosão populacional, com os coelhos passando a devastar as colheitas. Os métodos para exterminá-los não deram bons resultados, conseguindo-se no máximo reduzir a população com a introdução de um vírus.

Qualquer organismo é influenciado, em seu desenvolvimento ou sobrevivência, pelos fatores abióticos, acima mencionados. Para essa avaliação, é importante conhecer as definições de "faixa ótima", "zonas de *stress*" e "limites de tolerância". Suponhamos uma experiência, por meio da qual queremos determinar a influência da temperatura, sobre o crescimento de uma determinada planta (poderia ser qualquer um dos outros fatores, como, por exemplo, existência de um determinado elemento químico no solo, como nitrogênio, fósforo, água etc.). Mas, querendo analisar apenas a influência da temperatura, plantaremos cem vasos com sementes obtidas nas mesmas condições. Dez desses vasos deixaremos em um ambiente com temperatura controlada a 0°C, dez a 5°C, dez a 10°C, dez a 15°C, dez a 20°C, dez a 25°C, dez a 30°C, dez a 35°C, dez a 40°C e dez a 45°C. Todas as outras condições (quantidade de água, nutrientes etc.) serão mantidas iguais. Suponhamos que a média de crescimento das plantas em cada uma das condições de temperatura siga a distribuição, conforme a Figura A2:

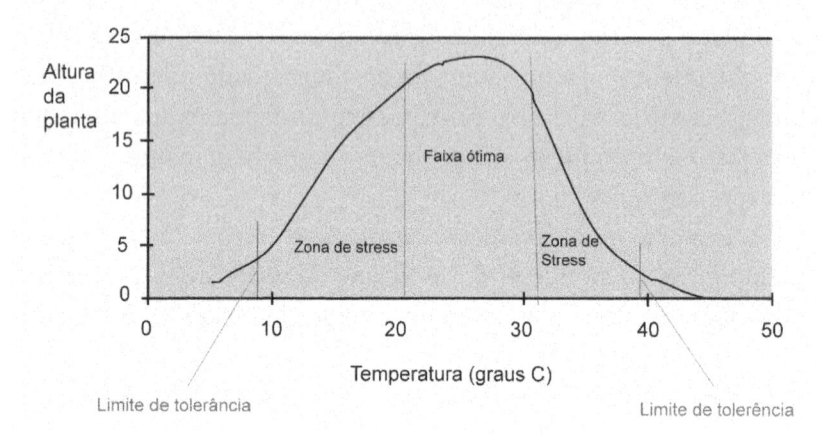

Figura A2 – Curva de crescimento em função da temperatura
Fonte: Elaborada pelo autor.

A faixa ótima é aquela na qual os fatores estão dentro de certos valores que acarretam o máximo crescimento (da planta ou de uma população). Os limites de tolerância (superior ou inferior) definem a região ou valores a partir dos quais o organismo não sobrevive. As zonas de *stress* definem faixas entre os valores ideais (ótimos) e o limite de tolerância, ou seja, a planta sobrevive, porém com condições de crescimento piores em relação àquelas da região ótima.

A chamada "lei dos fatores limitantes" estabelece que qualquer fator que esteja fora de sua faixa ótima em um dado tempo causará *stress* e limitará o crescimento do organismo".

A.5 – CICLOS DO NITROGÊNIO E DO FÓSFORO

Dos 92 elementos químicos naturais existentes na natureza apenas 27 são essenciais à maioria das formas de vida. Desses 27, seis deles são os principais elementos da matéria orgânica, lembrados pela sigla N-CHOPS: Nitrogênio, Carbono, Hidrogênio, Fósforo e Enxofre. Somente o N, C, H e O, compõem cerca de 99% da massa dos organismos (o que é razoável, já que acima de 70% dos organismos vivos é composto de água). Os outros elementos são presentes como íons (Na, K, Mg, Ca e Cl), e os demais são microelementos: Fe, Cu, Zn, Mn, Co, I, Mo, V, Ni, Cr, Se. Si, Sn, B e As.

a) ciclo do nitrogênio

A maior fonte de nitrogênio existente na Terra é o ar (mais de 2/3 em massa), porém as plantas não podem utilizá-lo diretamente. A indústria, usando o ar como matéria prima pode produzir nitrogênio, que é utilizado como fertilizante em agricultura, sob a forma de amônia (NH4) ou nitratos. Nesse caso, ele é absorvido pelas plantas, que o transferem para os outros seres vivos através da cadeia alimentar. Pelos animais, o nitrogênio é restituído em parte à natureza através da ureia, onde é processado por bactérias (cianobactérias) e convertido para nitratos sendo absorvido por plantas, ou processado por outras bactérias voltando à forma gasosa, e misturado ao restante do ar. Uma outra forma de fixação do nitrogênio é através de uma bactéria denominada *Rysobium*, em um processo chamado de "fixação biológica". Por simbiose, a bactéria se fixa nas raízes de algumas leguminosas, que lhe proporcionam alimento e abrigo, em troca do nitrogênio que a bactéria produz e passa à planta (esse processo explica a importância de rotação de culturas, plantando-se feijão, por exemplo, como forma de nitrogenar o solo). Uma outra forma de retornar o nitrogênio à forma de amônia é através de relâmpagos, em tempestades (fixação atmosférica). Nos sistemas aquáticos, ele é fixado principalmente pelas algas azuis.

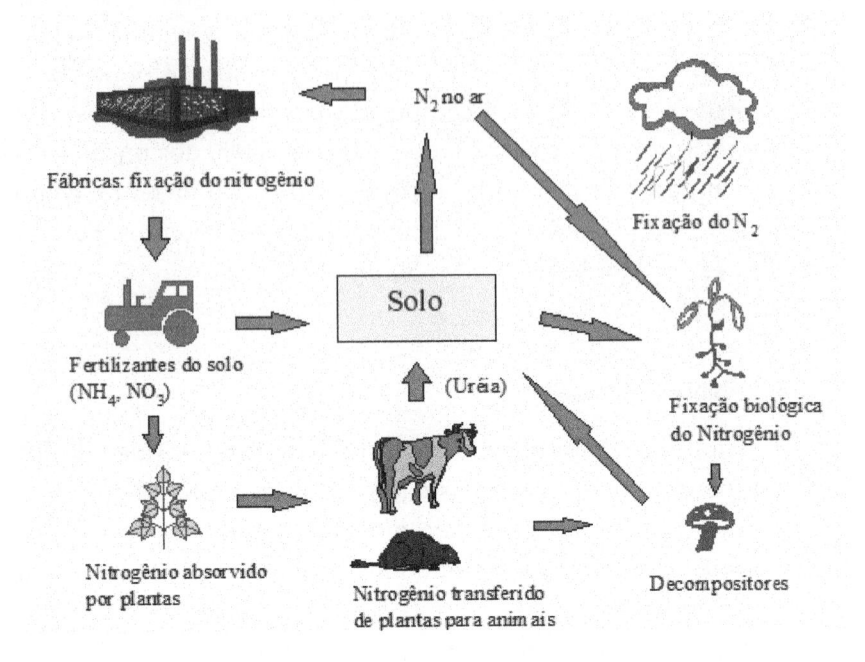

Figura A3 – Ciclo do nitrogênio

b) ciclo do fósforo

O fósforo, como existe somente no estado sólido, na verdade, não percorre um ciclo. Ele é obtido em minas e processado em indústrias, obtendo-se fosfatos. Esse material é utilizado como fertilizante, e da mesma forma que ocorre com o nitrogênio, é absorvido pelas plantas, que o transfere aos animais e homens (fosfato orgânico). Através de dejetos e urina (fosfato inorgânico), porém, principalmente através da erosão de terras agricultáveis, o fósforo acaba sendo arrastado para o fundo de rios, lagos e oceanos, de forma que fica perdido para sempre (não há concentração suficiente, como ocorre com o minério, que justifique uma exploração). Ou seja, não se completa um ciclo, sendo um elemento importante que tende a se esgotar no futuro.

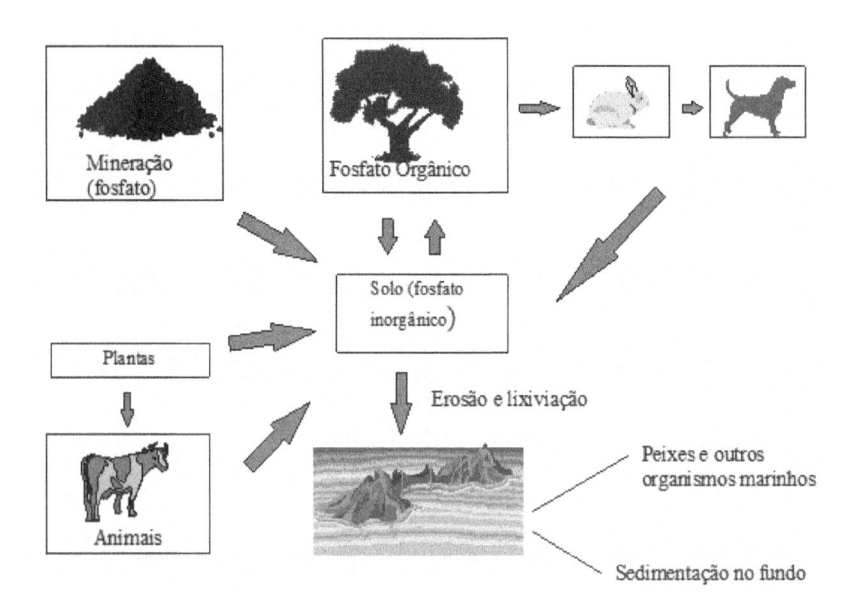

Anexo A – Conceitos Básicos de Ciência Ambiental

Figura A4 – Ciclo do fósforo (sem completar o ciclo)

BIBLIOGRAFIA

ABIQUIM. **Manual para atendimento de emergências com produtos perigosos.** Associação Brasileira da Indústria Química. 7ª edição. São Paulo. 2017.

ABNT NBR ISO14001:2015. *Sistemas de Gestão Ambiental – Requisitos com orientações para uso.* 3ª edição, 2015.

ABNT NBR ISO 14004:2018. *Sistemas de gestão ambiental - Diretrizes gerais para a implementação.* Associação Brasileira de Normas Técnicas – ABNT. 26.2.2018.

ABNT NBR ISO 14006:2015 - Sistemas de Gestão Ambiental - Diretrizes para incorporar o ecodesign. Associação Brasileira de Normas Técnicas, 2015.

ABNT NBR ISO 19011:2018. *Diretrizes para auditoria de sistemas de gestão.* Associação Brasileira de Normas Técnicas – ABNT. 20.12.2018.

ABNT ISO/TR 14062 - Integração de aspectos ambientais no projeto e desenvolvimento do produto. Associação Brasileira de Normas Técnicas. 2004

ADISSI, P.; PINHEIRO, F. CARDOSO, R. (Organizadores). *Gestão Ambiental de Unidades Produtivas.* Editora Campus, Rio de Janeiro, 2013.

AMARAL, J. A. A.; SBRÁGIO, R. *A Dinâmica do Projeto.* Editora Scortecci. São Paulo, 2003.

AMARAL, J. A. A.; SBRÁGIO, R. *Modelos para Gestão de Projetos.* Editora Scortecci. São Paulo, 2004.

BAIRD, C. *Química Ambiental.* 2ª Edição. Bookman Editora. Porto Alegre, RS, 2002.

BLANCHARD, B.; FABRYCKY, W. *Systems Engineering and Analysis.* 2ª edição. New Jersey, USA, Prentice Hall, 1990.

BURSZTYN, M.; BURSZTYN, M. *Fundamentos de Política e Gestão Ambiental.* Editora Garamond. Rio de Janeiro, 2012.

CALLENBACH, E.; CAPRA, F.; GOLDMAN, L.; LUTZ, R.; MARBURG, S. *Gerenciamento Ecológico – Eco Management*. Editora Cultrix, São Paulo, 1993.

CAMPOS, V. F. *TQC: Controle da Qualidade Total (no estilo japonês)*. UFMG, Fundação Cristiano Ottoni, Belo Horizonte, 1992.

CHEHEBE, J. R. B. **Análise do Ciclo de Vida de Produtos**. Qualitymark Editora, Rio de Janeiro, 1998.

DEMING, W. E. *Out of Crisis*. Massachusetts Institute of Technology. Boston, 8ª ed., 1982.

DEPARTMENT OF DEFENSE, USA. MIL-STD-882C, *Military Standard – System Safety Program Requirements*. Department of Defense, USA.

DERÍSIO, J. C. *Introdução ao Controle de Poluição Ambiental*. CETESB, Companhia de Tecnologia de Saneamento Ambiental. São Paulo, 1992.

ELETRONUCLEAR. Apostila TEG – Treinamento dos Empregados em Geral. *Apostila de Cultura de Segurança*. Divisão de Treinamento. 2000.

ELKINGTON, J. *Canibais com Garfo e Faca*. Makron Books. São Paulo, 2001.

ELKINGTON, J. *Passivos criados hoje assombrarão por décadas*. Revista ÉPOCA NEGÓCIOS. Ano 3, Agosto 2009 nº 30. pág. 44.

EPE – Empresa de Pesquisa Energética. **Anuário Estatístico de Energia Elétrica 2022**. Ministério de Minas e Energia. Brasília, 2022

ETHOS. Instituto Ethos de Responsabilidade Social. *Responsabilidade Social das Empresas. A contribuição das universidades*. Volume 2. Vários autores. Editora Peirópolis. São Paulo, 2003.

FEIGENBAUM, A.V. *Total Quality Control*. McGraw-Hill Book Co., Singapura, Third Edition, 1988.

GILBERT, M. J. *Sistema de Gerenciamento Ambiental*. Ed. IMAM, São Paulo, 1995.

GOMES, C. L. S. P. *Crimes Conta o Meio Ambiente. Responsabilidade e Sanção Penal.* 2ª Edição. Editora Juarez de Oliveira, São Paulo, 1999.

GORE, Al. *Uma Verdade Inconveniente.* Editora Manole Ltda. São Paulo, 2006.

GRALLA, P. *Como funciona o meio ambiente.* Editora Quark do Brasil. São Paulo, 1998.

HOFFMANN, S. C. *O Meio Ambiente e o Escritório.* Edições Inteligentes. São Paulo, 2003.

HOLLIDAY, C. O.; SCHMIDHEINY, S.; WATTS, P. *Cumprindo o Prometido. Casos de sucesso de desenvolvimento sustentável.* Editora Campus, Rio de Janeiro, 2002.

IPEA. **Diagnóstico dos Resíduos Sólidos Urbanos. Relatório de Pesquisa.** Brasília, 2012. Disponível em: http://repositorio.ipea.gov.br/bitstream/11058/7633/1/RP_Diagn%C3%B3stico_2013.pdf. Acesso em 20.12.2022.

ISHIKAWA, K. *What is Total Quality Control? The Japanese Way.* Prentice-Hall Inc. New Jersey, USA, 1985.

JORNAL GAZETA MERCANTIL, fascículos da série **Gestão Ambiental - Compromisso da Empresa**, de 20/03/97 a 08/05/96, Instituto Herbert Levy, São Paulo.

JURAN, J.; GRYNA, F. *Juran's Quality Control Handbook.* Fourth Edition. McGraw-Hill Book Company, New York, 1988.

KOTLER, P. *Administração de Marketing.* Prentice Hall. 10ª ed. São Paulo. 2000.

LIEVENS, C. *Sécurité des Systèmes*, Ecole Nationale Supériéure de l'Aeronautique et de l'Espace, Cepadues Editions, Toulouse, 1976.

MAGALHÃES, J. P. *A Evolução do Direito Ambiental no Brasil.* 2ª Edição, Editora Juarez de Oliveira, São Paulo, 2002.

MARCOVITCH, J. *Para mudar o futuro. Mudanças climáticas, políticas públicas e estratégias empresariais.* Edusp. Editora da Universidade de São Paulo e Editora Saraiva. São Paulo, 2006.

MAY, P. H. e SERÔA da MOTTA, R. (Organizadores). *Valorando a Natureza. Análise Econômica para o Desenvolvimento Sustentável.*, Rio de Janeiro, Editora Campus, 1994.

MILARÉ, E.; BENJAMIN, A. H. V. *Estudo Prévio de Impacto Ambiental.* Editora Revista dos Tribunais. São Paulo, 1993.

MIRRA, A. L. V. *Impacto Ambiental. Aspectos da Legislação Brasileira.* 2ª Edição. Editora Juarez de Oliveira, São Paulo, 2002.

MMA. *Os Ecossistemas Brasileiros e os Principais Macrovetores de Desenvolvimento. Subsídios ao Planejamento da Gestão Ambiental.* Ministério do Meio Ambiente, dos Recursos Hídricos e da Amazônia Legal. Secretaria de Coordenação dos Assuntos do Meio Ambiente. Brasília, DF, 1995.

MORAES, R. F. **Agrotóxicos no Brasil: Padrões de Uso, Política da Regulação e Prevenção da Captura Regulatória**. Texto para Discussão do IPEA, Brasília, 2019. Consultado em https://repositorio.ipea.gov.br/bitstream/11058/9371/1/td_2506.pdf. Acesso em 27.11.2022.

MOREIRA, M. *Estratégia e Implantação do Sistema de Gestão Ambiental.* 4ª edição. Editora Falconi. Nova Lima, MG, 2013.

MOURA, L. A. A. **Economia Ambiental. Gestão de Custos e Investimentos**. 4ª Edição. Editora Del Rey, Belo Horizonte, 2011.

NEBEL, B. J.; WRIGHT, R. T. *Environmental Science.* Fourth Edition. Prentice Hall, New Jersey, 1993.

OBADIA, I. J.; VIDAL, M. C. R.; MELO, P. F. F. F. *A Total Safety Management Model.* Contributed papers. International Conference on Safety Culture in Nuclear Installations, p. 71. IAEA. Rio de Janeiro, 2-6 December 2002.

PACKER, C. *A Framework for the Organizational Assumptions Underlying Safety Culture.* Contributed papers. International Conference on Safety Culture in Nuclear Installations, p. 2. IAEA. Rio de Janeiro, 2-6 December 2002.

PHILIPPI, A.; ROMERO, M.; BRUNA, G. (Organizadores). *Curso de Gestão Ambiental.* 2ª edição. São Paulo, EDUSP, 2015.

REIS, M. J. L. *ISO 14000 – Gerenciamento Ambiental.* Qualitymark Editora, Rio de Janeiro, 1995.

RIBEIRO NETO, J. B. M.; TAVARES, J. C.; HOFFMANN, S. C. *Sistemas de Gestão Integrados.* Editora Senac, São Paulo, 2008.

RIBEIRO, W. C. (Organizador). *Patrimônio Ambiental Brasileiro.* Editora da Universidade de São Paulo. São Paulo, 2003.

RIFKIN, J. *A Economia do Hidrogênio.* M.Books do Brasil Editora Ltda. São Paulo, 2003.

RODRIGUES, C. G.; VORMITTAG, E. M. P. A.; CAVALCANTE, J. A.; SALDIVA, P. H. N. "Projeção da mortalidade e internações hospitalares na rede pública de saúde atribuíveis à poluição atmosférica no Estado de São Paulo entre 2012 e 2030". Rev. Bras. Estud. Popul. [online]. 2015, vol. 32, n. 3, pp. 489-509. ISSN 0102-3098). Disponível em https://www.scielo.br/j/rbepop/a/rTK8kvKYpXcBy7SS5KWNVHR/?lang=pt. Consultado em 5.12.2022.

ROMM, J. J. *Um Passo Além da Qualidade.* Ed. Futura, São Paulo, 1996.

SHELL Brasil Ltda. *Energia para Gerações.* Coordenado por J.L. Alquéres et al. Rio de Janeiro, 2003.

SWEDISH ARMED FORCES. *The Swedish Armed Forces Environmental Manual.* Syllabus AB, Suécia, 2003.

TACHIZAWA, T. *Gestão Ambiental e Responsabilidade Social Corporativa.* Editora Atlas. São Paulo, 2002.

UNITED NATIONS. **Global Climate objectives fall short without nuclear power in the mix**: UNECE, 2021. Disponível em: https://news.un.org/en/story/2021/08/1097572. Acesso em 28.11.2022.

VALLE, C. E. *Como se preparar para as Normas ISO 14000. Qualidade Ambiental.* 2ª Edição. Ed. Pioneira, São Paulo, 1996.